人際關係與溝通技巧

Communication at Work:

Strategies for Success in Business and the Professions, 11th Edition

Ronald Adler
Jeanne Marquardt Elmhorst
Kristen Lucas
著

袁正綱
譯

Mc Graw Hill Education

東華書局

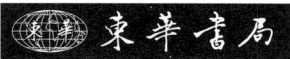

國家圖書館出版品預行編目(CIP)資料

人際關係與溝通技巧 ／ Ronald Adler, Jeanne Marquardt Elmhorst, Kristen Lucas 著；袁正綱譯. -- 初版. -- 臺北市：麥格羅希爾, 臺灣東華, 2016.01
　　面；　公分
譯自：Communicating at work : strategies for success in business and the professions, 11th ed.
ISBN　978-986-341-228-1（平裝）.

1.商務傳播　2.人際傳播　3.溝通技巧

494.2　　　　　　　　　　　　　　　　104026499

人際關係與溝通技巧

繁體中文版© 2016 年，美商麥格羅希爾國際股份有限公司台灣分公司版權所有。本書所有內容，未經本公司事前書面授權，不得以任何方式（包括儲存於資料庫或任何存取系統內）作全部或局部之翻印、仿製或轉載。
Traditional Chinese translation copyright © 2016 by McGraw-Hill International Enterprises, LLC., Taiwan Branch
Original title: Communicating at Work: Strategies for Success in Business and the Professions (ISBN: 978-0-07-803680-4)
Original title copyright © 2013 by McGraw-Hill Education
All rights reserved.

作　　　者	Ronald Adler, Jeanne Marquardt Elmhorst, Kristen Lucas
譯　　　者	袁正綱
合作出版暨發行所	美商麥格羅希爾國際股份有限公司台灣分公司 台北市 10044 中正區博愛路 53 號 7 樓 TEL: (02) 2383-6000　　FAX: (02) 2388-8822 臺灣東華書局股份有限公司 10045 台北市重慶南路一段 147 號 3 樓 TEL: (02) 2311-4027　　FAX: (02) 2311-6615 郵撥帳號：00064813 門市 10045 台北市重慶南路一段 147 號 1 樓 TEL: (02) 2382-1762
總 經 銷	臺灣東華書局股份有限公司
出版日期	西元 2016 年 1 月 初版一刷

ISBN：978-986-341-228-1

編譯者序

　　人無法「離群索居」。強調團隊運作的現代職場，也對員工有「能與他人一起合作」的技能要求，而能與他人合作的基礎，就是彼此之間良好的溝通。為使國內大專生於就業前就能瞭解與掌握溝通的技巧，編譯者應東華書局團隊的邀約，進行有關「溝通」專書的編譯工作。

　　本書是艾德勒 (Ronald B. Adler)，愛恩霍斯特 (Jenne Elmhorst) 及盧卡斯 (Kristen Lucas) 三位學者合著《職場溝通》(Communicating at Work) 國際學生版 (11th ed.) 的編譯本。全書區分 4 篇共 12 章，依序說明職場溝通的基礎，有效溝通所需的個人技巧，群組或團隊中的溝通，及如何規劃與執行有效的展演等。為使國內大專學生更有親近感，編譯者儘可能的以符合國內情境修改原書的國外個案及範例說明，故名之為「編譯」。

　　本書有許多不錯的「職涯提示」、「個案研究」、「職場文化」、「倫理挑戰」、「自我評估」及「技術提示」等短文說明，及許多「不言而喻」的圖片及漫畫等，能讓讀者輕鬆的閱讀。編譯者也儘可能的重製相關圖表，並編製專有名詞及重要概念、理論、模型等的「索引」、「關鍵詞」彙編等，使讀者可以方便的查詢與參閱。編譯者雖希望能「信、達、雅」的精確且口語化轉譯原著的概念與論述，但缺失錯誤難免，竭誠希望先進、同儕與讀者能賜予回饋與指正。

2015.7 謹識於龍華科技大學

賜教處：bxy@mail.lhu.edu.tw

bxy604@gmail.com

目錄

PART 1
商務與專業溝通基礎

Chapter 1
職場的溝通 — 3

- 1.1 溝通與職場成功 — 4
- 1.2 溝通的特性 — 6
  - 1.2.1 溝通原則 — 6
  - 1.2.2 溝通模型基本要素 — 8
  - 1.2.3 溝通管道 — 10
- 1.3 組織內外的溝通 — 14
  - 1.3.1 正式溝通網絡 — 15
  - 1.3.2 非正式溝通網絡 — 18
  - 1.3.3 個人網絡 — 20
- 1.4 溝通的倫理考量 — 22

Chapter 2
職場文化與溝通 — 25

- 2.1 文化的本質 — 26
- 2.2 多元社會的溝通 — 28
  - 2.2.1 種族 — 28
  - 2.2.2 社會階層 — 29
  - 2.2.3 世代差異 — 30

		2.2.4 區域差異	33
		2.2.5 身心障礙	34
2.3	國際經營的文化差異		35
	2.3.1	風俗與行為	35
	2.3.2	文化多元性基本向度	39
2.4	多元與倫理議題		45
2.5	多元溝通		47
	2.5.1	文化素養	47
	2.5.2	建設性態度的發展	48
	2.5.3	行為調適	50

PART 2
個人技巧

Chapter 3
傾聽　　55

3.1	工作上的傾聽		56
	3.1.1	傾聽的重要	58
	3.1.2	傾聽的錯誤假設	59
3.2	有效傾聽的障礙		61
	3.2.1	環境障礙	62
	3.2.2	生理障礙	62
	3.2.3	心理障礙	62
3.3	傾聽類型		65
	3.3.1	關係型傾聽	65
	3.3.2	解析型傾聽	65
	3.3.3	任務導向型傾聽	67
	3.3.4	批判型傾聽	67

3.4 更有效的傾聽 67
　　3.4.1 為瞭解而傾聽 68
　　3.4.2 為評估而傾聽 71

Chapter 4
語言及非語言訊息 75

4.1 語言訊息 76
　　4.1.1 清晰或模糊 76
　　4.1.2 煽動式語言 82
　　4.1.3 語言與身分管理 83
　　4.1.4 語言的剛柔性 85
4.2 非語言訊息 89
　　4.2.1 非語言溝通特質 90
　　4.2.2 非語言溝通類型 93
　　4.2.3 非語言溝通效果之改善 104

Chapter 5
人際技巧與策略 109

5.1 人際技能與職場成功 110
　　5.1.1 構建正向關係 110
　　5.1.2 維護尊嚴 112
　　5.1.3 改善組織氣候 112
5.2 分享回饋 113
　　5.2.1 讚美 113
　　5.2.2 困難議題的提出 115
　　5.2.3 批評的提出與回應 119
5.3 困境的處置 124

		5.3.1	無禮	124
		5.3.2	霸凌	126
		5.3.3	性騷擾	128
	5.4	衝突管理		131
		5.4.1	何謂衝突	132
		5.4.2	衝突處理	133
		5.4.3	衝突的建設性處理	136

Chapter 6　面談原則　145

6.1	面談策略		147
	6.1.1	面談的規劃	147
	6.1.2	執行面談	155
6.2	面談類型		160
	6.2.1	資訊蒐集面談	160
	6.2.2	職涯發展面談	162
	6.2.3	就業面談	167
6.3	面談的倫理		189
	6.3.1	面談者的義務	189
	6.3.2	受訪者的義務	190

PART 3
群組工作

Chapter 7　團隊運作與領導　195

7.1	團隊的特性	197

		7.1.1	工作群組的特性	197
		7.1.2	如何使群組變成團隊	199
		7.1.3	虛擬團隊	201
	7.2	團隊中的領導與影響		203
		7.2.1	領導觀點	204
		7.2.2	領導成員交換理論	207
		7.2.3	領導者養成	208
		7.2.4	成員的權力與影響	210
	7.3	團隊的有效溝通		213
		7.3.1	功能角色的填補	213
		7.3.2	團隊與個人目標的辨識	215
		7.3.3	期望規範的提倡	217
		7.3.4	最佳凝聚力的提倡	219
		7.3.5	避免過度制式化	221

Chapter 8
有效開會 **225**

8.1	會議類型		227
	8.1.1	資訊分享會議	227
	8.1.2	解決問題與決策會議	228
	8.1.3	儀式活動	228
	8.1.4	虛擬會議	229
8.2	問題解決會議的規劃		231
	8.2.1	何時召集會議	231
	8.2.2	制定議程	234
8.3	會議的執行		238
	8.3.1	會議開場	238
	8.3.2	執行議事	240

		8.3.3	結束會議	248
		8.3.4	會議跟進	250
	8.4	問題解決的溝通		251
		8.4.1	團隊解決問題的階段	251
		8.4.2	強化創意發想	254
		8.4.3	系統化解決問題	256
		8.4.4	決策方法	258

PART 4
有效的展演

Chapter 9
展演的規劃與發展　　265

9.1	情境分析		267
	9.1.1	分析聽眾	267
	9.1.2	分析身為展演者的你	271
	9.1.3	分析情境	273
9.2	設定目標與發展論述		275
	9.2.1	一般與特定目標	275
	9.2.2	論述的發展	277
9.3	展演主體的規劃		278
	9.3.1	概念腦力激盪	278
	9.3.2	基本規劃	278
	9.3.3	辨識主論點	280
	9.3.4	選擇最佳論述表達方式	281
	9.3.5	主要論點依循規則	287
9.4	開場與結論的規劃		290
	9.4.1	開場引介的功能	291

	9.4.2	開場陳述類型	292
	9.4.3	結語的功能	291
	9.4.4	結語的類型	297
9.5	展演的轉換		298
	9.5.1	轉換的功能	298
	9.5.2	有效轉換特性	300

Chapter 10
展演時的口語及視覺輔助　　　303

10.1	支持證據的功能		304
	10.1.1	明晰性	305
	10.1.2	引起興趣	305
	10.1.3	提供證據	306
10.2	口語強化		306
	10.2.1	定義	307
	10.2.2	範例	308
	10.2.3	故事	309
	10.2.4	統計量	312
	10.2.5	比較	314
	10.2.6	引述	316
	10.2.7	來源引述	316
10.3	視覺輔助		318
	10.3.1	視覺輔助類型	318
	10.3.2	視覺呈現媒介	325
	10.3.3	展演軟體	327
	10.3.4	視覺輔助運用指導	329

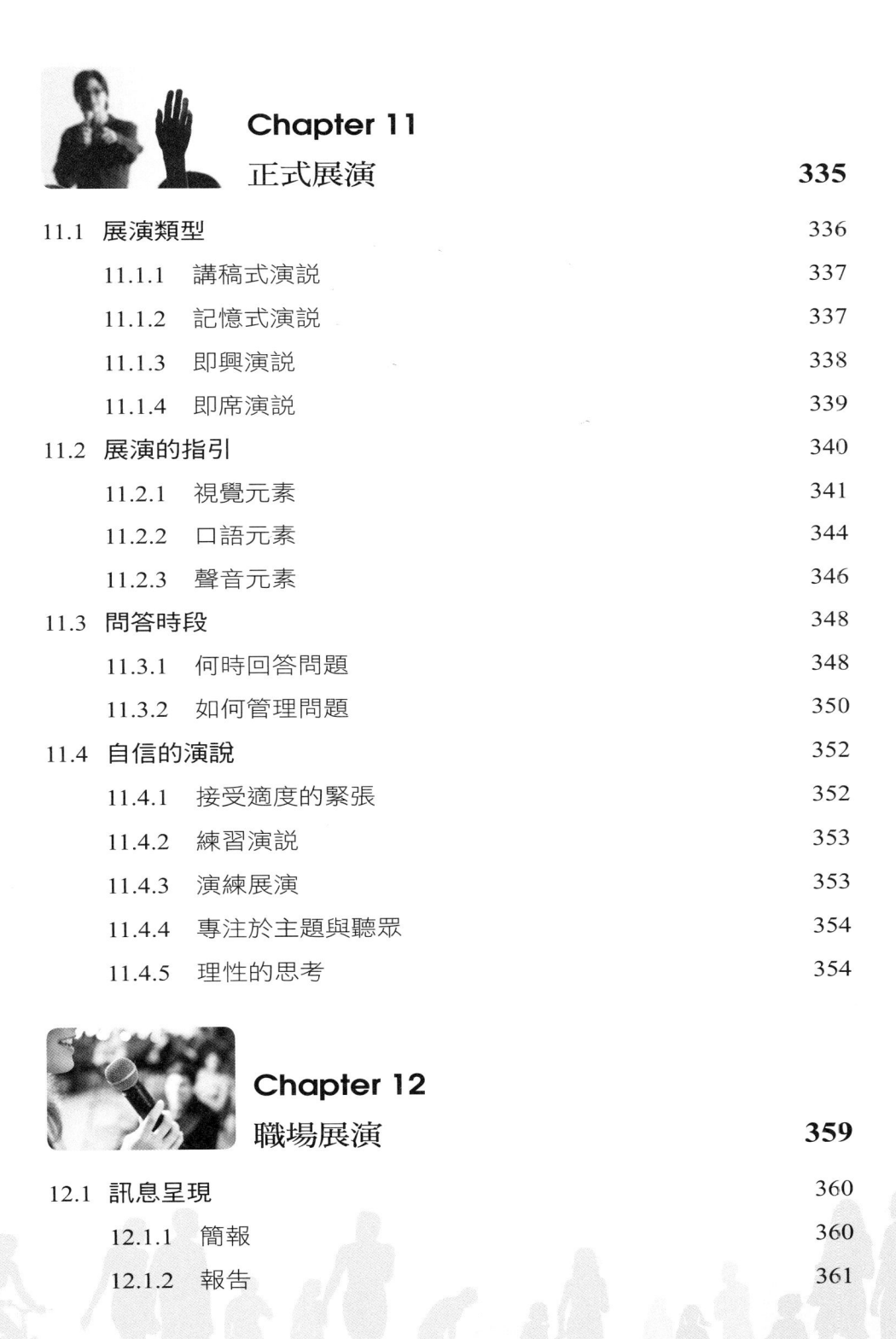

Chapter 11
正式展演　　　　　　　　　　　　　　　　　　　335

- 11.1 展演類型　　　　　　　　　　　　　　　　336
  - 11.1.1 講稿式演說　　　　　　　　　　　337
  - 11.1.2 記憶式演說　　　　　　　　　　　337
  - 11.1.3 即興演說　　　　　　　　　　　　338
  - 11.1.4 即席演說　　　　　　　　　　　　339
- 11.2 展演的指引　　　　　　　　　　　　　　　340
  - 11.2.1 視覺元素　　　　　　　　　　　　341
  - 11.2.2 口語元素　　　　　　　　　　　　344
  - 11.2.3 聲音元素　　　　　　　　　　　　346
- 11.3 問答時段　　　　　　　　　　　　　　　　348
  - 11.3.1 何時回答問題　　　　　　　　　　348
  - 11.3.2 如何管理問題　　　　　　　　　　350
- 11.4 自信的演說　　　　　　　　　　　　　　　352
  - 11.4.1 接受適度的緊張　　　　　　　　　352
  - 11.4.2 練習演說　　　　　　　　　　　　353
  - 11.4.3 演練展演　　　　　　　　　　　　353
  - 11.4.4 專注於主題與聽眾　　　　　　　　354
  - 11.4.5 理性的思考　　　　　　　　　　　354

Chapter 12
職場展演　　　　　　　　　　　　　　　　　　　359

- 12.1 訊息呈現　　　　　　　　　　　　　　　　360
  - 12.1.1 簡報　　　　　　　　　　　　　　360
  - 12.1.2 報告　　　　　　　　　　　　　　361

12.1.3	訓練	365
12.2	說服式展演	371
12.2.1	說服訊息的組織	372
12.2.2	說服展演類型	375
12.2.3	道德勸說策略	379
12.3	群體展演	385
12.3.1	群體展演的組織	385
12.3.2	引言、結論與轉換的規劃	386
12.3.3	執行展演	387
12.4	特定場合的演說	387
12.4.1	致歡迎詞	388
12.4.2	引介演講者	388
12.4.3	表彰	389
12.4.4	敬酒	390
12.4.5	頒獎	391
12.4.6	受獎	391

關鍵詞   **393**

索引   **406**

PART 1

商務與專業溝通基礎

職場的溝通 CHAPTER 1

 學習重點

1. 溝通在職場成功上所扮演的角色。
2. 溝通原則、溝通模型與溝通管道於特定情境的運用及其交互影響結果。
3. 組織中正式、非正式與個人網絡於溝通的運用情境。
4. 溝通中的倫理考量。

1.1 溝通與職場成功

下回有機會看報紙刊登或網路招聘啟事時，看仔細點！無論哪一種職位的招聘啟事，從新進人員到高度技術專業人員，絕大多數的招聘都會列舉一項重要的「**職位要求**」(Job Requirement)[1]：「優異的溝通技能」。

無論平常的人際關係經營或職場上的工作，人們總會花上大量的時間在溝通上。許多研究都顯示人們(無論工作或平常的人際溝通皆然)一般花在溝通的時間都在七成以上，不溝通的「其他」三成時間則花在獨處、休息…等；而溝通時的內容又可進一步的區分如聽、說、讀、寫…等，如圖 1.1 所示。另根據溝通專家們的估計，一般經理人工作時花在溝通上的時間更超過七成、甚至到八成以上——也就是每小時有 45 分鐘以上的時間花在溝通上。[2]

談到溝通時，溝通品質當然對**職涯** (Career)[3] 的發展與成功相當重要。職務上

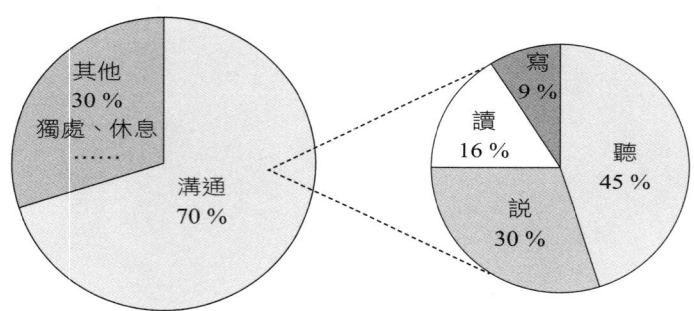

圖 1.1　溝通所占時間示意圖

---

1 當坊間一般翻譯書籍以「工作」翻譯 "job" 時，因一「職位」包含許多應執行的任務 (tasks) 與工作 (works)。本書認為應以「職位」或「職務」翻譯 "job" 較為合宜。同理，"Job Specification" 翻譯成「職務規範」、"Job Rotation" 翻譯成「職務輪調」…等。

2 參考 Petefi, A. (1988). The graphic revolution in computers. In E. Cornish (Ed.). *Careers tomorrow: The outlook for work in a changing world* (pp. 62-66). Bethesda, MD: World Future Society.

3 "Career" 一詞，翻譯成「職涯」、「職業生涯」的簡稱，原意指某人在某項事業上的長期發展。既然是長期的發展，始終都在相同職位的機會甚低，如同軍旅生涯，指在整個軍職服役期間所歷練的各項職位；但也可能指一人在整個工作生命週期中所歷練的不同行業與職位，如國內、外均有甚多的「軍轉文職」情形。

的溝通品質，不僅僅是傳統認知個人績效衡量的優劣而已；它更可能是攸關生死的大事。美國洛杉磯警局曾表示，「糟糕的溝通」(bad communication) 是警察錯誤用槍最常見的原因。[4] 溝通技能對醫護工作也很重要，研究發現「溝通不良」(poor communication) 是造成六成以上醫療過失：包括死亡、嚴重生理傷害及心理創傷等的根本原因；另一項針對美國主要醫院認證小組的調查也發現，「溝通困境」(communication woes) 是導致醫療過失如：每年造成 98,000 人死亡的最主要原因；[5] JAMA〈美國醫學學會期刊〉(Journal of the American Medical Association) 的研究報告也指出，在有無醫療糾紛申訴的醫師中，溝通技巧的好壞，有顯著的統計差異效果。換句話說，有溝通技巧的醫師，遭受病患申訴的機會，顯著的比溝通技巧不良的醫師低。[6]

職場中雇主對員工特質或技能的要求，溝通技能通常都會在前幾名之內。但弔詭的是，許多人卻不認為溝通在職涯發展的成功上扮演著重要的角色。有一項調查研究結果顯示，學生對「溝通是專業技巧」的認同度僅有一半；但多半認為自己是好的溝通者。[7] 換句話說，學生通常低估溝通的重要性；但卻高估自己的 (溝通) 能力。而這絕非一份職場成功的處方。

由於溝通技能是專業發展與組織成功的必要因素之一，本書的目的即在於協助讀者強化此重要領域的才能。

---

[4] 即便官方說法都否認有族群偏見，但美國警察工作上的「糟糕的溝通」，常見於對少數族裔語言能力不良的過度使用武力。早期華人留學生不懂 "FREEZE!" 的「嚴重警告」而遭射殺，一直到近年因對黑人使用過度武力而致死的案例層出不窮。另參考 Harper's index. (1994, December). Harper's, p. 13.

[5] 醫療上的溝通不良 (poor communication) 與溝通困境 (communication woes)，常見於醫師未能「視病如親」、未能同理心地感受病患 (與家屬) 的苦痛，僅以例行、專業角度處理病患的疾病。另參考 Joint Commission. (2004). Sentinel event data: Root causes by event type. Retrieved from http://www.jointcommission.org/assets/1/18/se-root_causes_event_type_2004-2Q2011.pdf

[6] 參考 Rodriguez, H. P., Rodday, A. C., Marshall, R. E., Nelson, K. L., Rogers, W. H., & Safran, D. G. (2008). Relations of patients' experiences with individual physicians to malpractice risk. *International Journal for Quality in Health Care, 20*, 5-12.

[7] 參考 Polk-Lepson Research Group. (2010). *Professionalism in the workplace*. Retrieved from http://www.ycp.edu/media/yorkwebsite/cpe/York-College-Professionalism-in-the-Workplace-Poll-2010.pdf

1.2 溝通的特性

溝通看似簡單與幾乎不需要特別的努力；但每一次溝通情境的改變與訊息的交換，都會受到一些看似不起眼的原則影響著結果。瞭解溝通的特性與程序，有助於在關鍵時刻做出有利於組織與個人目標達成的策略性決策。

1.2.1 溝通原則

要瞭解溝通如何運作的機制前，一般都先從幾個溝通的基本原則開始如：

溝通是無法避免的

溝通的一項基礎公理 (axiom) 說：「人不能不溝通」(One cannot not communicate.)[8] 面部表情、姿勢、手勢、衣著及許多行為，在在都透露出溝通態度的線索。所謂「不能不溝通」的意思，是指即便我們不在場，也會對他人發出某種訊息，如不出席一項聚會或提早離席，都會對他人發送出不同的訊息。因為溝通是無法避免的，所以我們必須要留意不經意中發出的訊息。

溝通是策略性的

事實上，所有的溝通都意圖達成某些目標。在職場工作上，最明顯的溝通類型，是被學者稱為「工具型溝通」(Instrumental Communication)——溝通的目的在完成眼前的任務。當主管說：「中午前我要看到那份報告」，或有人問：「需要多久完成？」…等，都是工具型溝通。但人們通常不會明確表達其工具型目標(東方文化尤其如此)，如對方

---

8 「人不能不溝通。」(One cannot not communicate.) 是保羅瓦茲拉威克 (Paul Watzlawick) 有關「家庭平衡」(family homeostasis) 五項公理中最簡明扼要的第一項，說明所有(家庭)成員互動行為，都是溝通的型式之一。因人無法避免「行為」，所以「人不能不溝通」。另請參考 http://en.wikipedia.org/wiki/Paul_Watzlawick

說：「現在什麼時候了？」這句話真正意思可能是「這段談話該結束了！」另在談判中的「最後報價」(final offer)，通常在刺探對方是否能提出更好的交易條件…等。

溝通的第二類型目標，是所謂的「**關係型溝通**」(Relational Communication)——溝通的目的在塑造或表達對他人的感覺。構建一正向、好的關係，不僅僅是社交性目的，正向的關係能協助工具型目標的達成；相反地，負面、不好的關係，會使溝通目標難以、甚至不可能達成。

事實上，所有的溝通訊息，多少都包含工具型與關係型兩種向度，如客服人員問到：「有什麼可以效勞的嗎？」這句話的工具特性相當明顯；但其「問法」如倉促或審慎的問、真誠或虛偽的問、友善或不友善的問等，卻要看客服人員與顧客之間當時的關係(氛圍、態度)而定。

第三個較不明顯的溝通理由，是「**身分管理**」(Identity Management)——你希望別人如何看待你的展現方法。為瞭解此概念，試著寫下十個你在職場工作上希望別人如何看待你的形容詞，如能力強、有效率、值得信賴、…等(寫完前別急著往下看！)這十個形容詞，構成你希望在職場工作上營造「身分」的屬性，接下來，想想你的溝通方式——口語或非口語都一樣——是否能讓人接受你所營造的「專業身分」？更具體地說，如果「在壓力下仍能保持冷靜」是你希望能表現出的專業屬性，那你要如何說與做才能展現出這種屬性？或許你希望別人能視你為「知識淵博」，在與別人溝通時，如何才能創造出知識淵博的印象？

本書的主要目的之一，是提出一些溝通策略的建議，使有助於讀者於溝通時達成個人與組織的目標。另本書將專注於職場工作相關的主要溝通情境如面談、會議與展演等，其他與特定專業有關之內涵，同樣也可運用相同策略，來強化你的專業身分、管理互動關係及有效做好工作等。

溝通是不可逆的

我們每個人或許都有經驗，希望能收回過去說過遺憾的話。但不幸的，這是不可能的！我們過去的言行，都被其他人「紀錄」在腦海裡，我們也沒辦法把這些存在於他人腦袋裡的記憶給刪除掉。諺語有云：「人可能原諒；但不會遺忘。」(People may forgive, but they don't forget.) 事實上，若越想塗抹掉過去不愉快的記憶，那段記憶就越發鮮明地突顯出來。

人際關係與溝通技巧

溝通是相依的過程

當你向老闆要求加薪時，老闆回說：「我還想問你能不能減薪呢！」這段溝通中發送與接收的訊息，是彼此相關、與當時溝通情境相關 (正式或非正式)，也跟溝通雙方當時的心情相關 (認真或開玩笑)。每一項要素都是溝通程序的一部分，沒有哪一項是獨立存在的。

溝通並非萬靈丹

雖然溝通有助於消除職場工作上的障礙與困難；但不見得每次都能得償心願。即便小心謹慎的溝通，人與人之間的不良印象、誤解或敵意總是難免，更何況不良的溝通！這也解釋了為什麼問題討論得越久，問題就越難解決的現象。有效的溝通技巧，不能解決所有的問題。試想專業的談判情境，雙方都徹底瞭解情境、也都認同彼此的溝通誠意，但有些原則或立場性的議題，不是有效、良好的溝通所能解決者。

總結以上溝通原則，我們可以知道溝通仍有其限制性。但瞭解上述溝通原則與限制，至少能強化溝通技巧、提升職場工作的有效性。

1.2.2 溝通模型基本要素

無論情境如何、參與人數多寡，所有的溝通都包含類似的基本要素。瞭解溝通模型基本要素的運作，能讓我們解釋當某人向其他人表達概念時發生了什麼事，也能讓我們瞭解為何有些人能順利溝通、某些人的溝通卻經常失敗。

溝通模型程序從「**發訊者**」(Sender) 開始，發訊者是發出「**訊息**」(Message) 的人。有些訊息是刻意發出；有些訊息如嘆息、打哈欠等則是不經意發出的。發訊者必須選擇某種特定方法 (口語或非口語) 發出刻意的訊息，這過程稱為「**編碼**」(encoding)，而發訊所用的方法則稱為「**管道**」(Channel) 或「**媒介**」(Medium)。

即便訊息完整地送達「**收訊者**」(Receiver)，也不保證收訊者能確實瞭解發訊者所發出的訊息。收訊者不像海綿一樣地被動吸收訊息，而是有意識地將接收到的訊息賦予意義，這過程則稱為「**解碼**」(Decoding)。

收訊者對發訊者發出可辨識的回應，稱為「**回饋**」(Feedback)。回饋也可能是口語或非口語的，也可以是用寫的，如同以電子郵件回應同事的問題或意見。回饋

也必須有訊息內涵,若不回應、不回信或不回電,通常會讓發訊者認為收訊者是不善交際的人。

雖然我們以發訊者及收訊者形容訊息交換的兩個獨立角色,但溝通經常是雙向的過程,尤其是面對面、打電話或線上交談的即時溝通,人們同時扮演著發訊者與收訊者的角色。因此,在溝通模型中,通常以「**溝通者**」(Communicator) 代表溝通中的人,如圖 1.2 所示:

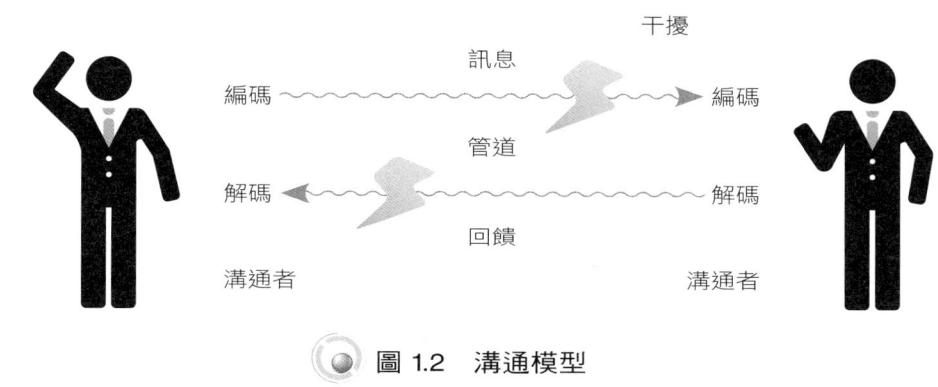

圖 1.2　溝通模型

一旦瞭解訊息的發送與接收幾乎是同時及有關聯時,我們即應瞭解成功的溝通,必須是一能藉由訊息交換而讓彼此都分享瞭解程度與意涵的合作程序,而此「分享瞭解程度與意涵」的程序,就是回饋。

對有效溝通最大的障礙因素,就是「**干擾**」(Noise)。溝通中的干擾可區分環境 (environmental)、生理 (physiological) 與心理 (psychological) 三種類型。對有效溝通最顯而易見的干擾是環境性的干擾,如在喧鬧人群中的交談、會議中某人手機的提示聲響、會談室內嗆鼻的菸味或使人昏沈的密閉空間 … 等。生理性的干擾則是指溝通者中有聽力障礙、生病、精神不濟或任何會使訊息收、發產生困難的生理殘疾或障礙。想想你徹夜趕工後,第二天早上會議中你卻無法有效發揮的狀況,這就是溝通的生理障礙。第三種溝通障礙是所謂心理性的障礙,指溝通者之間任何會阻礙瞭解訊息的各種因素,如自利心態 (egotism)、防禦心態 (defensiveness)、凡事喜歡「假想」(assumptions)、刻板印象 (stereotype)、偏見 (biased or prejudices)、敵意 (hostility)、先入為主 (preoccupation) 及畏懼 (fear) 等。如果你在職場上想與某些人作「策略性」溝通,在發出訊息前,想想如何降低上述這些干擾是有必要的。

1.2.3 溝通管道

身為一個商務溝通者,你所選擇傳達訊息的管道,對溝通的有效性會有顯著的影響。試想在一要爭取客戶認同你的提案情境下,你會選擇電話、電子郵件或面對面溝通?或在對團隊成員發布重要訊息時,你會選擇面對面、傳真、簡訊或正式書面文件?顯然地,溝通管道的選擇,必須視目的情境而定。因此,在選擇溝通管道時,我們應先瞭解溝通管道的一些特性。

溝通管道特性考量

僅在數十年前,當人們溝通時,只能選擇面對面、電話、傳真或紙條留言等,但網路與通訊科技的快速發展,如電腦、平板或智慧型手機上幾乎都有可通用的電子郵件、語音信箱、即時訊息、視訊會議、網路會議、即時通訊的 Line, WeChat, …網路社群的 Facebook, Twitter …等,讓現代商務人士(及所有一般人)可選擇的溝通管道大為增加。在選擇最好的溝通管道前,最好還是先瞭解各種管道的不同特性考量:

- **豐富性 (Richness)**:指溝通管道所能傳達的訊息量(兼具質與量的考量)。在即時與同步能聽到、看到的「豐富」管道如面對面、視訊溝通情境,面部表情、手勢及肢體動作等「非語音線索」,都能協助溝通者更瞭解對方的態度。相對的,非即時、不能同步聽與看等訊息量較「貧瘠」的管道如電子郵件、Skype, Line …等,雖然適合用來交換(文字)資訊,但當要表達語氣或情緒時,雖然有許多如「笑臉」等「**表情符號**」(Emoticons),也不能避免對方(對表達情緒)的誤解。[9]

- **速度 (Speed)**:在上述管道「豐富性」的描述中,曾出現「即時」(Instantaneous or real time)、「同步」(Synchronous) 等形容詞,其實也在描述著溝通管道中交換訊息的速度。高速的「**同步溝通**」(Synchronous Communication) 如面對面交談、視訊會談或電話交談等,溝通者之間訊息的傳遞、接收與回饋,都是(幾近於)沒有時間差的「即時」溝通,適合用於溝通需求急迫、須討論複雜議題等情

---

[9] 即便有許多通訊軟體提供大量、不同類型的「表情符號」,但你是否常有選不到適合表達自己當時情緒的圖像的經驗?另參考 Byron, K. (2008). Carrying too heavy a load? The communication and miscommunication of emotion by email. *Academy of Management Review*, 33, 309-327.

境。但如溝通情境不急迫，避免立即反應式的不良反映或鼓勵雙方都謹慎思慮的情境下，選擇電子郵件、語音信箱或備忘留言等「非同步溝通」(Asynchronous Communication) 管道，使訊息傳送與接收認知間，有了些許時間的緩衝，或許是較佳的選擇。

- 控制性 (Control)：意指溝通者對溝通程序的控制能力。當然，因為溝通是雙向的程序，任一方溝通者都無法完全的控制整個溝通程序。不同的溝通管道都有其不同的控制類型。如書寫管道中的電子郵件、備忘錄、留言紙條等，溝通者能對撰寫內容執行多次的編輯、校對，直到溝通者確定能確實表達所需傳遞的訊息後，再發出即可。書面文件管道對「敏感」議題的溝通，可能是必要的選擇。相對的，面對面的溝通管道，可闡釋自己的考量、從非語言訊息判斷對方的訊息接收與瞭解程度等優點，有助於排除或降低溝通程序中的障礙與干擾。

訊息調性的考量

從前述溝通管道特性的說明中，我們可以概略將溝通管道區分如**口頭溝通** (Oral Communication) 與**書面溝通** (Written Communication) 兩大類型，這兩類溝通類型除管道特性上的區分外，在溝通者「所欲傳達訊息的調性」(the desired tone of message) 上也有差異，說明如下：

口頭溝通：口頭溝通管道雖然有面對面交談、視訊會談或電話交談等，但一般所謂的口頭溝通除口頭說明外、通常還意味著包括有視覺上的輔助，如看到對方、展示實物、照片或簡報…等，因此，電話交談的溝通效果，會比視訊會議及面對面交談的效果差。但無論如何，口頭溝通適用於有「個人面向」(personal dimension) 的溝通要求時，如表達個人的熱切、誠意、歉意…等，另在有立即回饋的情境如會議中的討論、簡報後的詢答等，也適用口頭溝通方式。

書面溝通：以書寫文字取代口頭說明如電子郵件、傳真、會議紀錄、備忘錄或甚至便條留言等，通常適用於當溝通者想要創造一較為「正式」的調性情境如：

- 當用詞遣句必須小心謹慎時 (如確認回郵)。
- 需要收訊者審慎思考複雜概念的傳達 (如協議草案、提案計畫書…等)。
- 當你要表達終止回饋或討論的最終決定時 (如會議紀錄)。
- 當有留存紀錄的需要時 (所有須留存的紙本文件或電子紀錄)。

另在書面溝通時，手寫的文件比電子文件較能展現「個人風格」或「人情味」(personal touch)。在數位時代人們較習慣以電子方式傳遞文件時，至少親筆簽名能增加電子文件的「人味」！

組織文化的考量

除了訊息相關的考量外，溝通管道的選擇，有時也會受到公司政策或文化的影響。最有名的例子是微軟 (Microsoft Corporation) 對使用電子郵件的「偏好」，在微軟的電話語音問候中，甚至有「如果你是微軟人，請使用電子郵件 (洽詢)。」(If you're from Microsoft, please try to send electronic mail.) 的實例。

近期有項針對組織文化對員工溝通行為的研究，也顯示員工越能配合公司的溝通管道選用政策，其績效評估結果也越好。[10] 雖然公司可能有其偏好的溝通管道，但部門或個人的偏好也會影響溝通的成效。如電腦維修人員習慣回覆客戶的要求；但客訴或客服人員接電話的效果，顯然會比回覆電子郵件要好。此外，對熟識的同事、或你知道頂頭上司只會回應面對面口頭報告等狀況下，即便公司有溝通管道的偏好政策或文化，面對面的口頭溝通，畢竟比較符合「人性」。

運用多管道的考量

我們都知道，溝通要能有效，常須運用所謂雙軌 (dual-channel) 或多軌 (multiple channels) 的溝通方式，舉例說明如：

- 口頭簡報時提供紙本摘要或文件的輔助。
- 電話溝通後，再以電子郵件、傳真或信件跟進。
- 送出提案或報告後，與客戶約定見面討論。

這種多管道溝通方式的「重複」(redundancy)，其目的是希望能發揮各種管道特質優點的「綜效」(Synergy)[11]，並增加溝通訊息能有效傳達的機會。

總結來說，在選擇溝通管道時，必須先瞭解不同溝通管道類型的特性、調性等，

---

10 參考 Turner, J. W., Grube, J., Tinsley, C., Lee, C., & O'Pell, C. (2006). Exploring the dominant media: How does media use reflect organizational norms and affect performance? *Journal of Business Communication*, 43, 220-250.

11 管理領域對所謂「綜效」(Synergy) 的解釋，是個體整合起來發揮的綜合力量，要遠大於個別力量的加總。也就是所謂 "1 + 1 > 2" 的功效。

> **技術提示：離線的美德**
>
> 　　現代通訊技術的發展，幾乎已使得人們可以無時無刻的保持聯繫。這種連接性造就了「**遠程辦公**」(Teleworking or Telecommuting) 的工作方便性；但不間斷的連接性也為人們帶來負面的效應，當老闆、同事或顧客可以隨時聯絡上你時，不覺得是正常執行工作的干擾嗎？
>
> 　　遠程工作者為處理這種不間斷連接性，已發展出兩種因應策略。其一是「**斷線**」(disconnecting)，從電腦「**登出**」(Log Off)，將電話轉至「語音信箱」或不接訊息等；第二種策略是所謂的「**掩飾**」(dissimulation)，如將即時訊息狀態改成「會議中」或「外出」等。
>
> 　　上述離線策略並非意味著遠程工作者 (甚至一般工作者) 逃避工作，相反地，它們或許能讓工作者做得更多、更好。過多的連接性如同生活中的其他各種面向：多不見得就是好 (More isn't always better.)

並視實際需求做出權衡 (如表 1.1 所示)。一般來說，面對面的口頭溝通是快速、豐富、且能讓溝通者控制的，它能比其他類型溝通管道更能建立「人際鏈結」(personal bonds)；但若有空間距離的限制，如有些距離的分隔兩地 (即便如同一大樓不同樓層亦然)，則面對面的口頭溝通就甚難執行了。

表 1.1　溝通管道類型與選擇考量

	豐富度	速度	訊息控制	注意力控制	調性	詳細度
面對面	●	⇄	✧	●	個人	○
電話[1]	○	⇄	✧	○	個人	○
語音郵件	○	⚡	○	✧	○	✧
電子郵件	✧	⚡	●	✧	非個人的 ○	●
即時訊息	✧	⚡	○	○	○	○
簡訊	✧	⚡	●	○	非個人的 ○	○
紙本[2]	✧	⚡	●	✧	個人風格	●

註：1. 包括電話會議 (Teleconferencing) 與視訊會議 (Video Conferencing)
　　2. 包括手寫或打字
　　3. 符號意義：● 高；○ 中；✧ 低；⇄ 同步；⚡ 不同步

所以，真正的問題不是使用哪種溝通管道的選擇；而是何時最能有效發揮何種溝通管道效能的考量。

1.3 組織內外的溝通

絕大多數的我們都不太可能獨立工作(與生活)，不管是相鄰或相隔地球兩端的同事，我們都是所謂「**溝通網絡**」(Communication Networks)中的一員。[12] 對職場

> **職場提示：獲得老闆的認可**
>
> 「獲得認可的最大祕密，首要是創意式思考。」作家所羅門(Muriel Solomon)與其他職場顧問都建議可以下列方式展示才能、潛能，並使工作變得有趣：
>
> - **向老闆提出方案**：瞭解挑戰的歷史與公司的需求，發展有創意的解決方案。不要等上級指定，主動向老闆提出你的想法。
> - **主動參與**：自願參與或主持某些委員會、支持工作小組或承辦員工休憩活動等。盡可能擴大你與公司其他階層人員的工作關係，瞭解他們的想法，並以簡潔報告向老闆呈報。
> - **把想法形諸文字**：在公司、部門的公開刊物或論壇中發表有品質的論述，並給老闆一份複本。
> - **以周到姿態構建關係**：每天花 5 分鐘對所有幫助你的人和他們的老闆發出感謝函(幫助你的人以密件複本發送)，讓大家都知道你是個會感恩的人。
> - **隨時準備好分享你的成就**：隨時準備好將你過去的成就(包含最近的一次)編織成一有趣的故事(不必誇張)，當機會來臨時，讓他人感受到你的精彩。
>
> 資料來源：Solomon, M. (1993). *Getting praised, raised and recognized.* Englewood Cliffs, NJ: Prentice-Hall.

---

[12] 本書所謂的**溝通網絡**(Communication Networking)專指技術層次(如電腦、網路及通訊技術)之外的「人際網絡」或「個人網絡」。為資區別，以「網絡」形容人際之間的互動，而以「網路」形容科技於溝通上的運用。

工作而言,溝通可區分為組織內外、正式或非正式、個人溝通等,以下各小節分別說明其特性。

1.3.1 正式溝通網絡

組織的正式溝通網絡主要是為「管理」而設計,如誰要向誰報告,員工要找何人使工作順利完成…等。組織的正式溝通網絡,一般以「組織圖」顯示(如圖 1.3),組織圖內的「**指揮鏈**」(Chain of Command) 的上下指揮與同一「**層級**」(level) 的水平關係,產生所謂向下、向上與水平等三種組織內的正式溝通網絡,分別簡述如下。

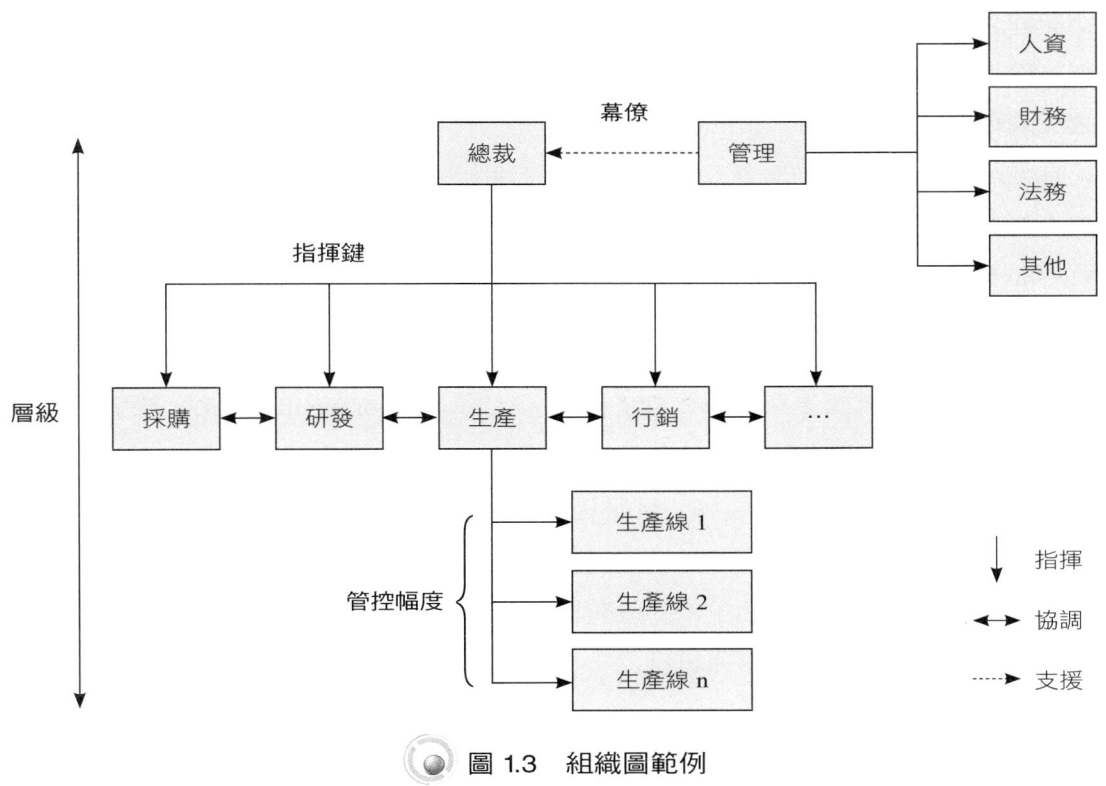

圖 1.3　組織圖範例

向下溝通

每當上級對下級發出訊息時,就產生「**向下溝通**」(Downward Communication) 的狀況。向下溝通又可進一步區分如下列類型如:

- 工作指令 (Job Instruction)：如「1,000 元以內的購物，用現金支付並索取收據結報；超過 1,000 元以上，則以公司信用卡刷卡付費。」
- 工作理由 (Job Rationale)：如「像這樣的『**貨物周轉**』(Stock Rotation)[13]，才不會讓顧客拿到過期的貨物。」
- 回饋 (Feedback)：「定期、短期的職務輪調建議是個好主意，可以讓大家瞭解彼此的工作方式與限制。」
- 灌輸 (Indoctrination)：「人們當然可以在其他地方購買我們的產品；但把顧客吸引來這裡，快速有效的滿足與取悅顧客，讓我們能在市場競爭中勝出。」

　　所有管理者與員工都一樣體認到向下溝通的重要性，明確的工作指令、理由說明與理念的灌輸，都能讓員工正確地執行管理者規劃的任務與工作，也是讓員工滿意工作的主要影響因素之一。而管理者的回饋，則能有效消除員工工作的抱怨。曾讓美國聯合航空 (United Airlines) 由虧轉盈的前任執行長卡爾森 (Ed Carlson)，其成功有部分歸功於讓所有聯航員工 (不限於管理階層) 都能知道公司在做些什麼。卡爾森努力消除他稱之為 **NETMA**「從來沒人告訴我任何事啊！」(Nobody Ever Tells Me Anything.) 的現象，將從前視為重要的營運資訊，傳達到第一線的員工。

向上溝通

　　訊息從僚屬流向上司稱為「**向上溝通**」(Upward Communication)。幾乎所有組織管理者都宣稱向上溝通的開放心態，但真正能開放心胸的管理者卻不多！在某些組織文化中，質疑老闆的見解，幾乎是職場上的自殺行為。根據管理專家本尼斯 (Warren Bennis) 的說法：「把修辭與現實脫鉤，是史考特亞當 (Scott Adams)[14] 成為百萬富翁的原因。」換句話說，即便有勇氣向上溝通，也要特別留意溝通的方式。

　　向上溝通能傳達下列四種訊息：

- 表達工作狀態：如「今天結束前，我們都能完成工作。」

---

13 貨物周轉 (Stock Rotation)：庫存管理的專有名詞，通常指零售業或食品業於庫存管理時，採用 FIFO「先進先出」(First-In, First-Out) 的周轉原則，使保存或使用期限將屆的產品先銷售給顧客。但顧客常從開放貨架上選用最近生產產品的常態，也讓貨物周轉成為庫存管理的挑戰之一。

14 史考特亞當 (Scott Raymond Adams)，以「呆伯特」(Delbert) 漫畫聞名於世的美國漫畫家，他在諷刺文學、評論文學和商業等許多領域內也頗有建樹。

- 尚未解決的問題：如「我們還沒解決辦公室空調的問題。」
- 改善建議：如「我想到一個可以如員工所願放假、但仍保持工作績效的辦法。」如同前述「職場訣竅」所建議的，獲得老闆的認可，就是在鋪自己職場進階的路。
- 對同僚與工作的感受：如「趙大很難相處，他總認為別人對他有敵意！」，「我有點沮喪，擔任這個職務已超過一年多，但我想承擔多點責任！」

上述訊息好像都是個人感受，但反映著實際的工作狀態、問題、團隊運作及改善建議等，若老闆們能讓員工覺得「安心」與「自由」的表達、甚至可表達與老闆不同的意見，就能得到「滿意的員工」。而滿意的員工，是滿意的工作成效與滿意顧客的前提，是大多數管理者能認同的管理原則。

有些機制能促進組織的向上溝通，如「**開放政策**」(Open-Door Policy)、申訴程序、定期面談、小組會議及建議箱等。非正式管道通常比正式管道更有效，如會議休息時、搭乘電梯中、或社交聚會時的聊天，人通常會說得更多。總之，除非老闆們真的重視員工的意見(不管好或壞的)並展現出「員工能體會到的」誠意與態度，否則任何向上溝通的方式都不會有效！

水平溝通

組織性互動的第三種類型，是又稱為「**側向溝通**」(Lateral Communication) 的「**水平溝通**」(Horizontal Communication)，這通常是指組織內部同一階層或部門「同事」之間的溝通，但也可能發生在不同領域員工之間或甚至不同從屬關係(指揮鏈)員工之間的溝通。總而言之，只要不屬於指揮鏈的向下或向上溝通，廣義的說，都可視為水平溝通。

水平溝通有五種功效如下：

- 任務協調：如「下午見個面來討論生產排程吧！」
- 解決問題：如「從你部門那拿到報告就要3天的時間，我們想想要如何加速吧！」
- 資訊分享：如「我剛發現內稽下個禮拜就要開始，我們該要好好準備嘍。」
- 解決衝突：如「聽說你向我老闆抱怨我的工作！如果你對我有意見，希望你以後能先跟我說！」
- 構建關係：「我欣賞你在時間緊迫情況下仍能即時完成工作，我能請你吃午餐表達我的謝意嗎？」

組織中的水平溝通對組織任務的達成相當重要，但有些組織的系統或文化，卻會「阻礙」組織同事之間的水平溝通如：

- 實體障礙：辦公地點分處不同樓層或不同大樓等。
- 專業化程度：所謂「隔行如隔山」，若工作分工過於細緻或專業化，不同領域技術專業之間的溝通會有困難。
- 資訊或工作超載：每個員工處理自己的工作都忙不過來；哪有精力去瞭解別人在做些什麼？
- 敵意對抗：當人們感覺被他人威脅時，要合作是很困難的。任何組織都一樣，在資源有限狀況下的晉升、加薪等競爭狀況，自然造成同事之間的敵意與對抗心態 (rivalry)，水平溝通也受到限制。
- 缺乏動機：員工缺乏工作動機「各人自掃門前雪」的心態，自然也不會有水平溝通。

1.3.2 非正式溝通網絡

如果把組織的正式溝通網絡比擬成人體的骨架，那非正式溝通網絡 (Informal Communication Networks) 則可視為是人體的神經系統。這個組織的神經系統比正式管道能更快、更有效的傳達訊息，它也能提供緩慢、滯重的正式管道之外的捷徑或繞道，使創意發想更容易在組織內發生。

非正式的溝通，可以發生在同事之間的運動球賽、分享閱讀心得、友誼聚會、過去合作或經常共同開會夥伴的經驗交換、同一宗教或族裔之間的特定聚會、甚至洗手間內的小道消息 (grapevine) …等。[15] 非正式溝通網絡也不侷限於組織內，員工的朋友、鄰居或甚至社區成員等，都可能是與組織運作有關的非正式溝通網絡。

---

15 "grapevine" 一字原意為「葡萄藤」，取其藤枝向四面擴散的現象，用以形容人際之間快速傳播的「小道消息」。而「小道消息」通常指未經證實的流言或謠言等。

非正式溝通網絡中傳達的訊息，也不全然是**流言蜚語** (gossip)，[16] 非正式溝通網絡在組織中至少能發揮下列功能：

- 正式訊息的確認 (Confirming)：如「老闆這次可能真的要削減公差費用了，我剛經過他的辦公室，聽到他對此事大吼大叫！」
- 正式訊息的補充 (Expanding)：如「辦公室派對邀請卡上雖然寫的是『便服』；但千萬不要穿得太隨便！」
- 領先官方訊息 (Expediting)：當組織正式發布開放職缺之前，你可能早已從個人網絡中得知此訊息。
- 洞悉官方訊息的緩衝 (Contradicting)：你可能從會計部門中的友人得知，公司發布預算支用的最後期限，並不像發布訊息所說的那麼「僵硬」！
- 正式管道外的協助 (Circumventing)：當你忙不過來時，球友來幫你一手；或擔任品管的友人，在直接拒斥你負責的產品前，先通知你「重工」(rework) 等。
- 管理政策的試水溫 (Testing)：不只員工之間可能流傳「小道消息」；管理階層也可藉由非正式管道傳達不方便由正式管道傳達的訊息，或就當成「試水溫」或「風向球」來測試員工對新政策的接受程度。

因非正式管道比正式管道的整體溝通效率要高 (更快、更有效；但須注意可靠性)，許多具「啟發性」(enlightening) 的公司，想盡一切辦法來鼓勵具「建設性」的非正式溝通管道。3M 為鼓勵員工的創意發想，只要員工提出，公司就會贊助成立各個員工「俱樂部」(clubs)，這已是企管領域熟知的創新實務；另如 Hewlett-Packard (HP) 惠普對解決問題所採用的 **MBWA「閒逛式管理」**(Management by Wandering Around)，簡單的說，MBWA「閒逛式管理」或**「走動管理」**是管理者在辦公室或工廠中走動並與員工互動的管理方式，這種管理方式不但能使管理者瞭解員工的工作狀況，也能使員工感受到管理者的關切，使管理階層與員工產生連結感。Corning Glass 康寧在新的工程大樓內，特意以「自動扶梯」(escalator) 取代傳統的電梯 (elevator)，目的就是增加員工之間互動與聊天的機會等。

---

16 「流言蜚語」(gossip) 指無事實根據、在別人背後散布誹謗性的壞話，現代習稱為「八卦」。「小道消息」(grapevine) 詞義上不像「流言蜚語」那樣負面，但畢竟「無風不起浪」，許多人會認同小道消息是因為「這是知道真正發生了什麼事情的唯一管道！」

人際關係與溝通技巧

> **職涯提示：準備好你的「電梯遊說」**
>
> 　　向大老闆(或重要客戶)展現自己的實力，是職場成功的要訣之一；但大老闆們通常很忙且組織階層甚遠，能遇上大老闆的機會是可遇而不可求的。當機會來臨時(如此處所說的共乘電梯時)，你是否準備好展演你自己呢？這就是職場中所謂的「**電梯遊說**」(Elevator Speech or Elevator Pitch)。
>
> 　　一般職場專家對好的「電梯遊說」建議是：
>
> 1. **事前就準備並演練好**：「凡事豫則立、不豫則廢」，沒準備好就上場，通常會導致反效果。事前準備好並演練充分，有時不必等待機會來臨，甚至可以「創造機會」。
> 2. **引起興趣的開場**：跳脫各種說明重點的提示，最重要的是在開始幾句話的表達，若不能引起大老闆的興趣，接下來的也無需多說了。你必須發揮創意，好好想想你的開場白。
> 3. **把握時間，簡明扼要地說**：若能引起興趣(眼神和態度會告訴你)，電梯遊說的精神即在此，你必須在很短的時間(通常 30 秒內但越短越好)簡明扼要地向大老闆說出你的「**價值主張**」(Value Proposition)。
> 4. **留下正面印象**：無須強調一定要在第一次電梯遊說就讓大老闆接受你的主張。若大老闆沒跟你要名片，至少要留下正面印象。

1.3.3　個人網絡

　　所有人都有各自的人際或社交關係(personal or social contacts)，而用「**網絡**」(Networking) 一詞來形容個人的人際關係，實際上是有超越「社交」的策略意涵。簡單的說，個人網絡是指刻意與他人保持接觸，以得到職場上相關的資訊、建議、彼此指導與協助等。

　　現代的專業人士會利用如 Facebook「臉書」一般社群網路或甚至比較專業的 LinkedIn「鄰客音」等社群網路，作為其商業運作的個人網絡。

　　無論利用線上社群網路或個人平常累積的人際關係，盡量拓展個人網絡，當然有助於職涯及平常生活上對資訊、資源與人脈協助等的需求。但要能有效運用個人網絡，則最好能依循下列幾個原則：

- 所有人都可能是你的個人網絡：現在沒有工作關係，不意味著未來沒有。因此，初識後，盡可能保持聯繫。
- 尊重個人與文化差異：不是每個人都習慣線上溝通、樂於分享資訊 ⋯ 等，瞭解個人的偏好與文化差異，對維繫個人網絡是必須審慎應對的影響因素。
- 以感恩、尊重的心對待你的人脈：當你尋求資訊或請求任何協助、而其他人也提供了協助後，不管有無幫助，始終要以感恩、尊重的心，對待你的人脈關係，說聲「感謝」是最基本的要求。
- 利他、協助他人：個人網絡不僅僅是你用來尋求協助的管道，只要有機會，盡可能協助他人、多做利他的事。這不僅是應該做的，相信吧，利他終究還是利己。
- 次級來源的推介：「貴人」常出現在你無法預期的狀況！研究者已證實，網絡的自行擴展與增生，產生所謂「小世界」(small world) 的現象，世上兩個看似無關的個人，經過所謂「六度分隔」(Six Degrees of Separation)[17] 就能找出關聯性。你的網絡的外圍網絡，可能隨時也在關注你的狀況。如果人脈經營夠好，當你需要時，貴人可能就會出現。
- 尋求導師：要加入一個人或專業網絡通常沒那麼容易，尤其是那些所謂「老哥兒」(Good ol' Boy)[18] 網絡。對新進者而言，尋求已在網絡中的導師 (mentor) 有絕對必要。導師能引導、訓練你如何融入網絡並發揮功能。在尋求導師時不必急躁與期望過高！只要你展現出對導師的尊重、確實遵照導師的指導，你會發現這些在專業領域成功的導師，會有多樂意提供協助與激勵。至於導師與學徒之間關係的經營，有兩項須特別注意的：一是只談專業、不涉及個人問題；另則是師徒之間討論或交換的訊息都應保密！
- 聯接到整個職涯的發展：個人網絡不只可用在找合適工作上，它對職涯的發展與進階也同等重要。現代人轉換職務或甚至轉換跑道的情形相當多見，[19] 保持你個

---

17 這是已經過學者驗證 (但仍有爭議) 所謂「六度分隔」(Six degrees of separation) 的理論假設。讀者可參考 Dodds, P. S., Muhamad, R., & Watts, D. J. (2003). An experimental study of search in global social networks. *Science, 301*, 827-829. 及維基百科 (Wikipedia) 相關的說明。

18 "Good ol' Boy"「老哥兒」是美國俚語，有正、反兩面的意涵，要看上下文的意思。好的意涵是指南方各州比較純樸、謹慎、著重思慮與傳統的人民特性；貶抑的意涵則是指「任人唯親」的現象。

19 此處所謂「轉換職務」(changing jobs)，意指在同一產業或領域中的職務轉換；而「轉換跑道」(changing career) 則指產業或領域截然不同的轉換，如軍轉文職、學者從政⋯等。

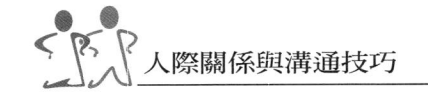

人網絡的拓展與選擇性，是明智的決定。

1.4 溝通的倫理考量

「**商務倫理**」(Business Ethics) 一詞，雖然被許多自由經濟學派學者斥為矛盾與麻煩，但在此同時，近代許多企業的敗德或「倫理失效」(ethical lapse) 經營行為，不但造成企業的惡性倒閉，也形成不小的社會問題。因此，**CSR**「**企業社會責任**」

倫理挑戰：你的溝通倫理選擇？

當瞭解上文介紹過的倫理溝通原則後，試著運用二至多項原則，對下列職場常見的溝通倫理作出判斷，並驗證該判斷的適宜性：

1. 當同事告訴你他將竭盡可用預算，準備買一部昂貴的新車時；但老闆最近才跟你說他的表現極差，月底就要解雇他，且要你保密 … 你會怎麼做？
2. 你的朋友正申請一個職務，請你作「推薦人」，而那家公司以信件詢問你他是否適合該項職務？你知道朋友因酗酒問題而遭前一個公司解雇。你要如何回應這封徵信信件？
3. 老闆把你叫進辦公室，盛讚你最近執行專案的績效，說考慮晉升你的職務並加薪。但你知道那個專案的主要貢獻者是另一名同事，你如何回應老闆的讚譽？
4. 在你的職務領域中，你知道某項損壞重要裝備在 500 萬元內即可修復堪用；但老闆要你報高裝備的價值，可獲得保險公司近 1,000 萬的理賠。你會怎麼做？
5. 當你正試圖取悅客戶或讓他有深刻印象時，他卻說了個粗俗且冒犯你的笑話。你要如何反應？
6. 在組織推動與獎勵「合作」的政策下，你發現很多人都在上級的示意下，在實際成果、績效上共同掛名，使大家都能獲得獎勵。你對這種「搭便車」的現象非常不齒！但當此現象臨到你頭上時，你會如何反應？若與你無關，你又會如何處理？為什麼？
7. 當你知道老闆正在做一件「很多人都做、但不能說」的事。你對這樣的情況會如何反應？

(Corporate Social Responsibility) 成為現代企管領域的重要議題之一。

對溝通而言，企業經營的倫理失效，也反映出組織上下階層及企業與社會、甚至政府之間的溝通失效：員工不瞭解高層政策規劃的意圖，看到或聽到管理階層的不符倫理常規的決策，或甚至知道他人或組織已發生違法或不符倫理常規的事、但不知如何反應 (如提醒、糾正、舉發…) 等，都反映出良好、健全的溝通系統對企業經營倫理的重要性。

在瞭解如何處理企業倫理失效前，我們必須先知道**倫理** (Ethics) 與**道德** (Moral)，都是會隨著不同時空環境與群體而有不同認知的。傳統的道德觀，會被某些自由派新生代認為是「束縛」，如「只要我喜歡，有什麼不可以！」的詭辯；被一群人認為有「德行」的人或事，不見得對大多數人有利，如「水清則無魚」的論述；[20] 被一群人認為符合道德觀的，在其他群體可能被視為不道德，如警察為維持示威遊行的和順而不執法，被居民視為公權力不彰等。因此，在經營倫理的溝通上，沒有一條絕對「對」的選擇。但在溝通前，仍然可以參考下列指導原則、仔細思考後，作出合宜判斷：

- 功利原則 (Utilitarian Approach)：倡議者：邊沁 (Jeremy Bentham)、密爾 (John Stuart Mill) 等，判斷準據：「這個舉動是否能為絕大多數人創造最大利益？」
- 權力原則 (Rights Approach)：倡議者：康德 (Immanuel Kant)，判斷準據：「這個舉動是否能尊重所有人的道德權力如真相、隱私、無損傷及承諾等？」
- 公平或正義原則 (Fairness or Justice Approach)：倡議者：亞里斯多德 (Aristotle)、勞斯 (John Rawls)，判斷準據：「這個舉動是否能做到無差異性或無偏好的公平？」
- 公益原則 (Common-good Approach)：倡議者：柏拉圖 (Plato)、亞里斯多德 (Aristotle)、西塞羅 (Marcus Tullius Cicero)、勞斯 (John Rawls) 等，判斷準據：「這個舉動是否能促進公共利益？」
- 美德原則 (Virtue Approach)：判斷準據：「這個舉動是否能提升個人與所處社群

---

20 出自西漢東方朔〈答客難〉謂：「水至清則無魚，人至察則無徒。冕而前旒，所以蔽明；黈纊充耳，所以塞聰。」意思是若河水過於清澈，魚就無法生存；人太過嚴苛就沒有朋友。在上位者，冕冠前有垂下的玉珠，就是為了不要看見臣子的小過失；冕冠兩旁有黃棉擋住耳朵，就是為了不要聽見小人的讒言。

的美德？」

除上述溝通倫理指導原則外，也可以運用兩種測試法，作出倫理判斷：

- 專業倫理 (Professional Ethic)：判斷準據：「我所屬的專業領域同僚會如何評斷此事？」
- 公開測試 (Publicity Test)：判斷準據：「當事情被媒體公開後，我能覺得心安理得嗎？」

重點回顧

- 溝通品質，對職場成功與生活成功的重要影響因素。
- 溝通是無法避免、策略性與不可逆的。溝通過程中包含工具型、關係型溝通與身份管理；但溝通並非解決所有問題的萬靈丹。
- 溝通模型說明發訊與收訊者，對訊息編碼、解碼與回饋，使溝通者之間能發展分享訊息的過程。要改善通訊品質，則應考量各種溝通管道的特性，訊息的調性，組織文化的影響，及盡可能運用多重管道等。
- 干擾，會影響溝通訊息的有效交換。干擾可能是環境性、生理性或心理性的，也可能存在於發訊者、收訊者、訊息本身或管道中。好的溝通者在溝通前，會想辦法降低所有的干擾。

- 正式的溝通網絡 (以組織圖顯示) 代表著管理階層對組織運作的觀點：向下、向上與水平 (側向) 溝通。
- 由位置鄰近、共同利益或友誼…等形成的非正式網絡，能確認、補充、領先與緩衝正式溝通網絡。管理階層也可藉由非正式管道傳達不方便由正式管道傳達的訊息，或當成「試水溫」或「風向球」測試員工對新政策的接受程度。
- 有效的溝通者會運用個人網絡促成職涯的成功。
- 專業職涯的成功，必須對各種倫理架構 (功利、權力、公平正義、公益、美德、專業倫理及公開測試等) 具備基礎上的瞭解與運用，並在各種倫理挑戰情境下，有一致性的溝通倫理決策。

職場文化與溝通 CHAPTER 2

學習重點

1. 文化與次文化的定義內涵。
2. 因種族、社會階層、世代差異、區域差異與殘疾對企業溝通的影響。
3. 在禮節、風俗、衣著、時間觀念、面對衝突的態度與性別等跨文化差異。
4. 多元文化職場中影響溝通的潛在文化向度。
5. 溝通倫理的影響因素。

人際關係與溝通技巧

由於國際間移民、國際貿易與外派工作的增加，在職場上與來自不同文化背景人員共事的機會大增。根據統計資料，2014 年底在我國外籍人士 (不含大陸人士) 數量共計 80.1 萬人，其中持居留簽證者計 66 萬人；[1] 而我國外勞人數在 2014 年 4 月即已突破 50 萬人，相當於台灣整體勞動力的 4％。[2]

姑且不論統計數據，我們應該已經熟悉航機、高鐵、捷運上，以多種方言與英文播報訊息，政治人物選舉時以多種方言問候選民，工作場所上以英文 (或其他語言) 溝通；國內職場中，具備多語言溝通能力的員工，其薪資、職等、發展機會等，顯然要比一般員工要高…等。

國外的情形也一樣，如美國佛羅里達州連任兩任州長傑布布希 (John Ellis "Jeb" Bush) 可能代表共和黨參選下一屆美國總統，而他墨西哥裔的太太，有可能為他爭取到大部分美國西語裔與其他少數族裔選民的選票。從以上現象顯示，「**跨文化能力**」(Intercultural Competence or Cross-Cultural Competence, 3C) 被視為未來職場所需工作能力之一，也就不足為奇了。[3] 所謂跨文化能力，通常就是指能與不同文化的人有效且適合溝通的能力。

2.1 文化的本質

當人們談到「文化」(Culture) 時，通常會想到來自不同國家或不同種族的人。當然，因種族不同所形成語言、宗教、風俗、習慣等差異確實存在，它在人們溝通時扮演著重要的角色。除種族的差異之外，社會經濟階層、性別、年齡…等的差異，

---

[1] 內政部統計處 (2014，103 年第 5 週內政統計通報 (102 年底在我國之外籍人士統計)。內政部統計處網站，2014/12/15 擷取自 http://www.moi.gov.tw/chi/chi_news/ news_detail.aspx?type_code=01&sn=8093

[2] 鄭杰 (2014.03.30)。外勞人數今年衝破 50 萬，相當於整體勞動力 4％。全民財經檢定網站，2014/12/14 擷取自 http://geft.edn.udn.com/files/15-1000-3058,c88-1.php 另參考來台外勞暴增，首破 50 萬：近 3 年就多了 10 萬人「低薪元兇」(2014.5.19)。蘋果日報網路版 http://www. appledaily.com.tw/appledaily/article/headline/20140519/35839608/

[3] 跨文化能力是由新的價值創造超結構 (super-structed organizations) 及全球聯結 (globally-connected world) 兩項驅動力所促成的未來職場能力之一，有關未來職場所需工作能力的六項驅動力及十項職場能力等詳細解說，請參考 Davis, A., Fidler, D., & Gorbis, M. (2011). *Future work skills: 2020*. Palo Alto, CA: Institute for the Future. 2014/12/15 retrieved from http://www.iftf.org/futureworkskills/

職場文化：組織也是一種文化

任何組織都有其特定的運作方式，學術理論以「**組織文化**」(Organizational Culture) 形容此特質。

組織文化是相對穩定的，是組織內成員的行事風格，也是成員之間共同認為重要的價值觀。組織文化會形塑管理風格，決定成員之間的競爭或合作態度，甚至成員是否願意貢獻…等。

雖然是內隱性質，但組織文化仍可從組織的運作中看出端倪，如對文書處理的態度(繁文縟節或去繁從簡)，**辦公室政治**(Office Politics)的嚴重程度，開會的頻率與時間…等。對組織以外的人，也可從一些溝通的實務而獲得該組織文化的線索，如他們如何對待組織外的訪客？正式來往文件中是否透露出「歡迎文化」？員工辦公與工作區域是個人化或標準化？工作場域是否整潔？是否有豐厚盈餘或勉強苦撐…等。

我們花在工作上的時間，比其他地點或活動都多。因此，在選擇行業、組織或職務時，把組織文化「人格化」，看看你能不能與「他」相處？與選擇居住地區、甚至擇偶都一樣的重要！

都形塑著文化之間與文化內部的差異。因無法容納所有影響因素的討論，本書將「文化」簡單定義為「特定社會對信仰、價值觀及言行規範等之共同認知與學習，會影響大多數群體成員的行為。」

若考量文化差異對溝通的影響時，必須先瞭解文化是學習所得、而非天生具備的。試想一個被美國養父母收養並在美國養大的韓裔嬰兒，他或她長大後的想法與言行，會跟在首爾成長的韓國人有很大差異。同樣地，美國黑人若外派到法國或南非，也會驚訝的發現與當地黑人「同胞」在想法與言行舉止上有顯著的差異。這種現象使著名人類學家哈爾 (Edward Twitchell Hall)[4] 聲稱「**文化即溝通、而溝通就是文化**」(Culture is communication and communication is culture.)

---

[4] 艾德華哈爾 (Edward Twitchell Hall) 是著名美國人類學家，對「跨文化」也有相當多的研究。對跨文化溝通的主要貢獻，包括提出「社會凝聚力」(Social Cohesion)、高低內涵文化向度 (High/Low context culture)、空間關係學 (proxemics) 以及單一與多元時序 (monochronic and polychronic time) 等重要理論。

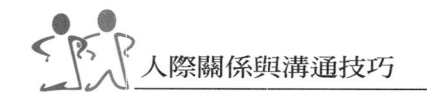

文化對那些「身處其中」的人是無形的；但對那些不同背景的人來說，其規範主導力量卻是顯而易見的。這種當事人「下意識」視為理所當然，而不同文化背景的旁觀者卻覺得不可思議或不合理的情形，在不同文化的接觸中隨處可見。如華人父母「責打」小孩，在美國說不定會挨告甚至被孩子告(教養文化差異)！歐美人士將鵝肝醬、魚子醬、豬腳等視為美食時，卻認為華人的內臟、鳳爪、臭豆腐、豬血糕等國民美食為噁心食物(飲食文化歧視)；美國指責他國不尊重人權時，卻以國安理由在機場「徹底」檢查旅客、凌虐(恐怖份子)囚犯取供(自我合理化的政治文化)；日、美等國指責他國操控匯率、不尊重自由經濟的同時，卻採取 QE「量化寬鬆」(Quantitative Easing) 貨幣政策的「以鄰為壑」政策(侵略性經濟文化)等，在在顯示文化從一般庶民生活到國家之間政經競爭的影響力。

2.2 多元社會的溝通

當談到不同文化的影響時，你可能就開始想像遙遠、甚至有異國情調的人們。但文化的差異不必出國、在你我周遭就可以輕易發現。現代除極少數小型、排他性極強的社群外，大多數國家的社會都是由許多所謂「**共生文化**」(Co-Cultures) 組成，所謂的「共生文化」，是指在一社會中與多數、主導文化共同存在且相互影響的少數群體文化，而此少數文化都具有容易辨識的特性，如種族、社會階層、性別、世代、甚至區域等，都可能是共生文化的促成因素。共生文化會使影響溝通者看待自己及與他人共事的方式，瞭解共生文化對溝通的影響，有助於在現代多元社會中，增進自己的溝通效率與效果。

2.2.1 種族

適用於所有共生文化的分群，如將種族區分為白人、黑人、亞洲人、歐洲人…等，正如同假設年輕人、女人或「紐約客」都差不多一樣，犯了過度簡化的錯誤。每個人的溝通風格，都是他自己人格特質與文化特質的不同程度組合。在謹記過度概化具有潛在風險的同時，許多研究也證實因種族差異所形成的共生文化，對溝通有顯著的影響模式，分別簡述如下。

健談或沈默：不同的共生文化群體，對溝通時的健談或沈默就有顯著差異。一

般而言，大多數的美國原住民、亞裔美國人等，比主導的美國文化更重視沈默的價值；而非裔與歐裔美國人，則較為重視「口語技巧」而喜健談。不難想像這些人共事時，非裔與歐裔美國人，會認為其亞裔同事的沈默為一種不喜歡、不和善的訊號。

面對衝突的態度：因亞洲文化較重視「面子」，當面對衝突情境時，即便有不同意見，通常也會因顧及他人(或自己)顏面而不表達異議；美國原住民則傾向沈默。但相對的，來自希臘、以色列、義大利、法國、南非、南美的人，則通常傾向直接、公開的對抗。

非語言標準 (Nonverbal Standards)：肢體語言、手勢、面部表情、甚至眼神等非語言溝通管道 (nonverbal communication channels)，即便有所謂 7-38-55 ％的「麥拉賓法則」(Mehrabian's Rule)[5]，但不同共生文化間，對非語言訊息，也可能有不同的認知。如歐美文化大多認為交談時應直視對方，但對女性或社經地位較高等交談對象時，眼光的始終接觸或凝視，卻容易被對方認為是輕佻、無禮或甚至粗魯等。

亞洲文化對眼光的接觸，有較細緻的規範。如對女性或長輩不應直視過久，一般溝通時眼光應直視對方，但也不宜凝視或游移，凝視稍嫌無禮，而眼光游移則代表心虛、不誠懇。另一般原住民民族，則通常避免眼光的持續接觸，這會被認為是粗魯、不尊重、或甚至具有攻擊性意涵等。本書第 4 章將進一步解說非語言行為在文化上的差異。

2.2.2　社會階層

即便在強調「平等主義」(Egalitarian) 的社會，如美國與加拿大等國家，不同的社會階層，也會影響職場上的溝通風格。許多研究早已證實，家庭所屬的社會階層，除非有跳脫機會，否則會傳承到下一代。如在「藍領」工作家庭成長的孩子，較傾向服從、遵守規定與順從權威；但相對的，從中產以上家庭教養的孩子，則較偏向能提出具說服力的主張、批判性思考與發揮創意於問題解決上。

這種因家庭所屬社會階層的影響，會延伸到後來的學習與職場生涯上。如大學教授通常容易發現來自工作家庭的大學生，比較不會挑戰老師的權威、不習慣回答

---

[5] 我們對別人的第一印象，五成以上由「視覺接收的訊息」決定。「麥拉賓法則」不僅適用於人的溝通，也適用在簡報或文件的製作。

問題(更遑論提出問題)、不太會進行批判性思考、不太容易提出具說服力的主張…等。[6]

出自工作家庭的青年在就業後,如果不能扭轉來自於較低社會階層的自卑感束縛,則其家庭的社會階層影響仍會持續。如大家公認的自信心與說服力,是職場成功的促動力,而這兩項特質通常在自卑的人身上不容易出現。要加入中階或高階的職涯發展時,新的說話與表達方式、穿著打扮及非語言的行為特質等,都需要獲得同位階同儕的接受,而這又是另一項巨大的挑戰。[7]

即便職涯發展順利,但這些出自於工作階層的人們,仍要面對與調適他們內心深處的「**雙歧情緒**」(Emotional Ambivalence)。[8]

2.2.3 世代差異

人們被生養的時代也會形塑他們以後待人處世方式,除了年紀、經驗與體會逐漸增加之外,過去生活與工作的經驗會影響他們的價值觀、對事物的看法與預期…等,終究也將影響他們的溝通方式。現代職場上有三個主要的世代區分:**嬰兒潮世代** (Baby Boomers)、**X 世代** (Gen Xers) 與**千禧年世代** (Millennial) 等。[9]

嬰兒潮世代 (1945-1964 年間出生者):二次大戰以後出生、現在是各個組織中位居領導職位的人們,他們生養在經濟起飛、社會重整的動盪年代,相信自己能做出有意義改變的能力,因此,也會質疑與挑戰權威——諷刺的是,這正是他們現在所處的位置。在職場上,嬰兒潮世代的人享受「獲勝」後的「成就感」,他們也樂

---

6 參考 Kim, Y. K., & Sax, L. J. (2009). Student-faculty interaction in research universities: Differences by student gender, race, social class, and first-generation status. *Research in Higher Education, 50*, 437-459.

7 參考 Kaufman, P. (2003). Learning to not labor: How working-class individuals construct middle-class identities. *Sociological Quarterly, 44*, 481-504.

8 雙歧情緒 (emotional ambivalence),指同時發生正、反兩面的情緒刺激。如懷舊 (nostalgia) 時的苦與甜;生活中摻雜著強烈、酸甜苦辣、鼓舞但甚難實現的渴望 (life longings) 等,都是雙歧情緒的範例。另可參考 Simon Moss on 24/09/2010 於 Psychlopedia 網站發表的文章,網址如 http://www.psych-it.com.au/Psychlopedia/ article.asp?id=393 (2014/12/16 擷取)。另參考 Lucas, K. (2011). The working class promise: A communicative account of mobility-based ambivalences. *Communication Monographs, 78*, 347-369.

9 有關「世代」(generations) 的區分與命名有很多不同說法,本書採用 About.com. 網站 Matt Rosenberg 貼文 Names of Generations 的年代與名稱區分。參考網站:http://geography.about.com/od/populationgeography/qt/generations.htm

於接受挑戰，且能在執行階段享受挑戰帶來的壓力。

X 世代 (1965-1980 年間出生者)：戰後嬰兒潮的下一代子女，現在是各個組織內的中階管理職位。在工作上，X 世代的人善於運用科技，心態獨立而凡事採取懷疑態度，也強烈渴求工作與生活之間的平衡。即使在職位工作上，他們也將享樂、無拘無束及創意等擺在高優先地位，他們在意工作任期中的表現，對人忠誠而非組織。

技術提示：通訊技術的世代偏好

年齡始終對人有重要影響。在職場上選擇交換資訊的最佳通訊技術時，人們成長的年代對溝通管道的選擇是會有影響的。

嬰兒潮世代 (Baby Boomers) 的人們，打字機與電話是他們工作上的主要溝通技術。資訊時代來臨後，多數嬰兒潮世代的人，也會使用網際網路與電子郵件。但若與年輕世代比較，嬰兒潮世代的人，則比較不習慣 EC「**電子商務**」(e-commerce) 或社群網路。

通訊技術偏好的差異，同樣也存在於 X 世代與千禧年世代中，對更年輕千禧年世代的年輕人而言，手機不止用來收發電話而已，他們習於運用一些手機相關的「小玩意」(gadgets/gizmos) 如傳送簡訊與照片、玩 Game，聽音樂，攝影…等。

在技術之外，世代差異也發生在溝通風格上。千禧年世代的年輕人發送訊息時，較注重簡短、快速，不拘泥於文法或拼字的正確性；而嬰兒潮世代與 X 世代的人知道精確性對工作的重要性，他們會視千禧年世代所習用而亂用的火星文或網路流行俚語為「無能」(incompetence)。

當然，對通訊技術的世代偏好，雖然是普遍的現象，但也不見得適用在所有人身上。有些嬰兒潮世代的人，對所有新技術都有狂熱 (geek)；千禧年世代的人，也可能在運用數位媒介時，承襲其家族的優美與嚴謹。雖然有這些例外，但在策略性溝通時，留意世代差異多少都會有幫助的。

資料來源：Zickuhr, K. (2011, February 3). *Generations and their gadgets*. Pew Internet & American Life Project. Retrieved from http://pewinterner-net.org/Reports/2011/Generation-and-gadgets/Report.aspx?view=all

千禧年世代 (1980-2000 年間出生者)：也被稱為「Y 世代」(Generation Y)，「網路世代」(Net Generation) 及「數位原生代」(Digital Natives) 等。這些千禧年世代的人(包括現在的大學生族群)，是初入組織、正準備開始其職涯發展的社會新鮮人。他們沿襲著 X 世代的特質而更進一步的善用技術、有雄心壯志、信心滿滿、果決、且具創業精神。對美國而言，千禧年世代的族群，是美國有史以來最具種族多元性的世代，也最具備國際觀。超過一半以上的美國千禧年世代都已擁有護照，另 1/4 左右的人則期待能在美國以外的地區工作。

從以上近代三個主要世代的區分，我們可發現他們在生活態度與目標、工作價值觀等都有不同的特徵，較為詳細的特徵區分則彙整如表 2.1 所示：

表 2.1　近代世代特性差異彙整表

特徵＼世代	嬰兒潮世代 (1945-1964)	X 世代 (1965-1980)	Y 世代 (1980-2000)
箴言、口號	發明了 "TGIM" (Thank God, It's Monday)[1]	為生活而工作，不為工作而活著	未來樂觀主義
價值觀	參與、公平	生活與工作的平衡	多元化、道德觀
提供了…	個人化挑戰	格局、架構	確定的回饋
看待權威	非獨裁主義	尊重傳統主義	不喜歡被密切監督
特質	樂觀	高度激勵	隨意可做可不做
工作優先	成為明星	享樂、彈性	金錢
訓練	技能的實踐	視覺刺激	導師計畫
技術	願意學習	技術機靈	頂級技術
職涯目標	輝煌的職涯	便攜式職涯	平行職涯

註：1. TGIM 反映出嬰兒潮世代樂於工作而非休憩的敬業心態；相對於 TGIF (Thank God, It's Friday) 的偏好於休憩、享樂心態。

2. 參考網路資訊 http://www.biij.org/2009/4/e31/fig.asp?p=205&o=645 而修改。

試想這三種世代的人工作在一起的情形，千禧年世代的年輕工作者，工作前會「要求」正確執行工作的明確指導，執行過程中卻不喜歡被「微管理」(micromanaged)，工作執行完成後也強烈期待著讚美與獎勵。但這種工作心態，在嬰兒潮世代的老闆眼中卻是「無端滋擾」！在老闆的經驗中，「沒消息就是好消

息」(no news is good news)，搞砸了是你的責任，做得好卻是你的本分！這兩種工作心態都沒絕對的對錯，但可以看出共生文化之間不同的期待，而「溝通不良」(miscommunication) 卻也會因此而發生。

2.2.4 區域差異

即便在「**大移動年代**」(Age of Great Mobility) 的現代，**區域差異** (Regional Differences) 對溝通的影響仍持續著。[10] 舉例來說，標準的語言及口音，讓人有較專業、自信的印象，其傳達的訊息也比較容易讓人接受。此處所謂的語言是指「官方語言」(standard/official dialect) 與「方言」(dialect) 的差異 (如國語、台語、客語、原住民語)，而「口音」(accents) 則是指說話的腔調，如台語有分北部泉漳混合腔、中南部平原內埔腔、中南部沿海海口腔等的差異。

非本地口音 (non-native accents) 對溝通的影響非常大，美國一項研究顯示，操德、墨或中東腔調證人的證詞 (說的是英語)，比較難獲得陪審團的信任！[11] 這也不必依賴研究證據，在面對不同語言與口音的人，如同樣說英文的歐美、日韓或東南亞旅客，你會覺得哪些人比較容易溝通？或當你身處一大家都說台語 (或客語) 的環境中，而你的台語不「輪轉」，你覺得容易融入他們嗎？這些因語言、口語音調而缺乏「歸屬感」的感覺，也會造成溝通時的困難。

除了語言、口音之外，溝通的區域差異在非語言的態度或舉止上，也有明顯的影響。如對美國各區域人們對「微笑」態度的一項早期研究結果顯示，中西部如俄亥俄 (Ohio)、印第安納 (Indiana) 及伊利諾 (Illinois) 等州的人，比東北部「新英格蘭」(New Englanders)[12] 各州的人較常笑，而南部各州如喬治亞 (Georgia)、肯塔基

---

10 區域差異，通常指人們因居住區域的不同所衍生在政治態度、經濟水準、習慣風俗…等的差異。此處所謂的區域差異，專門指在溝通時因不同區域有關口音、表達方式等之差異。

11 參考 Frumkin, L. (2007). Influences of accent and ethnic background on perceptions of eyewitness testimony. *Psychology, Crime & Laws, 13*, 317-331.

12 新英格蘭 (New England)，當地華人常稱之為「紐英倫」，是位於美國大陸東北角、瀕臨大西洋、毗鄰加拿大的區域。新英格蘭地區包括美國的六個州，由北至南分別為：緬因州、新罕布夏州、

(Kentucky) 及田納西 (Tennessee) 的人則笑得最多。對「笑」的態度差異就會造成溝通的困擾，如來自孟菲斯 (Memphis, 田納西州最大城市) 的製造商，會覺得波士頓的銀行家非常不友善；而「新英格蘭人」會覺得南部人太誇張的過度展演。

2.2.5 身心障礙

要在種族、社會階層、世代等共生文化中獲得「歸屬感」需要多年或甚至數十年時間的融入；但「**身心障礙**」(Disabilities) 卻是「任何人、任何時間、非常簡單就可以加入的俱樂部。」一次中風、嚴重車禍、天災…等，就可能導致肢體癱瘓或心理疾病。[13]

我國內政部在 2012 年底統計的結果，領有身心障礙手冊者人數達 112 萬人，身心障礙者占總人口比率為 4.8 ％。[14] 而美國在 2010 年的調查顯示，有身心障礙的人數約 5,670 萬，占總人口數約 18.7 ％，而有嚴重身心障礙的人也約有 3,830 萬，占總人口數 12.6 ％。在美國，身心障礙者是僅次於西語裔及非裔美國人第三大的少數族群。WHO「世界衛生組織」(World Health Organization) 則估計全球約有 15 ％ 的人口有程度不一的身心障礙，而其中 2-4 ％ 則為不能正常生活的嚴重身心障礙者。[15]

各國對身心障礙者的保護，大多以法律保障其工作機會、設施與服務的無障礙…等。美國於 1990 年通過〈美國身心障礙者法案〉(The American with Disabilities Act)；我國也早在 1980 年制定〈殘障福利法〉，於 1997 年修正名稱為〈身心障礙者保護法〉，2007 年再修正為〈身心障礙者權益保障法〉並持續增訂或修正迄今。有法律的保障固然重要，但仍改變不了身心障礙者在生活與工作上的不便。在與身心障礙者溝通時，雖然沒有硬性規定，但可參考一般原則如：

佛蒙特州、麻薩諸塞州、羅德島州、康乃狄克州。麻薩諸塞州首府波士頓是該地區的最大城市以及經濟與文化中心。來自新英格蘭地區的人常被稱為 New Englander「新英格蘭人」。

13　參考 Stone, K. G. (1995, February 19). Disability Act everyone's responsibility in American. *Albuquerque Journal*, p. H2.

14　102 年第 24 週內政統計通報 (1.01 年身心障礙者福利統計)(2013.6.5)。內政部統計處網站 http://www.moi.gov.tw/stat/news_content.aspx?sn=7516

15　參考 Braithwaite, D. O., & Labrecque, D. (1994). Responding to the Americans with Disabilities Act: Contributions of interpersonal communication research and training. *Journal of Applied Communication Research, 22*, 285-294

1. 自然親切：當與有身心障礙者初次見面時，伸出手來握手！僅有部分臂肢或裝上義肢的人通常也可以握手，即便握左手也是可接受的禮節。
2. 無差別的尊重：直接跟身心障礙者交談、而不是旁邊的照護者。介紹他人時，稱謂也不要跟一般人有差別。
3. 別太主動：先示意、等到對方接受後才提供協助。不要主動提供協助，這會「提醒」他是身心障礙者。
4. 配合：當與視障者見面時，用聲音介紹，使他能辨識你和跟你一起來的人。跟坐輪椅或拄拐杖的人說話時，盡量使雙方處於同樣視覺高度等。
5. 耐心：對語音表達有困難的人，耐心聽他說完，中途不要打斷、接話或甚至更正他；但點頭、搖頭會有幫助。當需要時，以簡短問題引導他的簡短回答。不要假裝你瞭解他的意思，不懂時仍然要問！
6. 放輕鬆：對視障、聽障者說出如「待會見」(See you later)，「你聽說了嗎？」(Did you hear about that) 等一般表達方式不必覺得困窘，他們會感覺到你的無差別對待與親切。

2.3 國際經營的文化差異

瀏覽書局或圖書館，你會發現有非常多有關文化差異對國際經營的影響、或實務案例的書與文章。有些文化差異顯而易見，但有些則是難以體察的細微或有矛盾的差異，如瑞士、德國人非常重視「準時」；但其他中、南歐洲國家如義大利、西班牙等，吃頓飯可能就要花上幾個小時；台灣的婚宴晚一個小時開始是常態，但很少人敢在重要會議遲到！

2.3.1 風俗與行為

在試圖對國際上溝通文化差異的分類前，必須再次強調文化背景上的差異，可能也會有相近的經營行為或專業態度。如來自新加坡、利馬 (Lima, 秘魯首都)，特拉維夫 (Tel Aviv, 以色列第二大城) 和溫哥華 (Vancouver, 加拿大西部最大都會) 等國的電腦工程師，可能就有共同的經營心態與言行，這是因為他們有共同的專業與社經背景。

文化差異 (Cultural Differences) 並非絕對的，文化背景相同的人，心態與言行表現也不見得一致，我們可稱此現象為「**文化變異**」(Cultural Variance)。忽略「不同文化之間的相似性」(intercultural similarities) 或「相同文化中的變異性」(intracultural variations)，都會形成「**刻板印象**」(Stereotype)。[16]

　　禮節 (Formality)：在商務交流建立關係的初期，不同國家文化的人，在彼此介紹時的方式就有不同。如美國、加拿大等國的商人，傾向「直呼其名」(first-name basis) 以表達友善與親切；但在其他國家如墨西哥、德國、埃及等，則認為先介紹「頭銜」(title) 是尊重的表現，只有在他人「認可」如「你可以叫我……」之後，才會直呼其名、甚至是「綽號」(nickname)。

　　姓名與頭銜，只是表達禮節的方式之一。對不認識的「陌生人」的態度，在不同國家文化中也有很大差異。如北美地區跟陌生人打招呼或甚至交談，並不是件奇怪的事；但這風俗不見得就全球通用，如美國 (全球也是) 最大連鎖零售企業沃爾瑪 (Wal-Mart) 1998 年進入德國市場後，策略性的取消了在門口「接待員」(greeters) 的職位，其原因就是因為德國人對陌生人的招呼感覺「不舒服」。在臺灣也有類似的「文化變異」，如鼎王麻辣鍋服務生每次服務後的 90 度鞠躬，有些人覺得備受尊寵；有些人卻覺得相當「不自在」！

　　社會習俗 (Social Customs)：社會習俗在見面時的差異也很大，如見面時的致意從日本人的鞠躬 (角度越大越恭敬)、泰國人雙手合十與低頭的「拜」(wai)，一般歐美人的握手，南美人的擁抱到親吻雙頰等。

　　越來越多國家，現在也開始體認到交換名片是初次見面時的重要儀式。這在日本尤其重要，給出與收下名片的雙方，都應該用雙手。接到名片後要細心「研讀」，表達出對給出名片人的尊重與重視。即便不是日本人，但看到對方收名片時仍繼續說話、或僅看一眼就收進口袋的「輕率」舉動，相信你也不太願意跟這樣的人繼續交往。

　　送禮，在某些國家文化也有特定的習俗或慣例。在印度，牛被視為聖獸，要避免贈送牛皮製禮物；在華人地區，要避免送白花或四件一組的禮物，這些都跟「死」有關；參加歐美主人舉行的餐宴或派對時，簡單、不昂貴的禮物即可，闊氣的禮物

---

16 本章所討論的種族、社會階層、世代…等文化差異或共生文化，何嘗不也是一種「刻板印象」？

反而會使主人覺得彆扭。

　　另一與社會習俗有關的影響變數，是公私的分際或重疊。歐美人通常習慣公私分明，公事上的良好關係不見得能延續成私誼。但在日本，工作上的關係通常須在下班後到酒館喝幾杯才會得到延續與強化；在中國與臺灣，工作後聚餐、聚餐後續攤「卡拉 OK」的酒酣耳熱，卻是能建立「哥兒們」關係的職場文化。[17]

　　衣著 (Styles of Dress)：當旅行與溝通把世界變小時，有關衣著的區域差異，也就不那麼明顯了。對男性商務人士而言，標準西裝可適合絕大多數的場合。對外派國外的男或女性工作人員，保守一點的服裝，要比最新流行的服裝要好。在回教國家，女性最好能以「恰當」的服裝，表示對當地宗教文化的尊重，如長袖、長裙，把頭髮包起來，如果不太違背自己的信仰與習慣，使用面紗會更好。

　　即便在國際商務盛行的現代，有些特定的當地差異或忌諱仍然存在，如 UPS「優比速」(United Parcel Service, 聯合包裹服務) 用以代表公司服務口號 "What can *Brown* do for you?" 與車輛、制服的「褐色」，與二戰期間納粹制服的顏色相仿，使 UPS 於 1976 年進入德國市場時遭到抵制，不得不把德國員工的制服改成「綠色」。在如印尼等東南亞濕熱的氣候下，國際型的公司通常不得不修改其服裝規定，允許管理人員穿著休閒裝上班。

　　時間意識 (Time Consciousness)：國際商務交流時，通常會遭遇到的第一個文化差異衝擊就是對時間的意識或概念。北美、北歐等國對時間的概念，在「時間學」(Chronemics) 上是所謂的**單一或共時序觀點** (Monochronic)，從美語常說的 "saving time"「節約時間」、"making time"「找出時間」、"having time"「有時間」、"using time"「利用時間」…等，可看出美國文化視時間為金錢或有形的資產，因此必須仔細的分配。他們會安排約會並嚴格的遵守，任務與工作會按照既定的行程，一次執行一項工作。

　　相對於單一、共時序的時間概念，拉丁美洲、南歐及中東地區文化對時間的概

---

17 這種續攤、酒酣耳熱、甚至帶些「粉味」的職場文化，對職場工作者的身心 (與家庭生活) 都帶來不良的影響。以致於歐美對此「卡拉 OK」文化有相當嚴肅的討論，請參考 Dan Harris (June 15, 2008). How To Succeed In China Without Karaoke. Posted in China Business: http://www.wsj.com/news/articles/SB121268021240548769? 及 Bruce Grenfell (August 8, 2012). Etiquette in Asia: How to Navigate Business Meetings. Posted in Concur Blog: https://www.concur.com/blog/en-us/etiquette-asia-how-navigate-business-meetings 等貼文。

念,則被稱為**多重**或**歷時序觀點** (Polychronic)。多重或歷時序時間觀點的文化,視時間為流動、無法掌控的。因此,他們比較不重視「準時」(punctuality or on time) 的重要性,可以同時執行多項工作。

　　對「準時」的概念,單一、共時序時間觀點的文化中,即便只遲到一、兩分鐘,都會被視為不尊重的冒犯;多重或歷時序時間觀點的文化中,也有很大的「文化變異」,如在南歐文化中,赴會遲到 15 分鐘仍可被接受,但在中東或非洲的某些風俗中,延宕一整天都是正常的情形 (表 2.2)。

表 2.2　不同時間觀點常見可辨識行為比較表

單一、共時序觀點 (Monochronic)	多重、歷時序觀點 (Polychronic)
一次做一件事	可同時做多件事
專注於工作	容易分心,但仍能管理干擾
嚴肅對待時間承諾 (期限、行程等)	只是一個可能達成的目標
需要資訊的低內涵文化	已擁有資訊的高內涵文化
致力於任務、工作	致力於人與人際關係
嚴格遵守計畫	經常且相當容易地改變計畫
尊重隱私,不干擾他人	關係優先於隱私
尊重私人財產,甚少開口商借	經常且容易向他人商借物品
強調主動、積極	只在「關係」上主動、積極
習於短暫關係	傾向構建終生關係

資料來源:維基百科網站 http://en.wikipedia.org/wiki/Chronemics

　　時間觀點在職場工作上,與權力的運用也有明顯的關聯性。學者辨識出職場工作上,時間觀點與權力聚合的三個典型範例如:等待時間,說話時間及工作時間等,分別簡述如下:

1. **等待時間 (Waiting Time)**:讓人等待,是組織內主導權力的象徵之一。上級能讓下級等待;但下級若讓上級等待如會議的遲到,則是不尊重權威的象徵,通常也被視為不能容許的過失。
2. **說話時間 (Talk Time)**:組織上級說話的時間較長、且不太會被下級打斷;相反的,下級說話的時間宜簡短、且容易被上級打斷。除說話時間的長短之外,轉移話

題、轉換說話對象 (turn-taking) 及決定會話的開始與結束等，通常都是上級的權力。

3. **工作時間 (Work Time)**：當組織權力地位提升時，工作的時間與排程也就越有彈性。上級掌控他們自己的時間；但下級的工作時間則由上級所決定。有關高層工作時間較有彈性的說法，有兩個看似矛盾的解釋。其一是層級越高的工作時間較有彈性；但不見得比下級短。他們會利用時間於開會、合約發展等有關決策的議題上。另則是上級的工作排程雖然較具彈性，但卻必須精確的遵守時間與既定的行程。

對衝突的容忍度 (Tolerance for Conflict)：對亞洲文化而言，維持團隊與人際間的和諧優先於工作。因此，中國與日本人會保留你的面子與尊嚴，不在眾人面前直接對你說「不」。他們比較傾向婉轉地說「我們會考慮」、「這件事有點困難」…等。中東、南歐文化，情緒的表達則優先於和諧。義大利、法國、美國等會公開表達情緒的文化，可能會在會議中激烈辯論、搥打桌面、甚至若無其事的離席；但對手的日本、印尼、英國等較「陰柔」的文化，則會三個月都不原諒這些粗魯的言行。瞭解不同文化於情緒表達、異議或衝突的處理態度，能讓你比較容易與不同衝突容忍度的人做生意。

性別角色 (Gender Roles)：來自北美、西歐、紐澳等地區的女性主管在國外工作時，常會面對一些性別角色的刻板印象或甚至歧視態度。如某些亞洲與回教國家，即便知道女性職位高於其男性同伴，主人仍會對著男性說話、好像他的職位比女性高似的。在某些重要商討與談判時，女性主管甚至會被排除在外，這些都是「男主外、女主內」、「男強女弱」等性別角色刻板印象的影響。

有時在出發前，女性主管可以書面文件明確告知 (對方) 她的頭銜、角色與職權等 (說明她的職權比同行的男性要高)，以建立其職權的權威性；但即便如此，也不保證能獲得預期的效果。畢竟，刻板印象跟習性一樣，是很難更改的！

2.3.2 文化多元性基本向度

到目前為止，我們討論了一些文化上的明顯差異，但它們都是「**文化冰山**」 (Cultural Iceberg) 露出 (能讓我們看到) 的一小部分。學者們相信，文化底蘊中應該

| 自我評估 | 測試你的 CQ「文化商數」|

下面一組問題是反映你 CQ「文化商數」(Cultural Intelligence/Quotient) 的各個構面。把每一組四題問項的得分加總後除以 4，就是你在該 CQ「文化商數」面向的得分。在經過許多管理階層人員的信度和效度驗證後，一般而言，各構面平均得分在 3 分以下，代表有改善空間；平均值若大於 4，則反映出你在該 CQ「文化商數」面向上，有不錯的表現。

請以下列反應尺度評估你對每個題項的認同程度：
1 = 極不認同；2 = 不認同；3 = 中性意見；4 = 同意；5 = 極度認同

_____在與來自不同文化的人們互動前，我會先自問「我希望達成些什麼？」

_____當與不同文化的人工作上碰到不預期的狀況，我會將此經驗運用在思考未來與不同文化相處的新方式。

_____在與來自不同文化人們會面前，我會先想好如何與他們建立起關聯性。

+_____當我剛加入一個新的文化情境時，我能立即察覺到哪些是好或哪些事情會出亂子。

總分 _____ ÷4 = _____ 認知文化商數

_____當在不同文化情境需要時…

_____我能容易地改變我的肢體語言 (如眼光接觸、姿勢…等)。

_____我能容易地改變我的表達方式 (如肢體、表情、手勢等之組合)。

_____我能容易地修正我的說話方式 (如口音、語調…等)。

+_____我能容易地改變我的行為方式。

總分 _____ ÷4 = _____ 身體文化商數

_____我有信心能處理好來自不同文化的人們。

_____我確定我能對不同文化背景的人提供協助。

_____我能容易地適應不同文化的生活方式。

+_____我有信心能處理不熟悉的文化情境。

總分 _____ ÷4 = _____ 情緒文化商數

資料來源：Earley, P. C., & Mosakowski, E. (2004, October). Cultural intelligence. *Harvard Business Review*, 82(10), 139-146.

有些基本的價值觀，從而塑造出不同文化人群在思考、感覺及行動方式上的差異。以下即就「**文化多元性**」(Cultural Diversity) 基本向度的重要研究結果，分別說明如下：

高、低情境文化 (High- and Low-Context Culture)：著名的人類學家哈爾 (Edward Hall) 於 1976 年〈超越文化〉(Beyond Culture) 一書中，對各種文化在「表達訊息」上兩個向度的術語，哈爾命名為「高情境文化」與「低情境文化」。

低情境文化的人，用來表達想法、感覺與概念等的主要方式為「語言」，而表達的語言須越清楚、越符合邏輯越好，要表達的意思，就是說出的話。相對的，高情境文化則依賴細緻、通常為非語言的線索、隱喻或暗示等來傳達訊息、保留 (雙方) 顏面與維繫社會和諧性等。

美國、加拿大的主流文化在哈爾的分析中，較偏向「低情境文化」。美國與加拿大人通常說話直接、不喜歡拐彎抹角。相對的，大部分中東與亞洲文化則偏向「高情境文化」，維持和諧是重要的。因此，溝通時會避免直來直往，免得傷了其他人的尊嚴。高低情境文化於溝通風格的差異比較如圖 2.1 所示：

| 德 瑞士 北歐 | 美 英 加拿大 | 法 西班牙 義大利 | 墨西哥 希臘 阿拉伯 | 中 日 亞洲 |

低情境文化
溝通者預期：
- 特定
- 詳細
- 精準

較不重視解碼：
- 說清楚
- 少暗示、隱喻

高情境文化
溝通者預期：
- 人際和諧
- 彼此顏面
- 避免直接衝突

敏感於：
- 非語言訊息
- 他人的感覺

圖 2.1　高、低情境文化溝通風格比較圖

國內學者陳哲明於 2001 年在哈佛商學院出版〈中國經商指南〉一書中，把中國與西方文化在溝通實務上的差異，比較如表 2.3 及表 2.4 所示。[18]

---

18 陳哲明為臺灣學者，但本書比較的是「中國大陸」與西方文化於溝通文化上的差異。另參考 Chen, M. (2001). *Inside Chinese business: A guide for managers worldwide.* Boston, MA: Harvard Business School Press.

表 2.3　中西方文化的主要關切與溝通實務比較表

	中國文化	西方文化
主要關切	保留顏面	誠實、坦率
	尊重，有禮	專斷
	妥協，靈活	自信
	整體感覺，靈性	具體條件
	社會狀態	目前任務
溝通實務	有耐性	重視時間效率
	有所保留	外向
	嘗試性	堅決
	無身體接觸	擁抱、親切拍背
	不用手指指向	以食指指向

表 2.4　中西方文化對同樣概念表達方式比較表

西方文化	中國文化
你瞭解了嗎？	我說得夠清楚嗎？
（責任在對方）	（責任在說話的人）
這個專案可接受嗎？	你怎麼看這個專案？
（要求「可」或「不可」的直接答案）	（讓回答者有回應的「外交餘裕」）
我們做不到！	要我們做這個，可能有點小困難。
（明確的拒絕可能被視為嚴苛）	（情境清楚，但答案仍然是「不」）

即便在同一國家或同一個家族中，共生文化對「直說」的態度也可能不同，尤其對美國這種民族大熔爐的國家而言尤其明顯。如西語系的墨西哥或中東、亞裔美國人而言，他們的文化情境較偏向高情境文化，即便說的是流利美語，他們的表達方式也可能有差異。如第一代移民較偏向低文化情境表達方式，但其在美國出生與長大的下一代，則偏向高文化情境。

除了高、低情境文化於溝通的差異之外，另一著名的研究，是由霍夫斯泰德 (Gerard Hendrik (Geert) Hofstede) 針對 IBM 於世界 60 餘國、超過 16 萬名員工的文化差異研究，其成果被後人稱為「**文化向度理論**」(Cultural Dimension Theory,

CDT)。[19] 以下即分別說明「文化向度理論」六個向度對溝通的影響如：

1. 權力距離指標 (Power Distance Index, PDI)：指對組織權威態度的差異。權力距離大的文化，接受權力分配本來就不均的事實、而員工也傾向尊重擁有高權力的人。相對的，權力距離小的文化，就習慣接近或甚至挑戰權威。剛畢業的美國企管碩士，如外派至馬來西亞、墨西哥或阿拉伯世界國家，常會因不斷質疑、挑戰當地組織文化而被視為有侵略性的麻煩製造者，自己也會因與同僚的「敬而遠之」的態度而感到沮喪。

2. 個人主義指標 (Individualism, IDV)：指著重個人利益或群體利益的差異。個人主義文化 (individualistic cultures) 中的成員，將個人 (與親族) 利益置於社群利益之上，相信此文化自由度能較為有效的促成個體的成功。相對的，集體主義文化 (collectivist cultures) 中的成員，則相信個人的成就來自於團體的成功，因此，對組織有較高的忠誠度與歸屬感。

    集體主義社會如中國與日本等，成員將組織的利益置於個人利益之上。日本企業除了最資深的人 (通常即為社長) 能代表公司之外，其他人很少會「站出來」代表公司。根據現已停刊的美國〈財經世界〉雜誌 (Financial World) 於 1992/12/8 所刊登的一則報導，顯示出集體主義信仰的力量：PepsiCo「百事」獎勵一位中國管理者的工作表現，但他將豐厚的獎金分享給他的下屬！

3. 不確定性規避指標 (Uncertainty Avoidance Index, UAI)：世界是一個充滿不確定的地方，國際政治、經濟趨勢及大自然的力量，都使得預測未來缺乏可信的精確度。不確定性規避指標，即在衡量各種文化對預測不確定的接受程度。某些地區文化如新加坡、香港等，頗能接受這樣的事實，使他們勇於冒險、相對地也較能接受不同規範的約束。其他諸如日本、希臘及葡萄牙等地的文化，則對變化相對

---

[19] 參考 Hofstede, G. (1997). Cultures and organizations: Software of the mind. New York, NY: McGraw-Hill. 實際上，霍夫斯泰德的相關研究，從 1965 年開始，一直持續到現代。其所辨識出來的文化向度，也從最初的四個，持續納入其他研究的成果而擴充至現在的六個向度。有關霍夫斯泰德文化向度的研究歷史，請參考維基百科網站的解說：http://en.wikipedia.org/wiki/ Hofstede%27s_cultural_dimensions_theory# History

的不能適應，他們較珍惜傳統、正式規範，也對不同概念的容忍度較低等。

4. 陽剛性 (Masculinity, MAS)：此處所謂的陽剛性，並非生理上的特徵，而是指各種文化對性別角色的刻板印象。明顯區隔性別角色的文化，稱為「陽剛性」(masculine) 文化；性別角色差異較小的文化，則稱為「陰柔性」(feminine) 文化。陽剛性文化如日本、澳大利亞及瑞士等，傾向於專注於成員的訓練、完成工作為導向且重視個人成就。相對的，陰柔性文化則較關注於團隊的順利運作、重視其他成員的感覺、維持友善的工作氛圍、合作解決問題等。

5. 長程導向 (Long-term Orientation, LTO)：[20] 或稱「未來導向」(Future Orientation)，指社會成員傾向追求長程目標或短程目標的差異。在東亞文化中，現在的努力是為了未來有好的成就的態度相當普遍；但西方「工業」文化，則較專注短程的目標或報酬。不難想像，當雇主與員工對未來報酬有同樣態度時，組織較容易和諧；但若某人關注在眼前問題的快速解決、而其他人勸他有耐性點時，衝突就很可能發生。

6. 放縱或節制 (Indulgence versus Restraint, IVR)[21]：指社會成員對其欲望與衝動的控制程度。放縱的社會傾向滿足人類基本的欲望如享受生活與玩樂；節制社會則傾向對享樂主義施以較嚴格的規範。

以上有關文化多元性基本向度的研究結果，無論是高、低情境文化或 CDT「文化向度理論」六個向度的區分，讀者應可發現，即便再努力區分多元性，也不能完整描述文化的複雜性。如我國文化應屬於高情境文化，但近來「說清楚、講明白」的要求，顯然對隱喻或暗示的表達已頗感不耐！另在 CDT「文化向度理論」的向度區分上，我國文化應傾向權力距離大、長程導向的趨勢較明顯 (其他四個向度則較不明顯)，但近年來民間挑戰政府，企業短視近利而危害社會的案例屢見不鮮⋯等，這也顯示理論上的區分畢竟與實際還有一大段差距。

---

20 1991 年，霍夫斯泰德納入 Michael Harris Bond 對中國員工與管理者的研究資料而發展出的第五項文化向度：LTO「長程導向」；但霍夫斯泰德最初稱此向度為「儒家活力」(Confucian dynamism)。

21 在納入明可夫 (Michael Minkov) 於 2007 年針對「世界價值調查」(World Values Survey) 的資料分析後，霍夫斯泰德發展此第六項「文化向度」，請參考 Minkov, M. (2007). What makes us different and similar: A new interpretation of the World Values Survey and other cross-cultural data. Sofia, Bulgaria: Klasika i Stil Publishing House. ISBN 978-954-327-023-1

2.4 多元與倫理議題

　　某些文化差異不會讓人產生倫理兩難的困境，但在某些不熟悉的文化中，可能就會挑戰個人對於是非善惡與對錯的基本價值觀。如女性在不尊重女性的國家中工作時覺得被冒犯，回扣或賄賂是當地商業正常行為、不尊重環保議題⋯等。

　　當國際經濟快速發展、國際貿易爭端也逐漸增加後，國際間對應有國際通用的「**商務倫理**」(Business Ethics) 開始形成共識。因此，由歐、美、日等國企業家經過一連串的協商、討論，於 1994 年發表所謂 CRT「**考克斯圓桌商務原則**」(the Caux Round Table Principles for Business)，對所謂「**負責任的商務行為**」做出以下七項原則性的規範如：[22]

1. 股東之外，尊重利害關係人。
2. 對經濟、社會與環境發展做出貢獻。
3. 超越法律，構建信任。
4. 尊重常規。
5. 支持負責任的全球化。
6. 尊重環境。
7. 不從事非法活動。

　　上述七項核心原則中，有許多與職場溝通有關的說明，如坦誠與有尊嚴地對待員工，傾聽員工的建議、避免歧視、公平對待所有顧客、不從事工業商業活動等。

　　即便有 CRT「考克斯圓桌商務原則」令人欽佩的努力，但文化差異仍會對國際商務帶來許多倫理兩難的挑戰。當你真的面對倫理兩難的狀況時，你可有下列幾種應對方式如：

　　規避 (Avoiding)：當違反你的價值觀與倫理判斷時，你可以拒絕這筆生意。這需要有強勢的經營規模與組織文化做後盾，另也適用他人有求於你較多的狀況。

　　遷就 (Accommodating)：你也可以接受他方不同的倫理價值系統，尤其是你有

---

[22] 參考 Caux Round Table 網站 http://www.cauxroundtable.org/index.cfm?menuid=8

> **倫理挑戰：倫理決策診斷小卡片**
>
> 　　國際電子製造大廠德州儀器公司 (Texas Instruments, TI) 相當重視企業經營倫理，並將其視為公司經營的核心價值。其具體作為包括尊重個人、對長期關係的承諾、環境保護及善盡社區責任等。
>
> 　　在面對複雜的國際經營環境時，德儀公司發展出一些指導原則，供員工在面臨倫理兩難情境時，協助他們做出倫理判斷。這些指導原則都是一些簡單自問句，印在名片大小的卡片上如：
>
> - 這項行動合法嗎？
> - 它符合你的價值觀嗎？
> - 如果做了，你會良心不安嗎？
> - 如果上報，它會是怎樣的情形？
> - 如你覺得不對，別做！
> - 如你不確定，問！
> - 持續發問，直到你得到答案為止。
>
> 資料來源：Texas Instruments, Inc. (2011). *Corporate social responsibility: The TI ethics quick test*. Retrieved from http://www.ti.com/corp/docs/company/citizen/ethics/quicktest.shtml

求於他較多時。

　　強迫 (Forcing)：當他人有求於你較多且必須合作時，你可以強迫他方按照你的倫理規範去做。

　　教育、說服 (Educating & Persuading)：你可以嘗試說明你的倫理原則較為適宜，教育並說服別人接受你的方式。這適用於雙方實力相當且能合理討論時。

　　談判、妥協 (Negotiating & Compromising)：適用於雙方實力相當、合作比不合作要好的狀況。經由談判、磋商，雙方各退一步的妥協出一套雙方都能接受的協議內容。

　　合作、解決問題 (Collaboration Problem Solving)：有倫理困境但雙方有誠意共同面對衝突時，合作並共同發展出能互利雙方的問題解決方案。

　　縱使有前述商務原則與應對方式的選擇，你還是可能遭遇不預期倫理兩難的情

境。所以，最好事前想想，當面對倫理兩難情境時，你如何思考並做出最佳的倫理決策如：

- 情境有多嚴重？並非所有倫理兩難情境都是絕對的不道德行為 (moral significance)。舉例來說，把合約交給親朋好友，一般商務行為規範認為是應該避免的不道德行為，但總比交給那些用童工或會污染環境的包商要好。
- 國情文化是否有共識？如果你的國內文化，對某一項倫理原則尚無廣泛的共識，那你的決策裕度就寬得多。舉例來說，如外派到美國的工作，因美國對企業員工有許多(優於國內的)家庭照顧與福利政策，使外派美國工作員工的整體福利明顯優於國內工作。因此，對外派員工的家庭照顧義務也就沒那麼大，就可酌予縮減福利。

2.5 多元溝通

到目前為止，你應該能體會到與不同文化背景人們之間的溝通不會是件容易的事。大到文化、倫理價值觀的差異，小到對性別角色的刻板印象等，都會影響不同文化溝通的效能。越來越多國際企業也開始重視此「**多元溝通**」(Diversity Communication) 的重要性。

強化跨文化技能，並不需要參加公司舉辦的訓練營，只要瞭解跨文化溝通的內涵，並在下列要求上下功夫，就能改善跨文化溝通所需的知識、態度與行為。

2.5.1 文化素養

許多跨文化的問題並非出自惡意、而是因缺乏**文化素養** (Culturally Literate) 所導致。工作上隨意拿起紅筆記下他人的名字，對亞洲文化而言，是「咒人死」的無禮。美國西岸某個銀行推動「友善出納」(friendly teller) 計畫，但發現遭到菲律賓裔女性員工的抗拒，原因是對菲律賓女性而言，公開對陌生顧客表達「友善」，會被視為「娼妓」。外派至美國分公司的日籍管理幹部，常會被同事與僚屬覺得高傲、權威與冷酷，殊不知在亞洲文化而言，管理者與僚屬保持距離(權力距離大)是正常的事情。

> **職場提示：差異也能成為優勢**
>
> 對許多追求職涯發展的人來說，「與眾不同」是個嚴重的缺點。因此，在找工作時，會盡量壓抑與一般規範不同之處，如在國外出生、說話方式不同，或甚至表面上看起來就有明顯差異如衣著風格、說話時的輔助表情、手勢等。
>
> 但在世界貿易擴張、社會趨向多元化及對不同文化容忍度增加的現代職場，差異也能成為職涯發展的助力。以下即列舉幾個在職場上運用獨特背景的提示如：
>
> 1. 如果你精通其他語言，在履歷表上特別說明。雙語或甚至多語能力，會讓你成為非常搶手的候選人。如果你已就業，讓老闆瞭解你的語言能力能為公司帶來什麼樣的幫助。
> 2. 在行銷、顧客服務、管理或其他領域，強調你的不同背景對組織的幫助，確定老闆將此視為組織的重要資產。
> 3. 不要過度操弄你的獨特背景。過於獨特的背景，有被當成「少數樣版」(token minority) 卻束諸高閣的風險。
>
> 職場上的成功，影響因素很多，而個人的獨特差異性只是因素之一，但你的價值，終究還是要看你的績效而定。
>
> 資料來源：Prasad, C. (2009). *Difference as advantage: Maximize the benefits of your cultural identity on the job*. Retrieved from http://www.imdiversity.com/villages/asian/careers_workplace_employment/prasad_difference_in_workplace.asp

上述的誤解只要員工能瞭解彼此的文化背景，通常就不會產生問題。以一句話總結溝通時所需的文化素養如：「如果不學著體會他人的感受，可能就會在無意中傷到他人。」

2.5.2 建設性態度的發展

處理文化背景不同的員工與顧客，需要時間與耐性，而此兩者在現在忙碌的職場中，卻是稀少的資產。因此，跨文化能力的培養，常被視為業務上的干擾。但只要態度正確，處理跨文化問題的成本不會比其他成本項目高，如處理得宜，還可能把跨文化的問題轉化成機會。

圖 2.2 顯示面對不同文化的心態差異，從圖中的說明，應該很容易判斷出哪些心態能或不能發展出有建設性的關係。

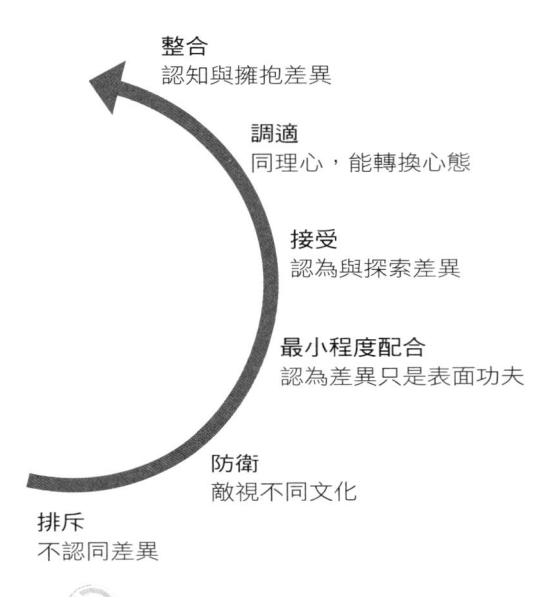

整合
認知與擁抱差異

調適
同理心，能轉換心態

接受
認為與探索差異

最小程度配合
認為差異只是表面功夫

防衛
敵視不同文化

排斥
不認同差異

圖 2.2　跨文化敏感性示意圖

將多元差異視為機會：不同的背景，能為商務運作帶來新的能量。以女性為例，她們通常比男性易於察覺非語言的線索，這讓女性非常理想的成為談判團隊成員。在談判過程中，她們有助於瞭解談判對手的感覺與意圖。來自不同文化背景的成員，也能提供與他們有一樣背景顧客或競爭對手的額外訊息。如一個西語裔的管理者，比較能有效訓練、管理與激勵西語裔的員工，另在與韓國對手競爭時，團隊中最好能有韓籍的成員等。

避免顯露出民族優越感：**民族優越感 (Ethnocentrism)** 是由自己文化觀點看待任何事物的傾向，通常也視自己的文化較其他文化來得優越。民族優越感在職場中很容易發現，如公司中本國團隊通常會認為國籍不同的團隊效能較差或較不重要；批評他人不夠老練，只因為他的穿著不同於你的衣著風格或流行；因為他人溝通方式的不同，就認為他人缺乏商務敏銳性等。抓住任何跨文化的訓練與互動機會，將有助於降低個人的民族優越感。

2.5.3 行為調適

對文化差異有較為透澈的瞭解與建設性的心態，有助於在跨文化職場中獲得較佳的工作關係，進而達成個人的職場目標 (表 2.5)。

表 2.5　阻礙或促進跨文化真誠關係的心態與行為

阻礙真誠關係發展的心態	
多數的心態	少數的心態
• 差異性不會影響績效	• 所有多數成員對少數的心態都一樣
• 始終歡迎少數文化融入多數文化	• 多數文化中沒人真正瞭解少數文化
• 公開認同差異性會使少數難堪	• 多數成員也真的嘗試瞭解少數
• 少數乘機占取多數的利益	• 改變情勢的唯一方法是對抗
• 多數的寬宏大量使多數成員不會歧視少數成員	• 所有多數成員都會在不經意中讓你失望
• 少數過於敏感	

阻礙真誠關係發展的行為	
多數的行為	少數的行為
• 干擾、打斷	• 太早或太急躁於對抗
• 高傲的行為	• 拒絕 (多數) 的協助與友誼
• 表現出太容易接受的友誼	• 給多數想聽的答案
• 當少數成員在場時，說到少數議題時不是對著少數成員說	• 孤立主義

促進真誠關係發展的心態與行為	
多數	少數
• 視所有人都是獨立個體，也是文化中的一員	• 伴隨並貫徹處理艱困的文化差異問題
• 展現出學習其他文化的興趣	• 承認真誠的意圖 (即便對笨拙的表示也一樣)
• 不打斷的傾聽	
• 承擔風險：第一個跳出來對抗文化差異問題	• 不必預期完美，以他們現在的狀態相待
• 直接並有建設性的表達關切	• 承認多數與少數文化的依存性

資料來源：Harris, P. R., & Moran, R. T. (2004). *Managing cultural differences: Global leadership strategies for the 21st century*. Boston, MA: Elsevier/Butterworth-Heinemann.

別高傲：人通常容易將不同的人與事視為不對等！想想你是否就如下列情境所描述的情況：你對有身障同事的第一個反應是同情與憐憫？新移民說的國語 (或台語) 讓他們看起來沒那麼聰明？即便在美國白人男性社會，對那些 "Good ol' boy"「老哥兒」幫的成就也不那麼尊重，因為幫外的成員覺得幫內成員的成就來自於人際關係，而非其個人的功績。

即便極力想表達出平等的心態，有時卻會適得其反。當你想與原住民同事表達尊重他的文化、拉攏彼此的友誼關係時，絕對不要說出下列的話如：

- 你完全看不出來是原住民耶！
- 你與大多數的原住民都不一樣！
- 我能瞭解身為原住民的心態，因為我是… (外省第二代，客家人等)。

創造對話機會：溝通專家們對構建跨文化能力第一步的建議，通常就是「對話」(dialogue)。當人們瞭解到彼此都具備共同的人性，且能自發、真誠的對待彼此，對話才會發生。而順利、成功的對話，則需要雙方 (或多方) 溝通不預設立場，在不被過去偏見或扭曲的情況下，互相尊重地傾聽對方。

當來自不同背景文化的人們不能建設性的傾聽或交談時，誤解就會深植於彼此的認知中。一項針對美國企業員工的調查研究顯示，美國黑人對白人的認知是保守矜持的、有野心的及有優越感的；但白人對黑人的認知是隨和 (或 easy-going 隨便) 的、有野心的、感覺上好像所有人都欠他們似的。若不瞭解對方的關切，這種誤解就不會輕易的化解。

即便對話、交談，也不見得都具有建設性。人們談起文化差異的方式，會決定他們之間的關係將會改善或越趨惡化。美國記者寇斯 (Ellis Cose) 曾描述兩種不具建設性的交談類型如下：

> 事情的討論，通常會在兩個極端中進行：不是嘶喊就是竊竊私語。嘶喊的對話，通常由觀眾的煽動，痛苦、無知且扭曲地進行著。而竊竊私語者，好像深怕真理會刺痛他們似的，根本談不出個所以然。

溝通專家們大多也同意寇斯的描述，忽略文化差異性跟強調它一樣危險。所以，跨文化溝通時的真正挑戰，是以不具煽動性的語言 (將於本書第 4 章說明) 公

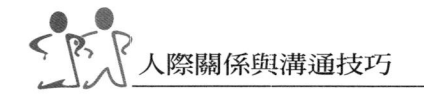

開的討論。當你以此建設性的心態與他人溝通、互動，產生正向結果的機會也將大增。

重點回顧

- 當社會趨向多元時，與許多來自不同文化背景人們的溝通，就成為商務經營的必要能力。
- 共生文化，是在主流文化中，能清楚辨識其特性的少數群體如種族、社會階層、世代、區域、身心障礙及性別等。瞭解各個共生文化的特質，能有助於職場中的正確認知與行為表現。
- 職場員工需要瞭解國際文化差異的重要性如禮節、社會習俗、穿著、對時間的概念、對衝突的容忍度、性別角色，及那些「潛藏」的文化向度如高、低情境文化；個人或集體主義，權力距離差異，不確定性的規避性，陽剛或陰柔性、未來或眼前導向及放縱或節制等。
- 精明的商務溝通者會致力於提升(跨)文化素養，發展建設性心態(如視多元為機會與避免優越感等)，避免高傲及創造對話機會等，在多元工作環境中調適自己的言行。

PART 2

個人技巧

傾聽 CHAPTER 3

學習重點

1. 有效的傾聽有助於職涯的成功；但對傾聽的錯誤認知，反而會阻礙職涯發展。
2. 瞭解會阻礙有效傾聽的三種障礙，並掌握克服各種障礙的策略。
3. 分析你自己的傾聽類型，並掌握如何運用傾聽類型的知識更瞭解他人。
4. 如何在特定情境下，運用六種傾聽指導原則以創造出適合的重述反應。

人際關係與溝通技巧

3.1 工作上的傾聽

「我跟她說過,會議是這週四,不是下週四!現在,我們要重新安排行程,這專案也要加班趕工了。」

「他說他會聽,但從他一開始就打岔,連一分鐘也沒給我機會說!我再也不要跟這種人有任何關聯了。」

「產線又出問題,我屢次警告他們要仔細監控溫度,但沒人聽。現在整批都要報廢!要怎樣才能讓他們聽得懂?」

在職場工作上常會聽到類似上述情境的抱怨,它們也透露出工作上屢屢發生「**傾聽失敗**」(Listening Failures) 的頻率及其可能造成的損失。你可能沒辦法讓別人聽得好一些,但瞭解傾聽的重要與如何「**有效傾聽**」(Effective Listening),至少可以強化你的傾聽能力,讓你成為一個好的溝通者。

第 1 章圖 1.1 即說明了「聽」占了「溝通」四成五左右的時間,「聽」顯然是溝通當中重要的元素;但「**聽**」(hear) 或「**聽到**」(hearing) 卻不一定是「**傾聽**」(listening),為掌握「聽」與「傾聽」的差異,此處先對「聽」字說文解字。網路上有很多外國人對「聽」漢字的拆解解說,但都無法掌握中文的意義;因此,作者也整理了相關資料,將「聽」字拆解說意如下:

- 「耳」指「聽聞」,聽是「自己聽到」,而「聞」則是從他人、他處「聽說」。
- 「壬」指巧辯或奸佞巧言的人。
- 「十目」指全般觀察。
- 「一心」指專注。

由「耳目」協助「一心」的專注於別人的巧辯。因此,「聽」字可解釋成「用心聽」或「用心體察」(他人的巧辯),而「用心體察」或「用心聽」,就是「傾聽」的真義,如圖 3.1 所示。

但一般人所謂的「聽」或「聽到」不代表「聽清楚」,聽清楚了不代表「聽明白」,聽明白了也不等於「有效傾聽」。所以,從「聽」到「有效傾聽」,還是有

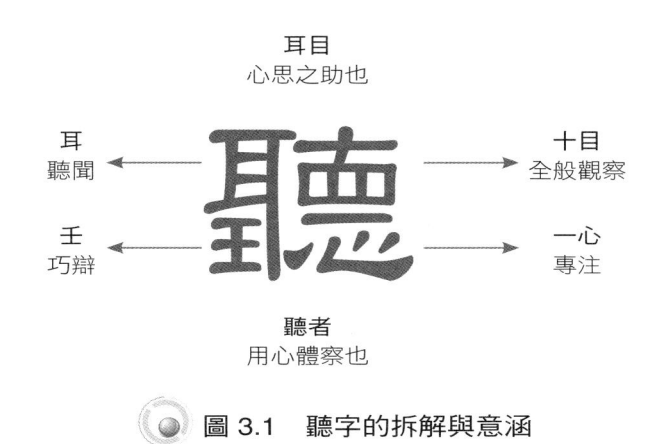

```
              耳目
            心思之助也

    耳                        十目
  聽聞  ←——   聽   ——→      全般觀察

    壬                        一心
   巧辯  ←——       ——→        專注

              聽者
            用心體察也
```

　　圖 3.1　聽字的拆解與意涵

些條件必須滿足。

　　從耳朵接收訊息生理上「聽到」開始，訊息要不被干擾地讓接收者完全接收，才是「聽清楚」；接收者也要能確實瞭解發訊者想要表達的訊息(包括非語言訊息)，才是「聽明白」；一般而言，狹義的「傾聽」可到「聽明白」為止。但若要能「有效傾聽」，接收者還必須回饋，以確認訊息被有效、無誤的傳達，才是有效的傾聽，如圖 3.2 所示：

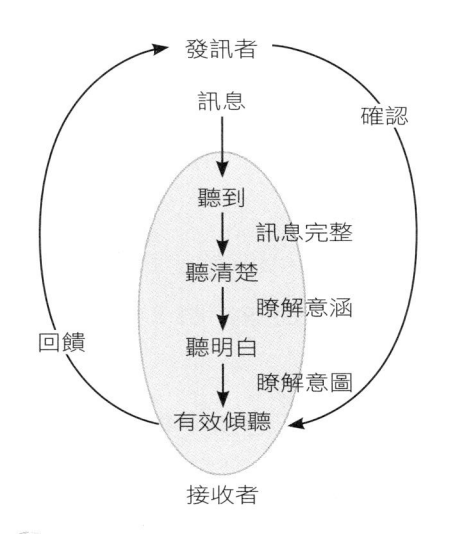

```
                發訊者
           訊息          確認
            ↓
           聽到
            ↓   訊息完整
          聽清楚
            ↓   瞭解意涵
          聽明白
            ↓   瞭解意圖
         有效傾聽
    回饋
                接收者
```

　　圖 3.2　溝通模型中的有效傾聽

3.1.1 傾聽的重要

美國管理大師科維 (Stephen Richards Covey) 於其暢銷書〈與成功有約〉(Seven Habits of Highly Effective People) 一書中，即將「傾聽」列為七項成功要素之一。

「美國產業英雄」艾科卡 (Lido Anthony Lee Iacocca) 也曾對傾聽有如下說明：

> 如果你要讓人們為你工作，你就必須要能「好好聽」(listen well)。這也是公司平庸或偉大之間的差異。最使身為管理者的我感動的是，看到被公司系統評為「平庸」的員工能自動自發的努力於工作，而這都是因為有人聽了他的問題並協助他解決問題所致。[1]

美國眾院第 59 屆 (1999~2007) 發言人哈斯特 (Dennis Hastert) 也強調專注 (於傾聽) 所能帶來的正面情緒價值，他描述他大部分的工作內容是：「他們叫我『發言人』；但實際上他們應改叫我『傾聽者』。」[2]

許多學術界的研究，也都能支持上述的論述。許多研究的結果都顯示，無論在職務或職涯的成功、貢獻度、向上 (晉升) 的機動力及組織有效性等評估上，傾聽，都是溝通技能中最重要的一項技能。

傾聽的價值，甚至當你的職涯還沒開始前就開始顯現。找工作的人在面談時，把耳朵張開 (聽清楚他們到底想知道些什麼？) 的效果最好。當你獲得這份工作

---

1 艾科卡 (Lido Anthony Lee Iacocca)，義大利裔美籍企業家。先後任「福特」和「克萊斯勒」汽車公司總裁。福特經典車型「福特野馬」(Ford Mustang) 的開發負責人。之後擔任克萊斯勒總裁期間，成功把公司轉虧為盈，獲得「美國產業界英雄」的稱譽。業界常用「艾科卡」一詞來比喻成「將公司經營轉虧為盈的企業家。」參考 Iacocca, L., & Novak, W. (1984). *Iacocca: An autobiography.* New York, NY: Bantam.

2 參考 Franzen, J. (2003, October 6). The listener. *New Yorker*, p. 85.

後，傾聽，也能幫助你盡快進入狀況。英國社福專業經理人與職涯顧問薩特克利夫 (Andrea Sutcliffe) 曾作出如下表示：「當你要在工作第一年所需的人際技能中選出一項，就選傾聽吧！它是讓你能與人相處及向前邁進最重要的工具。」[3]

傾聽不但對求職重要，它對職涯的發展也一樣重要。一項針對 1,000 名管理者的調查研究顯示，要他(她)們列出理想管理者必須具備的技能時，傾聽的排序為第一。另一項研究請管理者列出工作上最重要的技能時，傾聽被提起的次數，比其他技能如技術能力、電腦知識、行政管理能力及創新能力等都要來得多。[4]

總結說來，因聽錯或傾聽失敗，導致正式信函必須重簽重發、既定行程必須重新安排、交運期程或途徑必須重新安排…等，勢將使生產受到影響而導致獲利的下降。相對的，有效的傾聽能改善產品與服務的品質、提升產量、節約成本與資源…等，故傾聽的重要性不言而喻。

3.1.2 傾聽的錯誤假設

在溝通時，人們通常較著重訊息的發送(說)，而非接收(傾聽)，這種不平衡的現象，來自於下列幾項錯誤的假設：

錯誤假設 1　有效溝通是發訊者的責任：管理學大師杜拉克 (Peter Drucker) 認為溝通時，收訊者與發訊者有同樣的重要性，他曾表示：「實際上是收訊者在溝通；所謂發出訊息的『溝通者』實際上卻沒在溝通。除非有人在聽…否則發出的訊息也就是干擾。」

根據杜拉克所說，如果預期的收訊者沒在聽，任何思慮周到、表達良好的概念都是浪費！因此，在溝通時獲得與瞭解訊息，是發訊者與收訊者都必須分擔的責任。

錯誤假設 2　傾聽是被動的：某些溝通者會錯誤地認為，傾聽基本上是如海綿吸水一樣被動 (passive)，收訊者默默地吸收發訊者所發出的訊息。事實上，好的傾

---

[3] 參考 Sutcliffe, A. J. (1997). *First-job survival guide*. New York, NY: Henry Holt.
[4] 參考 Winsor, J. L., Curtis, D. B., & Stephens, R. D. (1997). National preferences in business and communication education: An update. *Journal of the Association for Communication Administration, 3*, 170-179.

人際關係與溝通技巧

> **倫理挑戰：待人的黃金與白金定律**
>
> 待人的**黃金定律** (Golden Rule) 說到：「以我們自己想要的方式對待別人。」**白金定律** (Platinum Rule) 則說：「以他人想要的方式對待他們。」而要做到白金定律最好的方法，就是傾聽，發掘出他們究竟要些什麼。
>
> 雖然如此，實務上每天的忙碌，使你無法兼顧做好每天的工作與專注於每一條你聽到的訊息。
>
> 因此，身為忙碌的工作者，你要如何處理看似 (對工作而言) 不必要的訊息、而同時又不疏遠或甚至觸怒傳遞訊息給你的人？

聽是件辛苦的工作，經常要在傾聽的同時還要說－提問、**重述** (Paraphrase)[5] 訊息，以確定所聽到的訊息被正確無誤的理解。

即便傾聽時保持靜默，也不代表好的傾聽者是被動的。任何曾在重要會議或場合專注傾聽的人都會同意：「傾聽是非常累人的事！」他們即便沒發問，但要在快速流轉的情境下，注意說話者的表情、肢體動作，不漏失任何重要的非語言訊息…等，都使傾聽者必須耗用大量腦力與精力於專注上，而此專注傾聽絕非被動，而是主動且需要付出精力的。

錯誤假設 3　說比聽更具主導優勢：乍看之下，好像在談話的場合中，說話者掌控著會談、而聽的人是追隨者。說話的人能攫取每一個人的注意，因此，人們常容易認為「說」比「聽」較具情境主導優勢，也是邁向成功的途徑。

說而沒聽，常讓專業人員錯失了重要的訊息。我們常見醫生的問診，即便病患可能不知如何正確地表達出病徵，但醫生通常沒有時間仔細聆聽病患想說些什麼。所以，醫生問得越多，可能離正確掌握病徵的軌道越遠，越不清楚病患真正的苦處在哪。

雖然「說」有它的價值，但精明的商人瞭解「聽」也有同樣的重要性。曾有溝通顧問如此表達：「行銷人員每花一分鐘的時間在傾聽上，他或她就能節省四分鐘

---

[5] 重述 (paraphrase) 對有效溝通非常重要，溝通雙方常必須重述彼此對溝通訊息的認知，以確定訊息被正確無誤的傳達。重述，並非一字不改的「引述」(quote)，而是瞭解訊息後，用自己的話語或方式重新表達之謂。重述在論文寫作時也相當重要，對可能有抄襲 (plagiarize) 嫌疑的文獻內容，最好以重述再加上 (內文) 引述的方式，較能有效的避開抄襲之嫌。

的時間在說服與克服困難上。」[6]

　　錯誤假設 4　聽是自然本能：聽，看起來是一項自然本能－像呼吸一樣。你或許會說「我從小開始就會聽。」大多數人對「說」的看法也一樣。每個人都會做，但不代表每個人都做得好！

　　早期的研究結果即已發現，人們傾向高估自己的傾聽能力。曾有一項研究，請管理者自評其「傾聽能力」，結果令人驚訝的發現，居然沒人回答「差」或「極差」；反倒是將近九成五的受訪者自評其傾聽能力為「好」或「極好」。但這個自我感覺良好的結果，卻不被這些管理者的下屬所支持，許多下屬表示他們的主管「不善於傾聽」。[7]

3.2　有效傾聽的障礙

　　瞭解他人(想什麼)當然重要，但研究卻認為(溝通時的)誤解是常態而非特例！對話的伙伴對彼此所說的理解，最多也只有 25~50 % 的精確度。在一次重要簡報結束的 10 分鐘後，一般聽眾仍可記得 50 % 的內容，但 48 小時候，通常只能記憶 25 % 左右。[8]

　　我們在第一章中提過，有三種會阻礙訊息接收的「干擾」(noise)環境、生理與心理，分別說明如後。

這事需要用到你的耳朵！

6　參考 Cooper, E. (2001, July). Are you in the listening zone? Most times, it's not what you say that makes the sale–it's how you listen. *On Wall Street, 11(7)*.

7　參考 Brownell, J. (1990). Perceptions of effective listeners: A management study. *Journal of Business Communication, 27*, 401-415.

8　參考 Spitzberg, B. H. (1994). The dark side of incompetence. In W. R. Cupach & B. H. Spitzberg (Eds.). *The dark side of interpersonal communication* (25-50). Hillsdale, NJ: Erlbaum.

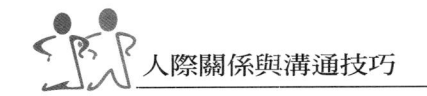

3.2.1 環境障礙

工廠生產線上規律的機器動作或擁擠室內的人聲嘈雜，都會使人難以接收(聽)與處理訊息。諷刺的是，有些環境障礙卻是我們用來溝通的工具，如會談時的手機來電、即時訊息或電子郵件的提示聲等，都會分散溝通時的注意力。但並非所有的溝通環境障礙都是聲音，過熱、通風不良、照明不足的辦公室、或甚至不舒服的座椅等，都會阻礙有效的傾聽。

你無法消除所有的環境障礙，但至少你可以「管理」它。如將會談移到安靜的地方，避免或移除室內容易讓人失焦的擺飾或設置，如詢問：「旁邊那桌的花香對我濃烈了些，我們能換個地方嗎？」，選擇較可靠的溝通管道如：「讓我用市話回電給你」(手機訊號不清楚時) 等。

3.2.2 生理障礙

對有些人來說，不良於聽是來自於真的聽力缺陷。一旦知道對方有聽力缺陷，通常很容易處理(如使用擴音器或靠近一點、大聲點說等)；但有些臨時的聽力問題，可能是頭痛或其他疼痛導致無法專注於聽。不管是永久或短期的不良於聽，對有效傾聽都是有問題的。

聽力，不是唯一對有效傾聽的生理障礙，對訊息的處理如聽覺分辨力、排序與記憶等，都會使專注力不足、最終導致無法有效傾聽的生理障礙。我們對人類生理能力的瞭解，讓我們知道一般人說話的速度、趕不上人腦處理訊息的速度。在傾聽時，人腦有每秒處理 500 字的速度；但一般人說話的速度，每秒大約只有 125 個字左右。這個差異造成所謂「**心智多餘時間**」(Mental Spare Time)，通常會讓人的心智「遊走」於說話者意圖之外，這種不專注或轉移注意力，都會使溝通「失效」。

3.2.3 心理障礙

許多溝通障礙來自於人的心理障礙，且其普遍性會讓人驚訝的。這是人們「不願意」或在心智障礙狀況下，阻礙了有效溝通。

心不在焉 (Preoccupation)：工作或個人的一些「煩惱」或未完成的事，會使人難以專注在眼前的事。即便你現在的談話很重要，但其他未完成的工作或個人私

> ### 職場文化：傾聽的性別差異
>
> 　　流行雜誌常會問這樣的問題：「誰較擅長於傾聽，男人或女人？」另外一種同樣無聊的問法：「男人和女人的傾聽，有什麼不同？」
>
> 　　事實上，(西方) 男女在口語溝通的回饋時，對「傾聽的回應」如 "uh huh" 與 "hmmm" 等，有不同的詮釋意涵。女人認為這象徵著「關心」、「注意」；男人則認為這發出了「同意」的訊號。因此，當女人回應 "uh-huh" 時，可能意味著「我在聽」；但男人卻可能認為她「同意」了。專業的溝通者，為避免這種語音線索的模糊性，通常會以較為正式的問法，來澄清彼此的認知。
>
> 　　其他的研究也顯示，男女因不同的傾聽目的，也會選擇不同的訊息來聽。女人較可能「傾聽」說話者詞句背後的「感覺」。舉例來說，當會議上一名男同事被要求重做報告時，他回道 "Sure"「當然」…會議後，女同事會認為這位男同事相當生氣且不願重做報告；但其他男同事可能會認為「這有什麼問題？」「他說他會做啊！」

事，也會轉移你對眼前談話的專注力，如你要回電給一個非常生氣的顧客，老闆要你解釋為何要延後時程，你要安排與新供應商的面談，家中長輩獨自去醫院看病、小孩沒人照顧，或車子要送檢驗…等，都容易使聽者「失神」於專注、瞭解此時說話者到底在說些什麼。

　　訊息超載 (Message Overload)：在充滿手機、筆電及其他 3C 科技產品的世界裡，人們正面臨前幾世代從未遭遇的「**多重溝通**」(Multi-Communicating)[9] 的挑戰。多重溝通指人在同一時間執行不同管道的溝通方式，如在辦公室跟人談話時，有人不斷敲門進來提供即時的訊息，你的手機不斷響起有電話、簡訊、電郵或下一個行程的提示音等。

　　許多人認為他們可以同時執行**多重工作 (Multitask)**，但根據人類對神經學 (neurological) 的研究證據顯示，人們通常不善於在同一時間執行多項工作。在「換

---

9 多重溝通 (multi-communicating) 是在同一時間執行多個溝通的實務。多重溝通一詞最先由 Turner, Reinsch and Tinsley 三人所提出，意指在現代迅速擴增溝通媒介的協助下，人們可以同時處理「多個」溝通。另參考 Turner, J. W., Reinsch, L. & Tinsley, C. (2008). Multicommunicating: A practice whose time has come? Academy of Management Review, 33(2), 391-403.

檔」(switch gears) 時，人腦會有「遲滯時間」(lag time) 的浪費。這意味著在溝通 (或工作) 時，一次專注於一項訊息 (或處理一個工作) 會比較有效，效果也較好。

　　自我中心 (Egocentrism)：不良傾聽的一個常見因素——通常也是錯的——就是「堅信」自己的想法始終比別人重要且有價值。這種傲人一等的自我中心心態，除了讓自己沒辦法吸收、學習其他新的經驗外，也讓自己很難與他人共事。

　　美國有句諺語說：「從來沒有人會認為他會失業」(Nobody ever listened themselves out of a job.)，其原意就是指「人們總是說太多卻聽太少」…到了被炒時才怨沒聽到風聲！

　　民族優越感 (Ethnocentrism)：文化的無知或偏見，會造成一種心理上對其他文化的瞭解障礙。以口音為例，有特殊口音的說法，會被主流文化認為是缺乏智慧與較難說服人的。這種對其他文化的微妙心態 (即便不承認有文化歧視) 決定了傾聽的正確或不正確態度。舉例來說，非裔與歐裔美國人認為說優於聽、而說也優於沈默。因此，這些所謂「西方人」無法忍受一段長時間的沈默、而會在其中「加入」演說。相反的，原住民美國人與亞洲文化的人則認為沈默是溝通中重要的要素。因此，當西方人要跟韓國人談生意時，要注意沈默比說話更重要；而亞洲人與歐洲人對話時，就要多花點心思在口語表達上。

　　對表達出無知的恐懼 (Fear of appearing ignorant)：有些商務人士認為對澄清某事的發問，會讓自己看似「無知」(ignorance)，與其被別人認為無知、他們假裝聽懂了一而這通常會有不好的結果。事實上，對澄清表達出誠摯的渴望，卻可能會有意想不到的報酬，管理大師彼得 (Tom Peter) 對此事解釋道：

> 　　我第一個老闆…是我所知最聰明的人。他聰明與自信到會問最基本的問題 (有些人會說是「笨」問題)，我們都嚇呆了。因為我們的報酬都不錯，不應該問這種笨問題。但結果是…我們九成的「策略性」案子都沒成功，就因為我們怕表達出對案子的不明瞭處 (基本的笨問題！)

　　大多數的情形是，「笨問題」後，會接著一連串的「笨問題」，最後卻會產出「有利可圖的發現」(pay dirt)。

3.3 傾聽類型

顯然地，傾聽的方式並不是所有人都一樣。研究發現每個人都有其傾聽的傾向，換句話說，傾聽時都有不同的動機。你可由下頁所示的問卷，自評你的傾聽類型為何。當然，每種傾聽類型有其各自的優點，重點是，在辨識出你的傾聽類型傾向後，試著發展你不自然具備其他類型的傾聽方式！記住：有效的傾聽者，是能保持彈性的傾聽者。

3.3.1 關係型傾聽

傾向於「**關係型傾聽**」(Relational Listening) 的人，比較關切與他人之間的情緒連接。他們會「為瞭解而傾聽」，關切說話者的情緒、感覺，並能高度反映說話者的情緒。關係型傾聽者，通常不會針對他人所說而作評論或判斷，也不會評估他人所說；相對的，他們較傾向瞭解與支持說話者的感覺。

這種傾聽方式的最大好處，是「被傾聽者」會較為滿意彼此的關係，這在對下屬或同僚之間，是非常有效、且有助於正向職涯發展的傾聽方式。但關係型傾聽也有缺點，它容易「過度」融入他人的感覺，除容易失去對說話者所說資訊品質的評估能力外，說話者也不見得願意你的「過度融入」，或甚至會被視為「侵入」他人的私領域。

3.3.2 解析型傾聽

解析型傾聽 (Analytical Listening)，是在參與所有訊息的評估後，才會作出判斷的傾聽類型。解析型傾聽者，會聽完所有細節並從不同角度分析談話議題。這些人享受複雜資訊的情境，傾聽者也較為傾向「**系統性思考**」(System Thinking)。

解析型傾聽者，在概念複雜但目標品質相當重要時相當有用，他們能從不同角度，解析談話目標的價值。但相對的，這種傾聽方式非常耗費 (溝通) 時間。因此

自我評估　自評你的傾聽類型

研究發現每人都有其特定的傾聽類型。你可以下列問項自評你的傾聽類型，以 "1" 代表「極不同意」，而 "7" 代表「極為同意」。在某一類型的得分平均在 "5" 以上者，即可能是你的主要傾聽類型。

關係型傾聽

瞭解說話者的感覺是重要的	1　2　3　4　5　6　7
在聽他人說話時，我的主要關切是他們的感覺	1　2　3　4　5　6　7
我為了瞭解說話者的情緒而傾聽	1　2　3　4　5　6　7
我享受傾聽，因為可與他們產生連結	1　2　3　4　5　6　7
傾聽他人時，我專注於瞭解話語背後的感覺	1　2　3　4　5　6　7

解析傾聽

我會等到所有事實呈現後，才形成意見與作出判斷	1　2　3　4　5　6　7
在聽完他們所要講的所有事情前，我不會壓抑著判斷	1　2　3　4　5　6　7
在我聽完所有訊息前，我不會提出自己的意見	1　2　3　4　5　6　7
在傾聽時，我會考慮所有面向後才作出反應	1　2　3　4　5　6　7
在形成自己意見前，我會完全聽對方所要表達的	1　2　3　4　5　6　7
為對他人公平起見，我會聽完他們所講的後才作出判斷	1　2　3　4　5　6　7

任務導向型傾聽

我對漫談沒耐性	1　2　3　4　5　6　7
當他人脫離談話議題時，我會覺得沮喪	1　2　3　4　5　6　7
當他人顯然在浪費時間的談話時，我會失去耐性	1　2　3　4　5　6　7
我偏好能快速切入主題的說話者	1　2　3　4　5　6　7
當他人不善於表達其概念時，我也覺得很難傾聽	1　2　3　4　5　6　7
我欣賞能提出簡短且切入主題的簡報	1　2　3　4　5　6　7

批判性傾聽

傾聽他人時，我專注於說話內容的不一致或錯誤	1　2　3　4　5　6　7
我常能在別人的說話邏輯中抓出錯誤	1　2　3　4　5　6　7
我能自然而然的注意到說話者所說的錯誤	1　2　3　4　5　6　7
我有抓出說話內容的不一致性的才能	1　2　3　4　5　6　7
當傾聽他人時，我能注意到說話內容的矛盾處	1　2　3　4　5　6　7
我認為能抓出說話當中的缺陷是好的傾聽者	1　2　3　4　5　6　7

資料來源：問卷採用自 Bodie, G. (2011). *The listening styles profile-revised (LSP-R): A scale revision and validation.*

當時程緊迫時，這種傾聽方式的反應速度可能不如預期所需。

3.3.3　任務導向型傾聽

傾向於「**任務導向型傾聽**」(Task-Oriented Listening) 的傾聽者，較為關切任務、工作的達成。效率，是他們的主要關切。因此，他們希望說話者能盡快切入重點、並維持在議題上。不意外的，任務導向型傾聽者，通常(在溝通時)也比較沒有耐性。

在步調甚快的現代經營環境中，任務導向型傾聽者能促使事情較為有效的運作。但因較缺乏耐性，他們對議題的反應較缺乏同理心、有時甚至會出現攻擊性語言。此外，過度專注於(時間)效率，有時對需要謹慎思考的情境形成障礙。

3.3.4　批判型傾聽

「**批判型傾聽**」(Critical Listening)，對溝通訊息的品質有極強的評估或批判性。這種傾聽方式超越解析型傾聽，當解析型傾聽者試著「瞭解」溝通議題內涵時，批判型傾聽者則試著評估溝通訊息的品質。不意外的，批判型傾聽者較專注於溝通訊息的精確性與一致性。

當溝通目標是調查問題如警察盤查、會計稽核或生產問題診斷時，批判型傾聽非常有用；但容易被「說話者」認為過度「吹毛求疵」，而使溝通關係緊張或處於對立位置。

3.4　更有效的傾聽

社會學家已辨識出兩種不同的傾聽：不專心 (mindless) 與專心 (mindful)。**不專心傾聽** (Mindless Listening) 是我們對他人發出訊息的自動、例行的反應，其中不涉及我們的心智投入 (mental investment)。「不專心」一詞看起來有負面的意涵，但它是一種低階的(心智)處理程序，能騰出我們的心智用於較須留心、注意的訊息。對不專心傾聽的挑戰，是我們的心智如何決定哪些訊息需要或不需要較多的關切。

相對於不專心傾聽而言，**專心傾聽** (Mindful Listening) 需要我們對訊息的接收付出相當的專注力，並對訊息作出反應。顯然的，有效溝通要求溝通者的專心傾聽。但實務運作上，專心傾聽沒那麼容易、其能力是需要培養的。在培養專心傾聽能力

前,首先要弄清楚傾聽的目標為何?是為瞭解而傾聽、或為評估而傾聽,兩種專心傾聽的運作方式分如以下小節所述。

3.4.1 為瞭解而傾聽

大多數人會說他們始終都會為瞭解對方的意圖而傾聽,但實際上,人是會做白日夢、心思容易偏移到其他事項、或甚至內心裡自然而然的對訊息產生辯論心態等。下面是一些對「**為瞭解而傾聽**」(Listening to Understand) 的建議,有助於你能傾聽得更為精確。

不評判 (without judgment):管理大師科維 (Stephen Covey) 對此有非常簡潔的評述:「要他人瞭解你、先瞭解他人」(Seek first to understand, then to be understand)[10]。人們對要討論的事情,通常有自己的「主觀」觀點。所以,在充分瞭解他人概念前的不評判並不是那麼容易。如客服人員對顧客的抱怨,通常都是採取防禦態勢,認為顧客是在「沒事找麻煩!」而不試圖瞭解顧客在抱怨些什麼?這種評判心態容易漏失掉重要的 VOC「**顧客心聲**」(Voice of Customer)。

不打岔、少說話 (talk and interrupt less):要瞭解他人到底要表達些什麼,最好的方法是讓他說完、說完全,中途不打岔。有經驗的推銷員會告訴你 80/20 法則運用於推銷的要訣,是聽八成而只說兩成!如果你是個管不住自己嘴巴的人,試試當情況只允許你在絕對必要時、只能講幾句簡短的話…!你會發現這種訓練多少能為你帶來一些幫助的。

提問 (ask questions):**真誠提問** (sincere questions) 是蒐集事實細節,澄清意涵、鼓勵說話者進一步解說的有效工具。提問的重點,是要讓對方覺得是「真心誠意」、而非虛偽、掩飾意圖或別有居心。**虛偽的提問** (counterfeit questions) 如「你曾考慮替代方案嗎?」(當然是最佳方案優先吧?)「你為什麼事先不告訴我?」(現在說遲了嗎?)…等,都跟「直接攻擊」一樣,讓別人覺得不舒服而「污染」了溝通的良好氛圍。

---

10 「要他人瞭解你、先瞭解他人。」(Seek first to understand, then to be understand.) 是科維〈高效人士七種習慣〉的第五種習慣,這是指開放心態的「移情傾聽」(empathic listening),以創造關切與正向解決問題的氛圍。參考維基百科 The Seven Habits of Highly Effective People, 2014/12/30 擷取自 http://en.wikipedia.org/wiki/The_Seven_Habits_of_Highly_Effective_People

重述 (Paraphrasing)：重述，不是「鸚鵡學話」般的「複誦」他人剛說的話、而是「瞭解」他人說話的意思後，以自己的話語回饋、確認他人所欲傳達訊息之謂。乍看之下，重述與提問好像沒太多差異，但仔細辯證後，你會發現「提問」是尋求新的、額外的訊息；而重述則主要是在澄清對方剛才所說的意涵。

重述也有三種不同功能類型，雖然都在「反映」(reflect) 說話者的訊息，但其專注之處則稍有不同，說明如下：

你好像沒在聽！我不斷告訴你：我不需要成為國王的產品！
© Ted Goff/The New Yorker Collection/www.cartoonbank.com.

1. **重述內容 (paraphrasing content)**：這是重述的基本功能，為查核對方所欲表達的內容重點與避免誤解的安全性複查。人們容易以為他們瞭解對方所說、而在事後發現可能錯得離譜。當你開始運用重述技巧時，你會驚訝地發現對方會在你自認完美、清楚的「瞭解」中添加或甚至更正多少訊息的！

2. **重述意圖 (paraphrasing intent)**：重述除讓你瞭解他人說些「什麼」(what) 之外，也能讓你知道他「為何」(why) 這樣說？試想當老闆說：「下週開始，我們將以『出勤板』顯示我們不在辦公室時的去處」後，員工很容易的會有兩種「瞭解」如：(1) 讓同事知道每個人的位置與大約何時返回；(2) 老闆懷疑有人摸魚，所以要追蹤每個人的行蹤。重述意圖，能讓人們更瞭解訊息的意圖，而非彼此誤解。

3. **重述感覺 (paraphrasing feeling)**：感覺，通常是說話者所欲表達訊息中的最重要部分。但大多數人不會表示 (或甚至認知到) 話語中的情緒。試看從下列話語中，你能體會出說話者的情緒為何？

> 「這是他第三次取消跟我的約定——他以為他是誰啊？」
> 「當期限到時，我得到的是藉口而不是成果——這不能再繼續下去了！」
> 「前一刻還說要花錢才能賺錢，下一刻她卻談到縮減開支——真搞不懂她到底要怎樣！」

> **技術提示：有效運用電話記錄**
>
> 　　電子郵件能自動記錄彼此的溝通，但短暫電話交談的記憶卻甚為有限。因此，建立起電話紀錄的習慣，能協助你建立檔案、避免錯誤及保持與他人的接觸等。
>
> 　　電話紀錄能提醒前次與你交談者的姓名、級職，設定約會的日期、時間與地點，或一個你在搜尋產品的複雜型號等，甚至當需要提醒對方時，你也可以舉出你試圖聯絡對方而未果的次數、時間等。
>
> 　　你也可以根據你的電話紀錄，提醒對方他們曾作出的承諾如：「你辦公室秘書上週五曾答應今天會給個答案。」或提醒他們「沒」說過或做過什麼事：「事實上，到目前為止，我已在4月4日、11日及18日各打一次電話給你，都是語音信箱回應，而我也都留言『工作完成』了！」
>
> 　　電話紀錄不必冗長、制式，但通常視需要可包含下列事項：
>
> - 人：跟你交談的人或留話的人
> - 事：討論的議題、雙方交談的重點或留話的訊息
> - 時：日期與時間，是否為「系列」的一部分如追蹤或回話等
> - 狀態：是否接觸成功如忙線、未接、語音信箱失效⋯等

　　上述範例話語中，至少包含下列三種情緒中的兩種：

　　憤怒、受傷害及自我懷疑

　　憤怒、挫折及焦慮

　　憤怒與混淆

　　若能重述感覺，可讓溝通者之間對彼此瞭解同意或更正的機會，如「是的，這真的很傷我的感覺」、「我的感覺是焦慮甚於生氣」等，這樣的重述反映，有助於讓說話者瞭解傾聽者的感覺、並有效處理之。

　　留意非語言線索 (attend to nonverbal cues)：留意說話者的非語言訊息，能透露出比他所說更多的線索，尤其在有鼓勵時尤然。所謂的非語言線索，包括說話時的手勢、姿勢、語調、面部表情⋯等，將於下一章詳細探討。

　　在揣測他人的感覺和態度時，留意他說話時的非語言線索，是非常有用的工

具。人在表達情緒時有多種方式，試想下列話語各自傳達了些哪些情緒？

「不，沒事的。」

「我們應該多聚聚。」

「我想跟你談談，在我的辦公室。」

「沒人曾提出那種概念。」

留意他人的非語言訊息時，你也應該注意你自己不經意所透露出的非語言訊息。想想當你跟人談話時，如你向後靠椅背、眼光掃瞄房間或打哈欠等，會發出何種訊息？而當你向前傾，保持眼光接觸，及偶爾點頭發出回應聲如「嗯」等，又是發出何種訊息？你可以說你真的有聽，但你發出的非語言訊息給人的印象更強烈！

做筆記 (Take Notes)：當溝通時有一些你必須記得的細節，做筆記是必要的。做筆記也能向說話者發出你很關切、必須記下他所說的，甚至能讓說話者更謹慎於其話語的表達。這在需要查證時，更顯得做筆記的價值──你能有信心地說：「讓我查一下筆記⋯。」

3.4.2 為評估而傾聽

一旦你確定瞭解訊息的內涵後，接下來可以開始評估訊息的品質。大部分的「為評估而傾聽」(Listening to Evaluate) 都在兩個分析基礎上：證據與情緒。

分析說話的證據 (analyze the speaker's evidence)：要成為一個好的批判型傾聽者，要分析說話者有多少證據能支持他的論述。如一個推銷員如何提出其產品能在一年內回收成本的證據？審查更換電腦的申請時，能證明舊的會導致不良問題、或新的能解決問題的證據在哪等。

當能辨識出可支持話語的證據後，還須進一步驗證其「**效度**」(Validity)。如兩、

三個對辦公室布置不滿意的員工，不代表大部分員工都不滿意。同樣地，當你聽到不滿意的客訴，也可能是唯一一個不滿意的顧客或「奧客」。

雖然我們越來越依賴統計分析的證據，來支持對市場、顧客、甚至員工滿意度等的調查結果；我們也不能輕易將少數幾個特例或個案視為「**偏離值**」(Outliers)而任意捨棄不理。如服務業常用的「神秘客」稽核，神秘客通常就是「奧客」，而他們的感受卻是對持續經營品質的最佳建言。

無論如何，在驗證說話者的「效度」時，下列問題能幫助你確定說話證據的有效性：

- 證據是否為真實的
- 所說的案例數量是否足夠
- 所述案例是否具有代表性
- 說話者的論點是否有例外
- 是否須考量例外情形

審視情感訴求 (examine emotional appeals)：人的情感訴求常是行動的有效促動力。如對弱勢兒童的同情心，會讓你為他們的福祉而捐錢；減輕工作壓力是雇請一名助理的好理由…等。

但有些時候，情感的訴求會隱藏或甚至阻礙理性的考量。如你想幫助弱勢兒童固然很好，但若將此募款基金引介給同事或朋友，那可能就不是件好主意。你的員工對身為管理者的你的個人引介可能感到「憤慨」，因為他們可能其他想幫助的弱勢族群、或甚至不認同這個募款基金的運作方式…等。你可能也要仔細想想，募款基金會的「經常性開支」會消耗掉你(與大家)的捐款，真正到弱勢兒童手上的資助卻少之又少(甚至到不了！)，或有其他弱勢族群更需要你的捐款協助…等。

重點回顧

- 傾聽，是職場溝通中最經常發生的活動。有效的傾聽，除有助於個人目標的達成外，也有利於組織的運作。

- 一般人對傾聽的錯誤認知，如有效溝通是發訊者的責任、傾聽是被動的、說比聽更具主導優勢、傾聽是人的自然能力

- 等，會阻礙有效傾聽及溝通雙方的彼此瞭解。
- 環境、生理與心理的障礙，會影響有效傾聽。
- 瞭解你自己的傾聽類型(關係型、解析型或批判型)，並學習其他類型的傾聽特性(保持彈性)，有助於調適特定情境的溝通。
- 為瞭解而傾聽需要不批判、不打岔、少說話、真誠的提問、重述、留意非語言線索及做筆記等技巧。
- 為評估而傾聽則需要辨識說話內容的證據、證據的有效性及審視情感訴求等技巧。

語言及非語言訊息 CHAPTER 4

學習重點

1. 職場中何時適用清晰表達方式、何時卻應營造模糊表達的情境。
2. 煽動式語言的意義與類型。
3. 職場中如何運用強力且積極的語言。
4. 語言剛柔性的特性與溝通問題。
5. 非語言行為所能傳達的訊息。
6. 七種類型的非語言行為。
7. 如何監控並改善自己的非語言行為。

4.1 語言訊息

誤解,是生活中經常存在的事實。從第 1 章描述溝通中編碼與解碼的過程,本來就不完美,即便訊息接收者完整的接收到所有訊息、也能瞭解每一個字詞的意思,但也極有可能與訊息發送者所欲表達的意思完全不同。

研究顯示,大部分的人都會高估他們對他人表達訊息的瞭解。[1] 事實上,職場中管理者的「所說」與部屬的「理解」仍可能有極大落差,如表 4.1 所示:

表 4.1 容易被誤解的簡單訊息

管理者所說	管理者的意思	部屬的理解
在我先完成預算審查之後,我打算在你的部門新聘一個人。	我們應該在三週後為該項職務舉行申請者的面談了。	我被更重要的事情纏住,新聘人的事不必再提了。
你上一季的表現低於標準,我對你的期望不只如此。	你應該更努力些,我知道你能。	如果再搞砸,你就不必幹了!
當你有空時,我希望盡快拿到那份報告。	擱下你手頭的事,今天就完成報告吧。	我在接下來幾天內能拿到那份報告。
我們在大陸有一個新的職缺正適合你,我們希望你能考慮看看。	如果你喜歡,那工作就是你的;若不喜歡,你當然可以留在這,由你決定。	如果你不想去,你在公司的前途就到此為止了。
我跟老闆談過,由於預算問題,我們目前還沒辦法完全做到符合你能力的薪資要求。	我們可以給你 95 % 的要求薪資。	如果我是你,我會接受這份薪資。我們當然不會給你所要求的薪資。

4.1.1 清晰或模糊

語言的清晰 (clarity) 或模糊 (ambiguity),是語言溝通造成誤解的基本問題之一。這一小節將探討一些模糊語言可能造成的誤解與如何防範。但有些時候,不要說得太明確也可能是說話者所希望的。

---

1 參考 Keysar, B., & Henly, A. S. (2003). Speakers' overestimation of their effectiveness. *Psychological Science*, *13*, 207-212.

用明確的名詞避免誤解

所謂不明確的名詞，通常叫做「雙關詞」或「曖昧詞」(Equivocal Terms)，意指同一名詞，可能有兩種都能被接受的意涵。試看下列曖昧不明雙關詞可能造成的溝通誤解：

顧客要求包商做一專案期中的變更：「你能將這門從這移到那嗎？」(顧客想這是件『小事』) 包商回答：「沒問題！」但事後，顧客驚訝的發現他被收取變更要求的費用。

在歐洲某些國家，"dinner" 指的是「午餐」而 "suffer" 是「晚餐」。當你答應晚餐時間到府拜訪顧客，而當你於下午六點準時抵達時，顧客卻問你為何沒在答應的時間出現？

以上範例，說明彼此對一些名詞的認知不同所造成的溝通誤解。不明確用詞的狀況，也可能發生在產業領域的不同。如在影視業，「發展中」(in development) 指的是粗略概念階段；但對軟體工程業則指已獲得資金授權而啟動專案。

文化上的差異，可能在語言的明確性上有不同解釋，如歐美國家與日本人做生意、尤其簽約時，最好彼此都有通譯，確定雙方對合約的用詞都有相同的認知。在與墨西哥做生意時，則必須瞭解墨西哥人所謂的 "ahorita" 時間觀念，英文翻譯成「立刻」或「現在」，但墨西哥人對時間的「管理」態度，卻是相當鬆散，根本做不到他們也可能說「立刻」！

此外，在國際貿易一般通用英文的溝通用詞，也必須注意澄清其明確性。如在週一答應「週三」見面，必須要澄清彼此都知道是「這一個」或「下一個」週三。當老闆對你所提的意見表達 "OK" 時，最好問清楚他是指「做得好」或僅僅是「還可以」？更要注意 "ASAP"「盡快」(As Soon As Possible) 的用法，溝通雙方對 ASAP「盡快」的概念，可能會有很大的差異。

用抽象程度低的陳述表達必要的清晰

所謂「**低階抽象**」(Low-Level Abstractions) 是指能確實、明確直指某些能被觀察或體會到的物體或事件；相對的，**高階抽象** (High-Level Abstractions) 則指某些物體或事件，可能包含許多不同的解釋之謂。

因為高階抽象陳述可能有許多不同的解釋，所以，在溝通時，比較容易導致溝通上的問題，如下列所示範例：

高階抽象陳述	低階抽象須澄清⋯
這項工作會花多點時間	多少時間？幾個小時、幾天或幾週？
把這個區域清理一下	快速清理或徹底整頓？
我們需要一點市場研究	一次精簡的問卷調查或冗長耗時的顧客訪談？
告訴我你的真誠意見	外交式或直截了當？

抽象語言或明確語言各自有其優點，因此，同時運用兩者的效果可能最好。一般而言，溝通開始或初期階段，以抽象陳述說出你的提案、問題、要求或感謝後，再接著以明確的說法、強化陳述的有效性，如以下範例：

我擔心我們花了太多時間在較不重要的議題上 (抽象陳述)。舉例來說，在上次會議中，我們花了 30 分鐘討論公司聚餐的安排上；但在新聘人力需求的討論，卻只花了 5 分鐘 (明確陳述)。

我想承擔更多責任 (抽象陳述)。到目前為止，我所涉及的決策，僅限於一些小事情 (依舊抽象)，如每日的排程及顧客的退款處理 (較明確)，我希望有機會協助一些諸如採購與行銷等的決策 (明確要求)。

另一種會造成溝通問題的模糊語言，是「**相對詞**」(Relative Words) 的運用，如「不久」(soon)，「經常」(often)，「大」(large)，「短」(short) 等，這些相對詞只在與其他 (也不明確) 的字詞產生關聯時才有意義。當你向老闆報告你「不久將完成報告」或「做一份短的報告」鐵定會有問題的。如果你的「不久」意味著幾個星期，但老闆的意思卻是幾天，這種衝突就開始醞釀。

以「**數量詞**」(Numeric Words) 取代「相對詞」，可以解決使用「相對詞」的大部分問題，如以「兩天內」取代「不久」，以「兩個段落」取代「短」等。

小心使用俚語

一般閒聊時使用俚語 (Slang) 無傷大雅，但在職場上卻不太適合。有些源自於特定文化背景的俚語，一般人就是無法理解。如美國現代俚語中的 "sick" 意味著

> **個案研究：誤解所造成的飛航災難**
>
> 1977 年 3 月 27 日，西班牙特內里費機場 (Tenerife) 上，兩架 747 客機於大霧的跑道上相撞，造成 583 人死亡的空難慘劇。
>
> 該空難的肇因，是當時荷航機師通報管制台「我們正 (待命) 起飛中」(We're at take-off)，塔台回覆 "OK"，接著塔台所說的「請待命，我們會通知你！」(Standby for takeoff .... We will call you!) 卻不料無線電訊的後半段正好被另一架泛美機師回報「我們還在跑道上滑行！」的訊號蓋台，荷航機師只聽到塔台說的 "OK" 卻沒聽到後半段的塔台指令，就執行起飛滑行…最後，撞上跑道另一端的泛美客機。
>
> 雖然有電訊蓋台溝通障礙，但國際航空單位現在也對飛行狀態改用了標準用語。"Take-off"「起飛」一詞，僅能用在真正、實際的起飛狀態；其他所有待命的情境，現在都規定以 "departure"「出發」取代。
>
> 這個簡單的用詞改變，能避免爾後所有不必要的致命誤解，但對特內里費機場上無辜喪命的旅客及機組人員而言，卻來得太遲了！
>
> 參考資料：特內里費空難 (2015)。維基百科，2015/1/14 擷取自 http:// zh.wikipedia. org/wiki/...

「真棒」(awesome/really cool)，當你對非美國文化演說者表達對他演說的讚美："It's really a sick run" (真是好棒的演講啊！) 卻容易被視為污辱！

不經意使用俚語，可能會損害你的職場專業形象。如你在一般口語可以稱呼朋友或其他男性為「阿呆」或「老兄」(dude)，或在向他人介紹自己配偶時稱「老公」、「老婆」等，但這些俗俚語，都會讓你顯得俗氣、沒有專業與文化素養，正式場合時應避免使用。[2]

有限度的運用行話

每一個專業領域，都有其各自的專用詞彙，我們稱之為**行話** (Jargon)。舉例來說，在社交媒體 (Social Media) 領域中，人們常會提到諸如 SEO「搜尋引擎最佳化」(Search Engine Optimization)、CRT「點進率」(Click Through Rates)、「眾包」

---

2 曾幾何時，華人習以「老公」、「老婆」稱呼自己的配偶，而非使用較為正式的「先生」、「太太」或「外子」、「內人」等。或許是隨意、俏皮的次文化使然；但如新聞、媒體、政治人物或甚至學校老師等也習於使用此俗、俚語，對國人的文化素養顯然不是好的影響。

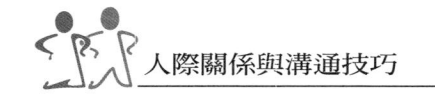

(Crowdsourcing) 及「企業 2.0」(Enterprise 2.0) 等。

在職場中，運用行話是有幫助的。首先，行話以一簡短的詞彙取代一複雜的概念，能有效縮短溝通時間。如以「流動性」(liquidity) 代表著「某項資產能被轉換成現金的程度」；另如 CEO「執行長」(Chief Executive Officer)、FOB「離岸價」(Free On Board) 等**字首縮寫詞** (Acronym)，也是行話的一種特定表現方式、也可以縮減溝通的時間。[3] 使用行話的第二種便利，是表達出對溝通領域專業的熟悉程度，換句話說，也就是說「**行內話**」(Talk the Talk)，這在申請職務的面談中，可為申請者大幅加分。

即便對不是「行內」人的談話，雖然可能讓外行人不瞭解說話者所欲表達的內容；但說行話也能讓外行人體會到說話者的專業程度。因此，若你的溝通目標是「說明」某事、而非構建你的專業形象。最好的表達方式，是以行話點綴著清晰、明確的解說。

運用行話或字首縮寫詞時，必須把握一最重要的原則：對方聽得懂時才用！若對方聽不懂行話或領域內的專有字首縮寫詞，則最好能以清晰、明確、平實的語言解說，才不至於讓對方有過度賣弄的印象。當然，說話者自己也要能瞭解行話與字首縮寫詞的確實意涵，若不瞭解而輕率使用，讓真正專業的聽眾質疑或挑戰，可就弄巧成拙了。

策略性地運用模糊語言

在低內涵國家如美國、加拿大、德國、以色列等，人們較習慣 (或給予較高評價)「直接表達」，因此，有所謂「別拐彎抹角。」(Don't beat around the bush.) 的說法。在這些國家中如運用模糊或模擬兩可的語言，會被視為有意的欺騙。

雖然一般人對模糊語言的評價不高；但它在溝通時確有其必要地位。在高內涵文化國家，稱模糊語言為一種「**策略模糊**」(Strategic Ambiguity) 的藝術，可用來間接表達困難的訊息。

策略性地運用模糊語言，可達成下列三項目標：

---

[3] 西風東漸下，時下國內職場中許多工作人員喜歡在說話中夾帶英文字首縮寫詞，須知英文的字首縮寫詞在不同領域各自有其專用的意涵。故在運用時，必須確實瞭解其意涵、確定對方也能瞭解後，才好以字首縮寫詞表達。若自己英文不夠好，也不太能掌握英文字首縮寫詞的意涵，最好不要濫用！另有關英文字首縮寫詞在不同領域的正確用法，可參考 http://www.acronymfinder.com 網站。

1. 促進和諧：如組織中各部門從下年度預算到辦公室消耗品的資源競奪中，至少可以先從「有必要減少浪費」的抽象陳述獲得共識開始，一個微小但能促進更多合作空間的重要起步。
2. 軟化艱困的訊息：商業溝通中，經常須面對一些須傳達艱困訊息的挑戰，如「這做得不夠好」、「這筆生意不打算給你了」…等。清晰的陳述固然誠實，但卻也殘忍、傷人。如能運用模糊語言，軟化艱困訊息的衝擊，還能保持後續合作的機會與空間。以下列舉一些能將艱困訊息轉化成策略性模糊陳述的範例：

殘忍的實話	策略模糊陳述
這成果不夠好！	我想老闆會要我們多做一些圖表來支持論述的。
我不想與你共事	目前我沒看到不久的未來有任何可行的計畫。

3. 間接地表達不適合表明的訊息：在動輒興訟的現代，具批判性的訊息最好能策略性模糊表達，以免使自己暴露在被控訴的風險下。

職場文化：糟糕的廣告用詞

當國際級公司沒能體察到銷售國的文化差異時，產品品牌逐字的翻譯，有些還可能感覺幽默，但有些則有冒犯的意涵了。下面列舉一些例子：

瑞典電器大廠伊萊克斯 (Electrolux) 所推出的吸塵器，在美國銷售狀況極差，只因為它的行銷標語是「沒人比伊萊克斯會『吸』」(Nothing SUCKS like an Electrolux)。

美妝公司可麗柔 (Clariol) 在德國推出 "Mist Stick"「霧棒」燙髮器，卻發現 "mist" 一詞在德國的俚語卻是「糞便」。

百事可樂 (Pepsi) 在東南亞國家的市佔率始終不見提升，後來發現他們在東南亞國家販賣機使用的淡藍色，在東南亞地區是象徵著死亡與喪事。

美國高露潔 (Colgate) 公司在法國推出一名為 "Cue"「冰涼」的牙膏，卻發現與法國一色情雜誌同名。

美國福特 (Ford) 汽車在巴西推出 "Pinto"「斑馬」緊緻型房車，銷售量卻奇慘無比，事後才發現 "pinto" 一詞在巴西的俚語是「小的男性生殖器」！

策略性模糊在為「不適任」人員寫推薦信時很有用，網路上有很多針對推薦信寫法的指導原則，以下列舉一相當有意思的範例，說明如何在被炒員工要求下，寫好一篇「適合」的推薦信：

> 我很高興趙大是我以前的同事，趙大離開此職務的原因，跟他來的時候相同，因為他的堅持與熱情而遭解雇。我們相當感激他在過去數年在公司的服務。
>
> 趙大不會做任何會降低你對他有高期望的事，他也不缺他能承擔職務所需的少數技能，我坦誠地認為如果他願意嘗試就會將工作做得更好。因此，我推薦趙大承擔無需任何品質認證的職務，趙大應該不需要多久就能跟上腳步。任何薪資水準對他而言都不會算多。你也不會找到很多像趙大這樣的人。

如前所述，策略性模糊的問題之一，是它容易導致對方的誤解。這在醫療體系中非常易見，如醫生若想降低壞消息對患者的衝擊，舉例來說：

> 當外科醫生看了病患嚴重感染的腳傷、瞭解必須截肢才能保住病患的性命後，委婉地跟病患說：「我想我們無法處理這樣的局部問題！」當外科醫生離開後，病患詢問護士：「這是不是說我必須轉診？」

即便誤解不是個嚴重問題，策略性模糊也只在雙方都能接受刻意模糊的狀況下才有作用。若缺乏這種體認，結果可能會很混淆，也容易讓對方感覺到被操弄或甚至背叛。

4.1.2 煽動式語言

語言，具有攪動、激起強烈情緒的力量。它可以是激勵的、啟發的及娛樂聽眾的。但不幸的，若運用不當，它也可能產生對抗情緒、防衛心態與偏見。要避免「**煽動式語言**」(Inflammatory Language) 所導致的負面結果，我們可參考下列兩個原則：

避免使用「偏見語言」(Biased Language)：人們通常會有意或無意地說出「偏見語言」，這是一種看起來客觀、但實際隱含情緒偏見的語言。偏見語言在各種領域都可能發生，最好的例子，就是對第三者的稱呼如「足下」、「先生」、「傢伙」…等，「足下」的尊稱過於拘謹，情緒上權力距離稍嫌過遠；而「傢伙」則有負面、

貶抑的情緒；至於「先生」則是最中性、安全的稱呼。

當碰到偏見語言時，把它視為說者的「修辭」是最好的處理方式。若須避免誤解而澄清，則應婉轉地使用不含批判、中性、量化的語言重述，如以下範例：

說者的偏見語言	聽者的重述
那是一項賭博！	所以，你認為這概念的風險太高，是嗎？(重述)
他太冗長了！	他已經說了一小時了。(量化)
她太軟弱了！	你是說她不想做決策嗎？(無偏見的重述)

慎防觸發詞

某些特定詞彙所能激發起的激烈情緒，就好像扣發步槍的扳機一樣，會瞬間引發聽者的劇烈情緒反應，這稱為「**觸發詞**」(Trigger Words)。

觸發詞要看聽者的特性而定，如溝通者之間人種、出身、社經地位…等的差異，都可能是觸發詞。如在黑人面前談「黑奴」，在猶太人面前談「納粹」…等，都可能是聽者的觸發詞。

每個人都可能有自己獨特的觸發詞，因此，處理觸發詞最好的方式，是先瞭解你自己的觸發詞。你或許不知道自己的觸發詞，但當別人提起某個特定詞彙會激起你劇烈情緒反應的，那就是你的觸發詞了。瞭解自己的觸發詞後，平時就要練習、在觸發詞出現時先「穩住」自己的情緒，以免過度反應而障礙了溝通。

至於對你沒有影響、但在他人卻是觸發詞的狀況出現時，先讓他發洩不滿情緒後，向他表達這是誤解、誠摯道歉之後，選擇雙方都能認同的詞彙繼續溝通討論。

4.1.3 語言與身分管理

你說話的方式，能塑造他人將如何看待你。有一些說話的習慣，有助於你創造自己的專業形象。

適當程度的「有力」

強力的語言 (Powerful Language) 能讓說話的人聽起來有自信且具吸引力；而無力、軟弱的話語卻會讓說話者顯得缺乏自信、沒權威性。因此，如果說話的目的在說服，最好選用強力的表達方式。

軟弱無力的話語	較強力的表達
問句：你想我們應該縮減報告篇幅嗎？	我想我們應該縮減報告篇幅。
附加問句：這份報告很好，是嗎？	這份報告很好
猶豫：我…嗯…想我們應該…嗯…使用新的表格。	我們應該使用新的表格。
質性描述：我不清楚你是否喜歡這個概念，但我們可以聘請一名外部顧問。	我們可以聘請一名外部顧問。
強化詞：那是個如此好的工作！	那是個好工作！

　　從另一個角度看，強力型的說話者，可能刻意的使用較柔軟的話語，以免對他人形成壓力與避免尷尬場景。有些時候，柔軟的話語所得到的效果更好。舉例來說，當老闆跟祕書說：「妳是否介意在妳回家前，幫我把這些檔案複製一份？」兩人都知道這是「命令」而非「請求」，但問句的表達方式較為「周到」，也讓祕書對老闆的感覺好一些。因此，如要同時兼顧任務達成與人際關係的和諧，混合強力及禮貌的話語，通常會有較好的溝通效果。

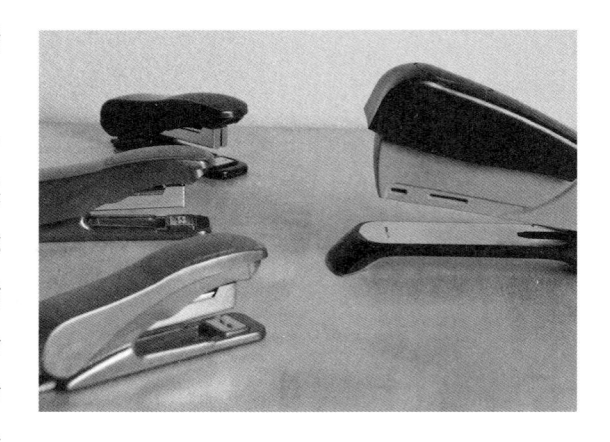

運用積極的話語

　　強化專業形象的一項策略性作法，就是使用**積極話語** (Positive Language)。試想下列狀況：老闆在下班前 15 分鐘，要你盡快完成一項工作，你可能這樣回答說：「我今晚無法完成，要等到明天早上了。」或是：「我明早第一優先處理！」不必說，你也能看出哪種回答較為適宜。

　　無意間表現出的**消極話語** (Negative Language)，無形中會損害你的積極、正面形象。當別人問到「你好嗎？」(How are you?) 一個典型的回答如：「不壞」(Not bad)；別人問：「有何新鮮事？」(What's New?) 容易回說：「沒啥事」(Not much)；「你能處理嗎？」「沒問題」(No problem)；「謝謝！」、「沒啥大不了的」(No big deal) 等的問與答中，回答的都是以 "No/Not" 等消極話語，雖然無傷大雅；但若能

轉換成積極話語如「我很好」(I'm fine)、「都好啊」(All is fine)「是的，我能」(Yes, I can)、「別客氣！」(You're welcome)…等，會讓溝通的氣氛與效果都顯著的提升。

4.1.4　語言的剛柔性

在第 2 章中我們曾經介紹過文化對溝通的影響，有些社會科學學者認為性別的差異也應該算是一種跨文化溝通的影響因素。他們將男女不同的表達方式稱為「性別方言」(Genderlects)[4]。一般人不會注意到性別差異的存在，但它卻對男女雙方溝通的彼此理解有顯著的影響。

「對不起，首席，我剛說的『胸大無腦』當然沒有貶抑的意思。」

© Lee Lorenz/The New Yorker Collection/www.cartoonbank.com.

● 圖 4.1　貶抑式語言

在談到語言的剛柔性前，我們必須先瞭解「性別方言」固然是以男女性別為比擬、象徵性的區分，但不意味著能適用在所有的男性或女性。亦即男性說話的方式不見得都是剛性；另女性說話的樣態也不見得一定是陰柔。所謂的「**河東獅吼**」[5]

4　Genderlect「性別方言」是 Gender「性別」與 Dialects「方言」的組合字，指男女在說話時的不同表達方式或樣態。另參考 Wood, J. T. (2011). *Gendered lives: Communication, gender, and culture* (9th ed.). Boston, MA: Cengage.

5　河東獅吼：出自蘇軾〈寄吳德仁兼簡陳季常詩〉。蘇軾好友陳慥(字季常)喜蓄納聲妓，他的妻子柳氏非常兇妒，柳氏即以杖擊壁大呼，客為散去，季常非常怕她。蘇東坡就作詩〈寄吳德仁兼簡陳季常詩〉戲之曰：「誰似龍丘居士賢，談空談有夜不眠。忽聞河東獅子吼，拄杖落手心茫然。」獅子吼原比喻佛教神威，而柳姓是河東的郡望，「河東獅」就影射柳氏，後來也成為惡妻的別稱。而「季常之癖」則用來借指畏妻。(資料來源：https://zh.wikipedia.org/wiki/ 河東獅吼)

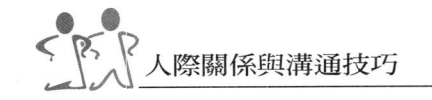

就是女性強烈、陽剛的表現。因此，此處所謂語言的剛柔性，只是以剛或柔、取代生理上男女的性別差異，並區分出語言剛柔性之間的特性差異而已。

柔性語言

從孩提開始，女性一般就學著以學者稱為「**關係式交談**」(Rapport Talk) 的方式對話：建立關連性，表達善意，顯示支持及建立社群等。

柔性語言 (Feminine Language) 的特性之一，是將語言作為一種「表達工具」(expressive tool)，如描述情緒：「我擔心無法在今天完成這些報告」；「我很高興每個人都有表達意見的機會」…及澄清關係如：「我們好像沒辦法好好合作」…等。

除了表達情緒之外，柔性語言更有表達「支持性」(supportive) 的功用。女性 (比男性) 更能從對方所說的與未說但透露出的訊息中瞭解對方的感受、並通常會回應以表達支持，讓對方知道她瞭解狀況、並表達說話的人並不孤單。

柔性對話的另一個特性，是所謂的「測試」(tentative) 本質。測試性的語言通常以問句、附加問句及免責的方式呈現如：

問句	「我們能離開了嗎？」
	「你能幫我打這份文件嗎？」
附加問句	「報告今天到期，是嗎？」
	「他表現得很好，是吧？」
規避或免責	「我不確定這些圖的…」
	「這或許不是好時機，但…」

在之前 4.1.3 小節中曾談過語言的「有力」與否，測試性語言看起來不那麼有力；但女性之間的柔性對話，目的在構建彼此之間的團結性、而非顯示「軟弱」！

遺憾或道歉 (sorry vs. apologize)：英文中有關「測試性」柔性語言的一個常用表達方式必須注意，那就是 "I'm sorry" 並非真的如字意上接受責難而道歉！"I'm sorry" 的意思其實應翻譯成「我很遺憾 (那件事的發生)」如 "I'm sorry that happened"(但並非我的過錯！) 英文中真正的道歉是 "I apologize"；英文語系的人們只在「坦承做錯」時，才會說 "I apologize"。

對話的發起與維持，也是柔性語言的特性之一。女性常以發問的方式讓對話持

續、試圖找出對方的關切、及向對方表達出興趣或關切等。因此,女性通常會以問句的方式發起與維持對話如:「妳聽說了嗎?…」、「妳是不是要…?」及「妳知道嗎?…」等。另女性也常在對話中發出所謂的「**傾聽噪音**」(Listening Noises) 如「呃」(uh)、「哼」(huh)、「耶」(yeah)、「嗯哼」(mmhmm) 來表達對說話者 (所說) 的關切。當女性在對話中發出「傾聽噪音」時,並非在挑戰或打斷談話,而是在表達支持與確認。

剛性語言

當語言學家認為女性使用柔性語言的交談,是在建立關係時,男性之間的溝通,則較傾向「**報告式交談**」(Report Talk):著重於資訊、事實、知識及技能等的談話,以獲得注意、表達立場、建立態勢及顯現自主獨立性等。

如前所述,語言的剛柔性與性別差異並無絕對的關聯性。語言學家認為男性對溝通的敏感度一如女性,只是運用此察覺性的方式不同而已。有項研究針對男女管理人員對人際情緒的認知瞭解與受員工肯定之間關聯性的調查上,男女管理人員對員工情緒的認知程度沒有差異;但在受員工肯定的方式上,男性管理者若能展現出「說服力」、而女性管理者若能表現出「支持性」,則都較能獲得員工的認同。由此可知,一般人對男性的溝通認同,強調剛性的「說服」;而對女性的溝通認同,則強調柔性的「支持」。

剛性語言 (Masculine Language) 的特性之一,是語言表達的「工具性」(instrumentally)〔相對於柔性語言的「表達性」(expressively)〕,如資訊報告、解決問題、達成、完成、得到、執行…等「把事情做好」的用語。剛性語言的結果 (與獎懲) 通常明確可見如:「把這些報告傳給會計」、「我負責餐廳的訂位」、「下週一前完成提案」…等。

當處理個人問題時,剛性語言通常會對 (可能的) 解答提出「意見」(advice)。展示同情心、建立關連性等柔性語言,通常不適用於大多數的男性。對工作的問題,剛性語言則超越「意見的提供」而傾向主動、確定、直接與權威等事實的陳述,如說:「這個問題是張三造成的」而非「我想這是張三造成的問題」。

男性的說話方式,通常包括了幾項試圖主導或控制交談的特性如:**贅言**

(verbosity)[6]、議題控制及打斷干擾等。多數的研究也支持在男與女的交談中，與一般印象不同的是，男性會在回答女性提問後轉移話題、說得比女性多、打岔的目的通常也在獲得交談的主導性等。

綜整剛、柔性語言的特性，比較如表 4.2 所示：

表 4.2　剛、柔性語言特性比較表

柔性語言	剛性語言
構建關係	報告事實
表達性	工具性
提供支持	提供意見
測試語氣	肯定語氣
發起與維持交談	控制交談

面對性別相關的語言挑戰

前述剛柔性語言特性差異的說明中，必須強調的是它不見得能適用於所有的男性或女性；但大多數男與女的交談中，卻常見因語言剛柔性或就直接說成性別上的差異所造成的問題。如當一女性員工對男性同事說到：「我真的不知道如何跟老闆報告此事！」時，男性同事回應說：「妳應該…」。女性員工大概只要男性同事瞭解她的難處(她已有方案)並顯示關心即可，男性同事卻主動的提供建議，讓女性覺得其男性同事想表達「高她一等」；對男性同事而言，妳既然說了(視為提出要求)，我提供有用的協助意見，何錯之有？

另外一項有關性別的交談問題，是男性較注意訊息的內容、而女性則較專注語言內潛藏的關係。如男性主管對女性下屬說：「我沒辦法更動妳要求的行程變更，老闆說定了就不再改變。」這位女性下屬所「聽到」的「關係訊息」可能是男性主

---

6 贅言 (verbosity)：是指在講話或寫作中多餘的贅述，常見的例子如「雖然事實顯示…」，其實以「雖然…」簡潔表達即可。一般在學校教育或寫作的要求上，都要求簡潔的運用字詞。簡潔說話或寫作的原則是：若刪除某些文字而不會影響意思表達，那些文字就是不必要的贅言。

國內最近有許多關於「語言癌」的討論，如「下架」常被講成「進行一個下架的動作」；「瞭解」說成「進行一個瞭解的程序」；「注意保暖」說成「注意保暖了」；「氣溫」說成「氣溫的部分」…等。無意義的冗詞贅字，充斥媒體及公眾人物口中，就像癌細胞不斷複製增生，也儼然形成所謂的「次文化」。

管說「我不在乎！」或「別來煩我！」。而男性主管通常只是專注於任務、不帶同情心的回應而已。

即便剛柔性語言有特性上的差異，但無論男女，只要聽、說者之間，都使用同樣剛柔語言類型就沒問題。若期望他人跟你一樣有相同的(剛柔性)表達方式，通常都會感到挫折；但至少你可以瞭解並調適成與他人相同的語言表達方式。以下列舉幾點剛柔性語言樣態的調適原則：

1. 瞭解剛柔性語言表達的差異：跟文化差異的調適一樣，如果你是旅行至他國的旅客，通常並不會被當地風俗的不同而覺得被冒犯。對性別於剛柔性用語差異的心態也應如此，瞭解性別在剛柔性語言表達上本來就有特性上的差異，就比較能調適。

2. 適時的轉換表達方式：正如同雙語能力在跨文化的世界中擁有優勢一樣，若能在情況需要(瞭解他人表達方式與自己不同)時，轉換自己的表達方式，對順利溝通是相當有幫助的。而這需要平時的注意與練習，如你比較專注在訊息的內容，經常嘗試探究未說語言背後隱藏的關係訊息；如你對人際相處的第一個直覺是提供支援、嘗試著提供建議…等。

3. 混合運用：語言表達類型是否能有效溝通，不是一非此即彼的選擇。大多數的溝通情境，無論任務導向的剛性表達，或關係導向的柔性語言，也不論性別的差異，剛柔性兩種語言表達方式的混合運用，通常會比堅持一種固定類型要來得有效。

4.2 非語言訊息

語言表達，並非我們溝通的唯一方式，你可以想像非語言情境中也能「體會」到不一樣的訊息，如下例說明：

新官上任三把火，為組織重整而來的新老闆跟大家說：「我歡迎任何有助於組織績效改善的意見」…而你也把他的話當真，跟他約了個時間到他辦公室內報

告你的想法…。當你提報你的構想時，他眼睛始終看著你、兩臂抱胸、緊抿著嘴、不時點頭、皺眉地聽得仔細…當你報告完後，他幾乎是從座椅上跳起來、趨近你握手說：「真的感謝你的寶貴意見」…之後，音訊全無！

即便費用很高，但你仍決定聘請一知名的律師處理公司的法律事務。當你在約定時間拜訪他時，他正接著重要電話，示意請你等一下…看著牆上滿掛著名校畢業證書、各類型的專業證照及感謝狀…十分鐘後，律師終於有空了…在你們談話時，電話仍不斷進來、他也不斷看著錶…。

大部分人如遭遇上述狀況，可能都會感覺奇怪與困惑，而這種奇怪、困惑的感覺，跟他們所說(或未說)的無關。兩種狀況都顯示出非語言行為發出訊息的強度，遠遠超越了語言(或其他文件文字…等)所能表現的，亦即「**行動勝於雄辯**」(Action Speak Louder)[7]：新老闆顯然沒採用你的意見；那名知名律師對你的案子顯然也不太重視。

本節開始，我們將審視現代職場中「**非語言訊息**」(Nonverbal Message)在溝通上扮演的角色與功能。此處非語言訊息的操作性定義，是任何不經由「說」(與「文字」)表達而能傳達的訊息。

4.2.1　非語言溝通特質

在瞭解非語言溝通的定義與重要性後，我們先來探討非語言溝通的一些特性，有些與語言溝通類似，但有些則相當不同如：

非語言行為有溝通的價值：你或許無意發出非語言訊息，但你的外表、每一個動作、面部表情及語言音調的細微變化…等，無不在傳達訊息。想像著你被上級叫到辦公室、訓斥你工作不夠努力時，你如何能不發出任何非語言訊息？肅穆表情是一種反應，脹紅著臉也是，避免與上級眼光的接觸，承認與否認的點頭、搖頭…等都是。我們能不說、不寫來關閉語言溝通管道，但要避免透露出非語言行為的訊息，卻是幾乎不可能的事。

7　英文的 "Action Speak Louder" 的完整說法應是 "Action Speak Louder than Words" 字面直譯是「行動較口說響亮」，意譯可為「行動(或事實)勝於雄辯」，「以身作則」，「坐而言不如起而行」等，都說明著「行動」給人的感受遠超過語言的「口說」。

2015 年 1 月 9 日去世的美國製片高德溫 (Sam Goldwyn)〔在台曾有「怒海爭鋒」(Master and Commander: The Far Side of the World) 一片放映〕，曾有一名編劇向他提案一個新的故事。「高德溫先生」那位編劇抱怨著說：「我跟你說的是一個精彩的故事，我只想你給我些意見，但你卻睡著了？」高德溫回答說「睡著了，不也是一種意見？」正可以說明非語言行為所發出的訊息。

非語言的溝通也會發生在傳媒的管道上，如 IM「即時訊息」常使用的表情符號 (Emoticons)，一大串的驚嘆號，或全部以大寫強調文字的「吶喊」都是例子，甚至不回應電子郵件、IM「即時訊息」等，都是一種顯示「貶損」(put-down) 的態度。

行為比語言傳遞的訊息強度更強：所謂「以身作則」、「事實勝於雄辯」、「行動勝於空談」(Actions Speak Louder than Words) 等，都說明著行為、事實、行動等比語言宣示的效果要強 (圖 4.2)。

圖 4.2　行動勝於空談

另在職場運用上的另一個意涵，是外表儀容給人的第一印象。雖然也有所謂「人不可貌相」(Don't judge a book from its cover) 的說法；但在應徵工作或初入職場時，最好能注意自己的外表儀容，免得給人 (尤其是審查你的上級) 隨意、輕忽的第一印象。一旦不好的第一印象形成 (刻板印象) 後，要改變它可是要花很多力氣的。

即便第一印象形成後，非語言行為所能傳達訊息的強度，還是比說的要強。巧

言令色，終究會在需要實力的競爭狀況下顯露出其浮華本質的。這也就是孔子所說：「視其所以，觀其所由，察其所安，人焉廋哉！人焉廋哉！」[8]

非語言行為也是模糊不清的：即便非語言行為能形成強力的印象；但它所傳達的訊息卻也是模稜兩可的。當客戶打哈欠時，你能知道他是無聊或是疲累？交談中同事的大笑，是笑你們所談的事、或是笑你？老闆的皺眉，是不同意你所說、或是嚴肅的看待你所說的事？大多數非語言訊息，都可以有不同角度的詮釋。如果你認為你能確實判定任何非語言訊息的真偽，是很危險的錯誤認知。

非語言的溝通主要在表達態度：雖然從他人的行為中，我們可以容易的判斷出表現出來的好惡、認同與否、愉快或是憂慮等；但在想法或概念的表達上，通常就不適合非語言的溝通管道了。舉例來說，你能用非語言行為表達下列訊息：

銷售量增長了 16%。

上級終究決定取消這次簡報。

我們下午兩點見面，談談明天的會議議程吧。

很明顯的，上述例子最好用口語或文字表達。另也很容易看出來的，是非語言行為在表達上述訊息時，能傳遞出說話者的「感覺」或「態度」。如說話者對銷售量的增加是高興或是不如預期的沮喪？員工對簡報的取消是鬆一口氣或感覺受挫？

非語言溝通能力影響職涯的成功與否：經由上述討論，很明顯的，如果你能管理好你的非語言溝通能力，將有助於你職涯發展的成功。舉例來說，許多研究結果顯示，能掌握顧客非語言行為所透露出來的訊息，顯然會比較「鈍感」的同事要來得成功。同樣的，能解讀別人非語言行為所透露出訊息的管理者，上級及下屬對他的評價通常較高。而創業者的社交技能 (social skills)，包括管理自己與解讀他人的非語言訊息，對成功創業是重要的影響因素。

許多非語言行為是與文化結合的：某些類型的非語言行為被認為是國際通用的，如表達喜怒哀樂、畏懼、驚訝、厭惡等的**面部表情** (Facial Expression)；但許多非語言行為類型，在不同文化中可能就有不同的意涵 (如表 4.3 所列範例)。

在現代國際經營的溝通情境下，瞭解不同文化對非語言行為的意涵是相當重要

---

[8] 子曰：「視其所以，觀其所由，察其所安，人焉廋哉！人焉廋哉！」出自〈論語為政第二篇〉。其意義為「分析其動機，觀察其行為，瞭解其態度；人哪能藏得住！」

表 4.3　共生文化差異下可能導致的誤解

行為 (共生文化傳統)	群組內認知	群組外認知
避免眼光直視 (拉丁美洲人)	溝通時表達專注與尊重	不專心的象徵；較偏好眼光直接接觸
主動挑戰不同意之處 (非裔美國人)	可接受的對話方式；不被視為粗暴	爭論不恰當，且可能被視為可能的暴力前兆
以手指手勢招呼他人 (亞裔美國人)	可用於大人對小孩；但成人間則被視為冒犯	小孩或成人間均可適用
沈默 (美國原住民)	表達尊重、思慮周到、不確定或模糊等訊號	被詮釋為無聊、不同意、拒絕參與或反應等
觸碰 (拉丁美洲人)	人際互動的常規	僅在親密或友誼互動中為適宜；其他情形則易被視為侵犯個人空間
公開表達情緒 (非裔美國人)	多數情形被視為適當且有表達價值等	顯現無法自我控制，大多數公共場合被視為不適宜
同性友人間的牽手 (亞裔美國人)	可被接受柏拉圖式親密關係的象徵	通常被認為不適宜；尤其對男性友人間

資料來源：Orbe, M. P., & Harris, T. M. (2001). *Interracial communication: Theory into practice*. Belmont, CA: Wadsworth.

的。溝通雙方之間的距離，在不同文化就有不同的適合距離考量。雖然溝通的距離不見得適用在所有人際關係如同事、友人或伴侶上。但過去曾對職場溝通的研究顯示，日本人之間的適合距離最遠 (約 1 m)，歐美人次之 (約 90 cm)，南美人之間則最短 (約 80 cm)。

4.2.2　非語言溝通類型

前面我們已談過一些非語言訊息的類型，現在則進一步對每一種非語言溝通的訊息類型，詳細討論如下：

聲音

你對語言溝通的經驗會告訴你，聲音或語調，可以跟說話者所說的文字根本沒有關係。試想你聽到隔壁兩個人之間的爭辯，爭辯些什麼可能根本聽不清楚，但他

們的音調能讓你確切知道他們在爭辯。也有可能你聽到兩個外國人之間的交談，他們的語言你根本不熟，但你卻能從說話者的音調中察覺他的情緒如激動、愉悅、虛脫、無聊或憂傷等。

在語言溝通中有一專有名詞：「**輔助語言**」(Paralanguage)，主要是形容語言中一些音調 (vocal) 特性的分別，如：

- 音調 (pitch)：高或低
- 共鳴 (resonance)：諧振或空洞
- 音域 (range)：寬或窄
- 節奏 (tempo)：快或慢
- 清晰度 (articulation)：清晰或模糊
- 流利度 (fluencies)：流利或不流利 (如常說「呃」、「嗯」等)
- 韻律 (rhythm)：流暢或生澀
- 停頓 (pauses)：頻率與長度
- 音量 (volume)：大或小

不意外的，音調特性在語言的溝通上有顯著的影響。試想一個講話匆促、音調空洞；或說話不流利、生澀且常停頓的醫生，他被病患控訴醫療糾紛的機會，顯然要比說話流利、清晰、常變換音調的醫生要高。

在音調中有一特別明顯的特性稱為「**拉尾音**」(Uptalk)：通常在問句後提高音調的表達方式，如「陳先生？」、「真的嗎？」…等，配合著問句拉尾音，通常可見於女性之間的談話，因此，也給人缺乏自信、優柔寡斷的刻板印象。

外表

人的外表儀容，將決定他或她所傳達的訊息 (無論語言或非語言皆然) 被人認知的方式。一般認為，外表看起來若具吸引力，他 (注意，沒說「她」！) 所說的話較具說服力、職涯上也較為成功；即便強調兩性平權與尊重女性的現代，女性的外表吸引力給人的感覺跟男性卻有很大的差異。

對外表吸引力的貢獻因素，一般人都容易瞭解如男性的儀容修剪整齊 (頭髮、鬍鬚、指甲…等)，肌肉堅實有力，身形、精神良好 (直挺、精神奕奕…) 等；女性

則為適度裝扮、乾淨整齊…等。雖然聽起來殘酷，但研究證實身形臃腫、過重的人，通常不容易找工作。某些實質的外表儀容不太容易改變，但一項重要的因素：衣著，卻是一般人所能掌控的。

你怎麼穿、就影響著別人怎麼看你。美國波音公司 (Boeing) 前總裁康迪特 (Philip Condit, 1996-2003 年間擔任波音公司總裁) 特別闡述衣著的影響，他發現穿著整齊的西裝、打領帶時，很難與線上員工討論事情。康迪特為瞭解實際參與飛機製造員工的想法，經常穿著輕便的到線上與員工交談…。

人們對穿著的態度，也隨著時代而改變。90 年代隨著 dot.com 網路公司的興起，便服成為職場趨勢；90 年代中期，即便 IBM 的保守員工，也不再堅持數十年的衣著常規：正式的黑色西裝，甚至也能允許男性員工不穿西裝的出現在工作場所。根據當時 IBM 發言人的說法：「我們嘗試跟顧客穿得一樣」。但也隨著網路公司於 90 年代末期的泡沫化，便服的趨勢也跟著式微。

穿著正式服裝或便服，有幾個影響因素。首先是產業別，加州戶外衣著製造商巴塔哥尼亞 (Patagonia) 的衣著規定可能是世上最自由的：連鞋子都不必穿！一般而言，財經服務及公務機關的服裝標準最保守，而高科技、日用品及自然資源的第一產業則較傾向於便服。

地區別，也會對衣著產生影響。曾有研究顯示，華盛頓特區的衣著規定最為保守、正式，而加州、新英格蘭區域等多數高科技公司所在地，其衣著規定較為自由。但知道公司有所謂「**商務便裝**」(Business Casual) 的規定還不夠，「便裝」一詞本身就具模糊性，美國東、西岸對便裝的定義也不見得一樣 (圖 4.3)。

當有這麼多影響因素時，如何選擇正確的穿著方式，可依循下列提示：

- 環顧周遭：最好的原則，就是看看公司與相同產業、地區的其他從業人員怎麼穿。免得造成在一堆穿著牛仔褲的同事中，突顯自己正裝 (或相反) 的尷尬。如果是新進人員，最好問問公司的人資部門，詢問有關的衣著規定。

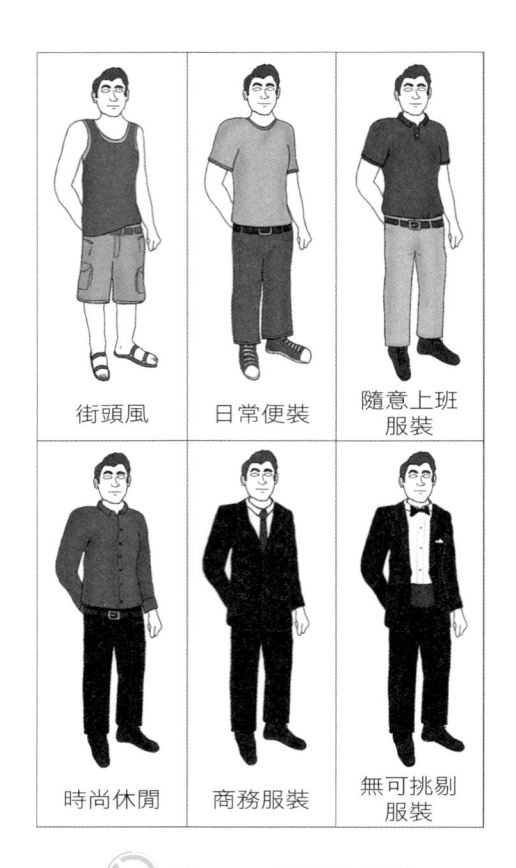

街頭風	日常便裝	隨意上班服裝
時尚休閒	商務服裝	無可挑剔服裝

圖 4.3　便裝的分類
圖片取自 https://en.wikipedia.org/wiki/Dress_code

- **為你想要的職務而穿**：如果你想爭取更高職位的工作。最好就穿得跟「那一群人」一樣，讓人們與上級習慣你「看起來」像是那一階層的人，對晉升是會有幫助的。
- **如不確定，寧可保守**：標準服裝始終是變動的。當你不確定該如何穿著時，寧可保守些。畢竟，從保守的正裝，脫掉外套、取下領帶的「**卸裝**」(Dress Down) 要比穿著休閒而要「**上裝**」(Dress Up) 要來得簡單得多。
- **別露太多**：休閒裝扮的裸露在校園或跟朋友外出時可能適當，但在工作上則通常不被接受，尤其是如財經、能源或公務機關等職場領域，適當的穿著對職涯的成功發展相當重要。避免過分裸露的一般原則是避免過低領口、短裙、露腰的上衣及露出腳趾頭的鞋子…等。
- **別將「便裝」當成「邋遢」**：T 恤與骯髒、破爛的牛仔褲給人的感覺，與燙過畢挺的卡其褲、簡潔的襯衫或毛線衣不一樣。便裝要讓人看得舒服，其挑戰與花

費，不見得會比正裝少。總而言之，骯髒、有污漬未清或皺巴巴的衣著，在任何場合都不適宜。

雖然看起來不公平，但女性穿著的專業性與保守性要求，要比男性來得高，尤其對有職場野心的女性而言，更是如此。許多研究都顯示，女性穿得「專業」或「性感」，跟別人如何看待其專業能力有顯著關連性。換句話說，低職位(如行政助理)女性的衣著選擇，不會影響他人對她能力的評價(穿得專業也不見得讓人覺得有能力！)但高職位(如經理、執行長)的女性，如穿得較性感，則容易讓人質疑她的能力。[9]

臉部及眼光

面部表情(Facial Expression)，很明顯的，能傳遞溝通訊息。一位下屬的疑惑表情，表示他需要更進一步的說明；客戶的微笑與點頭，象徵著完成銷售的時間到了；同事的皺眉，表示你的要求來得不是時候。但如同其他非語言訊息一樣，面部表情也有可能是模糊或模稜兩可的。如同事的皺著眉頭，是他的頭痛、跟你的要求無關。即便如此，研究者們發現人對其他人的面部表情，通常都有一致的看法。

眼光接觸(Eye Contact)本身就傳達了很多訊息。有經驗的溝通者，知道何時要看何處，以產生需要的結果。如直看他人，是邀請他人說話的訊號；如避免被打岔，就把眼光從他人臉上移開，直到需要他人回應時，再看向他人。

眼光的接觸，也是溝通雙方參與程度的良好指標。雖然研究的結果並不一致，但一般認為兩人交談時，適合眼光接觸的時間約五到六成，也就是一段時間凝視後、轉移眼光(到他處)較為適宜。若交談時始終不看對方眼睛，則顯示著根本不想融入情境。

當然，文化差異，也影響著眼光接觸的時間與頻率。如美國原住民納瓦霍族(Navajo)對長者表示尊敬、會避免眼光直視長者。在日本，店員幾近九十度的鞠躬、大聲說"Irasshaimase"「歡迎光臨」時，面部通常沒有笑容(或制式笑容)、眼光也不接觸顧客(反正鞠躬時都看不到！)、音調也流於形式…顧客對這樣過於形式的禮貌，有些人會覺得反感。美國餐飲業如麥當勞，則有所謂「笑容學習」課程，訓練

---

[9] 參考 Wookey, M. L., Graves, N. A., & Butler, J. C. (2009). Effects of a sexy appearance on perceived competence of women. *Journal of Social Psychology, 149*, 116-118.

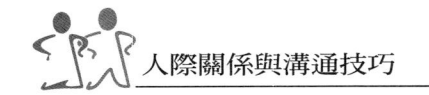

員工友善的接待顧客;但一般歐美人士對 Hooters 服務員的自然、親切笑容感覺較好!

即便依循歐美的文化,眼光接觸也有可能是刻意的欺瞞。有些人直視你眼睛時、還能說謊。眼光注視之處所傳達的訊息,也可能造成誤解,職場人員必須重視其影響,如下述這個曾實際發生過的故事:

一家「財星 500」公司執行長,在接受電視專訪、談到公司未來的財務預測。當這名執行長談到營利預測時,眼光卻往下移,在電視上,讓人覺得他言不由衷⋯華爾街觀察者們紛紛下修執行長的營利預測,幾天內該公司的股價就慘跌,直到兩年後才重新回到應有價位;但事後證明,執行長當時的預測卻是精確的!

姿勢與動作

當多數人注意他們的面部表情與眼光時,一個人的**姿勢與動作** (Posture and Movement) 也能透露出許多訊息。如你辦公時的坐姿,反映出你對工作的態度,或你希望上級能注意你的努力程度。但有些姿勢很細微,每個人或多或少都有些姿勢的怪癖而不自覺,如手不知往哪擺象徵著緊張;腳輕跺著:不耐煩;緊握拳(使指節發白):壓抑的憤怒⋯等,表 4.4 列舉一些常見姿勢象徵的意涵如:

表 4.4　一般常見姿勢所傳遞的訊息

姿勢	適當程度	誇張程度
頭上仰	思考	失望
頭低下	認錯	不服
頭偏向左右側	驚訝;驚喜	不相信
上身前傾	表達友善,有興趣	敵意
上身挺直	專業;自信	抗拒;悖離
上身後仰	放鬆;信任	厭惡;不可置信
手摸下額	考慮	焦躁;不安
雙手抱胸	評斷	抗拒
手叉腰	權威;自信	威嚇

註:姿勢種類甚多,本表僅列舉一般常見姿勢的意涵

表 4.4 中僅列舉一些常見的姿勢所代表的意涵，但其程度差異卻可能反映出截然不同的訊息。因此，好的溝通者，要練習從一般姿勢及其他一些細微的動作，來判斷其溝通是否有效的進行。如注意到聽者上身向前傾，象徵著他對你剛說的有興趣…；但當他一旦後仰，你應迅速察覺哪裡出了錯而趕快修補。此外，如你拜訪某客戶時，若發現他的筆始終拿在手上、不斷整理文件、做筆記(不是記你所說的！)，是發出他想返回工作的訊息，此時，應該就結束拜訪、離開。若你不想被人打擾，上述動作也可用來禮貌性的謝絕。

在一對一的關係中，你很容易從姿勢的緊張或輕鬆，看出來誰較有「權勢」。一般而言，姿勢較輕鬆的一方擁有較高的位階，這在求職面談或上下級談話中很容易看得出來。求職面談中，擁有發問權的審查者當然沒什麼好緊張的；但求職申請者必須全神貫注而容易緊張。雖然過度的輕鬆或緊張對溝通雙方都沒好處，若審查者要申請者放輕鬆但申請者卻過度放鬆，卻又容易給審查者隨便的不良印象。在上下級的互動情境中，下屬固然應該嚴謹些，但最好的「姿勢」是比上級稍微「正式」即可。

高度，也是一種互動中權力的象徵。身高較高的人幾乎就相當於主導地位。因此，即便你身高較對方矮，也不要佝僂著背、縮著兩肩，更顯得你居於弱勢。但當你身高比對方高時，除非你真的要主導情勢，否則，坐下來跟對方談，比較容易給對方願意合作而非主導的印象。

個人空間與距離

我們在與他人互動情境中所「設置」的距離，除反映對他人的感覺與態度外，也會影響溝通的成效。美國人類學家霍爾 (Edward T. Hall) 對中產階級美國人定義了四種距離區域如 (圖 4.4)：親密距離區：從實際接觸到 18 in (0.5 m)；個人休閒區：18 in – 4 ft (0.2 – 1.2 m)；社會互動區：4 – 12 ft (1.2 – 3.7 m) 及公共空間區：超過 12 ft (3.7 m) 以上等。

霍爾區分人際互動距離區間的原意，在溝通理論運用上有其意義。如反映態度、生成感覺與顯示權力等。在「反映態度」時，當某個人預期對方不友善或會帶來壞消息時，通常在見面時會與對方站得遠些。當然，若預期是友人或好消息時，彼此之間的距離會縮短。

親密距離
< 18 in (< 0.5 m)

個人休閒
18 in – 4 ft
(0.5 – 1.2 m)

社會互動
4 – 12 ft
(1.2 – 3.7 m)

公共空間
> 12 ft
(> 3.7 m)

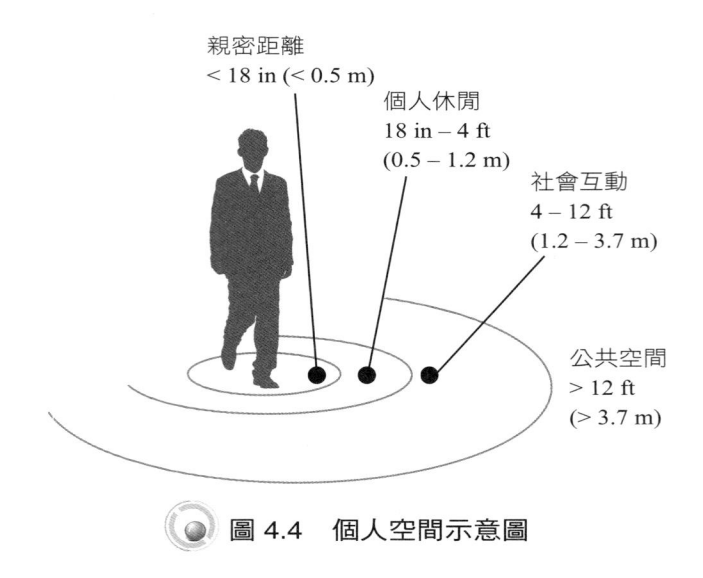

圖 4.4　個人空間示意圖

職場提示：肢體接觸能強化職場成功

英語有句老話說：「**保持聯繫**」(Keeping in Touch)，肢體上的接觸、碰觸也是聯繫，說明了人際關係中實體的接觸與職涯成功之間的關係。

醫病關係正能解釋接觸對職涯成功的重要性，醫生看診或開立處方時，如能接觸病患，比較能獲得病患的安心與合作。

心理諮商師若能碰觸病患，能使病患感覺安心而「自我揭露」及配合諮商師的問答。

產品行銷時，若能碰觸顧客，能使顧客較願意駐足、聽取說明、試用產品(接觸的最好時機)，最後，採購的機會也大增。

運動員也能由肢體之接觸而增加績效。曾有研究顯示，彼此間會以肢體接觸、溝通的球隊，比那些不接觸的球隊表現較好。

當然，身體上的接觸，必需要在文化上是被允許與接受的，接觸的程度也必須被人接受；過度的肢體接觸有時是令人惱怒、甚至毛骨悚然的。

此外，接觸本身並不能保證成功，但至少有許多研究結果顯示，適度的接觸能「強化」職場成功的機率，是目前能被大多數人認同的。

除反映態度外，距離也能生成彼此之間的感覺。如溝通情境較不友善，則彼此之間的距離會拉得較遠；相對的，若是融洽會談，彼此之間的距離會趨近些。當然，趨近也有其限度。商務互動中，侵入到對方的「親密距離」通常是不適合的。有經驗的溝通者，會利用友善的氛圍，選擇接近到對方的「個人休閒」區，使溝通更為有效。

人際之間的距離，也是權力的非語言指標之一。不必明說，大家都知道通常較有權力的人，能決定彼此之間的距離。在平常生活中，常可以看到年長者趨近拍年幼者的背；但很少看到相反的情形。這個權力距離原則，同樣也適用於說明，為何下屬鮮少主動到上級的辦公室，另也不會挑戰在沒知會的情況下，上級逕自進入下屬的辦公室 (或空間)。

即便下屬在上級辦公室內，彼此之間的緊張與距離，仍可看出誰在主導。權力較低的人，通常在被邀請坐著前會傾向站著，即便坐著的狀況，如果有選擇，下屬通常也會選擇距離上級較遠的座位。明智的管理者若要拉近與下屬之間的關係，可在辦公室內擺上較舒適的桌椅，使進入辦公室的下屬，比較有「平等」的感覺。但更好的作法是，到下屬的辦公室去談，而不是召喚他們到辦公室來，那會使下屬緊張的。

當然，霍爾所定義的人際互動距離，並不適用於所有人類族群，至少這些距離在反應互動兩人之間的關係、態度也不夠彈性。以牙醫及理髮師為例，牙醫與理髮師都在所謂「親密距離區」與病患或顧客服務，甚至到了實際接觸的地步；但牙醫、理髮師與病患、顧客之間的關係，卻與「親密關係」無關。

實體環境

目前我們討論了個人行為所發出的非語言訊息種類，但除了人之外，辦公室**實體環境** (Physical Environment) 的配置，也會影響職場工作人員之間的溝通效能。

辦公室實體環境中最顯著的例子，是權力的配置。在大多數的組織中，權位越高的人，擁有越多的辦公空間與位置。有窗辦公室的地位高於沒窗的，在角落的優於在中間的…等；但有辦公室的，地位都高於在隔間區辦公的人。

另一項影響溝通效能的實體環境配置因素，是彼此的**近接性** (Proximity)。越靠近的人們之間越常溝通。因此，管理者在安排員工辦公位置時，要考量以功能或專

職場提示：隔間禮儀

如美國漫畫家「呆伯特」(Dilbert) 常畫的場景，工作職場上的每一天幾乎都在辦公室「隔間」(cubicle) 中發生。以下列舉一些有助於職場溝通的隔間禮儀：

隱私

1. 將隔間視為辦公室的門。在沒接收到口頭邀請或眼光示意前，不要隨意進入別人的辦公隔間區。
2. 不要因為你手能伸得到，就在別人桌上借東西。絕對不要因為你能看得到，就去看對方電腦螢幕顯示的訊息。
3. 如果不想被打擾，掛出「請勿打擾」的牌子或避免眼光接觸、不回應對方等。
4. 不要因為你聽得到，就高聲回應他人的疑問，也不要複頌聽到的話。
5. 講電話時，不要使用擴音器。不刻意去聽他人說話是禮貌，而讓他人聽到你說的話是粗魯！
6. 不要攀著隔間上緣跟別人說話！走過去、發 E-mail 或即時訊息。

記著，別人能聽到你在隔間內說什麼。因此，若有個人對話或開會需求時，找其他更適合的地方。

噪音：不要在隔間辦公室添加噪音。降低音量說話；將電話鈴聲調低、離開隔間時關掉電話鈴聲；隨身帶著你的手機，不要人在隔壁而讓手機在桌上響著；當你聽音樂、CD 或收音機時，使用耳機；最後，電腦螢幕保護程式選用沒有聲響的。

氣味：你喜歡的香味，不論香水、香精、香油或香燭等，可能是別人的過敏原，所以，想想對他人可能造成的影響吧。此外，不要在隔間內用餐，同事可能並不喜歡你食物的味道。

兒童：絕大多數的組織，即便沒有明文禁止，也不論兒童是否表現良好，大都不歡迎兒童出現在辦公空間中。

生病：生病時還決定上班，固然精神值得嘉許，但對其他人卻沒任何好處。將心比心，如果你不想被生病還上班的人傳染。當你生病時，最好就請假吧。

資料來源：Lockard, M. (2011, June 16). Cubicle etiquette: Sights, sounds and smells. *Forbes*.

案方式運作。明確的說，管理者若想讓不同工作群組的員工之間，能有充分的溝通機會，在實體空間配置上，必須滿足下列三個條件：

1. 位處中間位置：讓所有需要溝通的員工，都有約略相當的距離，能趨近到群體的中間位置。
2. 應有舒適、輕鬆的空間：無論站或坐，要能使參與討論的員工有舒適、輕鬆的感覺。
3. 空間夠大：讓聚集時不致於影響附近其他人的工作或走動。

當然，如果不想讓員工在工作時經常閒聊，改變上述任何一個條件，都可以達成目的。

辦公桌椅的安排，也會影響人際溝通時的氛圍。試想，你比較希望隔著桌子與對方溝通，還是直接面對面？一般而言，有桌子相隔，比較適合正式的情境如談判、開會…等；而沒有家具區隔的面對面溝通，較適合非正式、輕鬆的情境如討論、聊天…等。在固定家具的辦公情境中，坐在桌子哪一個位置，也突顯出組織內的權力關係或對溝通的需求差異等。通常，權位較高的人，坐在能看到大家、也能被大家看到的位置；但如不想被人注意，則通常會選擇離主導者較遠、較不顯眼的位置。

以上實體環境配置對溝通的影響因素，在選擇溝通位置時相當重要。正式的溝通，通常選擇正式的會議空間；但非正式的溝通，最好選擇較輕鬆的位置如員工休息處、餐廳…等。另在組織上下級之間的溝通，「**近親遠疏**」(Out of sight, out of mind)[10] 是最具參考價值的原則。如果你想讓老闆注意到你的工作績效，想辦法讓老闆看得到你；另一方面，如你不想被人打擾，就保持沈默、遠離群體吧。

總結以上對實體環境的討論，我們可作出以下原則：近接性與可見度鼓勵著接觸；而距離與封閉性則阻礙了溝通。

時間

我們運用時間的態度，在職場上提供了你工作態度的沈默訊息。作者認識的歐

---

10 近親遠疏 (Out of sight, out of mind) 說明彼此間距離對關係的影響。在職場上意味著讓老闆能注意到你的工作表現，所以應積極的打進決策核心圈。另此諺語在管理者外派時，也有重要意涵。管理者通常因考量到最高領導者看不到自己的表現而影響升遷、獎勵等，陷入「近親遠疏」的情境而不願意接受外派。

> **倫理挑戰：周全或坦率？**
>
> 在職場專業考量上，即便你自己不喜歡，仍應表現出禮貌與關切？
>
> 當你不喜歡某人或對他人的意見有顯著差異時，你有任何義務(對他人)要表達出關切與尊重嗎？如有，是哪些義務？另在職場工作上，你要如何平衡誠實、坦率與專業的「敬業精神」？

美中、高階主管，通常都會提早半個小時以上(有些甚至超過一、兩個小時)到辦公室。問他們為何如此，他們通常的回答是「應該如此啊！」[11]

雖然文明國家都有對勞工工作時間的保障，也有所謂「彈性工作時間」的規定。但多數的職場諮詢者都會建議，在任何一項新職務的前三個月，最好能「一絲不苟」的管理你的工作時間：

> 如果…在最初的前 90 天，你會經常性的遲到、找不到人或甚至曠職，或經常在快下班前看手錶…等，你會讓上級對你留下不容易改變的負面印象。雖然不至於侵犯你的工作權益，但你被解雇的機會卻比其他人要高。

在單一、**共時性 (Monochronic)** 文化裡，在規劃、分配的時間內講完話，顯示出有良好的規劃與關切聽眾。超過時間的講話，除造成聽眾的不便外，也不尊重安排的行程。但在某些多重、**歷時性 (Polychronic)** 的文化觀點裡，嚴格遵守時間，卻會被視為對彼此關係構建的粗魯對待與污辱。因此，在面對多重、歷時性文化的溝通者時，在沒確定彼此已建立個人關係前，最好不要堅持時間觀念，不然會容易傷害彼此關係的。

4.2.3 非語言溝通效果之改善

在瞭解非語言溝通的要素後，我們可利用下列原則，改善非語言溝通的效果，

---

11 作者曾於 1996-1997 外派至美國華盛頓特區工作一年，此期間各部門主管都會提早抵達辦公室，有些甚至清晨六點就開始辦公了。問他們為何如此早到，理由不是大家可能所想的「大老闆要求」、「不塞車」或「早上精神好」等，而是「應該如此啊！」如此敬業的態度，無怪乎美國國力的持續強盛，更是強調「勤勉」的華人應效法的職場文化。

協助達成工作上的目標如：

　　監控自己的非語言行為：如果你曾經自問過：「我做得如何？」就代表著你知道如何「**自我監控**」或「**自我審察**」(Self-Monitoring)。所謂的自我監控或自我省察，是平時保持對自己言行(尤其行為！)的關注，並修正自己行為的過程。

　　高度自省的人，比較容易採取適應情境需求的非語言行為；相對的，無法自省的人，則通常不清楚為何他們的言行會導致負面效果。說笑話的能力，是一自省程度的反映指標。具備高度自省能力的人，常能在適當情境「表現」出大家都喜歡的幽默；但不具備自省能力的人，常自以為幽默、但說的笑話卻很不好笑！

　　自我監控能力的培養，能協助我們管理好自己的非語言行為。當面對不高興的顧客或冗長會議等困難情境時，若自我監控能力下降，我們常容易表現出煩躁、沒耐心等行為。因此，保持對自己非語言行為的持續監控，對職場的成功，是相當重要的。

　　但過度的自我監控，也容易淪於「**過度自我意識**」(Overly Self-Conscious)。因此，自我監控最好能從他人的角度來反觀自己。他人越能接受你的行為，意味著你的自我監控能力越好。

　　展現對他人的關切：「**密接性**」(Immediacy) 一詞，在溝通領域中綜合描述著人類表達親近、喜歡程度的語言與非語言訊息。在非語言行為所透露出的線索，包括有「**近接性**」(Proximity)，眼光的直接凝視，上身前傾，輕鬆的姿勢，正面的面部表情，及溫暖的音調…等。

　　研究顯示，高密接性與職場成功有顯著的關聯性。具有高密接性的主管，容易被(下屬)認為是有能力的、可信的且具吸引力的，下屬也較願意配合。

　　展現對他人關懷的密接性，在關係發展初期很重要。在初識的人眼中，因為沒有其他參考意見。所以，能展現出關懷的密接性第一印象，會塑造他對你日後的正面態度。即便你們已相當熟識，不時的接觸，對維繫關係也是重要的。

　　能練習與自我監控，你也能有效的管理你的非語言密接性。你可以從本文所附的「**密接性自評**」問卷中，先瞭解你目前的密接性水準。

　　入境問俗：如本書第 2 章曾討論過，有些非語言的常規、習慣是有文化差異的。舉例來說，在北歐國家，兩人相見時握手致意為適當的禮節，但在中東與拉丁美洲國家，較適合的問候卻是擁抱，或甚至儀式性的親吻兩頰一至兩次。同樣地，西方

| 自我評估 | 非語言密接性自評 |

在下列「與人交談時…」選項中，選擇最適合你的答案，使用五點式反應尺度如：1 = 從未；2 = 很少；3 = 偶而；4 = 經常；5 = 頻繁

_____ 1. 我會運用手及手臂來表達。
_____ 2. 我會碰觸他人的手臂與肩膀。
_____ 3. 我運用單調、沈悶的語調。
_____ 4. 我會移開視線不看對方。
_____ 5. 若他人開始碰觸，我會移開。
_____ 6. 我的身體姿勢很輕鬆。
_____ 7. 我會皺眉。
_____ 8. 我會避免眼光接觸。
_____ 9. 我的身體姿勢很緊張。
_____ 10. 我會靠近對方。
_____ 11. 我的聲音是單調、沈悶的。
_____ 12. 我會運用各種音調來表達。
_____ 13. 我會運用手勢。
_____ 14. 我的態度是熱切的。
_____ 15. 我有個人的招牌面部表情。
_____ 16. 我會向對方移近。
_____ 17. 我會直視對方。
_____ 18. 我是僵硬的。
_____ 19. 我的音調是多變的。
_____ 20. 我會避免用手勢。
_____ 21. 我會上身傾向對方。
_____ 22. 我會與對方保持眼光接觸。
_____ 23. 我會盡量不要靠近對方。
_____ 24. 我會上身仰離對方。
_____ 25. 我會微笑。
_____ 26. 我會避免接觸他人。

計分方式：

1. 從 78 分開始，加上項目 1, 2, 6, 10, 12, 13, 14, 16, 17, 19, 21, 22 及 25 等項目反應尺度的分數。
2. 累加項目 3, 4, 5, 7, 8, 9, 11, 15, 18, 20, 23, 24 及 26 等項目反應尺度的分數。
3. 步驟 2 得分 − 步驟 1 得分 = 你的密接性總分。

得分參考規範：

女性：96.7　16.1；高標 > 112，低標 < 81
男性：91.6　15.0；高標 > 106，低標 < 77

資料來源：Richmond, V. P., McCroskey, J. C., & Johnson, A. D. (2003). Development of the nonverbal Immediacy scale (NIS): Measures of self- and other-reported nonverbal immediacy. *Communication Quarterly, 51*, 505-517.

女性在自己家鄉有自己的衣著風格，但如到回教國家工作，就最好穿得保守些、可能的話，戴上面紗更好。

　　事實上，如果你的不預期行為被他人視為正面評價時，違背他人的預期也可能是有效的。如便裝聚會時，你穿得較為「熱情」，能產生正面的回應——讓大家更開心——只要熱情不太超過、變成「虛假」就行。

重點回顧

- 若要清晰、明確地表達訊息，最好避免使用俚語、行話、術語，而使用明確、具體的語言；但策略性的模糊，卻能促進和諧、軟化艱困的訊息及間接性的表達不適合明確說明的訊息等。
- 為使溝通順利，避免使用會使聽者產生強烈情緒反應的煽動性語言，包括偏見及觸發性的詞語，另也須練習與持續監控自己在別人說出煽動性語言時的適當反應。
- 在職場上發展你的專業形象，盡可能使用適度的強力語言，積極、正面的語言，及避免說話時的不流利等。
- 語言的剛柔性有很大的差異。一般而言，柔性語言強調彼此關係的連接與發展，而剛性語言則偏重於報告、達成任務及控制情境等。在面臨性別差異的溝通類型 (不見得男性就是剛性或女性就是柔性) 挑戰時，察覺差異、轉換或甚至混合運用，都能促成有效的溝通。
- 非語言行為是每個溝通情境的重要部分，它傳遞訊息的強度較強且能表達態度；但不適合用來表達概念，又因非語言行為本身就具備模糊性且有文化差異，故在職場中運用須謹慎。
- 非語言訊息的表達類型可區分為聲音 (音調)、外表儀容、面部表情及眼光、姿勢與動作、個人空間與距離、實體環境及時間的運用等。但因有文化差異，且具模糊性，在職場中運用前，須能持續練習與自我審查。
- 自我監控自己的非語言行為，有助於達成職場與工作目標。藉由密接性來觀察並調適於組織的常規來表達對他人的關切。

人際技巧與策略 CHAPTER 5

學習重點

1. 如何在職場中以開放的心態讚美他人，提出困難（批評他人）的議題及對他人批判的回應等。
2. 瞭解職場中會激發或緩解無禮及霸凌的溝通行為，及如何在職場中處理與應對無禮及霸凌。
3. 瞭解職場中與性騷擾相關的語言和非語言行為種類及其後果，並瞭解性騷擾的目標可供選擇的溝通方案有哪些？
4. 瞭解職場衝突的緣起及處理衝突的方法類型。
5. 瞭解如何執行與工作相關的談判。

5.1 人際技能與職場成功

職場的成功，才能、好的想法、教養良好、技術專業、努力工作、動機與誘因⋯等，都是重要影響因素。除此之外，因為職場上的工作，通常需要與其他人——同事、顧客、管理者、其他公司的員工⋯等——配合，才能達成任務、完成工作。因此，職場中的**人際技能** (Interpersonal Skills) 諸如構建正面關係維護 (他人的) 尊嚴及對組織氣候作出正面貢獻等，對職場的成功與發展，也有重要的影響。

5.1.1 構建正向關係

不難想像建構人際關係的溝通技能對職場成功的重要影響。過去曾有研究針對 1,000 名美國公司人事主管，對「理想的管理風格」的調查中，「能跟他人一起工作的能力」是排名前幾項的能力。一般人或許會認為以技術為主的經理人員，會比較重視技術而非管理 (因此，人際關係不是那麼重要！) 但員工的反應卻不那麼認為。員工們認為缺乏人際關係技能的上司，即便有技術經驗，但不良的人際關係，就是他們口中抱怨「出軌」(derailed)[1] 的老闆。

為掌握何謂好的人際關係技能，最好反向地從不好的人際關係著手，換言之，就是職場中哪些行為會讓同事 (或他人) 不悅。從表 5.1 所列舉「令人不悅」的溝通行為中，你或許能輕易的在共事同事中發現，甚至在你自己身上也會出現！

過去，通常以 IQ「智商」(Intelligent Quotient) 表示人的「**社會性智力**」(Social Intelligence)。雖然 IQ「智商」測試有很高的**測試信度** (Test Reliability)；但其在各領域的運用**效度** (Validity) 卻有很多截然不同的結果。目前，一般相信 IQ「智商」並不能有效預測人在未來職涯或生活發展的成敗。

近代有些研究者，將「社會性智力」(或即「人際關係技能」) 稱為 EI/EQ「**情緒智力**」或「**情緒商數**」(Emotional Intelligence/Quotient)，並宣稱當職務、任務越困難或組織位階越高時，EQ「情緒商數」就越重要。美國知名顧問狄倫施奈德

---

[1] 此處的「出軌」(derailed)，是指「不按常軌」而非感情或婚姻的出軌。參考 Goodspeed, L. (1999, April 23). "People skills" stressed over experience for each CEOs. *Boston Business Journal, 19*, p. 46.

表 5.1　令人不悅的溝通行為

好事 (多事)	不專業
● 未經邀請的插入他人談話	● 態度粗魯
● 干涉他人事務	● 對第三方說他人閒話或壞話
● 對跟他沒關係的事表達意見	● 無端批判他人
	● 嘶喊或喊叫

掌控、跋扈	不專業的關注
● 試圖控制、向他人展現優越地位	● 工作上談論個人問題
● 沒權限但好對人下指令	● 將個人問題帶入工作
● 以居高臨下的態勢貶抑他人	● 談論與工作無關的議題
● 堅持自己的立場與方法	

自我推銷	防禦、評判
● 好鬥、爭第一	● 視他人為他職務上的威脅
● 好推銷自己	● 攻擊與評判他人的行為
● 自我中心	● 缺乏建設性的批評
● 好顯示自己的優越	

不專心	
● 工作時容易讓他人分心	
● 表現常刺激他人	

資料來源：Fritz, J. M. H. (2003). How do I dislike thee? Let me count the ways: Constructing impressions of troublesome others at work. *Management Communication Quarterly, 15*, 410-438.

(Robert L. Dilenschneider) 就曾對 IQ「智商」與 EQ「情緒商數」作出以下的對比：[2]

> 你的 IQ「智商」可能高達 145，你也可能擁有管理博士學位。但如你的人際關係技能不夠頂尖 (top-drawer)，你將很難「脫穎而出」(break away from the pack)。

上述的對比，正呼應了有「現代管理學之父」稱譽的杜拉克 (Peter Drucker) 的警惕名言：「大多數我們所謂的管理，是讓人更難做事！」(Most of what we call

---
[2] 參考 Dilenschneider, R. I. (1997, March). Social intelligence. *Executive Excellence, 14*, 8.

management consists of making it difficult for people to get their work done.)

5.1.2 維護尊嚴

社會性智力或情緒商數的主要成分之一，就是展現對他人的尊重。如果你問任何人在工作中遭遇的惡劣溝通經驗，通常你會得到諸如被忽略、冒犯、貶抑等不被尊重的形容詞；相反的，如果你問的是正向、愉悅的經驗，最常見的回答可能就是被讚賞及尊重。

職場尊嚴 (Workplace Dignity) 一詞，雖然在學理上的定義，是指一個人在工作上的「自我尊重」(self-respect)、「**自我實現**」(Self-Esteem)，並被他人尊重的自我認知。簡單的講，就是在說明人在職場工作中，期望被上司、同事或甚至下屬的讚揚與尊重，並達到自我肯定與認同。

除了強化自我尊重、自我實現外，職場中維護(自己與他人的)尊嚴，對商務經營的結果也有顯著的影響。職場中若對人不尊重，員工會有情緒(壓力增加、焦慮、壓抑…)與生理(頭痛、胃潰瘍、血壓升高)上的不良反應。除了對人員的不良影響外，對個人尊嚴的不尊重，也會導致組織生產力下降、離職率增加，員工的抗拒、破壞、甚至訴諸法律的控訴行動等。[3]

職場尊嚴在溝通上有三個意義：彼此的尊重相待、對能力的讚賞認同及肯定員工的價值。[4] 本章所述的人際溝通技能與策略，能幫助你即使在最困難的狀況下(如須評判他人的缺失)，以及在不損及他人尊嚴的原則下，順利達成溝通目的。

5.1.3 改善組織氣候

組織內(成員)的溝通品質，會影響到員工如何看待他的工作與如何彼此對待。「組織氣候」(Organizational Climate) 一詞，也正說明組織中工作群組間的互動性質。以「氣候」天氣術語來隱喻組織內的互動是相當貼切的，因為，氣候能從舒適愉悅到嚴酷難熬，變幻難測。

---

[3] 參考 Wood, M. S., & Karau, S. J. (2009). Preserving employee dignity during the termination interview: An empirical examination. *Journal of Business Ethics*, 86, 519-534.

[4] 參考 Lucas, K. (2012, May). *Toward a conceptual understanding of communicating workplace dignity*. Paper presented at International Communication Association annual conference, Phoenix, AZ.

組織氣候，可以是整體、全面性的(組織文化！)也可以是局部的，每個工作群組或團隊都可能有自己的「**微氣候**」(Microclimates)。舉例來說，你可能在自己的團隊中如魚得水而悠游自在，但在參與由各級主管們組成的評議委員會中，卻覺得冷冽而沒有人情味。

組織氣候的生成，多來自於團隊成員對彼此的感覺、而非個人對其特定工作的感受。事實上，正向的氣候能存在於即使是最惡劣的工作環境，如狹窄、擁擠但仍缺人的辦公室，工廠中輪值**大夜班**(Graveyard Shift)或基層的垃圾清理工作等，只要成員間真誠對待，就能有好的組織氣候。相反的，即便在舒適、奢華的辦公環境裡，成員之間的敵意，就會污染組織氣候。

不難想像，組織氣候對組織的表現有顯著的影響。它跟生產力、工作滿意度及員工是否願意表達不同意見等，都有直接的關連性。[5] 組織氣候也同樣適用於任何組織類型，如正面的組織氣候，能強化銷售型組織成員對工作相關任務的學習態度，幫助廣告公司爭取獲獎機會，及提升醫院中病患對醫生的信任等。

5.2 分享回饋

溝通時，有些(意見的)回饋是會讓人愉悅的，但有些則是必要但很難說出口的。不管回饋訊息是愉悅或是困難，本節所述一些指導原則，能讓你在維護彼此尊嚴狀況下有效溝通，進而完成工作。

5.2.1 讚美

英語有句古諺：「蜜比醋能抓更多的蒼蠅」(You can catch more flies with honey than with vinegar)(編者譯：好話比尖酸刻薄管用)。真誠的讚美，若能有效的傳遞，能產生好的結果。下列一些技巧，能使讚美達到希望的結果：

---
[5] 參考 Kassing, J. W. (2008). Consider this: A comparison of factors contributing to employees' expressions of dissent. *Communication Quarterly, 56*, 342-355.

即時讚美：能越快的提出正面的回饋，讚美也就越有意義。對他人的讚美，不需要花你多少時間，但其結果卻是值得投資的。

具體讚美：所有的真誠讚美，都是受人歡迎的。若能較為詳細的說明你所讚美之處，能讓他人持續這種被你讚美的行為。具體的讚美能讓讚美更為明確，如下表：

通泛的讚美	具體的讚美
那抱怨處理得好！	當顧客抱怨時，你真的能保持冷靜、鎮定並蒐集資料。
感謝你最近對我的協助！	感謝你能在我生病時彈性調整我的工作時程。
最近你真的處於巔峰！	這個月的每項工作，你都能在兩天內完成。

具體的讚美，並不意味著你可以放棄通泛的讚美；但具體的讚美能讓他人確切瞭解你讚美之處，對爾後彼此的互動，比通泛的讚美更具價值。

期待進展的讚美：你可能會覺得(他人)沒有那麼多好的結果值得你讚美，即便如此，對他人作出「期待進展」的讚美，也有助於好結果的產生。試參考下列範例：

「這份草案清楚多了，加上詳細的預算規劃，能有效說明錢花到哪裡。我想同樣的詳細程度，也能讓行程表更加清楚。」

「我知道我們仍有不同的看法，但我很高興我們能合作得那麼好。」

間歇性的讚美：太多的讚美會讓人感覺不真誠。社會科學的研究也發現，過多讚美的效果不如「偶爾」(occasional)的讚美。因此，讚美他人要能「間歇性」(intermittently)的，才有最好的效果。

傳遞讚美：如果要讓讚美發揮最大效用，改善彼此之間的溝通氛圍，最好能掌握最佳時機——讓值得知道的人都知道——也就是公開讚美的意思。藉由公開讚

倫理挑戰：當你真的想不出如何讚美他人時…

讚美的價值顯而易見，這一小節也提供你何時與如何讚美他人的指導。但有些時候，你真的想不出他人有何事或何種行為值得你讚美時…你該怎麼做？

美，能讓被讚美的人感激你，促進團隊精神，也能讓其他人瞭解值得被讚美的行為。讚美所花的時間很短，但對所有人都有幫助。

你也能扮演「讚美信差」(praise messenger)，把你從他人聽到的讚美，轉達給被讚美的人。這樣的傳遞讚美，能讓被讚美的人感激讚美他的人之外，也會對傳遞好消息的你產生好感。

真誠讚美：不真誠的讚美比不讚美更糟！它會讓人質疑你以後所有的讚美。不真誠的讚美，除了讓人覺得你根本搞不清楚狀況(哪裡值得讚美)外，也會讓他覺得你的「假恭維」反而把他形塑成幼稚、天真的樣子。

當你考慮何時與如何提出對他人的讚美時，要注意文化對讚美的習俗。在「集體文化」裡，在眾人面前單獨讚美某人，會使他在眾人中看起來突兀與尷尬。在集體文化中，最好能私下而非公開的讚美(揚善於私室？)[6]

5.2.2 困難議題的提出

讚美他人對自己也是個愉悅的經驗；但在真實世界裡，你會有很多情境需要跟人溝通有問題的行為，如某位同事沒做到他該做的(而影響團隊進度)，你的主管並未如先前承諾的改善工作環境，或供應商未能在承諾的期限內交貨…等。這些有關他人問題行為關切議題的提出，可能會被他人視為人身攻擊(而遭到反抗或反擊)，另被攻擊的認知，通常也會激發防衛性的對抗反應。

早在 1961 年，美國心理學家吉布 (Jack Gibb) 即辨識出六種可能激起他人產生防衛性心態的訊息(如表 5.2)，同時也提出六種應對的方式，能降低對方防禦心態的訊息表達法，分別說明如下：

1. **使用描述性的第一人稱話術**

許多人會不經意的在傳達訊息時，給人被攻擊的感覺如：

> 「你的報告太糟糕，你必須做大幅修改。」

---

[6] 「揚善於公堂，規過於私室」一偈，原出自於清李毓秀所作〈弟子規〉(原名〈訓蒙文〉)中「人有短、切莫揭，人有私、切莫說，道人善、即是善，人知之、愈思勉，揚人惡、即是惡，疾之甚、禍且作，善相勸、德皆建，過不規、道兩虧」的詮釋，意指讚揚人可以在大庭廣眾之下；但規勸人則要私下，給他留面子。

表 5.2　左右防衛心態的訊息

降低防衛心態	激起防衛心態
描述性 (第一人稱話術)	評估性 (第二人稱話術)
問題導向	控制他人
誠實	操弄
關切	漠不關心
平等	顯現優越
開放心態，保持彈性	固執己見，堅持不變

「你總是遲到！」

「你做的承諾實在太蠢，我們沒辦法在這個月前完成的。」

上列的敘述，被稱為「**第二人稱話術**」("You" language)，好比在語意上指著別人控訴著「你真懶！」、「你是錯的！」…等。相反的，若能運用描述性的「**第一人稱話術**」("I" language)，將敘述重點擺在說者而非評判他人，效果會截然不同。看看，若將上述「第二人稱話術」改成「第一人稱話術」的描述性說法後，給人的感覺有什麼不同？

「如果我們將錯誤這麼多的報告呈上去，我會有大麻煩的！如果重新修改，我們會有比較好的反應的。」

「當別人問起你時，我總要找許多藉口來搪塞你的遲到。因此，我必須要求你準時上班！」

「我對你做的承諾有點擔心，我看不出有什麼方法能在這個月前完成工作。」

第一人稱的描述法，能在不帶有強烈批判意味的狀態下把訊息傳達出去。事實上，描述性的話術，比我們日常直接抱怨或指責要有效得多，它同時顯現出必須提出的議題及說者對此議題的感覺。

2. 專注於問題解決而非控制他人

即便事情是你在主導，但如果你強迫他人接受他們不認同或不瞭解的概念，他人的反應也會是防衛性的。試想你負責專案的時程緊迫，說出「就照我的方式做！」

是相當容易的。但「控制」他人的語氣，意味著缺乏對他人需求、關切或意見的尊重，容易造成人際關係上的問題。

相對的，「問題導向訊息」(problem-oriented messages) 的表達法，能同時解決彼此的需求。我們將在本章稍後談到「雙贏談判策略」時再詳細解說。

3. **誠實！不操弄**

一旦人們發現他們曾被操弄 (manipulate) 後，對說者採取防衛態勢是可以保證的。〈一起磋商、建立關係〉(Getting together: Building relationships as we negotiate) 一書的作者費雪及布朗恩 (Roger Fisher & Scott Brown) 對此有如下解釋：

> 「只要我說錯一句話，你就可能不再相信我。除非你能發展一能判斷何為誠實、何者為操弄、欺瞞的理論，否則只要你發現我有一點不誠實，以後就會對我所有的言行產生懷疑。」[7]

相對的，簡單的誠實，即便訊息不受歡迎，也不太會使人產生防衛心態。即便他人不喜歡你的「烏鴉嘴」，但在下屬、同事及上司中，會為你賺得「直率」的名聲。

4. **表現出對他人的關切**

無所謂、不在乎 (indifference)──缺乏對他人所關切的瞭解，也可能激發他人的防衛性反應。相對的，一個真正關切的表示，就可能為你增進彼此的關係。一個客服人員花點時間為你找到能解決你問題的人，不但能讓你覺得感激與值得，也讓你願意再度跟這家公司來往。管理者表現出對你意見的認真──即便他不見得同意──也會讓你願意繼續支持他的工作。

5. **展現平等對待的態度**

無論才能或是職位，都不能作為傲慢的正當理由。職場人際關係的正向態度本質就是「尊重」。溝通專家派德森 (Kerry Patterson) 形容「人際關係的尊重，就好像我們呼吸的空氣一樣」，他解釋如：「如果你拿掉了它 (尊重)，每個人都可以

---

[7] 參考 Fisher, R., & Brown, S. (1988). *Getting together: Building relationships as we negotiate*. Boston, MA: Houghton Mifflin.

> **倫理挑戰：完全誠實始終都是最好政策嗎？**
>
> 　　原則上，沒有多少人會挑戰「誠實是最好政策」這項倫理原則；但若這世界所有人都說實話的場景是甚麼情形？很難想像吧！
>
> 　　我們每一天的生活與工作中，試著探索如何在誠實與「其他重要目標」之間的調和。先辨識下列情境中，你會如何選擇？
>
> 1. 部分說謊：當你實際很擔心；但安慰他人說：「沒什麼錯啊！」
> 2. 為閃避真相而含糊其詞：對他人說：「這想法很有意思！」而非「我想你這想法不會成功！」
> 3. 該表達真相時保持靜默。
>
> 　　根據上述自我分析，試著構建你自己符合誠實原則與實務考量的倫理準則吧。

想像得到(沒了空氣)，那時的溝通，就會演變成全力維護尊嚴的對抗。」[8]

溝通時對他人尊重與否，常從我們表達出的訊息中顯現出來。試比較「你能幫我把那份報告拿給我嗎？」或「把報告拿給我！」的語氣，顯然命令式的語氣不太尊重他人。除了語言外，我們也要注意非語言的肢體動作、面部表情，說話時的音調等，都在「展現平等對待的態度」。

6. 保持開放心態

當你必須向他人表示不認同的意見時，傾聽比說還重要。我們在第 3 章已談過傾聽對於溝通的重要性，在提出困難的回饋意見時，傾聽也同樣適用。在你批判前，先保持開放心態聽聽他怎麼說，若真正主動傾聽，你會得到關於困難議題更多且有用的資訊，也能讓你的批判更具說服力。當然，保持開放心態的傾聽，即便在你批判他人，仍能增進彼此的良好關係。

保持開放心態，在對他人提出不同概念時也有效。當你提出的是(試驗或測試性)概念而非事實，你也比較容易得到對方的傾聽。如同溝通專家中的電子郵件分

---

8 參考 Patterson, K. (2005, July 20). Mutual respect: The continuance condition of safety. [e-newsletter]. *VitalSmart*. Retrieved from http://www.vitalsmarts.com/jul202005.aspx

享：「這確實有點諷刺，當我們越強力地推銷概念，我們的影響力卻越低。」[9]

5.2.3 批評的提出與回應

在真實世界裡，批評，是實際生活的一部分。有些時候，你必須對他人提出抗議、批評，有些時候，你則變成別人抗議與批評的對象。無論哪種情形，當批評產生時，人與人之間或工作群組之間很容易就進入對抗、污染溝通氛圍的漩渦中。即便批評有其本質上的風險，但批評的訊息卻不一定非造成問題不可。若能有技巧的表達或回應，批評也可以維持、甚至改善彼此的工作關係。以下就是一些對批評的表達與回應技巧的建議。

提出建設性的回饋

雖然有「找碴」的本質，但批評並不一定會激發對方防衛性的反應。表 5.3 列舉了一些「提出建設性回饋(批評)」的表達技巧，能讓被批評對象從抗拒轉向接受。在提出建設性的回饋意見時，你可在「傳訊者」、「訊息架構」及「傳遞方式」等三個面向，策略性、技巧的選擇與組合，達到回饋意見的最大效果。

傳訊者：由誰來傳遞(批評)訊息，對溝通效果會有截然不同的影響。下列兩個指導原則可供你選擇適當的傳訊者：

- 選擇最具可信度者：每個人都有自己最信任的人。如果可能，由對方信任的人來傳遞批判的訊息，可能最有效。
- 確保傳訊者的角色適合：即便批評是允當、精確的，如果傳訊者的角色不適當，也有可能被對方拒絕與排斥。舉例來說，對某人個人生活的意見，除非影響到工作，否則，不宜由與對方私領域無關的傳訊者傳達批評訊息。如果是公事上的批評，則與對方有公務關係的人都可以是傳訊者。

訊息架構：一旦有人選可為你傳遞訊息，接下來就是構思你批評訊息的架構了，這包含下列幾項考量：

- 限制於單一主題：你可能有很多抱怨，但一次專注於一個批評是比較聰明的作法。

---

[9] 參考 Patterson, K. (2005, October 5). Talk tentatively. [e-newsletter]. *VitalSmart*. Retrieved from http://www.vitalsmarts.com/oct052005.aspx

表 5.3　建設性回饋的特性

1. 描述性… 我喜歡你的報告。風格清晰、明確，你的想法也邏輯性的架構。你引用的文件使問題更加可信與有效度。 **…而非評估性：** 真是一篇精彩的報告。	**4. 確切時機…** 讓我們下午兩點聚聚，談談你的計畫吧。 **…而非籠統時間：** 找個時間聚聚吧！
2. 專注於行為… 減緩你的速度，我想這樣可以讓你減少一點錯誤。 **…而非個人特質：** 如果協調性好一點，你操作那台機器可快得多。	**5. 提議…** 我的意見可能對你下週的報告有些幫助，今天下午找時間談談好嗎？ **…而非強迫：** 在你下週會議提報前，我們必須先談談你的報告。
3. 具體… 我坐的地方，聽不到你。 **……而非一般性：** 你的聲音不夠大。	

資料來源：Brownell, J. (2006). *Listening: Attitudes, principles, and skills* (3rd ed.). Boston, MA: Pearson Education.

你批評的對象，通常能處理與解決單一的問題，但如你的批評如潮水般的堆疊，對方升高防衛心態，是容易理解的。

- 確保批評是精確的：當你提出批評前，最好能確定你所說的都是「事實」。只要有一點細節不夠精確，對方就有可能緊抓那點而抗辯，使真正問題的討論「失焦」。
- 清晰定義問題：以足夠詳細程度(書面)列舉或(口頭)陳述你的批判事實。如果可能，最好事前準備一些範例，支持你的論點；但不要過度舉例而讓對方覺得被壓迫(堆疊、失焦！)
- 展現批評對接收者的好處：如果可能，讓對方知道採取適切的回應是有好的結果的。若能讓對方知道要謹慎處理你的批評，至少，能讓你以後不再找他麻煩！

- 記得認同值得贊同處：讓對方知道你的批評，無損於你對他的尊重及在其他方面的認同。真誠的肯定對方的正向作為，能讓負面的批評更容易被接受。這也是維護對方尊嚴，維持彼此正向關係的應有作為。

傳遞方式：最後，批評訊息的不同傳遞方式，也會造成截然不同的結果。最有效的傳遞方式，是「敬重的」(respectfully) 傳遞：

- 私下傳遞訊息：所謂「規過於私室」，免得在眾人面前讓被批評的人下不了台，甚至衍生他對你的怨恨。
- 保留足夠的時間：讓批評有足夠的時間傳遞與表達有兩層意義，首先是提出的時間要夠早，免得問題演變成危機，那就是災難了；另一層意義是傳遞批評訊息時，要讓雙方有足夠的討論時間，才能讓批評的問題能得到順利與徹底的解決。
- 避免批判的態勢：提出批判時，應避免使用第 4 章所述的情緒性語言，包括直呼姓名、煽動性的貼標籤或逕自想像他人的動機、…等。運用 5.2.2 小節所述的「第一人稱」描述性話術，而非「第二人稱」的評判性話術。也要避免使用貶抑性的非語言行為，如擺動手指、提高音調、翻白眼…等。
- 傾聽對方說法：如果你真正想解決問題，聽與說一樣重要。問對方對他的問題有何看法…會讓他感激你讓他有解說的機會。聽他的解說(與討論)後，你們或許能激盪出更具創意的解決方法。
- 保持冷靜與專業：即便你以保留對方顏面的方式提出你的批評，有時候對方會有高度情緒化的反應，如詛咒、怨恨……到哭泣不一而足。這些情緒化的反應可能讓你更生氣，但保持冷靜與專業很重要。如果必要，你可以要求以後再談。

對批判的回應

當人們面對批評時，通常有兩種反應：**抗爭或逃避** (fight or flight)。抗爭的人藉由抱怨如：「又不只有我一個人如此…」而反擊。你自己在職場中的經驗也會告訴你，習慣抗爭的人是很難說服他們的。

大多數的商務人士，都夠成熟且不會逃避批評。但逃避有時也有助於情境的緩和，而逃避又可分為實際與心理上的逃避。實際的逃避，簡單的講，就是避免見面、不接對方電話、不回應電子郵件…等；即便無法規避實際的逃避，你也可「不聽」

而在心理上逃離惡評。雖然短時間的逃避能緩和情境，但如經常處於被他人批評的狀況下，逃避也無助於彼此長期關係的發展。

既然抗爭與逃避都不是回應「合理、合法」批評 (legitimate criticism) 的好方法，你或許需要其他應對批評的方法。幸好，有三種方法可讓你在不失顏面、不顯現防衛心態的狀況下，傾聽別人對你的批評並作出適當回應：

1. 尋求更多資訊：要求批評你的人，對他批評的問題多做些解釋。藉由尋求更多資訊的詢問，除能顯示你很重視此批評外，同時也「暗示」著你並不接受這批評。尋求更多資訊，有下列幾種作法：
   - 要求例證或澄清：如詢問：「你說我對顧客的態度不好。能確切點說我到底做

職涯提示：道歉的藝術

當你犯錯時，沒什麼比得上真誠道歉來得有效。除了該做的事情之外，真誠道歉也是大幅降低對方反感、也是避免遭到法律控訴的最佳策略。

完整的真誠道歉應包含下列元素如：

- **真誠的遺憾**：道歉的基本要素，就是表達真誠的遺憾如：「我對昨天答應你卻沒能來加班的感覺很糟，我真的很抱歉讓你失望。」
- **瞭解他人所受的傷害**：讓被影響的人知道你的遺憾如：「我知道事情很忙，我能想像那種惡夢似的忙亂。」
- **解釋發生了何事**：不說藉口、但試圖向對方解釋發生了何事如：「昨天準備出發時，突然接到岳母緊張的電話但說不清楚，我必須過去看看…結果沒什麼事！等我安置一切後，已來不及打電話給你了！」
- **糾正行動**：表達你爾後會避免同樣的問題如：「我跟岳母講，以後除非真的有需要我處理的緊急狀況，否則打電話給住在附近的妹妹。我想，以後不會再發生同樣的問題了。」
- **修復關係**：盡可能彌補你的過錯如：「如果你能諒解，我願意支援明天的加班。如何？」

資料來源：Kiger, P. J. (2004, October). The art of apology. *Workforce Management*, pp. 57-62.

了些什麼嗎？」
- 設想批判的細節：即便批評者不願意或無法提供進一步細節時，你也可以「設想」式的回問批判的細節如：「是不是趙先生不滿意我對他被銀行退票的支票處理方式？」
- 重述批判：進一步的重述批評者的意思 (而辯駁) 如：「你說『我對顧客態度不好』的意思，聽起來好像是要我提供他不能獲得的服務。」
- 詢問批判的意圖：最後回擊如：「你認為我應該怎樣提供違反公司規定的服務呢？」

當遭受批評時，人通常很難認真地傾聽批評者在批評些什麼。但試圖瞭解抗議並不等同你認同 (抗議)，而是會讓你比較容易冷靜下來傾聽。即便你不同意批評，對批評的說法「做筆記」，也能讓你暫時脫離防衛心態的同時，也顯現出你對批評者所言的重視。

2. 認同批判：雖然看起來像是自我懲罰，但通常會被大家忽視但很明顯、有效的批評回應方式，是同意對方的批判。認同對方批判的形式有：
   - 認同事實：有時候你面對的批評，是無法駁斥的事實。最好的應對方式，就是坦誠的面對現實，如：「你說得對！我這禮拜遲到三次。」這樣的回應，不代表你就必須接受所有加諸於遲到的所有過失。如你可以解釋遲到是為了其他更重要、必須處理的事。但辯解無助於滿足你的批評者，也會讓你看起來像是狡辯。
   - 認同批判者的權力：有些時候，你無法真誠的認同對方的批評。舉例來說，當顧客不明就裡的控訴你沒能準時交運他的貨物時，但真正的延誤卻是因無法抗拒的颱風造成時，你也應認同對方批判的權力，可回應如：「你確實再三我叮嚀貨物必須在上週五前運到，而我也答應了。如果我是你，我也會很生氣的！」
   - 強調共同處：盡可能地，指出彼此有相同看法的共同處如：
     批判：顧客不會同意這想法的。
     回應：我們的確應該讓顧客滿意。何不讓我們試試市場反應？如果他們不喜歡，當然，我就會放棄這想法的。

即便批判很極端，你也可能從他的立場找出彼此可認同的共同處如：

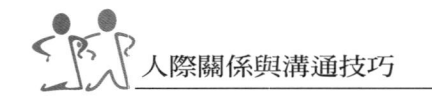

歇斯底里的批評：你會搞砸這案子的！

回應：我知道這案子對你的重要性 (接著，讓批評者繼續說案子的重要性，強化你也認同這案子的重要性)。

3. 致力於合作方案：一旦批判者瞭解你至少部分認同他所批判的立場或觀點後，他就準備聽你的觀點或立場了。下列是一些能增加建設性解決方案機會的策略：

- 要求陳述意見的機會：如果在對方還沒準備聽你的意見前就急著解說，你的意見可能根本沒能讓對方「聽到」。在你認同對方部份的論述後，回問：「你能聽聽我的觀點嗎？」這樣並不能保證你能得到一「尊重的傾聽」，但至少爭取到表述意見的機會。

- 專注於解決方案：經驗告訴我們，彼此抱怨無濟於事！較有效的作法是專注於發展能讓彼此都接受的解決方案，如問到：「有什麼改善的想法？」或「我們想想能讓大家都接受的方案吧！」…等。

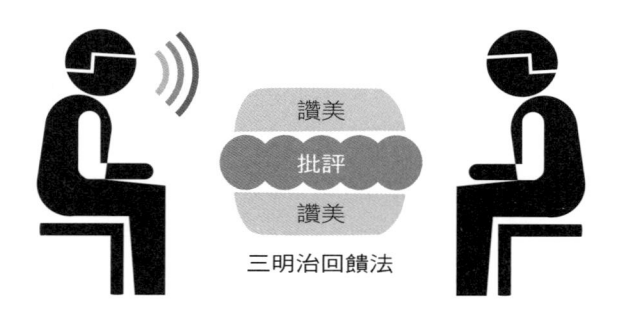

三明治回饋法

5.3 困境的處置

到目前為止，我們一直描述著如何創造出彼此尊重的溝通氣候。但有些時候，即便你盡可能的尊重他人，但有些人的言行卻極為惡劣。本節說明一些職場中常見的惡劣行為如**無禮**、**霸凌**、**性騷擾**，以及如何應對的策略等。

5.3.1 無禮

無禮 (Incivility)，是違反一般職場常規的不在乎、強人所難…等的言行，從麻木 (開會時檢視手機訊息) 到公然的粗暴 (對罵) 等，不一而足。當工作條件越來越

個案研究：無禮的代價

很多公司會認為「禮貌」(Civility) 是可取捨的奢華—很好，但非必要！但國際知名通訊技術大廠「思科」(Cisco systems) 卻有不同想法，思科自己的研究，支持「有禮」是其企業成功的實務之一。

思科，是一設計、並提供通訊技術與服務的跨國企業，年營業額將近 400 億美元，並擁有 7 萬名員工。〈財星〉(Fortune) 雜誌經常評為「最值得工作的前 100 名公司」之一。思科的內部管理政策之一，就是確保所有員工之間「彼此尊重」的溝通。

根據思科自己的內部研究，顯示每年只要在 100 名員工之內，有一名員工感覺到被他人無禮的對待，其產能損失及員工離職率導致的損失，則高達 800 萬美元！而這還不包括其他因看到無禮對待事件的員工，因壓力所導致的健保費用、法律訴訟費用…等。這研究發現，證實了「禮貌」不僅僅是道德上應做到的，它也是應具備的良好經營實務。

資料來源：Pearson, C., & Porath, C. (2009). *The cost of bad behavior: How incivility is damaging your business and what to do about it*. New York, NY: Portfolio.

困難的經濟壓力下，職場上發生無禮言行的頻率也顯著的增加中。

輕微的失禮行為，包括如別人說話時打岔、別人幫忙後卻不表達謝意、遲到、不回他人電話…等。有時候，無禮會帶有侵犯的調性，如刻意的諷刺或貶抑他人，散布謠言，說人壞話，或聚會時刻意排除他人…等。無論嚴重或輕微，長期忽視無禮言行終究會對組織造成傷害的。

與大多數的訊息一樣，何謂無禮的溝通，要看訊息接收方的感受而定，而非訊息傳達者的意圖。如要員工「發誓」可能會冒犯到某些員工，但有些組織文化卻能接受發誓的強調決心。

幽默 (Humor)，也是另一項要看接收方感受的例子。幽默、開玩笑要看雙方的權力而定。研究發現，發出幽默的人，有六成機會都是權位較高的人。[10] 如老闆比較會打斷部屬之間的談話、開部屬的玩笑，而不會擔心有不良的後果；但若情境對調，則結果通常會完全相反！鮮少有員工願意公然開上司的玩笑、甚至幽默亦然。地位相等或下對上的「無禮」則通常是隱晦的，如知情不報、散布謠言或在網上散布匿名訊息…等。

5.3.2 霸凌

當「無禮」只是相對的輕微或無意時；**職場霸凌** (Workplace Bullying) 則是較強烈、惡毒、持續及有害的。**霸凌** (Bullying) 的類型計有：[11]

- 侵略 (Aggressive)：以激進語言威脅、有時甚至丟擲物品等，讓人因被恐嚇而心生畏懼。
- 非難 (Criticism)：藉由工作上不合理的要求，如不可能達成的期限、要求完美等挑剔行為，摧毀被非難對象的自信與工作能力。
- 故弄玄虛 (Deviousness)：在背後破壞目標的工作，如表現出反被目標侵略的不誠實、間接的行為等。
- 苛扣 (Gatekeeping)：苛扣目標工作所需的資源如金錢、人力、時間等。

當霸凌是由上級發起時，會對目標造成明顯的效果，如被其他人看輕、看低或甚至看扁。若被霸凌目標向更高層反映時，通常也會得到「是不是麻煩製造者？」的質疑！若上級不能嚴肅看待霸凌，則目標通常會被孤立而趨於沈默。如果是這種情形，則霸凌現象將反覆循環，最終以目標的辭職或被開除而終。但，霸凌者不會以此為滿足，他會轉移、找其他霸凌對象的。[12]

面對無禮及霸凌的處置：若在工作場域遭受無禮對待或甚至霸凌時，「目標」通常會覺得無助、受害。但目標仍有其他選擇，學者經過數十年的研究，歸納出下

---

10 參考 Pearson, C. M., Anderson, L., & Porath, C. L. (2000). Assessing and attacking workplace incivility. *Organizational Dynamics*, 29, 123-137.

11 參考 Namie, G., & Namie, R. (2009). *The bulley at work: What you can do to stop the hurt and reclaim your dignity on the job*. Napeville, IL: Sourcebooks.

12 同上引述。

> ### 職涯提示：尊重職場靈性
>
> 研究發現，職場靈性 (Workplace Spirituality) 相關實務作為 (如靜坐、冥想、各種宗教儀式…等) 能降低工作壓力、職業倦怠，同時增進組織的內部整合、工作意義等。但挑戰是，尊重所有員工不同的習俗、信仰…等，不是件容易的事。
>
> 以下列舉一些尊重職場靈性的指導原則：
>
> 1. **平等尊重所有信仰**：如果公司允許某種職場靈性實務，如基督教的禮拜與祈禱，就要平等對待其他宗教如伊斯蘭教的膜拜、一貫道的齋戒…等。
> 2. **劃清界線**：雖然尊重職場靈性，但不能在工作中過度、明顯的表現出來。如公開的傳教，在公共區域擺置會讓其他人感覺不舒服的宗教圖騰、藝品或語錄等。在私人的辦公空間裡，低調點是最佳作法。
> 3. **不批判**：在職場中，每個人都難免會碰到與自己不同的信仰或宗教。如果你不能接受他們的信仰，最好的作法，是將自己盡早「抽離」那種情境，不必直接批判而造成彼此的衝突！
> 4. **積極化解**：對有些比較「積極」的職場靈性作法，如公開宣揚理念但碰到不同信仰的抗議時，最好能以解決問題的心態，直接面對解決彼此的爭議。如果需要，在彼此敵意增長失控前，最好讓管理階層或第三方涉入，發展出建設性解決方案。
>
> 資料來源：Sullivan, P. M. (2008, November, 15). Spiritual etiquette at work. *Workforce Management Online*. Retrieved from http://www.workforce.com/article/ 20081115/NEWS02/311159998

列面對無禮及霸凌時的處置原則：[13]

- **直接與侵犯者交涉、談判**：即便你運用最好的溝通技巧，這也是一個充滿風險的舉動，尤其是侵犯者具有能決定你職涯發展的權限時尤然。在你決定採取這行動前，最好先做好風險效益分析。如果交涉、談判結果更糟時，你有備用方案 (如轉職) 嗎？如果沒有，最好先試行下列其他的處置步驟。

如果決定採取這步驟，不要一對一的面談，最好能找中間人安排會面。會面地點

---

13 參考 Pearson, C. M., & Porath, C. L. (2009). *The cost of bad behavior: How incivility is damaging your business and what to do about it*. New York, NY: Portfolio.

最好也能選擇半開放的地點(如員工餐廳)，有旁觀者的存在，會讓侵犯者不致有過激的行為。

- 上訴第三方：如果風險效益分析不建議你直接面對侵犯者，第三方可能就是你最好的選擇。此第三方必須能得到侵犯者的敬重，或就是你的直屬上司。

    但若侵犯者就是你的直屬上司，你的狀況可能就更不妙！當然，你可以上訴更高層的管理者，但這也有另外的風險，如直屬上司會以你「越級」而更不滿，又或上級可能比較傾向支持你的直屬上司。因此，當決定越級上訴時，必須要謹慎考量。

- 暫時避開 (Back Off)：你或許決定避開侵犯者是最好的選擇，如以電話、電子郵件溝通取代直接面對；或根本就在時間與地點上與侵犯者錯開(如果職務允許，就電子通勤上班)，避開公司的社交活動，請病假或你應有的假期，不要參加侵犯者也參加的會議、委員會等，直到無禮或霸凌行為較為舒緩或你能找到更好的處置方式前都適用。

    這雖然不是保持工作效能的好建議；但至少能暫時保護你不受無禮或霸凌行為的繼續侵擾。

- 調整心態：當你覺得是貶抑溝通的對象時，自我省思是否是「自找」的，這是不錯的自我調整。畢竟，在實際商業專業場域中，霸凌與被霸凌之間，是沒有絕對因果關係，通常也不會有持續性的無禮行為等。簡單的說：「一個巴掌拍不響！」認清這一點，或許就不會認為他人對你的粗魯或濫權行為就是霸凌了。

5.3.3 性騷擾

性騷擾 (Sexual Harassment) 始終存在於工作場域及人際互動中，但直到現代，才被認為對男女平權、工作權利或效能是個問題，必須以法律規範以防制或懲罰職場中的性騷擾。

世界各國因文化、國情不同，對性騷擾的定義與分類不太一樣。根據我國於2009年修正的〈性騷擾防治法〉中對性騷擾的定義如：[14]

> 本法所稱性騷擾，係指性侵害犯罪以外，對他人實施違反其意願而與性或

---

14 參考《全國法規資料庫》，網站 http://law.moj.gov.tw/LawClass/LawAll.aspx?PCode=D0050074

性別有關之行為，且有下列情形之一者：

一、以該他人順服或拒絕該行為，作為其獲得、喪失或減損與工作、教育、訓練、服務、計畫、活動有關權益之條件。

二、以展示或播送文字、圖畫、聲音、影像或其他物品之方式，或以歧視、侮辱之言行，或以他法，而有損害他人人格尊嚴，或造成使人心生畏怖、感受敵意或冒犯之情境，或不當影響其工作、教育、訓練、服務、計畫、活動或正常生活之進行。

在「男女平等」的現代社會中，職場性騷擾的對象已不僅限於女性，許多男性也會遭到職場性騷擾。而所謂的職場性騷擾，在我國的〈性別工作平等法〉(2014年修正) 中區分類型如下：[15]

1. 交換式 (Quid pro quo) 性騷擾[16]：雇主對受雇者或求職者為明示或暗示之性要求、具有性意味或性別歧視之言詞或行為，作為勞務契約成立、存續、變更或分發、配置、報酬、考績、陞遷、降調、獎懲等之交換條件。
2. 敵意的工作環境：受雇者於執行職務時，任何人以性要求、具有性意味或性別歧視之言詞或行為，對其造成敵意性、脅迫性或冒犯性之工作環境，致侵犯或干擾其人格尊嚴、人身自由或影響其工作表現。

在上述兩種性騷擾的類型中，「交換式性騷擾」的意義比較明確，大多數人會認同以職場中的報酬交換對他人有關性的要求，是明顯的性騷擾。但對「敵意的工作環境」也是性騷擾類型之一的認同度，通常較有爭議。如看似無害的玩笑或幽默，對某些人來說會覺得深受冒犯；此外，對異性的誠摯讚美，有時也會被對方視

---

15 參考《全國法規資料庫》，網站 http://law.moj.gov.tw/LawClass/LawAll.aspx?PCode=N0030014
16 "Quid pro quo" 拉丁語系的意義是「彼此交換」(this for that)。

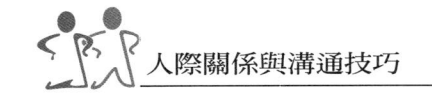

為「來吧！」(Come-On) 的性挑逗！

　　避免性騷擾問題：被人指控性騷擾，是職場中是令人尷尬且會影響日後的升遷與發展的。因此，在職場工作場域，要能避免被性騷擾的問題給纏上身。但〈性騷擾防治法〉及〈性別工作平等法〉的法律條文說明，通常不是那麼容易理解。最好的因應之道，是「謹慎」與「禮貌」的對待他人 (不要過於熱情！) 盡量避免可能會引起對方 (尤其是異性) 不悅或不舒服的言行，如說黃色笑話、罵有關「性」的髒話，作出不雅的手勢 (尤其比中指或夾拇指) 或動作。如果還是不確定是否會構成性騷擾，避免接觸 (不見面、不交談) 可能是最好的作法。

　　如果你在組織中有權力──如管理者或負責人事，你在避免組織發生性騷擾問題上，可承擔更多責任，如發布與堅持不允許性騷擾的政策，對全體成員實施性騷擾防制教育訓練，招募對職場性騷擾有正義感的男性 (與女性) 員工，仔細審查員工的例行互動，確保組織氣候始終朝向正面方向發展。

　　對性騷擾的回應：現代大部分公司或組織都明訂有禁止職場性騷擾的政策，也提供自覺被性騷擾的對象提出申訴或控訴的程序與管道，如免費投訴電話，特定的人資代表或評議委員會等，如果你覺得有可能成為被性騷擾的對象時，最好先確定你熟悉組織內可用的資源與管道。

　　除了組織內的防制或禁止政策外，多數文明國家或政府，通常也制定有相關工作平等或性騷擾防治法律。如果你覺得有必要，可以正式提出控訴。但訴諸法律途徑是需要決心與耐力的。司法過程通常也是曠日廢時的，在過程中，控訴者反而會覺得沮喪、荒謬、孤立、甚至恐懼被對方採取更激烈的報復⋯等。基於上述原因，處理 (被) 性騷擾，最好能採取低姿態、最不引起他人注意的方式，在不懲罰到自己的狀況下解決問題。以下以「逐漸升級」的方式列舉一些處理性騷擾的選擇，這不意味著是一逐步的程序，你可以選擇最適合情境的處置方式：

1. *自我消除不愉快心態*：此方案僅適用於事件並不會影響你的工作、另也不至於讓你產生高度壓力或焦躁。但假裝沒發生的應對心態，會讓冒犯者肆無忌憚的重複侵犯行為，而你如仍不斷的自我催眠沒發生這種事，到最後是會徹底摧毀自己的自我認同意識的。
2. *記錄事件，以備未來採取行動所需*：如果你決定終究要讓侵犯者受到應有的懲罰，

事件發生後，記錄下事件的日期、地點、對方的問題言行及你的反應等資訊，如果有他人看到事件的發生，也記錄下旁觀者的姓名。將事件的紀錄保持在自己能掌控的地點或媒介(不要存在公司的電子儲存系統中！)，將一份備份交給自己「能信任」的同事(也讓他人知道有此事！)也是可選擇的策略。

3. 發個人信件給騷擾者：一份正式的書面抗議陳述，能讓侵犯者瞭解他何時、何處的何種言行讓你覺得被他性騷擾，也顯示你準備嚴肅的處理此事。複製一份為證據，並將信件密封後，由正式管道(公司的郵件傳遞系統)遞交信函。如果你也想讓遞交程序將來也能被確認，帶個朋友一起，親自送交抗議信函也是可用的選擇。

4. 要求可信的第三方涉入：或許一位彼此都熟識的第三者，能有效說服騷擾者停止騷擾言行。你所選擇的第三者，必須是要能瞭解你的不悅、不舒服，並支持你的人；另也必須確認這名調解或仲裁者，也是對方尊重與信任的人。

5. 運用公司控訴管道：如果上述方案都不能解決你的困擾，向公司設置的既有管道如你的上司、人資主管或性騷擾評議委員會等，正式提出你的控訴。記得，向公司管道表達已採取上述較溫和手段而無效，較能有效的加速公司既有管道的處理速度。

6. 訴諸法律：最終不得已手段，確定你有足夠的決心、毅力與耐力，並堅決要讓騷擾者得到應有的處罰，你可以訴諸法律途徑。記得，你有免費獲得政府法律諮詢服務的權利。

5.4 衝突管理

不管你喜不喜歡，**衝突** (Conflict) 是我們生活與工作中不可避免的一部分。最近曾有研究顯示，人資管理者通常要花近六成的時間，處理員工之間的衝突糾紛，另超過一半以上的員工表示，他們會擔心過去曾發生的衝突，也擔心未來可能發生的對抗，如此的心理壓力，會造成他們工作效能的下降。

對大多數人來說，職場(與生活)上的衝突越少越好。但既然職場上的衝突不可避免，不能或不願面對問題最終只能導致自己無法工作(跳槽還是會碰到衝突問題)。問題不在衝突本身，而是處理衝突的方法與心態。管理顧問、也是哈佛醫學

院心理醫師的貝格魯斯 (Steven Berglos) 坦白的說：「建設性的衝突，是組織健全發展的必要處方。」

如果你不想辦法提倡健康的衝突管理，你就無法確保不同背景的人能用相同的角度來看這個世界。不必驚訝隨之而來的無政府狀態，或是你最好、最靈光的人離開你。[17]

中文的會意詞 (Ideogram)「**危機**」(Crisis) 是由「危險」及「機會」兩個詞所組成。用這來說明衝突管理的好壞最恰當不過。若組織的衝突管理不良，顯然是危險的：人際關係惡劣、產能下降⋯等；但如有技巧地處理組織內的衝突，則會帶來機會利益的，如發揮組織「安全閥」(Safety Valve) 的功能，讓人們發洩會阻礙他們發揮效能的氣憤、沮喪，並引導員工朝向面對與解決困難問題的正面心態⋯等。

5.4.1 何謂衝突

Wilmot and Hocker (2007) 出版的〈人際衝突〉(Interpersonal Conflict) 一書中，將組織內可能發生衝突的類型區分為四種：[18]

當前的議題：導致組織內衝突最明顯的例子，是手頭上的議題。對議題不同的意見是職場中的例行事實。這些引起衝突的議題包括如薪資待遇、資源競奪、工作排程與指派、自主權限、產品與服務的品質、預算分配⋯等。

程序問題：某些爭議較偏向「如何做某事？」而非「要做什麼？」。舉例如：

專案團隊成員都認同目前的工作要分工；但他們卻對如何決定誰要做什麼有不同意見 (專案經理缺乏權限或未獲授權！)

非營利組織的成員都同意要募集資金；但對募集資金的方式卻有不同的意見。

關係親疏：第 1 章中曾解說過議題的實質內容可能會來自於關係的親疏與否，這牽涉到組織內某些群體對待其他群體或個人的關係，如控制、親和性與尊重等。

---

17 參考 Berglos, S. (1995, May). Harmony is death: Let conflict reign. *Inc.*, 56-58.
18 參考 Wilmot, W. W., & Hocker, J. L. (2007). *Interpersonal Conflict* (7th ed.). New York, NY: McGraw-Hill.

如以下例證如：

我們是一個大家庭，或是一群將個人生活與工作分離的專業群體？(親和性)

公司是否允許員工在公差旅行時自訂機票與住宿飯店？只要遵循公司的成本規範即可。(尊重與控制)

管理者是否真的歡迎基層員工 (Rand-and-File Employees) 的意見，還是建議箱只是一個形式上的道具而已。(尊重與控制)

自我、認同議題：西方研究者喜歡用中文的「**顏面**」(face) 來說明我們如何在他人面前表現自己。在職場領域中，大多數人都企圖表現出如技能 (competence)、承諾 (commitment)、公平 (fairness)、誠實 (honesty)、講理 (reasonableness)、專業 (professionalism) 等自我認同的「顏面」。只要他人挑戰某人顏面的任何一項內涵，都會導致衝突。

雖然上述四類衝突類型分開說明，但大多數的爭議是上述四種衝突類型的組合。當處理衝突時，你必須同時考量議題、程序、關係及顏面的所有面向。

5.4.2 衝突處理

Wilmot and Hocker〈人際衝突〉(Interpersonal Conflict) 一書中，也定義了下列五種面對衝突的可能選擇如：[19]

規避

面對衝突的選擇之一，就是盡量避免可見的衝突，包括實際或心理上的**規避** (Avoiding)。實際的規避包括不接對方的電話、辦公室內避免見面…等；心理上的規避，則「否認」現存的問題可能是嚴重的、

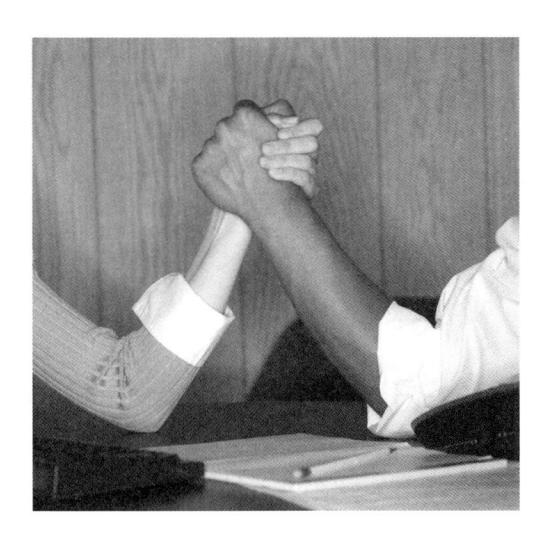

---

19 參考 Wilmot, W. W., & Hocker, J. L. (2007). *Interpersonal conflict* (7th ed.). New York, NY: McGraw-Hill.

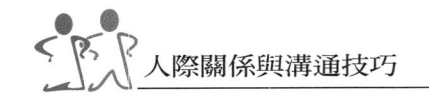

壓抑自己的情緒反應…等。

有時在職場上的規避衝突，可能是聰明的選擇，特別適用於下列狀況如：

1. 議題瑣碎或必須處理更重要、更急迫的議題時。
2. 沒有贏的機會。
3. 衝突後果遠超過尋求解決可能的好處。
4. 讓他人冷靜下來而重新獲得他人的尊重。
5. 贏的長期代價遠超過近期的成果。
6. 當他人能更有效的處理衝突時。

如上述說明，規避衝突可能是短期、暫時性的好選擇，如當你已準備另覓新職時，最好能容忍上司的不合理要求；當你知道有人非常生氣的找你時，最好能避開見面…等。但長期來講，規避衝突通常是不值得的，因為你會喪失尊嚴、感受沮喪、問題可能變得更糟…等。

調適

當規避是避免衝突時，**調適** (Accommodating)，則是維持和諧的方法。下列狀況較適合採取調適策略如：

1. 發現自己有錯。
2. 議題對他人重要；但對你不重要。
3. 為了後續關係構建社會可信賴度。
4. 當你贏不過、降低損失。
5. 當和諧與穩定的重要性超過目前議題。
6. 讓他人從犯錯中學習成長。

調適，也不見得是最好的衝突處理方案。調適會犧牲自己的原則，將和諧置於重要議題之上。但當此重要議題是與安全或法令規章有關時，調適就是「徹頭徹尾」(downright) 的危險策略。

競爭

競爭 (Competing) 的衝突處理策略的基本假設，視唯有「克服」對方才是達成

己方目標的唯一方法,它也是許多「零和談判」(Zero-Sum Negotiation) 的基本形式。

有時,競爭是必須的。當對方想爭取的是你的關切利益,另也拒絕合作,那你就必須為保護自己的利益而採取競爭策略。另當必須堅持你的原則或主張時,你就必須採取競爭策略,為立場與原則而戰鬥。

我們的成功還不夠,貓族也必須要失敗才行!
© Leo Cullum/The New Yorker Collection/www.cartoonbank.com.

但在職場中,凡事如過度採取競爭的態勢,容易讓他人反感並對維繫人際關係有害。即便有此缺陷,競爭也不見得始終是不好的策略。組織內如能建構起良性競爭的組織氣候與文化,對組織的發展是健康而有益的。另在衝突處理時,競爭的態勢適用於下列狀況:

1. 當須採取果斷行動時 (亦即緊急狀況)。
2. 必須實施不受歡迎的重要議題時 (如降低成本,制訂不受歡迎規則⋯等)。
3. 若不競爭會導致他人佔你便宜時。

合作

與競爭策略相反的,合作 (Collaborating) 策略則假設有機會能同時滿足彼此的需求,衝突雙方因而可以承諾以合作的方式共同解決問題。

當規避與調適為基於衝突無法避免的假設,而競爭則相信經由「競奪」可以達成己方的目標時,合作則假設衝突是每日生活與工作的一部分,必須經由與他人的合作,才能獲得最佳的問題解決方案。合作的優點顯而易見:解決眼前的議題,改善彼此的關係之外,合作也適用於下列狀況:

1. 對雙方都重要而不能妥協時,尋求解決方案。
2. 維繫雙方長期關係是重要的。
3. 藉由構建共識,獲得所有涉入單位或個人的承諾。
4. 當對方願意合作時。

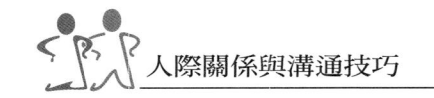

即便合作有許多優點,但它也不是解決衝突的萬靈丹。順利合作是需要長期培養的,而且結果讓雙方都「滿意」在現實生活中是不太容易達成的。

妥協

在**妥協** (Compromise) 情境下,涉入衝突雙方(或各造)都必須「犧牲」自己的某些利益,以獲得彼此間的「**協議**」(Agreement)。

妥協,是一種「中間」的作法,它比規避及調適還要積極、但沒比競爭來得激進;它也可視為某一種程度的「合作」,但協同性卻稍弱於「合作」。妥協並非最好的衝突處理選項,但大部分的職場衝突中,妥協卻通常能有最好的結果。一般適用妥協策略的情境如:

1. 目標太重要,不值得採取對抗模式時。
2. 實力相當的對手,承諾尋求相互排斥的目標時。
3. 為複雜的議題取得暫時性的「沈澱」(settlements)。
4. 有時限壓力下達成權宜方案 (expedient solutions)。
5. 作為若合作不成功狀況下的備份方案。

5.4.3 衝突的建設性處理

當你採取規避或調適策略時,通常不太需要溝通技巧。但如決定直接面對問題－如合作、競爭或妥協時－你就需要「**談判**」(Negotiate/ Negotiation) 的技巧。

當兩或多個單位──個人或組織──為尋求彼此都能接受的協議、而對某項特定提案執行討論時,談判的情境就發生了。雖然我們平常不太用「談判」這個名詞,但與談判有類似意涵的討論、協商、磋商、討價還價…等卻是我們每天生活與工作中常發生的。只有在牽涉到國際之間有關政治、經濟、外交、軍事等國家相關事務的正式溝通,才以「談判」稱呼。

事實上,幾乎所有的商務問題或爭議──從工班的排程到「誰要付這筆花費?」等問題,都須以談判的方式來解決。

或許談判的真義,要將「談判」一詞拆開來說:

　談:說明,討論,為判的前提與基礎

自我評估　衝突管理類型自評

自評方式：下列為 15 項處理衝突時可能運用的策略。以下列反應尺度填寫你自己在處理衝突時的典型行為如：

1 = 始終如此，2 = 通常如此，3 = 有時如此，4 = 不常如此，5 = 幾乎不

_____ a. 我強力主張我立場的優點。
_____ b. 我會嘗試在彼此立場間找出妥協點。
_____ c. 我會嘗試盡可能的符合他人預期。
_____ d. 我會探索彼此差異以找出都能接受的方案。
_____ e. 當捍衛我方議題時我的態度堅定。
_____ f. 我較偏好避免衝突。
_____ g. 我會捍衛自己的問題解決方案。
_____ h. 為解決問題，我願意妥協。
_____ i. 我喜歡與他人交換重要資訊以共同解決彼此的問題。
_____ j. 我避免與他人討論我的差異處。
_____ k. 我會嘗試調適於同事們的希望。
_____ l. 我偏好將所有人的關切公開以解決爭端。
_____ m. 為打破僵局，我會倡議中間立場。
_____ n. 在解決問題時，我會接受他人的建議。
_____ o. 我會隱藏自己的情緒而不去傷害他人感覺。

計分方式：下列每一種衝突處理類型都包含 3 個題項，將標註英文字母題項的得分 (即反應尺度的數字) 加總，就是你在那個衝突處理類型上的得分如：

衝突處理類型				加總
競爭	a. _____	e. _____	g. _____	_____
合作	d. _____	i. _____	l. _____	_____
規避	f. _____	j. _____	o. _____	_____
調適	c. _____	k. _____	n. _____	_____
妥協	b. _____	h. _____	m. _____	_____

結果

我的衝突處理主導類型 (最低加總得分) 是_____

我的備用類型 (次低得分者) 是_____

資料來源：Falikowski, A. (2007). *Mastering human relations* (4th ed.). Don Mills, ON: Pearson Education; Hamilton, K. (n.d.). *What's your conflict style*? Retrieved from http://webhome.idirect.com/~kehamilt/ipsyconstyle.html

判：分辨，評定，為談的結果與目的

因此，談判是「談」到「判」的過程。

談判雖是一項專業領域的藝術，但其結果也沒那麼神奇。若談判處理不當，不但爭議問題沒獲得解決，問題本質與彼此關係有可能變得更糟。但如能技巧性的處理好談判，不但能有效解決衝突，也能提升彼此間的正面關係。

這一小節，我們就以談判為主軸，探討談判時追求最佳結果的溝通策略。

談判策略與結果

在談到談判策略時，通常有「我贏你輸」(Win-Lose)、「雙輸」(Lose-Lose) 及

技術提示：網路上的衝突處理

在全球每個人都可藉由網路而溝通的現代，衝突也會在網路上展開。當面對網路上的衝突時，下列提示有助於你建設性的處理不必要的誤解：

1. **重讀讓你覺得困擾的訊息，跟你能信任的人分享**：你對訊息的第一個反應，可能會被你當時的感覺所「污染」。稍後再讀一次，可能就會有不同的解釋。跟你信任的友人分享訊息，也可以帶來新的觀點。如果你向他人分享訊息，印下來給人看，而非用 E-mail 傳送。這樣能避免電子世界裡的「誤傳」或「攔截」⋯等。

2. **決定是否回應**：對讓你感覺困擾訊息的最好處置方式，就是「不回應」！如果訊息是針對你的控訴或煽動，發訊者的語氣也具侵略性或霸凌，最好的應對策略，就是「忽略」它。

3. **不要立即回應**：當你覺得受傷或氣憤、而必須回應時，立即回應的衝動會引誘著你。但因無法「復原」(undo) 一個會讓你後悔的訊息，所以暫時擱置回應訊息 24 小時是聰明的，隔天，在發出回應訊息前，再看看有沒需要修改之處。

4. **離線寫作**：如果你在線上使用 E-mail 的「回覆」(reply) 功能，在沒能寫完、正確表達前，可能有誤按「送出」(sent) 的風險。因此，以離線狀態，使用你的 Word 文字編輯程式繕打你的回應訊息。確定回應訊息無誤後，再剪貼上你的 E-mail 系統傳送。

資料來源：Suler, J. (2004). The online disinhibition effect. *CyberPsychology and Behavior, 7*, 321-326.

「雙贏」(Win-Win) 等類型區分。另有由哈佛教授費雪 (Roger Fisher) 等人所倡導的「原則性談判」(Principled Negotiation) 及戴蒙 (Stuart Diamond) 所倡議的「爭取更多談判」(Getting More) 等。

沒人喜歡「雙輸」(Lose-Lose) 的談判結局，但若競爭者要以你的代價作為他的成果時，雙輸的策略是不得不的選擇。如兩軍交戰，為獲得勝利，通常不計自己損傷的代價。但戰爭後通常沒有真正的贏家──毀敵一千、自傷八百！商務談判也一樣，買方若過分殺價到賣方無法忍受的地步時，賣方不賣、買方沒買成，沒人是贏家！在職場中，喜歡鬥爭的人或團體，會因其壞名聲──難以相處或沒有團隊精神──而毀了自己的職涯。

與「雙輸」同屬於「競爭型」的「我贏你輸」或「你贏我輸」的**競爭策略**(Win-Lose Strategy)，輸的一方肯定不會滿意談判的結果 (除非刻意讓步以取悅對方或爭取未來關係…等)，將來總是會伺機「找回來」的！雖然也是一種不完美的談判結果，但卻常見於競奪資源的職場實務中。

真正能讓雙方沒有怨尤的同意談判結果，是所謂的「**雙贏策略**」(Win-Win Strategy)。雙贏策略通常不適用於立場、原則之爭，或有限資源的競爭情境；雙贏策略僅適用於彼此關切的利益沒有衝突，或談判雙方能富有創意的「把餅做大」的談判情境。

雙贏談判雖然比較理想，但實務上卻不太實際──因若彼此利益沒衝突、那就不需要談判！雙方能創意的「把餅做大」也不是想就能做到的！雖然如此，在職場實務運用上，適用競爭或雙贏談判策略的時機，比較如表 5.4 所示：

表 5.4	使用競爭或雙贏談判策略的時機
選擇競爭談判策略	選擇雙贏談判策略
● 當彼此利益關切顯然衝突時	● 當彼此有相同利益關切時
● 當對方堅持非贏即輸時	● 當對方願意考量雙贏策略時
● 當不需要維持長期和諧關係時	● 當持續、和諧關係重要時
● 當你實力比對方強時	● 雙方實力相當或你稍弱時
● 當短期目標較為重要時	● 當長期目標較為重要時

準備談判

成功的談判，從你向對方表示想談的時候就開始了。你可以依循下列原則，增加談判成功的機會如：

澄清你的需要與關切：不成熟的專注於手段 (means) 而非目的 (ends) 的溝通，會毀了談判的——注意此時尚未進入「實質談判」！所謂談判的「目的」，是你 (與對方) 的需要與關切利益等目標，而「手段」則是達成上述目標的方法如談判戰術與策略。與「策略管理」(Strategic Management) 一樣，若缺乏遠景目標，任何策略、戰術與政策等「途徑」與「方法」的考量，都是無意義的。在其暢銷書《不放棄的談判》(Getting to Yes) 中，[20] 費雪 (Roger Fisher) 與尤里 (William Ury) 倡導所謂「原則性談判」(Principled Negotiation)，其中的一項原則，就是「專注於利益而非立場」(focus on interests, not positions.)

我們都聽過兩人爭執開窗或關窗的爭議情境，戲謔的人會說「關窗悶死一個，再開窗冷死另一個」，這都是「我贏你輸」或「雙輸」的談判策略，只在意窗戶的開或關，若能瞭解彼此的需求：開窗想要通風、而關窗怕吹風，那解決的方法就很多了，如給怕吹風的加遮障屏風，給需要通風的人加個電扇，開隔壁的窗戶而達到空氣流通的目的…等。一旦真正瞭解彼此「目的」與「利益關切」等需求，達成雙方目的的可用方法 (策略) 就比較容易討論了。

考量提出議題的最佳時機：這是「**非實質談判**」有關時間或時機的溝通。在對方不方便的時間或時機如疲倦、心情不好或忙於其他事時要求談談，通常不會有好的結果。跟正式談判一樣，如要解決職場上的衝突問題，禮貌的詢問「何時方便？」、「以你的時間為準」等的禮讓，通常能增加談判成功、解決爭議的機會。

考量文化差異：第 2 章談過的文化差異，同樣也適用在衝突爭議的溝通或談判上。若在實際會面談判前，你先掌握對方對議題、解決方案及溝通或談判風格的認知差異，有助於你提出較能為對方接受的論述。

準備你的論述：這是溝通或談判前準備工作的最後一步。如 5.2 節所述，準備好你的「建設性回饋」論述，並事前好好練習時機的掌握、說話節奏及話術等，能讓你臨場時正確、有效、明確的提出你的主張。謹記，表達論述時，盡可能使用「第

---

20 參考 Fisher, R., & Ury, W. (1981). *Getting to yes: Negotiating agreement without giving in*. Boston, MA: Houghton Mifflin.

一人稱話術」而非「第二人稱話術」。

進行談判

盡可能運用「雙贏」策略，並依循下列原則，成功執行你的談判如：

辨識雙方都尋求的目標：如前所述，專注於彼此需求而非立場，能解決看似無解的衝突爭議。試想一位有小孩須照顧的優秀員工(老闆也不願意失去他)，如何與老闆討論他的工作時間：

員工：我能在保證績效的狀況下，提早下班接小孩放學嗎？
老闆：當然，只要你的工作表現符合要求，家業與事業要同時兼顧的。
兩者：員工有工作機會並能照顧小孩，雇主獲得有工作意願的員工貢獻，勞雇關係良好。

上例中，員工和老闆都沒堅持立場且能關注彼此的需求，制式的上班時間根本不是問題。

腦力激盪出一份可行方案清單：一旦雙方都能辨識出彼此的目的與關切後，雙方就可以針對如何滿足雙方的需求，而腦力激盪出一份可行方案清單。回想先前曾提過「問題導向訊息」的提出，針對問題「我們如何克服這問題？」的合作，顯然要比針對人「我如何勝過你？」的競爭、對抗，要來得有效得多。

若再以要兼顧照顧小孩與工作員工為案例，下面是一些「雙贏」的方案可供參考如：

- 員工在非上班時間在家工作。
- 老闆允許彈性上班時間，讓員工能彈性選擇上班與照顧小孩的時間。
- 員工與老闆都同意以「**職務分擔**」(Job Sharing) 方式，以另一名員工在該員工無法上班時，代理她的業務。當然，員工的薪資也必須「分擔」。
- 老闆能出資建立公司的幼兒照顧制度，使員工在小孩獲得照顧的福利制度下，更能放心與敬業地工作。
- 如果老闆相當重視員工的專業知能與經驗，在不影響工作產出狀況下，允許員工「**電子通勤**」(Telecommuting) 工作。

> ### 職場文化：中國與西方的談判風格
>
> 當目標顯然衝突時，中國與西方國家的談判者，會受困於彼此對談判認知的文化差異。瞭解這些差異，是成功達成談判結果的最重要的第一步。
>
> | 中國談判風格 | 西方談判風格 |
> | --- | --- |
> | 較少的直接溝通 (高文化內涵) | 較直接溝通 (低內涵文化) |
> | 漸進式的獲得成果 | 贏者全拿 |
> | 靈巧的 | 顯性權力主義者 |
> | 避免對抗 | 面對面的表達異議 |
> | 專注於局部利基 | 整體市場主導性 |
> | 規避風險 | 傾向接受較大風險 |
> | 珍視私密性 | 珍視透明的資訊流 |
>
> 資料來源：Chen, M. J. (2001). *Inside Chinese business: A guide for managers worldwide*. Boston, MA: Harvard Business School Press.

當然，雙方腦力激盪過程是要盡量產生可能的方案。因此，過程中任何一方都不應評判他方所提出的想法！腦力激盪的重點在想法的「量」而非「質」(品質的部分可在下個階段評估、討論)；他人看似荒誕的想法，可能可激發出彼此都能接受且更具成效的建議。

評估最佳方案：當腦力激盪獲得許多想法後，這個階段就是在決定那個想法或方案最可行。雙方評估是否可行、另仍須尋求能符合彼此的需求，只有當雙方都滿意，才是所謂的「最佳方案」。

方案的執行與追蹤：最佳方案決定後，必須再次確定彼此都瞭解最佳方案的內涵。之後，就執行吧！即便是最可行的最佳方案，在執行過程中，仍可能需要修改。經過一段合理的時間後，再與對方見面，談談方案的執行成效、有何仍未解決的問題或需求。如果有，就重複上述問題解決導向的雙贏談判吧！

重點回顧

- 人際技能是職涯成功的必要因素之一，它能協助你創造與他人的正向關係，改善組織氣候及維護他人尊嚴等。
- 社會智力或情緒商數，是指如何以尊重的心態對待他人，即便你不喜歡他亦然。
- 有效的讚美能創造與維持正向的溝通氣候，當讚美是針對進展(而不單純是目標、結果等)、具體、主動與真誠時，讚美的效用最強。
- 當必須對他人提出困難訊息時，盡可能使用「第一人稱話術」(I/We language) (而非第二人稱話術 You language)、專注於問題解決(而非提出方案)、表現真誠、表達對他人的關切、平等對待與開放心態等，較能使他人願意接受。
- 對他人的批判，最好能由對方信任的人轉達，仔細規劃訊息架構，並尊重他人的私下提出等。
- 回應批判時以尋求更多資訊，找出能認同的批判要點，並致力於合作解決等方法，就能有效解決雙方對批判的認知衝突。
- 無論無意或故意，職場性騷擾都是病態與違法的。被騷擾的對象，最好能以逐次升級的方式應對性騷擾。當然，如何處置，還須視特定情境而定。
- 職場衝突能以探索爭議根源、選擇最佳應對策略(如規避、調適、競爭、合作或妥協等)，並以雙贏談判方式，尋求雙方都能接受的協議。
- 成功的談判需要澄清彼此的利益與需求，事前謹慎規劃時機與準備，並且以彼此尊重的前提執行談判、解決問題。

面談原則 CHAPTER 6

學習重點

1. 如何定義面談目標、辨識及分析其他的面談單位,及選擇最佳的面談架構。
2. 瞭解每一種問題類型:主要或次要,封閉或開放,事實或意見,直接或間接,假設及關鍵事件等的運用及其限制。
3. 瞭解每一種面談階段:開場、主體及結論的目的及執行方式。
4. 規劃與執行能協助你目前工作或學校專題的資訊蒐集面談。
5. 規劃與執行能協助你澄清或達到你職涯目標的職涯發展面談。
6. 辨識與運用就業面談的步驟如準備、參加及事後跟進等。
7. 瞭解一般常用就業面談類型特性及準備方法。
8. 分辨在面談時問題的合法或不合法及其應對方法。
9. 瞭解面談時訪問者與受訪者雙方的倫理義務。

面談 (Interview) ——一種兩個單位 (人) 的溝通互動，至少有一方有特定、嚴肅的目的，也通常包含問題的提問與回答。[1]

　　面談在職場世界中扮演了重要的核心角色。組織利用「**就業面談**」(Employment Interview) 又稱為「**甄選面談**」(Selection Interview) 來辨識最適合職務的候選人。管理者以「**績效評估面談**」(Performance Appraisal Interview) 來審查員工的工作績效，並協助他們設定未來的工作目標。當員工發生問題時，管理者利用「**紀律面談**」(Discipline Interview) 來處理員工的不當行為或不良的績效。人力資源部門人員利用「**離職面談**」(Exit Interview) 來瞭解員工離職的原因，並協助組織蒐集改善問題的資訊。

　　健保提供醫院、律師、顧問及業務人員通常運用「**診斷面談**」(Diagnostic Interview) 來偵測問題並蒐集能協助客戶的資訊。警察、記者及社會工作者可利用「**調查面談**」(Investigation Interview) 來協助判定問題或事件的肇因。商務人士運用「**研究面談**」(Research Interview) 來蒐集制訂未來營運決策的所需資訊。因為面談在工作生命中的許多層面都有其重要性，溝通權威宣稱面談是「**規劃性溝通**」(Planned Communication) 中最重要與最常見的型式。

　　不管面談的類型為何，面談都有一些共同的特性。首先，面談都包括兩個單位，可能有多名**訪問者** (Interviewers)(常見於就業面談)，也可能有多名的**受訪者** (Interviewees) 如「媒體訪問」(neet the press)，但始終同時都有兩個單位：訪問者與回答者 (respondent)。第二，面談是有目的性的，不同於一般的談話，面談時至少有一方有嚴肅且事先規劃好的目標。第三，面談專注於問題的提問與回答。問題是面談的基礎工具，問題被發展運用於蒐集資訊，並導引著資訊交換的流程。

　　說明至此，你應該已能瞭解面談與其他溝通類型在幾個方面有顯著的差異。最重要的，面談比其他溝通類型更具結構性。如你即將學到的，每個好的面談通常都能區分幾個階段 (開場、主體與結論)。訪問者在面談時擁有其他類型溝通所缺少的控制力，面談訪問者的工作，就是使溝通對談朝向既定目標前進。最後的差異，是面談兩個單位的說話量。一般溝通對話雙方說話量約略相等；但在面談時，則約是 70/30 % 之分，受訪者說話量較多等。

---

[1] 參考 Stewart, C. J., & Cash, W. B. Jr. (2011). *Interviewing: Principles and practices* (13th ed.). Boston, MA: McGraw-Hill.

6 面談原則

6.1 面談策略

每一個好的面談都有共同的特質與溝通策略。以下開始介紹你可以在各種面談中運用的技巧，擔任訪問者或受訪者皆然。

6.1.1 面談的規劃

成功的面談，在雙方還沒見面前即已開始。不管你是訪問者或受訪者，做好面談前背景調查工作的好壞，能反應在面談的成功或失敗上。面談前的規劃工作，包括定義面談的目標、辨識與分析面談對象、準備議題清單、選擇最佳的面談結構、考慮可能的問題及面談設置的安排等，分別說明如後。

定義面談的目標

有些時候，訪問者一開始對面談目標可能不是那麼清楚。以醫療為例，醫病之間面談的目的，是在簡單的蒐集病患的資訊，或建立彼此長期互信的關係？這可能在第一次見面時還不清楚。管理者執行績效評估面談的目標，是要求員工日後行為的改變？或只是想確定員工瞭解管理者的關切而已？在任何面談中，訪問者應該讓面談目標盡可能的清晰、明確。

　　模糊　瞭解這些網路設計師的能力。
　　較好　評估哪位網路設計師能做好我們的工作。
　　最佳　決定哪位網路設計師能在我們能負擔的狀況下，做出能吸引與維持顧客的網站。

受訪者自己也應該有清晰、明確的目標。舉例來說，受訪者在就業面談中的目標可能是：

　　模糊　在面試時好好展示自己。
　　較好　說明我的相關工作經驗及適合這個職務的理由。
　　最佳　說服面試者我是最適合這個職務的候選人。

人際關係與溝通技巧

個案研究：新店長

對 20 歲的孫軍來說，成為這家連鎖咖啡公司最年輕的新展店店長還真不錯。雖然店長這職務會延誤學業，但能先有些管理經驗，對大學畢業後的就業力會有很大幫助。

孫軍知道這個職務並不輕鬆，在新店正式開張前，他在心理擬好了下列「待辦事項」清單：

- 澄清老闆對我的期待：王鵬是區域經理，因此，是我的老闆。雖然對他不熟，但我必須知道他要我做些什麼？優先次序如何？他對這家新店有什麼看法，對我有何期待…等，最好先弄清楚。
- 副店長的選擇：老闆將副店長的選擇權交給我，而陳霖與李飛是頭兩位候選人。陳霖較有經驗，但他個人私務太多，我能在店裡需要人手時依賴他嗎？李飛則親易近人，但適合擔任管理人員嗎？另我也須確認我選擇的人選，必須在副店長這職務上至少做滿一年以上。
- 促銷人員：我們也須聘請兩位駐店促銷人員，他們需要具備何種技能與態度？我如何執行面談以確保招募到最佳人選？
- 降低離職率：這家公司咖啡調配員去年的離職率將近七成。人員的快速流動對經營新店非常不利。我必須跟現在還在職的資深調配員談談，我也應該找幾位已離職的人，瞭解他們離職的原因。
- 對顧客做市場研究：當這家購物中心另開了一家星巴克後，這家店的業績就開始滑落。我必須與顧客談談，怎麼才能留住他們？怎麼做才能讓他們願意選擇我們這家店？

辨識與分析面談的對象

對多數面談情境而言，不管你是訪問者或受訪者，通常無法選擇你要面談的對象。但如果你有選擇，確定選擇適當的對象，能讓面談更為順利與成功的執行。如一位運動經理人的形容：

我們面對的最大問題與一般行銷公司一樣，是弄清楚那家公司的誰會做什麼樣的決定。在我們這一行而言，決定者可能來自於宣傳部門、行銷部門或

人事部門中的某一個人，若對這名對象可能有極高的興趣，則決定者也有可能是一家億萬資產公司的主席或總裁。

找到適當的面談對象，不僅僅對行銷領域重要而已。舉例來說，如果想瞭解製造領域的安全作業程序，工廠經理能告訴你的一定比公關人員更多，公關人員的資訊來源，還可能就是工廠經理呢。

準備一份相關議題的清單

一份議題清單能協助你蒐集到達成目標所需的所有資訊。如一位辦公室經理人要為員工採購新的平板電腦，在面對數名來自不同電腦公司行銷人員時，他所準備的議題清單可能有：

目標：購買我們負擔得起、可靠又符合我們目前系統設定的平板電腦。

議題清單：
- 無線網路能力
- 與目前作業系統及軟體的匹配性
- 價格與數量折扣
- 品質保證與技術支援

選擇最佳的面談結構

面談結構主要區分為結構式與非結構式訪談的兩種相對的極端 (如表 6.1)，當然還有所謂的適度結構化面談。不同的面談結構，主要是規劃程度的差異，也因為規劃程度的差異，其結果也各自不同。

結構式面談 (Structured Interview) 主要是要發展一份標準化題項的清單，其回答範圍與跟隨選項也相當有限。如「以下哪個詞彙最能形容你對這家公司的看法？」結構式面談，通常用於蒐集大量受訪者的標準化回應，如市場調查或意見調查等；但對其他大部分面談情境則較少用。

與結構式面談相對的，**非結構式面談** (Unstructured Interview) 的訪問者只有大

人際關係與溝通技巧

表 6.1	結構與非結構面談的差異
結構式面談	非結構式面談
耗時較短	耗時較長
面談者較容易控制	面談者較不易控制
有量化的結果	結果較難量化評估
面談者所需技巧較少	面談者面談技巧要求較高
探索反應的彈性較差	具有探索反應的彈性

致的訪問議題而沒有問題清單。在面談時讓面談當時的情境，自然而然地引導問與答的發展。非結構式訪談通常用於即興、當場的事件，如在一次聚會上遇到某一重要人物、而向其請教職涯發展方向的資訊。非結構式訪談甚具彈性，似乎看起來容易執行，事實上卻不然！訪問者執行非結構面談須有相當的經驗與技巧，才能掌握時間與不偏離議題。

在結構式與非結構式面談中間的，是所謂的「**適度結構面談**」(Moderately Structured Interview)，亦即訪問者事前仍會發展一份預備用的議題與問題清單，面談時卻會彈性地隨著問題而發展新的可能方向。事前規劃好的問題能確保重要領域議題的涵蓋性，彈性則允許事前未能預見但重要議題的發展。因為它能同時提供控制性與自發性，故較為適合大多數的面談情境。

考量可能的問題

如你目前所能預期的，問題發展的類型與品質將決定面談結果的成敗。表 6.2 列舉面談問題可能歸屬的類型。舉例來說「試舉些能展示你領導能力的例子」是個主要、開放、事實與直接的問題；而「你

下一個問題：我相信生命是不斷的追求平衡，需要經常在道德與慾望之間權衡，是喜悅與悲傷的循環模式，是苦樂參半的不斷回憶，直到，無法避免的，被死神擾住。你同意或不同意？

© George Price/The New Yorker Collection/www.cartoonbank.com.

表 6.2　面談問題的類型

類型	運用
主要： 引進新主題	● 打開新議題：「現在來談你過去的經驗…」
次要： 蒐集目前主題額外的資訊	● 先前的回答不完整：「你說她那時說什麼？」 ● 先前回答是模糊的：「你說你『想』那數字是正確的，意思是…」 ● 先前回答是無關的：「我瞭解你對這工作有興趣。但你能告訴我在這領域受過的訓練嗎？」 ● 先前回答不精準：「你說每個人都支持這個想法；那為何有反對聲浪？」
封閉： 限制反應選項	● 需要特定資訊：「你在那工作多久？」 ● 控制談話：「我知道你很生氣；但告訴我幾號可運到？」 ● 當時間短促時：「若必須選擇一項特質，你的答案是？」 ● 當必須標準化時：「從 1 到 10，你對這幾項特質重要性的評分是？」
開放： 邀請詳細解說	● 緩和受訪者(問題簡單且不具威脅性)：「你是怎麼知道我們這家公司的？」 ● 探究受訪者的意見、感覺或價值觀等：「你怎麼看…」 ● 評估受訪者的溝通技巧：「你如何處理暴怒的顧客？」 ● 探索受訪者是否擁有資訊：「你對這遺失的環節知道多少？」
事實： 尋求具體資訊	● 尋求客觀資訊：「如果我們決定買，你能提供多少優惠？」
意見： 探索反應觀點	● 尋求反應者的分析：「你覺得這項投資值得嗎？」 ● 評估反應者的判斷：「你認為那個供應商能提供最好的服務嗎？」
直接： 要求資訊	● 當反應者能且願意提供資訊時：「你能提供一份在這職務上員工的福利清單嗎？」
間接： 徵求資訊	● 當反應者不具直接回答的權限時：「如果要你向部門中其他人解釋這項政策，你會怎麼說？」 ● 當反應者可能不願意直接回答時：「你認為你的同事怎麼看我的領導？」
假設性： 尋求「若…則…」問題的答案	● 當反應者缺乏直接回答問題的經驗時：「若你是這部門的管理者，你會做些什麼改變？」 ● 協助反應者能做較好的決策：「這樣說吧，如果你是我，你在那種環境下會如何做？」
關鍵事件： 對特定事件意見的詢問	● 評估反應者的經驗：「當必須達成長遠的遠景目標而必須打破公司目前的政策時，你會怎麼處理？」

技術提示：視訊面談

並非所有面談都必須面對面的執行，尤其是當雙方距離甚遠時。視訊面談 (Video Interview) 在這種狀況時，就能提供快速、可負擔的交談。視訊面談除了花費不多的好處外，另在面談時程安排上比較有彈性。更甚者，視訊面談的過程還可以記錄下來，以便後續的分析與利用。

視訊會議的優點，使現代許多記者都逐漸增加視訊面談方式的運用。雇主在正式招聘 (面對面) 面談前，也能利用視訊面談來篩選候選人。市場研究人員也能利用視訊來執行面談與聚焦群體討論等來蒐集資訊。最後，你也可以運用視訊來蒐集職涯發展或在職所需的資訊等。

現在市場上已有許多視訊面談的便宜裝置可供選擇，你及對方僅須有網路連線、一套免費通訊軟體 (如 Skype, WeChat, Google Chat…等) 及一個附內建麥克風的網路攝影機 (Webcam) 等，即可方便執行視訊面談。

以下列舉一些使視訊面談成功執行的提示：

規劃

- 事前確定面談的日期與時間 (須注意時差)。
- 面談前先傳送必要的背景資料與文件。
- 事前及執行視訊前，測試確認你的網路與裝備能正常運作。
- 事前安排與對方溝通的應變方式如即時訊息、電話等，以便面談時仍有其他溝通管道可資利用。

面談時

- 以內插影像方式檢視並確定對方能清楚看到你的視訊。
- 注意麥克風可能收到的背景雜音！安排視訊在一安靜的環境中，交談時不要「玩弄」你的紙筆。
- 盡可能簡短！15-20 分鐘的視訊，感覺上會比面對面更久。

參考資料：Doyle, A. (n.d.). *Tips for successful video interview*. Retrieved from http://jobsearch.about.com/od/interviewnetworking/a/videointerview.htm

說你喜歡迎接挑戰。如果機會來臨，你是否對處理下一階段的裁員有興趣？」則是次要、封閉與假設性的問題。一個好的面談，訪問者必須考量各種類型問題的組合，來蒐集到他所要的確切資訊。

有些問題看起來「合法」但不適合大部分的面談，引導式問題 (Leading Questions) 如：「你有興趣協助我們辦理今年的促銷展示會，是嗎？」「你不會在現在提出加薪的要求吧，你會嗎？」等，就是不適合的問題。

面談的實體安排

面談的實體安排 (physical setting)，對面談過程及結果也有顯著的影響。首先，是不受干擾的場地安排，如選擇離開訪問者與受訪者平常的工作地點的第三地 (如餐廳、咖啡廳…等)，不但能減少例行工作的干擾，也能避免因在熟悉地點而產生的習慣性反應。

面談當場的實體設施安排也有影響。通常，坐在辦公桌後的訪問者與坐在辦公桌前的受訪者，比較有正式的氛圍；而坐在桌子的同一側或彼此之間沒有家具的障礙，則有非正式、較為輕鬆的氛圍。彼此間的距離，也同樣影響著面談的氣氛。如彼此距離接近的親近性，顯然要比遠隔好得多。

如同上述許多影響變數一樣，面談程序的正式與否，與面談的目標有關。如管理者想在「紀律面談」時塑造權威的氛圍，他應該拉開距離、坐在辦公桌後。在另一方面，醫護人員要建立病患對他們的信任感，彼此之間通常不會有任何家具的障礙等。

選擇適當的時間與地點一樣重要。當你規劃一次面談時，審慎考量你需要多少時間才能達成你的面談目的，讓對方也知道你預期花多少時間於面談上。至於面談的日期與時段也須謹慎安排。舉例來說，若將面談時間安排在午餐或下班前，雙方都急於用餐或下班，顯然不是好的選擇。

職場提示：招募博覽會

在大專校園(或社區)執行的招募博覽會(Job Fairs)提供雇主與求職者媒合的機會，有的雇主甚至會在博覽會現場即執行面談。因此，參加招募博覽會也是準備面談須重視的項目。

參加之前
- 想想如何在近百名候選人當中，能讓招募者看到你的特出之處。
- 事前做好功課：瞭解你的對象公司做些什麼？要招募哪些職位？現場招募者是否會執行篩選面談…等。
- 練習你的「電梯遊說」(Elevator Speech)，使演說盡可能的簡潔與顯現專業性。
- 準備好為對象公司客製化的簡歷、裝簡歷與其他文件的專業文件夾與肩帶手提包，方便你能空出一隻手(握手及寫字等)。
- 專業、保守的穿著。帶著手帕、衛生紙及口香劑。

博覽會中
- 早點抵達，花幾分鐘熟悉博覽會的氛圍；目標公司的氛圍是正式或簡便的。
- 絕對不要問公司做些什麼？開放哪些職務等！這些都是你事前該知道的。
- 有效規劃你的時間：先去「第二優先」公司的攤位暖身，然後再去你的首選公司。有些公司會在博覽會結束時間前一兩個小時即打包！所以，也不要等到最後一刻才去。
- 如果人多必須排隊，利用時間與其他候選人交談，瞭解他們對公司及開放職位的看法。
- 有信心地向公司代表介紹自己：「嗨，我是王鵬，我主修新聞及英文，我對公司的編輯職位甚感興趣！」記著，當與公司代表接觸時，他們就開始評估你了。
- 將詢答重點放在你的職涯目標及雇主要求資格的符合性上。如要提問，則問些能顯現你事先做了功課的特定問題。
- 向所有跟你談話的人索取名片。

博覽會後
- 對博覽會中似乎對你有興趣的目標公司，以電話或電子郵件追循以表達你的謝意，並再次表達你對該公司職務的興趣。

- 可適度提醒對方你所符合的技能與資格。如在博覽會中忽略了任何訊息，此時亦可附加提供並表示你願意學習更多的媒合機會。

資料來源：University of New Mexico Career Center. Retrieved from http://www.collegegrad.com and www.career.unm.edu

6.1.2　執行面談

在規劃之後，就可以直接執行面談了。一般面談可區分為三個階段：如開場（或介紹）、主體及收場。讓我們審視每一個面談階段的重點如下。

開場

一個好的開場介紹，能塑造整個面談的良好氛圍。許多研究都建議，人對談話對象的印象，在開始交談的前幾分鐘就已決定。學者 Shepherd 更進一步的形容如：

> 面談的前幾分鐘最重要。50％的決定，通常都在前 30-60 秒內即已大致確定。若須進一步的評估，則 25％ 的評估會在前 15 分鐘內執行。如果你最初幾分鐘搞砸了，那 25％ 的評估也很難挽回頹勢。[2]

好的面談開場，通常應包括**問候** (Greeting)、**引導** (Orientation) 與**激勵** (Motivation) 等三個部分，使受訪者知道如何依循面談程序。

問候並建立關係：面談一開始，應該先是彼此問候並相互自我介紹。如果有必要，如正式面談——如獲取法律上的證詞或執行結構式調查等狀況，自我介紹後即可進入正題。但大多數的面談狀況，建立友善關係是適當且有用的。如**短暫的聊天** (Small Talk) 有助於設定面談的基調如正式或不正式、緊張或輕鬆等。

建立關係的短暫聊天，可以是與面談無關的共同議題如天氣、球賽、時事等，但最好能以與面談目標有關的議題來搭接後續的面談程序。如管理者想知道公司新的福利計畫推動效果的員工面談開場時，可以問到：「你覺得新的停車計畫如何？」

引導：開場的這個階段，訪問者向受訪者簡短說明程序，協助受訪者消除因未

---

[2] 參考 Shepherd, S. J. (1986, March). How to get that job in 60 minutes or less. *Working Woman, 10*, 118.

知而產生的緊張與焦慮，同時也有助於強化訪問者控制權的印象。引導階段要做的事如下所述：

1. 說明面談的目的：面談目的的說明有助於消除受訪者的緊張，並激勵他們正確的回答問題。舉例說明，當老闆要你過去、聊聊你目前的狀況時，你一定「好奇」並「緊張」──究竟是你表現得不錯而有升職的機會？或是老闆不滿意你過去的表現而開始打算辭退你？分享面談的目的則有助於消除這種顧慮，如老闆真正的意思是「我們打算近期另開一家分區辦公室，規劃配置一些分店的員工。我想知道你對目前工作的看法，這樣在改變時可以考慮到你的需求。」

2. 說明需要的資訊及其運用方式：受訪者知道訪問者要些什麼資訊時，才能正確無誤地提供資訊。在上述的例子中，老闆要的資訊可能是「我沒興趣知道你喜歡或不喜歡哪些同事；我想知道的是你對哪些業務感興趣？」另一種截然不同的資訊要求則可能是「我想聽聽你對同事們的看法，你未來想跟哪些人共事，及你跟哪些人有相處的問題？」

   資訊將如何運用的說明相當重要。在我們所舉的例子中，老闆可能繼續解釋到「我今天沒辦法確切的告訴你何時會有這種改變，但我答應你這次的談話只是私下談話，沒有其他任何人會知道你告訴我些什麼的。」

3. 澄清任何基本規則：確定面談雙方都瞭解後續面談的執行程序。如在正式取證的面談時，訪問者應說明面談的規則如：「法律規定，我們之間的談話都必須錄音、錄影存證。這你清楚吧！」

4. 提醒面試的適當時間長度：讓受訪者知道面談所將持續的時間，會讓他們較為自在的提供較佳、較充分的答案。

激勵：有些面談狀況，訪問者必須給受訪者覺得值得且願意誠實回答的理由。但有些狀況，好處並不與受訪者直接相關，但訪問者仍能以激發其自我及利他的心態而讓受訪者願意回答，如訪問者可說：「我想試試一些新的促銷方案，而你比其他人知道的都還要多。」

主體

在面談主體中，問題與回答彼此交替著。若為訪問者，最好能根據你的面談

議題在事前先寫出一份問題清單；若身為受訪者，則在接受面談前，應預期可能的問題及其回答方式。另受訪者可能也有需要準備一份詢問訪問者的問題清單。

訪談者的責任：在面談問與答階段，訪問者應執行下列任務如：

1. 談話的聚焦與控制：若面談有目的性，訪問者的主要任務，就是確保問答的討論聚焦於面談目的與目標上。另訪問者不可因一個「有意思」的問答、或專注在某一問題上，而耽誤了所有其他議題討論與問答的時間。
2. 主動傾聽：有些訪問者——尤其那些沒有經驗的——會因過度專注於後續問題或**謹守時間** (Budgeting Times) 而根本忽略了最重要的任務：仔細聽受訪者的回答。面談時，應避免多重工作 (Multitasking) 的同時進行——提問與回答，記筆記，保持目光接觸，同時還要謹守時間等。請回顧第 3 章中對主動傾聽技巧的建議。
3. 運用次級問題探索重要資訊：受訪者的回答有時會不完整，有些時候則在規避或模糊的回答。因為不可能事先知道何時要用「**探究**」(Probes) 技術，故訪問者只能事前準備、當狀況發生時，運用探究技巧記去挖掘受訪者的真實回答。

為得到滿意的答案，訪問者有時須「重複」提問如：

訪問者：你說你曾在台大四年；我不確定你拿到學位沒？
應答者：我完成所有必修的課程及其他幾項選修。
訪問者：我明白。你獲得學位沒？

如主要問題未能傳遞足夠訊息，訪問者須進一步的闡釋如：

訪問者：當我們約定此次見面時，你曾說趙大污辱你。我想聽聽怎麼回事。
應答者：他像對小孩一樣的對待我。我在這裡的時間跟他一樣久，我知道自己在做些什麼。
訪問者：他到底做了些什麼？你能給我一些例子嗎？

有時回答雖完整但不清楚。這需要另加澄清如：

應答者：這項憑證須支付 6％ 的利息。
訪問者：利息是單利或複利？

重述 (Paraphrasing) 用不同的話語再次陳述答案，它也能要求應答者進一步的闡釋先前的答案如：

訪問者：你在公司一年多且獲得升職一次，你對你的職涯方向發展覺得如何？
應答者：目前我很滿意。
訪問者：目前為止，一切順利。這是你的感覺嗎？
應答者：也不盡然啦，我當然很高興能獲得升職，但從這職位我看不到許多進一步發展的機會。

通常**沈默 (Silence)** 是最好的探究方式，僅僅 10 秒的暫停 (感覺就像永恆！) 就會讓應答者知道必須再提供多點資訊。配合著訪問者的非語言訊息，沈默可能表示對先前的回答有興趣或不滿意。**刺探語 (Prods)** 如「嗯哼」、「繼續」、「多告訴我些」…等也能達成同樣的目的。舉例說明如：

應答者：我想不出哪裡可縮減成本。
訪問者：嗯～哼。
應答者：我們已縮減差旅及娛樂預算 5％ 了。
訪問者：明白！
應答者：我們當中有些人仍濫用預算，但如進一步縮減預算，會遭致他們的反彈。他們視這些費用為附加福利。
訪問者：(沈默…)
應答者：如果我們能提供他們一些回報，或許仍能進一步的縮減整體預算。或許在渡假村舉辦銷售會議──讓它看起來像次渡假。

受訪者的角色：受訪者在面談進行到主體階段，可做下列事情來促使面談的成功與順利如：

1. 主動傾聽並清楚、詳細的回答：仔細地傾聽能確保你聽得懂問題，不會答非所問。將你的回答與訪問者先前說過的聯接起來，顯示你有在聽、且具備批判性思考 (Critical Thinking) 能力。
2. 回答訪問者的提問：偏題的回答顯示受訪者沒聽懂問題，是差勁的聽眾或甚至有逃避問題的嫌疑。
3. 更正任何誤解：身為凡人，訪問者有時也會誤解你的意見。受訪者都希望能確定訪問者精確地接收到回答中的訊息。但顯然的，你不能問訪問者：「你有仔細聽嗎？」但有兩種策略可供你傳遞出確認的訊息。首先，你可以在面談主體或結論時，口頭再次重述你所要傳遞的重要訊息。

   舉例來說，在面談主體階段，招募與應徵展場籌備工作的資訊交換可能如：

   訪問者：所以，若我們因為你的規劃而雇用你，在我們下次參展時，所有展位所需的東西都會齊備，我們只要布置展位就好了嗎？

   應答者：也不盡然。參展用的宣傳小冊通常會來不及交運，所以我們可能必須要隨機攜帶。

   其次，你也可以「寫下」你的想法。用書面方式綜結面談的重要概念或想法，對接收者與你而言，都是一項確切的紀錄證據。
4. 包含你自己的目標：面談的受訪者通常會有自己的目標與想法。在甄選面談中，雇主的目標是挑選「最佳」的候選人，而受訪者的目標則是向訪問者證明自己符合雇主的選擇條件。但這時也可能由受訪者「重新定義」雇主所謂的「最佳」候選人。舉例來說，沒有工作經驗的受訪者，可展示工作經驗可能並不如工作倫理、熱情或網路技術來得重要等。

收場

面談要到回答最後一個問題之後才應結束。良好的收場技能，能讓面談以雙方都滿意的結論收場。而良好的收場技能包括：

審查並澄清面談的結果：面談雙方都可以在此步驟採取主導地位。權力較高的一方 (通常是訪問者) 通常會直接作結論。舉例來說，在一處理員工衝突的面談收場階段，管理者可能說：「所以，聽起來你們兩位都認為自己在未來能比較好的處

理這種狀況！」權力較低的一方(通常是受訪者)則通常會作審查與澄清，並以問題的型式綜結，如一業務代表在收場時可能會這樣說：「所以，你似乎滿意我們的產品，但在作最後決定前，你還想跟使用我們產品的幾位顧客談談，看他們是否也滿意我們的產品，是嗎？」

建立未來行動：當面談雙方關係將繼續，澄清目前已討論的事項未來應如何處理是必須且重要的。業務代表可能於收場時說：「我明天會寄給你一份我們產品的顧客清單，然後，下週哪一天我可以打電話給你，看看你怎麼想？」管理者也可能在團隊會議收場時說：「我想要你們都嘗試看看今天我們所討論的行動方案。幾週後我們再聚，看看專案運作得如何。下個月的第一週如何？」

總結並寒暄：一個和睦社交性的結論不需要虛假。你可以表示感謝、關切或說說下一步如何…等，例如：

感謝你們今天所花的時間。
祝福我們的專案執行順利！
明天的團隊會議我們將跟進此事。

6.2 面談類型

在本章一開始描述的所有面談類型中，幾乎在現代職場任何職務都不能少的是資訊蒐集、職涯發展與聘雇面談等三類，以下將列舉說明每一種職場常見面談類型所需要的技能如後。

6.2.1 資訊蒐集面談

許多商務人士都有其成功的資訊蒐集面談經驗。沃爾瑪 (Wal-Mart)[3] 零售帝國創辦人沃爾頓 (Sam Walton) 對資訊蒐集面談的重要即有相當明確的說明如：

---

3 沃爾瑪 (Wal-Mart Stores, Inc.) 是一家美國跨國零售企業，總部設在阿肯色州本頓維爾 (Bentonville, Arkansas)。為全球第二大上市公司(以營業額計算)，也是世界上最大的私人雇主，員工超過兩百萬名，是世界上最大的零售商。沃爾瑪仍是一個家族企業，控股人為沃爾頓家族，擁有沃爾瑪 48% 的股權。

我通常就是直接拜訪並說：「嗨，我是來自阿肯色州本頓維爾的沃爾頓，我在那有幾家店，我想找 XX 先生——那家公司老闆的名字——談談他的生意。通常，我就能被禮貌的邀請進去。我會問很多有關定價及物流的問題，不管如何，我總是能以這種方式學到很多。」[4]

不管其型式為何，所有的資訊蒐集面談都依循著下列一般原則如：

將資訊蒐集視為程序：把資訊蒐集視為一次性的作為是過於簡化，因為，在職場實務中，資訊蒐集可能是各種任務都需要的反覆程序。假設你打算提出一個「工作分享」(Job-Sharing)——兩個(或甚至多人)共同承擔一全職職務並分享薪資——的提案，你的第一步，通常是蒐集一些基礎的資訊如工作分享是否普遍？哪些產業會用到工作分享計畫？它最佳的運作型式為何？在公司的產業領域中是否曾被嘗試過？及其效果如何？等。

一旦蒐集到必要的背景資訊後，你可以運用這些訊息規劃第二輪的資訊蒐集面談——如背景研究建議的領域專家，公司的關鍵決策者等，瞭解他們對公司推動工作分享的看法與態度。

定義面談目標與問題：如你在之前所閱讀的，你的目標應盡可能明確並以能獲得你所尋求答案的方式來說。以下是一些明確目標的陳述方式如：

是什麼導致這意外，它能被事前預防嗎？

免稅的市政債券能比我現在投資提供更多的資金流動性、升值率、安全保障及避稅選擇嗎？

這套資料管理系統所能提升的效率，值得投資購買嗎？

另一旦你辨識出你的目的後，你就能發展能協助你達成目的的問題。舉例來說：

目的：我要採取什麼步驟，才能讓管理階層核准我的分工安排？

問題：

● 誰是能決定此事的關鍵人物？

---

[4] 參考 Walton, S., & Huey, J. (1993). *Made in America*. New York, NY: Bantam.

- 我應該先找誰談？
- 我應該正式提出計畫，或是非正式的提起就好？
- 管理階層可能有什麼反對的看法？
- 有任何公司內其他人(非管理階層)可能會反對或支持這個概念嗎？
- 哪種主張(有先例，節約成本，提高士氣…等)能說服管理階層？
- 會支持這概念且有力的人是誰？

選擇適當的受訪者：你訪談誰，會決定你所學習到的價值。但如果你只是個低階員工或管理階層，直接找老闆談你的工作分享提案可能不太適合。你在提出提案前，最好能找一些其他的資源擴充你提案成功的機率。如你的人際關係夠好，先找某些「政治精明」、先前成功提案的同事或老闆的行政助理等談談，對你的提案是有幫助的。

6.2.2 職涯發展面談

職涯發展面談 (Career Research Interview) 實際上也是資訊蒐集面談中的一種特殊型式，身為訪問者的你，想訪問某人、並希望他能提供資訊並協助你定義你的職涯發展方向與目標。職涯發展面談的成功基礎，在找到適當的受訪者，並能提供有價值的想法，而這是從其他諸如書籍、雜誌、網路等資訊來源所無法提供的。

人際網絡的價值

英語古諺：「(重要的)不是你知道什麼，而是你認識誰！」(It isn't what you know, it's who you know.) 說明了**人際網絡** (Personal Contacts/Networks) 對職場工作(與找工作)的重要性。超過 30 年以上的研究結果顯示，絕大多數的人「無法」經由求職廣告、獵人頭公司或其他「正式管道」找到工作。[5]同樣的，與傳統管道一樣，在網路上提供的求職服務如 Monster.com 網站等，也不像表面所想的有效。求職專家伯爾斯 (Richard Bolles) 曾在其書中表示，以網路求職而獲得工作的人，充其量不到 10％ 而已。[6]

---

[5] 參考 Granovetter, M. (1995). *Getting a job: A study of contacts and careers* (2nd ed.). Chicago, IL: University of Chicago Press.

[6] 參考 Bolles, R. N. (2012). *What color is your parachute? A practical manual for job-hunters and career-changers*. Berkerley, CA: Ten Speed Press.

與其利用上述這些「缺乏人味」(impersonal) 的方法，大部分獲得工作的人，是經由其人際接觸管道而得到工作。其反向也一樣：大部分雇主得到好的員工，也是經由他們的人際網絡而來。有某位招聘者說明人際網絡比網路優越的原因如：

> 只在非常稀有的狀況，我才會將職位需求開放在網上。我會從世界各地收到許多履歷。絕大部分的申請都不符合職務要求，大部分申請者好像只是「看到就射」(Point and Shoot) 而已。
>
> 我最近一次的上網徵才——有明確說明必須符合的資格與條件…等——收到近一千封的申請函，其中只有 25 名申請者符合公告職務的教育與技能要求。我的時間若花在人際網絡上推薦候選人的審查上，會比浪費在審查與回覆這麼多的履歷表要有效得多。[7]

求職，只是職涯發展面談的目標之一。職涯發展的對談，還能達成下列目標如：

1. 執行研究：協助你瞭解職涯領域的相關知識，並知道有哪些組織你或許會感興趣。
2. 讓受訪者記得你：與受訪者碰面並討論後，能讓受訪者對你留下 (好的) 印象，如此，日後如有職缺提供，通知你其他雇用機會，或甚至推薦你給其他的雇主等。
3. 獲得推薦：職涯發展面談後，受訪者如對你有好的印象，即便他的公司目前並沒有開放職務，他也可能願意推薦你給他認識的其他雇主等。

選擇受訪者

職涯發展面談與聘雇面談一樣，要找到許多未公開或未宣傳的職位需求、或誰是這領域中的專家或有經驗的潛在受訪者的關鍵，是人脈網絡的平時培養！本書第 1 章 (1.3.3 小節) 即已說明如何培養個人的人際網絡。

人際網絡的功效，不但是緊鄰你的網絡有幫助外，你會驚訝的發現，由緊鄰你網絡所發展出去較遠的人際網絡可能更有幫助。較遠網絡通常只記得或知道你的優

---

[7] Tugend, A. (2008, December 19). Readers weight in with tips on Jobs and money. *New York Times*. Retrieved from http://www.nytimes.com/2008/12/20/your-money/20shortcuts.html?pagewanted=all

職涯提示：突破守門者

在職涯發展面談中，許多企圖者會被受訪者的「守門者」(Gatekeepers)——個人助理、接待員、秘書等——為保護其老闆寶貴的時間而把你擋在門外。以下是一些能幫助你見到受訪者的策略提示如：

以書面方式發出首次要求

用電子郵件比打電話容易與你的目標受訪者接觸。在發出電子郵件之前，必須確保你的撰述格式與用詞遣句完全正確且無可挑剔 (對現在不懂書信禮節與格式的年輕人更顯重要！) 記得在電子郵件中註記你的聯絡方式 (電子郵件及手機為必要，通訊地址則其次)，以便受訪者能回覆你。

提早或晚點打電話

通常在發出電子郵件後一兩天，必須以電話跟進。而打電話給目標受訪者的時間，是在正常上班之前或之後——如此，上述所謂的「守門者」通常不會在場而「篩選」掉你的電話。若撥通受訪者電話、卻是語音留言訊息時，必須要事前準備好簡短的自我介紹及提出見面的請求。

把守門者變成盟友

若你的電話還是被守門者接到，而最初對你要求跟目標受訪者說話的反應通常是「他目前沒空，我能幫你什麼嗎？」此時，就是你拉攏守門者的機會。你可以請他或她建議一個與受訪者「見面」的較好時間，或什麼時間再致電給受訪者比較方便等。當人說出「我能幫你什麼嗎？」(即便是禮貌而已) 之後，如果你真的 (誠摯的) 提出請他或她協助的請求，通常會得到守門者的協助的。記得守門者的姓名，從此之後，以姓名稱呼他或她。

保持彈性

因為是你在請求他人的幫助，因此，若目標受訪者答應與你見面，約會的日期與時間，要以受訪者方便的時間為準。你也可以試試在用餐或咖啡休息時間見面。據說曾有學生提出為其受訪者送機的請求，在將近一個小時沒人打擾的車程時段中談話，其所獲得的顯然大於付出！

點與長處(另與你沒有直接利害關係)，而會主動幫你宣傳或提供你有價值的資訊。

你或許會覺得奇怪，為何這些重要的人(目標受訪者)願意見你？事實上，有幾個原因可以解釋這種現象如：

1. 對推薦者的尊重：如果你能獲得在此領域「德高望重」者的推薦，通常會獲得目標受訪者的禮遇與接待。
2. 人通常自我滿足於讚美：若你的請求是有禮貌且帶有讚美的如：「我相當讚嘆你的想法與成就！」等，受訪者通常會因「**自我滿足**」(Ego Gratification)而願意見你。
3. 利他心理(Altruism)：大多數成功人士在其職涯發展初期，或多或少都曾受過他人的協助；另基於培養後進的利他心理，他們通常會願意協助表現出主動、積極意願的你。
4. 認同你的積極性：最後，目標受訪者也可能僅因為你的積極(但須謙遜、有禮貌！)而願意提供他的意見。

接觸受訪者

先前說過，試圖聯繫上目標受訪者，最好能先發出電子郵件而非打電話。你的電話可能被守門者擋掉、或打得不是時候。你最初發出「請求資訊面談」請求的電子郵件，可參考以下範例。通常，這份請求電子郵件的內容應包含自我簡介，說明請求見面的理由及建議見面的時間等。

除非受訪者已答應在最近一、兩天中會見你，你應該在第一封面談請求電子郵件後，再發出第二封電子郵件(或電話)以確定是否能見面或面談的日期、地點與時間等。這種「**跟進**」(Follow-Up)能讓你免於受訪者「忘掉」此事的沮喪。同樣重要的，它也能顯示你在處理這類商業接觸時的專業性。

在第二封跟進電子郵件中，你也可以送出一份你想要談的議題與問題清單。這不但向受訪者顯示你是個認真的人之外，也能在實際面談時，節省雙方的時間與精力。

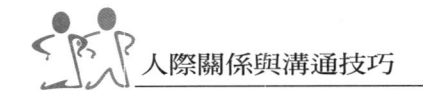

請求面談電子郵件範例

寄件者：趙方正 xxx@gmail.com
寄件時間：Tuesday, May 25, 2013 13:30 PM
收件者：高瞻遠 KaoGY@xxx.com
主旨：尋求您的意見

敬愛的高老師，您好

　　我是即將自 XX 大學畢業的學生，主修政治科學與溝通。在畢業後，我規劃繼續攻讀法律研究所，並專注於移民法的研究。

　　在多次新聞媒體報導及數位老師的推薦下，我知道您是移民法領域的專家，並在國內有關移民議題中享有聲譽。我在「女性人力訓練中心」實習時，也多次聽到您在爭取女性權益方面的努力成果。

　　我非常希望能有機會與您見面，聽聽您對我未來在移民研究的意見。我也想知道您會推薦我爭取哪些法律研究所，並瞭解在修業及未來職涯發展上，有何挑戰與機會等。

　　請容許我強調此刻我並非在尋求聘雇機會。您的意見對我未來職涯的規劃是相當有價值的。我將於下週致電給您，希望能安排見面的機會。我知道您相當忙碌，因此，我會很感激能占用您 30-45 分鐘的時間。

　　希望能在您的意見中獲益良多！

請求面談電子郵件範例 (續)

謹此
順頌　安康

晚
趙方正　敬上
手機：09XX-XXX-XXX
通訊處：……

跟進電子郵件範例

寄件者：趙方正 xxx@gmail.com

寄件時間：Friday, June, 2013 8:26 AM

收件者：高瞻遠 KaoGY@xxx.com

主旨：面訪確認與問題

敬愛的高老師，您好

　　再次感謝您願意見我，並給我在未來移民法研究及職涯發展的建議。我將在您指定的下週四 (6/4) 下午兩點直接到您的辦公室。

　　為有效利用您指定 45 分鐘的面訪，我先於此呈交一份我想要請您指導的議題與問題如下：

移民法的發展趨勢

- 您認為移民法將朝向哪個方向發展？
- 您怎麼看目前移民法的演變及其影響？

教育

- 對移民法執業者，您會建議哪些法律研究所？
- 您對我最後一學年的大學教育中，會建議修習哪些科目？

謹此

順頌　安康

晚

6.2.3　就業面談

就業面談 (Employment Interview) 在探究職務候選人是否能符合該職務。[8] 這種

---

8 "Employment Interview" 在國內有許多不同的翻譯如「工作面談」、「求職面談」等，但因 "Employment" 含有「事求人」與「人求事」兩個不同方向的意涵。因此，工作或求職面談，都不足以含括此兩個方向。本書取人與職務之間媒合的意涵譯為「就業面談」。

人與職務之間符合性的考量有兩個不同的方向：雇主在面談中希望能衡量求職候選人的條件是否符合；而求職者也在衡量該項職務是否適合他。根據美國勞動統計局 (The Bureau of Labor Statistics) 的調查數據顯示，每個 32 歲以前的美國勞工有 9 個工作機會。因此，每名美國勞工至少面臨一次以上就業面談的機率是相當高的。[9]

這看起來不像你啊！

© Mike Twohy/The New Yorker Collection/www.cartoonbank.com.

就業面談所花的時間不多，但它對後續生涯所造成的影響卻很大！試想下列推理數據：絕大多數的就業員工，在其成人生涯中花得最多的時間，就是工作──每年約 2 千個小時上下，整個 40 年的職涯中則超過 8 萬個小時！待遇好的職務，比待遇不理想的職務所形成的財務差距也相當驚人──月薪差台幣 6 千元，整個職涯生命則相差近台幣 3 百萬元。最後，求職者是否能找到適當的職務，對情緒與成就感也有相當大的影響。不滿意的工作，除了讓人不快樂之外，不滿意員工所造成沒生產力的影響，對雇主也絕對不是好事！

就業面談對「找對工作」這件事的重要性如何？過去許多研究也顯示「就業面談」是媒合工作──使人適事、使事適人──最重要的影響因素；而影響就業面談的決定性因素，是面談雙方的「溝通技巧」，尤其是求職者的溝通有效性，比工作經驗、外表及希望工作地點⋯等，都來得重要。

雖然就業面談在聘雇員工上扮演著重要的角色，但研究也顯示，一般雇主──尤其是那些沒受過面談訓練的──卻不太會利用面談來選擇「最適合」的員工。換句話說，最佳的候選人也不見得能獲得他應徵的職務；另熟悉應徵技能的人，在工作開始後也不能保證他的「合適性」。[10] 雖然如此，知道或瞭解就業面談的過程與溝通技巧的人，比較能獲得他想獲得的職位，卻是公認不爭的事實。

9　參考 Dobbs, K. (2001, April). Knowing how to keep the best and brightest. *Workforce*, *80*(4), 57-60.

10　參考 Kirkwood, W. G., & Ralston, S. M. (1999). Inviting meaningful applicant performance in employment interviews. *Journal of Business Communication*, *66*, 55-76.

面談前的準備步驟

搜尋網站並填表申請的開放職位，通常不是找工作最有效的方法。根據調查，許多雇主從不「公開」職缺；另也只有 5-24 % 的求職者，是依賴報紙廣告找工作的。[11] 求職暢銷書〈你的降落傘是什麼顏色？〉作者伯爾斯 (Richard Bolles) 對此曾有如下解說：

> 我聽過太多類似的故事，說著求職者被人事部門拒絕後，他們回到起點，找那些在同一家公司有權力決定的人，直接跟他們談，然後得到那個工作——比那些才拒絕他的人事部門還要高了十幾層樓以上的職位。[12]

即便公司會刊登求職廣告，但那些投履歷表求職的人，大概也不會有什麼機會。因為，處理求職履歷表的人事部門，通常會以「消除法」來剔除候選人，伯爾斯形容著：「直到剩下最後一人為止！」

因為人事部門的挑人程序通常採取「消除法」，任何缺點都可能成為剔除候選人的依據。因此，許多求職顧問會建議你辨識並試圖直接接觸那些有權力決定的人，在職缺開放前就先決定雇用你。這準備程序包含了幾個步驟如下：

1. **清光你的線上紀錄**：不管你的履歷「做」得多好，現代的雇主總有辦法另尋管道——前雇主、認識你的人或網際網路上——找到你的資料，並通常由此形成對你的印象！前雇主、認識你的人等，都屬於人際網絡的經營；但網際

社交網路時代的象徵

---

11 參考 Bolles, R. N. (2012). *What color is your parachute? A practical manual for job-hunters and career-changers* (Kindle ed.). Berkerley, CA: Ten Speed Press.

12 同上文獻。

網路的線上資料,可能就不是你通常會警覺到其重要性的。

「**線上審查**」(Cybervetting) 現在越來越普遍,研究調查結果顯示,在美國有將近七成的求職者,會因為他們在線上所留下的資訊——照片、臉書打卡、群組留言、論戰…等——而遭到拒絕。[13] 清光你的「**數位污垢**」(Digital Dirt) 可能不是那麼容易,但在求職之前,你必須這樣做。你可以要求「站主」移除有關於你的所有紀錄,你也可從網站 http://www.wikihow.com/Ungoogle-Yourself 學習如何從 Google 中移除你的所有相關資訊。

2. 做好背景研究功課:對求職者而言,對求職公司的瞭解有絕對的必要。求職者應盡一切的管道,如網站公開資訊,媒體報導及其他可能知道任何訊息的相關人士談談等。有位求職顧問這樣形容:「當你走進這家公司,卻對公司一無所知,真的給人不好的印象!」他繼續闡釋著:「在現代職場裡,說你還沒進入狀況,不是個藉口!」總之,求職前做好公司背景的研究,就好像學校考試前的準備一樣重要。

3. 接觸潛在的雇主:到了這時候,你自己的研究及人際網絡應該已能透露出許多「事求人」的線索。此時,也是你應該嘗試接觸潛在的雇主,並探索你自己如何能滿足雇主「事求人」的需求。

不管「事求人」的線索來自公開宣布或你自己的人脈,此時的第一步,就是讓這公司瞭解你有應徵此職務的興趣,而最平常的表示方法,是寫一封求職函如以下範例所示:

求職函範例

寄件者:趙方正 [xxx@gmail.com]
寄件時間:Friday, April, 2013 5:41 PM
收件者:錢廣富 [ChienKF@xxx.com]
主旨:應徵事件協調者職務申請
附件:趙方正履歷表.doc

---

13 參考 Rosen, J. (2010, July 25). The web means the end of forgetting. *New York Times Magazine*, *114*. 30-35.

> 親愛的錢先生，您好
>
> 　　我們共同的友人高瞻遠老師最近知會我貴會現正開放──「事件協調者」的職務，我寫這封信的目的即在表達我對此職務的高度興趣。
>
> 　　我非常希望能以我過去 12 年於全省各個社區組織的事件規劃與協調經驗，協助貴會擴充社區的接觸面。我的履歷如附件，能讓您對我過去的經驗有所瞭解。
>
> 　　以我過去於非營利組織的事件協調經驗，我能在有限的預算下，協助藝術評議會激勵志願義工及擴充評議會對公眾的服務。去年，我曾擔任「ICRT 地球日活動」的活動主席，最近一次的活動，則是「保障女性募款活動」的公關協調者，結合履歷中其他的經驗，都顯示我能滿足貴會「事件協調者」的職務需求。
>
> 　　我非常希望能有機會與您討論我能如何協助貴會。如果蒙您願意接見面談，下個月的時間我都有空。
>
> 　　我期待著您的盡速回覆。
>
> 謹此

　　如果可能，盡量將求職信函直接寄給有權力決定聘任與否的人。先前，我們已經討論過人事部門會根據應徵者所投遞的履歷表，盡可能消除應徵者的數量，只要稍有一點表面的疏失，就可能被人事部門篩選掉。

所謂履歷表上的「表面」疏失，是內容不符合人事部門公告的資格或條件等。近來許多大公司如 Target, Macy's 及 Hollywood Video 等，都已開始使用電腦判讀所謂的「**可掃描履歷**」(Scannable Resumes)。若應徵者履歷中沒能掃描到人事部門律定條件或資格的關鍵詞，則會被剔除。通過掃描判讀的履歷，再由人執行進一步的篩選。因此，雖然不比直接人際接觸重要，但準備履歷表時，也應將「可掃描履歷」的限制因素考慮進去。

4. 準備各種可能的面試：就業面談的型式，不一定就只有一對一、問與答式的面談。雇主可能運用的面談型式很多，只要你都能事前有所準備，在面談時就不容易被「震懾」到。

小組面談 (Panel Interview)：有時又稱「**團隊面談**」(Team Interview) 或「**群組面談**」(Group Interview)，就是受訪者要同時面對多名訪談者的面談情境。面對此類面談時，受訪者回答問題時，要能先稱呼發問者的姓名而開始回答，而回答

時，眼睛也要徐緩地掃視每個訪問者。小組面談常會用些「壓力測試」題來評估受訪者在壓力狀況的行為（與言詞）表現。只要你事前有心理準備，在小組面談時，就能保持鎮定與冷靜。

試鏡面試 (Audition Interview)：這是引用自文藝界的面試類型，受訪者會被要求現場展示職務所需的技能，如現場規劃一個新的專案、解決問題或面對「奧客」時的處置，或假想職務可能面臨特定情境的決策等。試鏡面試對有經驗或有較強技能的人較有利。因此，若你對自己的技能有信心，你甚至可以要求執行試鏡面試。

行為面試 (Behavioral Interview)：基於過去經驗是未來績效最佳預測因素的假設，在行為面試中，訪問者探究受訪者過去成就或經驗中的特定情境行為，以判斷受訪者是否符合需求。美國哈佛財務服務組副總裁梅帝根 (John Madigan) 解釋行為面試的效用：「我們會實際問你在過去特定情境下的行為。這些『實例』會顯現一個人處理事情的方法，讓我們判斷在這職務上，他可能會採取的行為。」[14]

在行為面試中，你可能會遇到下列問題如：

- 給我一個你對學校教授或工作督導者推銷你的想法或概念實例，其結果又如何？
- 當公司或你自己面臨一重大挑戰、而你自己發展出一解決方案的創新想法時。說明挑戰為何？公司其他人又扮演什麼角色？
- 說明一下當你面對同時進行的多個專案時，你如何處理？

如果你過去對應徵職務具備已證實的成就或經驗，行為面試會對你比較有利。但如你對應徵職務沒有過去經驗，想辦法將你自己過去經驗的內容，與此應徵職務所需的技能聯接起來。如展示你過去在零售業面對奧客的經驗，同樣也能運用在客服職務或過去的義工經驗，讓你瞭解如何在資源受限的狀況下工作──而這是雇主最歡迎的態度之一！

5. 建設性的思考：你如何想像即將面對的面試，將影響你在面試中的表現。如同學生面臨重要考試一樣，過度焦慮的學生，通常會傾向避免去想考試，因此準備的

---

14 參考 Trotsky, J. (2001, January). Oh, will you behave? *Computerworld*, 35(2), 42-43.

時間也會隨之減少。負面思考的學生，則認為「我一定考不好！」「我真的不想考試！」…等的自我負面沈淪。不難想像這些焦慮或負面思考的學生成績會如何了。只有正面、建設性的思考，如「訪談者一定會想辦法問倒我。」所以，「只要我有準備，就不必擔心刁難的問題！」

6. 穿著得宜並表現專業：「看起來不錯」，是見潛在雇主的「絕對」重要影響因素。過去曾有研究顯示，一般雇主會以應徵者的衣著為其最重要的印象影響因素(領先於體態吸引力、簡歷等)，更甚者，近八成的雇主會以此衣著是否得宜的初期印象，影響後續的評估。有關穿著的規範，要看你應徵哪種職務而定。最好能參考一般業界的規範，向領域前輩請教…等，若還是不清楚應如何穿著？則採取保守的穿著比較穩當。當然，衣著的乾淨與個人衛生等，也是絕對必要的。

當完成上述所有面談前的準備工作後，提早 5-10 分鐘到達現場，禮貌地對待所有辦公室裡的人。當你在等候時，閱讀公司相關資料而不要看電視、玩手機等。進入面談室時，堅定地跟所有面談者握手(搖晃不要超過三次！)，引介時要記住所有訪問者的姓名與職稱。抬頭挺胸但不要緊握拳頭。微笑，保持眼光接觸等。如果大家都坐定卻沒開始，你看情形也可主動引導開啟面談程序。

面談時

如果面談者是有經驗且客觀的，你不會太需要「策略性」的溝通技巧(他們會主導)。但面談者也是人，面談的時間、地點、雙方的性別、先前應徵者表現的好壞，面談者當時的心情…等，都會影響面談者對你的評估。此外，面談通常不在以科學化的方法來衡量你擁有的技能，因此，第一印象仍是最重要的影響因素。面談專家梅德利(Anthony Medley)曾說明一個有關第一印象的重要面談例子：

> 她儀表非常吸引人，會演說且有非常好的履歷與推薦。但當她展現自己 10 分鐘後，她開始稱呼我「梅樂帝」(Melody) 先生、並一直持續整個面談中。
>
> 我對那次面談所記得的兩件事是，她始終叫錯我的名字(不好的第一印象)，也一直讓我等待她的回答(第一印象產生的刻板印象)，最後…我把職位給了另一名應徵者——即便表現沒她好！

除了儀表的第一印象外，另一個重要的影響因素，是應徵者對職務「背景知識」

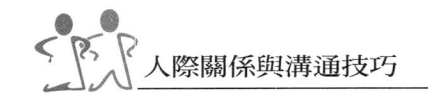

的瞭解程度。此時,應徵者如能做好事前的功課,就能在面談中發揮功效。下面的例子,說明即便對職務背景知識的一丁點瞭解(或甚至與職務無關),都可能有顯著不同的結果如:

> 當我早期應徵「利頓產業」集團 (Litton Industries)「導引控制系統部」(Guidance Control Systems Division) 的助理律師職務時,部門的名稱就讓不是科學家的我頭昏腦脹!當我做了些功課,發現這部門是以發展出一套著名的「慣性導航系統」(Initial Navigation System) 而得此部門名稱。但什麼又是「慣性導航系統」?
>
> 最後,我問了一位主修工程的兄弟會兄弟,他跟我解釋到「慣性導航」是以你的起點開始,慣性導航會根據你的速度與距離,在任何時間告訴你所在的確切位置。他並向我解釋慣性導航系統中的主要構成主件等。
>
> 當我進入面談室時,我以能說出部門的專有行話:「慣性導引系統」而震懾了訪問者⋯
>
> 訪問者事後告訴我,我是第一個在面談時不需要由他解釋「慣性導航系統」的人。此外,因為他知道的也沒我多,所以,因為他能卸下解釋的義務,所以,面談的結果就是我嘍。

叫錯名字、瞭解職務背景知識外,表 6.3 也列舉了一些多數面談管理者會認為是錯誤的表現。

表 6.3　最常見的面談錯誤

- 面談時回電話或訊息
- 表現出無所謂的態度
- 穿著不得體
- 看起來傲慢
- 對其他人的負面陳述

資料來源:Careerbuilder.com (2012, February 22). *Hiring managers share the most memorable interview mistakes in annual CareerBuilder Survey*. Retrieved from http://www.careerbuilder.com/share/...

預期關鍵的問題:絕大多數的就業面談,會問下列 5 個領域的問題如:

1. 教育背景：候選人是否有發展成功職涯的適當訓練？候選人於教育訓練所得的績效與其他活動，是否能預測於公司組織內的順利運作？…等。
2. 工作經驗：候選人是否曾擔任能承接此職務所需經歷的職務？候選人過去的雇用歷史是否反映了所需的工作習性及與他人合作的能力？…等。
3. 職涯目標：候選人是否有明確的職涯發展目標？候選人的職涯發展目標是否能與公司匹配？…等。
4. 個人特質：候選人的言行、態度等，是否能反映出日後需要的良好工作習性與人際互動關係？…等。
5. 對組織與職務的瞭解：候選人是否對公司及其所申請的職務有足夠的瞭解？候選人是否滿意於這些瞭解？…等

雖然職務的種類很多且各自有其差異，但許多問題都同樣適用於各種職務。表6.4則彙整了就業面談時最常問的問題。除此之外，雖然每個公司與職務的特性各有差異，但有些問題則最容易被問起。因此，本文列舉這些常見問題與回答的重點提示如下：

問題	回答須強調之處
我們為什麼應該雇用你？	不要只給一般回答：幾乎所有人都會說他們能努力工作且有動機…等等。簡要的列舉你的優勢後，強調在職務的問題上，他們可以如何協助你！
你為何想在這工作？	如果你曾做好事前的研究功課，此時，是你展現你的經驗與條件如何能符合公司需求的時機。
說說你自己吧！	在你的回答中，專注在那些與應徵職務有關的事。挑選一兩個論述，來強調你的經驗與技能對公司做出何種貢獻等。

你無法預期訪問者會問哪些特定的問題。但如你對自己的優、劣勢有清楚的瞭解，也對應徵的公司與職務做了足夠的功課，那你就應該可以應付所有一般問題。但仍有些不尋常的問題有可能會被問到，你就必須先瞭解發問者真正想問些什麼？才能正確的回答，如下表所說明：

問題	發問者真正想問什麼？
到目前為止，你曾在工作上犯過的最大錯誤是什麼？	你從過去的錯誤學到教訓嗎？ 如果為我工作，你知道不能犯哪些錯誤嗎？
如果我問你過去的同事應注意你些什麼，你認為他們會怎麼說？	你對自己優勢與劣勢的認知程度。
你還應徵其他哪些公司的工作？你又如何想這些應徵結果呢？	你對我們公司的承諾如何？ 其他公司因為什麼而會錄用你？

表 6.4　就業面談時常見的問題

教育背景

- 你的教育程度如何支持你的職涯發展需求？
- 你選擇就讀大專校院的理由為何？
- 描述你在學校的最大成功(或問題)。
- 你就學時最喜歡誰？為什麼？
- 你就學時最不喜歡誰？為什麼？
- 你在學校時最有價值的經驗是什麼？

工作經驗

- 告訴我你的過去工作經驗(各做些什麼)？
- 過去的工作中，你最喜歡哪一件？為什麼？
- 什麼原因讓你離開你過去的這些工作？
- 描述你過去工作的最大成就為何？
- 什麼是你的最大失敗？你又從中學到什麼？
- 你上一個工作的最好與最差特性是什麼？
- 過去的經驗是否有助於你目前申請的工作？
- 這項職務需要主動與努力，你過去的經驗中哪些能反映你具備有這些特質？
- 過去的工作中你是否曾督導過某些人？在那些實務中？你又怎麼督導？
- 你認為你上一個工作的老闆、同事與僚屬等會怎麼描述你？
- 你對前幾個工作的管理成效感覺如何？

表 6.4	就業面談時常見的問題 (續)

職涯目標

- 你為何對這職務感興趣？
- 你認為自己在 5 或 10 年後會怎樣？
- 你的職涯目標是什麼？
- 你為何選擇目前追求的職涯方向？
- 你的財務目標是什麼？
- 你認為的理想工作是怎樣的情形？
- 你如何定義 (職涯的) 成功？
- 在職涯發展中，你認為最重要的是什麼？

自我評估

- 用你自己的話，你會如何形容自己？
- 你過去幾年的成長為何？
- 你的最強優勢與最弱劣勢各是什麼？
- 哪些事情能讓你滿意？
- 到目前為止，你認為你的職涯發展得如何？
- 在過去職涯中你所犯過的最大錯誤是什麼？
- 你偏好獨自工作或與他人一起合作？
- 你如何在有壓力狀況下工作？
- 什麼是你最重要的人格特質？
- 你是個領導者嗎？(有創意的人？問題解決者？…) 舉些例子來說。

對職務的知識

- 你對公司、這個職務感興趣的理由為何？
- 你對公司、這個職務能做出何種貢獻？
- 我們為何要雇用你？你具備這個職務所需的哪些條件？
- 你怎麼看 (職務相關的議題)？
- 這個職務中你認為最困難的部分是什麼？

其他議題

- 你有任何 (派駐) 地點的偏好嗎？為什麼？
- 你是否願意出差？重新派駐？
- 你對我 (訪問者) 有任何問題嗎？

因為大多數的雇主都沒受過面談訓練，你不能期待他們會問到所有重要的問題。如果你的訪談者沒能問及對你而言是重要的問題時，你可以在適當的時機，主動提供他們應該要知道的重要訊息。舉例來說，你可以在「過去職務的工作經驗」提問中這樣回答如：「如我的履歷表中所說，我在這個領域的工作經驗已超過五年，首先是 A 公司、然後是 B 公司，在這兩個公司的工作，都要如你現在所說的要維持產業領先地位。舉例來說，當我在 B 公司時，最大的競爭對手…」

我的辦公室是否靠近製冰機呢？
© Leo Cullum/The New Yorker Collection/www.cartoonbank.com.

回應雇主的需求與關切：公司聘用員工是為了滿足「他們」的需求、而不是「你」的！雖然有時候不明說，但雇主於就業面談時的最根本問題是：「你能為組織貢獻什麼？」或「你能為我做些什麼？」。職涯指導手冊對此有明確的解說如：[15]

應徵者在就業面談時，看起來好像是「明星」一樣；但不要搞錯了！是你坐在這「難堪的位置」上，是你的生活會被訪問者「解剖」，不要覺得受寵若驚。就業面談訪問者覺得最重要的主角還是「公司」。

在「你能為我做些什麼？」這個廣泛題項裏，雇主的關切主要有下列三項如：

1. 你夠合格擔任此項職務嗎？
2. 你有足夠的動機承擔此項職務嗎？
3. 你能融入公司文化並與同事相處融洽嗎？

不管問題的話術是怎樣的，它們都在反映雇主的關切。聰明的應徵者會針對這些關切而回答。試看下列範例：

訪談者：你大學的主修是什麼？

---
15 參考 Martz, G. (1996). *How to survive without your parents' money*. New York, NY: Villiard.

不良答案：我主修的是溝通。

較佳回答：我主修溝通。我也很高興在主修課程學到的技能，能在這職務上幫我很多，如處理來自不同文化背景的顧客，以團隊方式與同事合作，及為對外合約製作有品質的簡報…等。

訪談者：說說你上一個業務代表職務的經驗。

不良答案：我負責約 35 個客戶，我的工作是維持對他們所需產品的持續供應，另向他們展示公司的新產品。

較佳回答：(在上述回答後附加) 我學到提供卓越客戶服務的重要。我瞭解競爭力來自於滿意的顧客。我知道公司有服務良好的卓越聲譽，因此，我很興奮能在這裡工作。

即便你的回答應專注於雇主的需求，但不意味著你就要放棄自己的目標。但對就業面談而言，若你不能展現你能滿足雇主的需求，得不到這項工作…你的目標也無從達成。

雇主可能對以前的雇用有不好的經驗，這種「請神容易送神難」的不好經驗與顧慮，會直接投射在對你的雇用考量上。以伯爾斯 (Richard Bolles) 的說法，雇主會擔心你無法承擔職務、缺乏需要的技能、不能規律的全時工作、不預期的辭職、花很久時間才能上手、無法與同事相處、不能全心全力的貢獻、需要持續的監督、不誠實、不負責、負面情緒、濫用物資、缺乏競爭力、不尊重公司或甚至會花公司大錢…等。[16]

你可以間接利用回答問題展現你好的工作習性，來緩和訪問者對你負面顧慮的緊張情緒，例如：

訪問者：你上一個工作的最大挑戰是什麼？

回答：工作不斷臨時插進來。已經很忙時，這些臨時發生的工作，讓我們非常辛苦的趕上進度。我記得曾有幾個禮拜，大家都好像沒離開過辦公室似的。雖然辛苦，但我們還是如期完成任務。

提問者：你跟上一個老闆處得如何？

---

[16] 參考 Bolles, R. N. (2012). *What color is your parachute? A practical manual for job-hunters and career-changers* (Kindle ed.). Berkerley, CA: Ten Speed Press.

回答：我的前管理者是個放任主義者，這有時非常可怕！但我告訴自己能在不需要監督的狀況下，獨自解決問題。我當然希望能有前輩的指導，但如果沒有時，我學習到如何自己處理事務。

說實話：不管雇主對你的其他要求是什麼，誠實，是必要的職務要求之一。如果訪問者發現你在就業面談中說謊或誇張了你的回答，即便只有一次或一項，他們對你之後的回答，都會抱持質疑的態度。

說實話並不意味著你必須坦誠所有的自我質疑與缺陷。與人生中大部分情形一樣，就業面談的溝通雙方，都嘗試在對方的心理留下「預期的」印象。事實上，有些職場倫理學者也強調，只要能誠實的「推銷」你自己所擁有的強項技能，並「淡化」你自己的缺點，並不算是不誠實。

強調正面態度：在誠實的前提下，最好能以正面態度回答提問者的關切問題。試看看下列正面與負面表述的回答有什麼差異：

提問者：我注意到你過去曾做過幾項工作，但沒一項與目前的工作相關？
負面回答：呃，是的。我只在去年決定轉行，我想我應該更早做這個決定的。
正面回答：是的，我曾在許多不同領域工作過，也成功的快速學習到每一個領域的特性。我想我的快速調適能力，有助於在這個技術變換快速的領域中學習與成長。

注意到上述正面表述與負面表述的差異嗎？即便你面對負面意見時，你仍然可以自己轉化成正面表述。下表列舉一些能轉負為正的詞義屬性如：[17]

負面特質	正面屬性
過度詳細	徹底，可靠
保守謹慎	細心，精確
尖銳緊張	專注
遲緩	有方法，細心
幼稚	開放，誠實
激進侵略	自信

---

17 參考 Beatty, R. H. (2003). *The interview kit* (3rd ed.). Hoboken, NJ: John Wiley & Sons.

面談原則

別搞錯：向提問者辯解或宣稱你沒有任何缺點並不能為你獲得那項工作。但你仍可將可能的缺點轉化成能讓提問者欣賞的屬性，如以下範例：

雇主提問：如果我問你過去的同事有關你最大的缺點是什麼，你想他們會怎麼說？

回答：有些人可能會說我做事可以快一些(工作緩慢？！)，尤其當事情多到使人瘋狂時。但從另外一個角度看，我想他們也會同意我做事相當細心，不會犯粗心大意的錯誤。

另一個就業面談時須遵守的重要規則，是避免批評其他任何人，試比較下列負面與正面回答的差異：

雇主提問：從你的資料中，我注意到你的大學畢業總成績平均只有 65 分，這是不是有點低？

負面回答：是的，但我想那不是我的錯。我的大學教授很多要我們記一堆與真實世界無關的知識。除此之外，教授們通常隨著自己的喜好而給學生評分。如你不遵守他們的規定，他們就給你低分。

正面回答：我的低分，是大學前兩年不太認真於學校課業所導致；但你也可看到，在高年級時我的成績就好了很多。我想這「轉迷為悟」的過程，也有助於我在這工作上的學習與成長。

提出支持你回答的證據：無論何種面談型式，能以證據支持你回答的論述，始終是有效的。好的回答，應遵循所謂的「PAR 架構」－辨識你的問題 (Problem)，描述你採取的行動 (Action)，最後，陳述採取行動後的結果 (Results)。比較下列兩種回答方式，你可以發現「PAR 架構」回答的效力如：

雇主提問：你將給這個職務帶來什麼樣的優勢？

軟弱回答：我能在無須監督的狀況下自我啟動 (缺乏支持的論述)。

較佳回答：我能在無須監督的狀況下自我啟動 (論述)。舉例來說，在上一個工作，我的直接上級因健康因素而不在辦公室三個月之久 (問題)。我們在那時必須要轉換到另一套新的會計系統，而我負責與軟體公司

人際關係與溝通技巧

> **技術提示：創造你的數位組合**
>
> 　　如果能向潛在的雇主「呈現」你過去工作的成效，要比光用說的效果要強？這對一些「無形」的產出如圖像設計、商業藝術、新聞撰述或技術報告等的成效展現尤其重要。
>
> 　　「**數位成效組合**」(Digital Portfolios) 有助於你向潛在雇主 (與其他任何人) 呈現你的過去工作成效與紀錄。現代許多「無形」的工作，都已有數位化的傾向。因此，你可以自創一個數位成效組合網站，並在書面文件上附上網站聯接。為了專業化考量，確保你有自己的個人網址，但如同前述，不要在個人網站上置入任何你的社群網絡資訊。
>
> 　　如果你有多項專業或申請不同職務－如訓練師或行銷專員等，最好能設置不同專業屬性的數位成效組合。在網際網路世界裡，有許多創造專屬數位組合的特定網站如：
>
> - EFolio Minnesota: http://www.efoliomn.com
> - Eduscapes: http://eduscapes.com/tap/topic82.htm
> - E-porfolio at Penn State: http://www.portfolio.psu.edu
> - Quintcareers: http://www.quintcareers.com/QuintZine/archives/20021014.html

搭配，促成這次轉換 (行動)。我們在沒損失任何資料、沒延遲任何一天的狀況下達成任務 (結果)。

　　回答盡量簡潔：因為參加面試的熱情，通常容易使人緊張、激動而說得太多，尤其在展現自己所具備的知能時尤其如此。但絕大多數的面談狀況，說得太詳細並不是個好主意！提問者自有其方法能獲得他想知道的資訊。回答問題的基本規則是，每次回答的時間不超過兩分鐘 (能短就短！) 提問者如想進一步獲得更多資訊，他自然會再提問。

　　保持熱情：參加你所想要職務的面談時，就足夠讓你激動、緊張，尤其是最後一關老闆的面試時，與潛在老闆分享你的興趣與興奮，較容易使你具備比別人較佳的優勢。如美國職涯中心主席海耶斯 (Gregory D. Hayes) 的描述：「如果我跟五個冷靜得像死人的人說話，其中若有一個人恢復心跳，那就是我要聘用的那一個

人。」[18]

　　問能自我解答的問題：在回答所有提問者的問題後，你也該準備(向訪問者)問幾個你想要知道的問題。在提問時，要瞭解你的問題也在反映你的心態。不要問些「貪婪」的問題如薪資、假期、福利⋯等。表 6.5 列舉了一些當你被邀請或允許時可提問的問題。

面談演練

　　沒有任何一名運動員會不經練習而贏得競賽，表演者也不會在沒有演練狀況下面對觀眾。同樣的，在準備參加一次重要的就業面談前，也需要演練。而有效的演練通常包括下列幾個步驟如：

1. 辨識職務的特性：如需要哪些技能？最希望具備的條件為何？哪些人最能符合該公司的文化⋯等。這些都是面談前必須要做好的功課。
2. 規劃一系列有關職務說明的問題：以表 6.2 所列舉的問題類型，探究該職務職務說明中的內容。
3. 想想你能怎麼回答這些問題：每個回答都應該包含一個「論述」(我有使用 Apple

表 6.5　就業面談時可向訪問者提問的問題

- 這項職務開放的原因為何？
- 在過去幾年中，這項職務的需求有多少？
- 過去幾年從這職務離職的原因是什麼？
- 這職務前一個承擔者離職的原因為何？
- 你如何想要接續這職務的人有何不同表現？
- 這職務所將面對的最大壓力與問題是些什麼？
- 這項職務有什麼資源的支持(人力、預算、裝備等)？
- 這項職務要成功的關鍵因素是什麼？
- 若這職務做得順利，其下一階段的職涯發展是什麼？
- 你如何看公司與這項職務的未來發展性？
- 你認為承擔此項職務的人最需具備的條件是什麼？

18　引述自 Kleiman, C. (2003, February 16). Passion play. *The Salt Lake Tribune and the Desert News*, p. F1.

Keynote 簡報的經驗)及支持論述的「證據」(在上一個工作中,我用它來訓練客服代表)。在每個回答情境裡,都要確保你的回答在顯示你如何能滿足雇主的需求。

4. 請友人協助執行角色扮演演練:確定你的演練包含引介與結論階段,並練習每一個你打算問訪問者的問題。如果可能,應記錄與審查你的演練績效「兩次」:第一次專注在評估你提問的內容,第二次則專注在你的儀表與你想投射出的印象上。

致謝信範例

寄件者:趙方正 [xxx@gmail.com]
寄件時間:Tuesday, March, 2013 9:14 AM
收件者:錢廣富 [ChienKF@xxx.com]
主旨:致謝
附件:趙方正得獎文章 .pdf

親愛的錢先生,您好

　　昨天,我滿懷興奮的離開您的辦公室。您對我過去擔任學生記者經驗表達的肯定非常鼓舞我。我也非常感激您建議我能與 XX 先生談談的建議,感謝您也答應轉告他我將於下週致電給他。

　　在面談中,您曾表示對我過去得獎文章的興趣,現以附件陳交給您參考,希望您能喜歡這篇文章。在我們談過之後,我又接到報社的邀約,要寫一系列有關銀髮族的文章,在這些文章刊出後,我也會讓您知道。

　　再度感謝您在忙碌的一天當中接見我,我期待當我們所談職務正式開放後,能接到您的好消息。

　　謹此
　　順頌　安康
　　趙方正　敬上
　　手機:09XX-XXX-XXX
　　通訊處:……

自我評估　你的 IQ「面談商數」(Interview Quotient)

以下列反應尺度，評估你自己是否能有技巧的處理就業面談。

5 = 非常認同；4 = 認同；3 = 有可能、不確定；2 = 不認同；1 = 非常不認同

面談前規劃

1. 我做過這個公司的背景研究，對她有詳盡的瞭解。　　　　　　　　　　5 4 3 2 1
2. 我瞭解應徵職務的特性 (責任、技巧及對公司文化的匹配性等)。　　　5 4 3 2 1
3. 當有可能且適當時，我會請求我的人際網絡對潛在雇主提供有利於　　5 4 3 2 1
   我的資訊。
4. 我準備好各種可能的面談型式。　　　　　　　　　　　　　　　　　　5 4 3 2 1
5. 我對即將來臨的面談抱持著正面、建設性的態度。　　　　　　　　　　5 4 3 2 1
6. 我參加面談時會穿著、梳理得體。　　　　　　　　　　　　　　　　　5 4 3 2 1
7. 我知道如何抵達面談現場。　　　　　　　　　　　　　　　　　　　　5 4 3 2 1

面談時

8. 我能應付面試開場時的短暫聊天。　　　　　　　　　　　　　　　　　5 4 3 2 1
9. 我能以非語言的溝通技巧傳遞出我對此職務的興趣與熱切程度。　　　5 4 3 2 1
10. 我已準備好能回答任何問題，表現出我能符合雇主的需求。　　　　　5 4 3 2 1
11. 我回答問題時，總能以範例協助澄清並支持我的論述。　　　　　　　5 4 3 2 1
12. 我對訪問者的提問總能明確的回答。　　　　　　　　　　　　　　　5 4 3 2 1
13. 我能自信且熱情的展現我自己。　　　　　　　　　　　　　　　　　5 4 3 2 1
14. 我已準備好回答訪問者可能問到的不合法問題。　　　　　　　　　　5 4 3 2 1
15. 我知道何時及如何處理有關薪資的問題。　　　　　　　　　　　　　5 4 3 2 1
16. 我有準備必要的參考文件。　　　　　　　　　　　　　　　　　　　5 4 3 2 1
17. 我準備好有關這公司與職務的問題。　　　　　　　　　　　　　　　5 4 3 2 1
18. 我演練過問題的問與答直到我有信心處理為止。　　　　　　　　　　5 4 3 2 1

面談後

19. 我知道如何寫一封有效的感謝函。　　　　　　　　　　　　　　　　5 4 3 2 1
20. 必要時，我會致電訪問者，以確定我的求職狀態。　　　　　　　　　5 4 3 2 1

> **評分**
>
> 加總你圈選的答案數字：
>
> 80-100　顯然你準備好了。
>
> 60-80　你的準備適中，仍有待加強。
>
> < 60　再重做一次你的面談準備功課吧！
>
> 資料來源：Krannich, C., & Krannich, R. (2002). *Interview for success: A Practical guide to increasing job interview, offers, and salaries* (8th ed.). Manassas Park, VA: Impact Publications.

訪談後的跟進

應該沒有例外，每一次就業面談後，都應該立即送出致謝信，對訪談你的人(尤其是雇主本人親自執行面談) 表達謝意。如「致謝信範例」所示，你的致謝有幾項功能如：

- 表達一般的禮貌。
- 向雇主提醒你這個人。
- 提醒雇主有關你的重要訊息，或提供你在面談忽略或沒能提供的事實。
- 技巧性的提醒雇主答應的事項 (如第二次面談或在特定日期前回覆你等)。
- 提供澄清面談中任何誤解的機會。

面談與法律

在許多先進國家都已有就業面談時，約束雇主哪些能問、哪些不能問的法律規定，這些法律的基礎，一般都在避免因種族、膚色、宗教信仰、性別、身心障礙、國籍或年齡等歧視。雖然看起來有些強制，但雇主如有確實需要，仍可「適當」的詢問應徵者相關的問題。

以美國法律為例，美國聯邦政府的 EEOC「**公平就業機會委員會**」(Equal Employment Opportunity Commission) 仍允許在調查特定職務的 BFOQ「**善意職業資格**」(Bona Fide Occupational Qualification) 狀況下，雇主仍可詢問應徵者的個人資料。換句話說，只要是與職務相關的問題，雇主仍可詢問應徵者的任何個人資料問題。此外，美國於 1990 年通過的 ADA「**美國殘障人士保護法案**」(The Americans with Disabilities Act) 也要求殘障人士公平的就業機會及雇主應提供殘障人士 (應徵)

表 6.6　就業面談能與不能問的問題

美國聯邦法律對就業面談時限制訪問者問一些無關於職務需求的問題。以下列舉一些在美國法律上規定能與不能問的問題型態如：

題型	不允許	允許
姓氏	你的娘家姓是？	你的姓名是？
住所	你住的是自有屋或租屋？	你的地址是？
年齡	年齡	錄用後應徵者應提供自己符合法律要求年齡的驗證文件。
生日	高中前學歷的入學與結業日期 試圖辨識應徵者年齡超過 40 歲的問題	如果錄用，你能提供年齡證明嗎？你是否已滿 18 歲？ 如果不滿 18 歲，在錄用後，你能提供「工作允許」嗎？
出生地國籍	應徵者的出生地，父母、配偶或親屬等你是美國公民嗎？或詢問應徵者父母、配偶及親屬的國籍。 有關應徵者、父母及配偶等的國籍、祖籍、血統問題。 你的母語是？或應徵者常用的語言等語系問題。	錄用後，你能提供允許在美國工作的合法證明嗎？ 應徵者讀、說、寫所用的語言。如果應徵者常用的語言不是英語，對應徵職務的關係影響。
性別，婚姻狀態及家庭	辨識應徵者性別的問題 辨識應徵者婚姻狀態的問題 需要兒童照顧依親的數量及年齡有關懷孕、生育或生育控制問題應徵者配偶、孩子及親屬的姓名、住址等問題。 「你跟誰一起住？」或「你是否與父母同住？」等問題。	如果應徵者未成年，可詢問父母或監護人的姓名與住址，並應向應徵者宣告公司對未成年員工工作指派的政策。
種族、膚色	有關應徵者種族與膚色等問題 有關應徵者身體部分如皮膚、眼睛、頭髮的顏色問題。	

表 6.6	就業面談能與不能問的問題 (續)		
宗教	有關應徵者宗教信仰的問題 宗教特定日期或「你的信仰是否不允許你在週末或假日工作？」等問題。		雇主應向應徵者表示應工作的例行工作日、小時數或輪班等資訊。
逮捕，犯罪紀錄	被逮捕紀錄或「你是否曾被 (警方) 逮捕過？」等問題。		「你是否犯過刑事重罪？」的問題，必須跟隨著犯罪並非「失格」的必要性因素等相關陳述。
服役	有關服役日期或退役原因等問題 是否曾為外國服役等問題		僅能詢問在美軍服役時與職務相關的需要技能問題。
社團組織	列出所有你參加或隸屬的組織、俱樂部或社群等。		「請列舉與職務相關、且有助於你工作績效表現的專業性組織」。
參考、推薦	會引導出應徵者個人資訊、有關前雇主與相識者的問題。		「你是由誰推薦此項職務的？」

資料來源：Doyle, A. (n.d.). *Illegal interview questions*. Retrieved from http://jobsearchtech.about.com/od/interview/l/aa022403_2.htm; Cobb, L. (2007). *Illegal or inappropriate interview questions*. Retrieved from http://www.gsworkplace.lbl.gov/DocumentArchive/BrownBagLunches/IllegalorInappropriateInterviewQuesti-ons.pdf

「適當便利性」(reasonable accommodations) 的規定。ADA「美國殘障人士保護法案」規定，對殘障人士只能問對執行職務「有絕對必要功能」的相關問題，另在對殘障應徵者提供「適當便利性」的規定上，舉例來說，如果是聽障人士參加面試，聽障人士可要求雇主在面試時，以公司的費用提供一名 (手語) 翻譯者。

由於上述法律有哪些問題不能問的明確規定，但一般雇主不見得熟悉法律，在面談時仍極有可能觸及到「不合法」的問題。因此，應徵者在面談時，可以下列態度處理「不合法」的問題如：

1. 不抗議的直接回答：即便你知道那是一項不合法的問題，但你還是直接回答如：「我 47 歲。」
2. 要求解釋：堅決與敬意的要求提問者解釋，剛提出的問題是否符合 BFOQ「善意職業資格」如：「我對年齡在執行這項職務的能力是否有關係有疑問，您是否能解釋清楚一點？」

3. 轉向：如果訪談者提問：「你多大歲數？」應徵者可將詢問焦點轉向成對職位需求的要求如：「您到目前為止的說明，似乎暗示著年齡並不比願意出差來得重要。對我而言，那不是個問題。」轉向，也可以策略性模糊來表達如：「我年長到足夠承擔此項職務，也年輕到能提出新的想法。」幽默也是一種轉向回答的有效工具如：「嘿！你不應該問一名女士的年齡〔笑〕。」
4. 拒絕回答：堅定但有禮貌的表示，你不會提供詢問的資訊，例如：「我寧願不談我的宗教信仰，那是我的個人私事。」如果你對這職務並不太感興趣，你可以立即停止面談：「我對你(們)問我個人生活的問題覺得非常不舒服，我看不出我能如何融入這家公司文化的機會。」

6.3　面談的倫理

一般基礎的倫理與責任規範應引導著面談時的資訊交換，這除了是道德因素外，也是倫理行為的務實基礎。因為面談可能是雇主與員工未來持續關係的一部分(與開始)，負責任且光明正大的言行，有助於未來的互動。相反的，若以不負責或不符合倫理原則言行所得到的短暫優勢，未來付出的代價一定更高。

6.3.1　面談者的義務

一般商務溝通，對雇主(及訪談者)執行面談時應遵循的義務，有下列共識原則如：

只作能做到的承諾：別作事後不能實踐的承諾。舉例來說，訪問者在沒能確定職務開放之前，不應鼓勵應徵者接受此項職務。同樣的，若應徵者還要處置房子、搬到工作地點(要花一段時間)，就不要答應「能立即上工！」

資訊保密：面談者與受訪者同樣都要對面談時所討論的個人資訊保密，並不對其他不相關(與不具合法效力)的人透露任何面談資訊。如果訪問者須對面談過程執行記錄(錄音、錄影)，必須讓受訪者事前知道(並接受！)並瞭解誰會在事後看這些紀錄等。

讓受訪者能自由表達：強迫受訪者作出不情願的回答，對後續的誠實對話是有阻礙的。如詢問受訪者：「在你上個工作所發生的問題，你認為誰應該負責任？」

> **倫理挑戰：處理困難的問題**
>
> 1. 你知道有名員工過去數月都提早下班，而你希望他能在你直接面對他前，能自願的說出這項工作缺點…直到績效評估面談時，你如何對他提出這項關切？
> 2. 你正對許多消費者執行每個人半小時的面談，希望能探究消費者對一些消費社會性議題的態度時，一名受訪者開始就滔滔不絕的作出幾項有關種族主義的無關論述。你如何處理這種狀況？
> 3. 當你應徵一個你非常想要的工作時，雇主詢問你一個你不熟悉資料庫管理系統的經驗時，你有信心在承擔此職務前能自修瞭解這套資料庫管理軟體的運作。你如何回應這個問題？

則訪問者應該要接受受訪者的任何可能回應，並不應認為受訪者應負責任。在商務運作實務中，說服他人才是做生意的王道，而非不符合倫理規範的強迫他人！

尊敬對待所有受訪者：只有極少數的例外，一般面談者的主要任務，是協助受訪者順利、正常的表現。這意味著能讓受訪者瞭解並對整個面談覺得「自在」，或也同時代表著受訪者應設計清楚、明確的問題，也協助受訪者能清楚、明確的回答。

6.3.2　受訪者的義務

受訪者在面談時，也有其應負的責任與行為倫理規範如：

不扭曲應徵狀況與事實：不管任何類型的面談，都有誘使受訪者說訪問者想聽的話的趨勢，如果這個職務對應徵者很重要，這種誘惑力的影響會更大。說些扭曲事實或隱藏應徵者本身應徵狀況，不但不符合倫理規範，未來發現扭曲事實所要付出的代價或傷害可能會更大，還不如面談一開始就說實話。

不浪費面談者的時間：如果有機會爭取，先確定你自己符合應徵條件。舉例來說，如果機會甚微或你根本不可能會被接受，不要浪費面談者的時間。同樣的，如果你不是訪問者徵求的訪談對象，也不要志願參加面談。另若面談前的準備工作是必要的，則應做好你的功課。一旦進入面談程序，聰明、有效的運用時間並緊隨著討論議題。

重點回顧

- 面談,是一種有目的性、有架構的溝通型式,以問題為主要工具,一方有較大的控制權、而另一方則有較多的說明時間。

  成功的面談參與者,能事前對目標定義、參與單位的辨識與分析、列舉討論議題、選擇並規劃問題、安排面談設置等作好事前的規劃。

- 面談者應規劃主要與次要的問題,策略性的運用封閉、開放、事實、意見、直接或間接等問題類型,或以假設性的問題避免引導受訪者的答案。

- 面談包含三個主要階段:開場時建立關係、定位及激勵(受訪者);面談主體時則以主動傾聽及明確回答的問答,建立專注對話的情境;結束時則總結、澄清並作出結論。

- 職涯發展面談的目的,在請受訪者說出職涯領域所需的知能,讓受訪者記得訪問者,甚至能作出推薦等。

- 就業面談是一個溝通你專業身分的重要途徑。在就業面談前,清光你的網路污垢。面談時,穿著得體並以專業的溝通技巧盡情發揮。

- 面談的受訪者,需要事前準備應對各種關鍵問題,回應雇主的需求,誠實、正向、簡短及熱切的以證據支持你的回答。受訪者可於訪問者問完問題後,藉由詢問職務有關問題表現專業性,事後並以致謝函對訪問者表達謝意。

- 一般法律禁止面談時提問與 BFOQ「善意職業資格」無關的問題。受訪者也應知道哪些問題不合法、並準備好能回答這些問題。

- 符合倫理規範的訪問者能敬重受訪者,保密面談相關資訊,真誠的作出承諾並避免壓迫式的提問等,而受訪者也應誠實的準備及在面談中表現自己。

PART 3

群組工作

團隊運作與領導 CHAPTER 7

學習重點

1. 區分群組與團隊的溝通類型。
2. 瞭解面對面或虛擬團隊的優點與缺點,並知道如何處理缺點的作法。
3. 說明與比較各種類型的領導、領導與成員關係及影響團隊運作的權力分配。
4. 從角色、目標、規範、凝聚力、一致性及創意等角度,瞭解與運用團隊中的有效溝通原則。

現代職場中,幾乎所有的職務與工作,都必須與他人合作,即便傳統的「牛仔式」專業如外科醫師,現代也逐漸趨向團隊運作。[1]

由於團隊運作方式的盛行,現代職場中已沒有個人英雄生存的空間。美國加州一家管理人員招募公司的老闆 Gary Kaplan 如此形容:「單獨行動的戰士,聰明、有野心的工作者,會吸光組織大部分的養分。此外,他們也太特出、太難相處。」知名的棒球管理者凱西騰格爾 (Casey Stengel)[2] 也說到:「找到好球員很容易,但讓他們能一起打球,卻是最困難的部分。」

團隊運作比個人強的道理,中外諺語都曾提及:「三個臭皮匠勝過一個諸葛亮」(Two heads are better than one)。團隊運作的優點,首先就是「生產力」(productivity)。縝密合作且有效運作的團隊比個人對問題具備更多的解決方案。其次就是「正確性」與「精確度」,由不同專業領域組成的團隊比個人具有更為寬闊的視野與角度,對重要事務的觀察較不易有漏失。再者,就是能在團隊成員中,創造成員的承諾、熱情與凝聚力。如果曾參與團隊決策,成員對共同決策也會有較高的承諾及擔當性。

瞭解到團隊成員有較高的承擔性這原則後,許多企業都開始運用「參與式管理」(Participatory Management) 或「品管圈」(Quality Circles) 等方式,讓員工參與決策。美國最大的巧克力製造公司「好時」(Hershey Foods Corporation) 的前執行長迪爾頓 (William Deardon) 就運用了讓員工參與公司重大決策的原則:「我想如果我們能一起想,」他解釋說「參與決策的成員,會覺得是他們及我們的計畫——不是「我」的 (指迪爾頓本人) 計畫——他們也會更努力的實踐這個計畫。」

---

1 參考 Gawande, A. (2011, May 26). *Cowboys and pit crews*. Commencement address at Harvard Medical School. Retrieved from http://www.newyorker.com/online/blogs/newsdesk/2011/05/atul-gawande-harvard-medical-school-commencement-address.html

2 騰格爾 (Charles Dillon "Casey" Stengel, July 30, 1890 – September 29, 1975),暱稱「老教授」,是美國大聯盟的外野手及球隊管理者,曾管理過洛杉磯道奇、紐約大都會及紐約洋基等三個球隊。1966年被選入美國棒球「名人堂」(Hall of Fame) 中。

7.1 團隊的特性

　　如表 7.1 所示，現代職場與專業領域中，團隊運作方式，已扮演著重要的角色。**「專案團隊」**(Project Team) 針對一個特定的任務，通常需在特定的時間內完成。舉例來說，一群行銷專家的臨時組合，對一個新軟體的上市來共同設計公關計畫。**「服務團隊」**(Service Team) 則支援顧客或員工。舉例來說，公共事業或客服中心，通常會對顧客提供 24 小時的服務。**「管理團隊」**(Management Team) 則每天例行性地共同合作，協助所有的管理者執行他們的任務。如在一大學中，行政主管例行性地開會，協調行政部門、學術所系、學生事務、財務及設施維修管理等工作。**「行動團隊」**(Action Team) 則通常在緊急事件發生後立即啟動，並做出即時性的反應。如社區醫療人員在傳染病威脅確認後，立即啟動醫療防護措施等。[3]

7.1.1 工作群組的特性

　　群組 (group) 一詞，用來形容人們組成的任何型式——如捷運車廂裡的通勤族、一群在市區逛街購物的觀光團或在夜店的搖滾樂隊…等。當我們談到人們在職場工作的互動時，我們用的名詞不一樣。總而言之，並非所有人群的組成——即便是為工作而聚集的人們——都可以稱為「群組」。

　　本書所謂的**「工作群組」**(Work Group)，是一小群為了達成共同目標而相互依

表 7.1　團隊與個人績效

團隊優於個人之處	個人優於團隊之處
任務需要廣泛的才能與知識	任務所需知能有限 (個人擁有即可)
任務複雜 (需要分工與協調)	任務簡單 (可個別完成)
時間允許 (審慎的評估)	時間有限
成員有工作動機	成員對職務沒興趣
績效標準要求較高	「社會惰性」(Social Loafing) 典範

資料來源：Rothwell, J. D. (2013). *In mixed company* (8th ed.). Boston, MA: Cengage.

---

[3] 參考 Basic types of virtual teams (2009). *Free Management Library*. Retrieved from http://managementhelp.org/groups/virtual/defined.pdf

賴的人，他們具有共同的身分認同，通常是由面對面互動人們所組成。以此定義，我們可以列出工作群組的一些特性影響因素，能讓你在職場中為有效完成工作而組織一工作群組。這些影響特性因素如：

- 規模：大多數專家認為「兩人一組」並非群組！這是因為兩人夥伴之間的互動，不同於三人(含)以上組成的群組。兩人之間的爭議，只有說服、退讓或妥協；但在工作群組裡，因人數較多，可能形成聯盟，在決策投票時壓倒少數。

  雖然對人數眾多的組合認同較缺乏一致性，因此也不能視為群組，但若群組人數超過 20 人以上，許多專家也認為群組的特性也會跟著消失——至少在有效性上。規模並不能直接轉換成效能！大規模人群的互動，會趨向於制式化。若只有少數幾個主導議題的人，大規模群組的其他成員，在發言、表示意見的機會也少了很多，而沈默的成員會退失對群組的身分認同感，也會變得不願意對群組作出承諾與貢獻。大規模群組內也容易形成「同盟」，而同盟通常只關切同盟的利益，而非解決群組所面對的問題。

  大多數的溝通專家會建議，小群組的人數應由 5 人或 7 人組成。奇數人數的目的，在避免決策投票時的相同票數。若人數少於 5 人，則容易缺乏產生好想法與實踐解決方案的資源；但若多於 7 人，則容易產生匿名、專擅及缺乏承諾等問題。較為近代的研究則顯示，若能審慎考量群組任務的性質及群組成員的組成，則 5~12 人的群組也能有效、成功地運作。[4]

- 共同目標：招待會上的賓客或研討會的參與者之間會相互交談，但如他們之間沒有共同目標的話，這些交談與互動，不會完成任何事情。對任何領導一新成立群組的最大挑戰之一，就是要讓成員都清楚瞭解群組的共同目標。

- 成員間的互動：一群在圖書館裡看書的人或在健身房中鍛鍊身體的人，充其量只能說「一起作為」(co-acting) 而已，同樣的，一屋子參加研討會的人群也不是群組，除非他們開始有互動！一個群組的互動會逐漸發展出某些特性。舉例來說，一個群組成員間的互動，會逐漸發展出預期適合行為的規範，如必須準時、主動參與會議，每個成員對特定任務都必須作出貢獻及哪些笑話與幽默是可被接受

---

[4] 參考 Is your team too big? Too small? What's the right number? (2006, June 14). Retrieved from http://knowledge.wharton.upenn.edu/article.cfm?articleid=1501

的…等。

- 相互依賴性：群組成員之間不僅僅是只有互動，他們還應該彼此依賴。試想在一餐廳內，如果廚房人員不能快速、正確地做出餐點，則客人的小費必定給得少。如果外場服務人員記錄客人點餐不夠精確，廚房就有可能要重做餐點…等，都是群組人員必須相互依賴的例證。
- 認同感：群組人員與局外人看待群組的方式有顯著差異。某些群組有較為正式的頭銜如「福利委員會」、「會計部門」等；有些群組的頭銜則是非正式的如「午餐健走團」或「那些共乘的人」等。不管頭銜正式與否，群組成員如何看待他們自己，會對群組有顯著與獨特的影響。群組成員或多或少，都會把自己與群組的形象聯結起來。除此之外，若群組中增加或減少某些成員時，都會顯著影響其他成員的感覺等。

7.1.2 如何使群組變成團隊

團隊 (Team) 這一名詞，在所有商務領域都會出現。團隊的正面詞義——如團隊精神、合同協作、努力工作等——使某些管理者把他的員工都冠上「團隊」的名銜。但你不必要是一名運動員才能體會團隊的價值；你也不必憤世嫉俗的辯稱說是團隊就能變成真正的團隊。事實上，真正的團隊，除擁有群組所有的特質之外，還有一些能讓成員更滿意於團隊，並對團隊做出更多貢獻，使團隊更具生產力等的意涵。

群組與團隊之間的主要差異，可以下表做一比較：

群組 (Groups)	團隊 (Teams)
成員僅關切自己工作的挑戰與目標	成員專注於團隊挑戰與目標
成員個人的產出	成員致力於集體完成的產品
管理者規劃工作	團隊領導與成員共同規劃工作

不是所有的團隊都一定是有效的！學者拉森 (Carl Larson) 與拉法斯托 (Frank LaFasto) 於 2001 年發表的論文，曾對 75 個公認為非常成功的團隊進行研究，雖然這些團隊成立的目的與目標有很大差異，但他們都有 8 個共同的重要特質如：

個案研究：從消防、喜劇及音樂學習團隊合作

在一次下午的緊急行動中，一群公司員工抓起並快速穿上面罩、厚重靴子及消防裝具等。由紐約消防隊指導著，這些四人一組的團隊，學習如何在緊急呼叫中快速反應。

滅火或處理地鐵緊急狀況，好像與辦公室的生活完全不同，但在極度壓力狀況下如何正確地執行任務，同樣也在教導著學員如何有效地進行團隊合作。

「消防滅火是一件相當複雜、需要成員間相互依賴的任務，而這也在商務領域中具有重要的運用價值。」一位計畫規劃者這樣說到：「因為我們把人放在危機狀況中訓練，希望他們也能在工作領域中，學到如何事前準備好及處理任何危機狀況。」

在發展團隊合作的非傳統訓練方式上，消防並不是唯一的途徑。芝加哥一家演藝公司，為超過 400 個公司顧客提供喜劇工作坊，讓這些公司的員工學習如何彈性、創意地表演，並將此技能用到工作面對的挑戰上。

明尼阿波里斯的一家爵士音樂公司，為「財星 500」企業提供爵士音樂訓練。藉由脫稿即興的演出，獨奏者學習如何與其他的演奏者整合，合奏出一曲動人的爵士樂。

不管場景是一棟燃燒中的建築、一間夜店或辦公室，相同的團隊合作原則都能適用，那就是：緊急召集一群有能力並訓練過的成員，保持彈性，丟棄所有的個人榮耀，盡一切努力，把任務完成。

資料來源：Kranz, G. (2011, May). Corporate leaders train in fire drills and funny skills. *Workforce Management*. 28-30, 32.

1. 清楚並具激勵性的共同目標：成功團隊的成員都清楚瞭解團隊存在的目的，同時也認為團隊追求的目標是重要且有意義的。
2. 結果導向：成功團隊的成員專注於以有效的方式把工作做好。
3. 有能力的團隊成員：成功團隊的成員都具備有達成團隊目標所需的技能。
4. 一致的承諾：成功團隊的成員把團隊目標置於個人利益之上。雖然這種一致性承諾看似犧牲，但成就團隊的同時，個人的成就感更大。
5. 共同合作的氛圍：合作 (collaboration) 的另一個名詞就是「**團隊合作**」(Team-

work)。成功團隊的成員會信任並支援彼此。

6. 要求卓越的標準：對表現平凡的團隊而言，標準則是以最小的努力來達成目標即可。但對成功的團隊而言，每個成員都表現卓越是重要的規範，每個成員都會盡力、也被預期能做到最好。

7. 外部的認同與支持：成功的團隊也需要外部的認同與支持，尤其是達成目標所需資源的提供。此處所謂的外部，可能是老闆，抑或是團隊服務的公共社群等。

8. 正直的領導：成功的團隊，通常會有能創造遠見、設定挑戰成員做好工作的目標等，最後，領導者也應擁有激勵、發揮成員才能的能力等。

你自己一個人可能沒辦法把整個組織轉換成「團隊友善」(team-friendly) 的環境；但至少在你所在的群組裡，你可以發揮與其他成員溝通的影響力，在上述成功團隊的特質上做出微小但重要的貢獻。

7.1.3 虛擬團隊

虛擬團隊 (Virtual Team) 為成員之間在不同的時間與空間狀況下的互動與運作。曾有觀察家形容虛擬團隊是「分開的一起工作」(working together apart)。[5] (現代的網路及通訊) 技術使得虛擬團隊能超越地點與時間的限制。福特汽車設計部門的主管考德威爾 (Barry Caldwell) 曾解釋福特汽車虛擬團隊於全球的運作如：「我們不能改變歐洲 (比密西根) 提早 5-6 小時的事實；但虛擬團隊的運作，能使在義大利或德國在他們下班時——提前 5 個小時——將工作傳給迪爾伯恩 (Dearbone)，[6] 而你接著做下去，然後在你下班時再把工作結果回傳到歐洲。對 8 小時的工作日而言，你實際獲得的是 14 個小時。」

虛擬團隊不見得——通常也是——是跨洲運作的。現代的技術能以電子通勤的方式，使成員之間始終保持聯繫。即便是在同一個「屋簷」下，成員之間的「**電子接觸**」(E-touch) 確實能使工作更有效率。將團隊刻意區分為虛擬或面對面兩種型式，是過於簡單的分類，事實上，許多群組與團隊的運作是混合式的，成員之間除

---

[5] 參考 Fisher, K. (2000). *Leading self-directed work teams: A guide to developing new team leadership skills*. New York, NY: McGraw-Hill.

[6] 迪爾伯恩 (Dearbone) 是一個有將近十萬人口的城市，位於美國密西根州大底特律地區和韋恩郡。該城市是亨利福特的家鄉和福特汽車公司的全球總部。

技術提示：虛擬團隊的運作

虛擬團隊 (Virtual Team) 因團隊成員分離甚遠，必須依賴現代網路與通訊技術，才能順利地溝通。以下列舉一些有助於虛擬團隊的運作原則如：

1. 盡量爭取多一些「見面時間」：這在團隊形成與發展階段特別重要。所謂「見面三分情」，成員之間的會面有助於互信、凝聚力等之發展。
2. 把溝通納入團隊議程：成員之間必須協調出何時與如何溝通的方式。
3. 留意時差：若團隊成員分布在幾個不同時區，那就要協調出彼此都方便的時間進行團隊溝通。一般而言，亞洲比美洲早一天；而歐洲則比亞洲提前 5-9 小時。
4. 運用時區差異：時差不一定是缺點，妥善運用時差將彼此的工作交接或問答協調。
5. 維持人際關係：雖然較少面對面的接觸，但在網路或通訊管道裡，同樣也應該表達個人情緒與想法，這種維持人際關係的作法，有助於構建出成員之間的同事情誼與「人」的感覺。
6. 善用「後置」管道 (back channels)：善用電話、電子郵件及即時訊息等，與團隊成員間處理關係上的事務，這樣做也能有效節約團隊會議的時間與努力。
7. 技術試行運作：第一次虛擬會議前，必須個別與分處各地成員進行「試行運作」，確定網路與溝通技術之可行。
8. 徵求所有成員意見：習慣網路及通訊技術的成員，有「主導發言」的傾向；反之，不熟悉的成員則較傾向於沈默或少說話。為使團隊順利運作，會議主持人須在虛擬會議時，要求所有參與成員都表達意見。
9. 留意文化差異：文化差異的影響，同樣也會發生在虛擬會議上。團隊成員都必須注意文化差異在語意表達、直接或間接表達的影響，學習傾聽成員真正所要說的，並應避免在會議上批評其他成員。

資料來源：Rothwell, J. D. (2013). *In mixed company: Communicating in small group and teams* (8th ed.). Boston, MA: Cengage.

了不時的見面外，他們同時也保持著電子接觸。在下列技術提示裡，有一些原則可使你確保你的虛擬溝通是有生產力的。

虛擬團隊的有效性也要視情境而定！剛成立的團隊可能面對面的溝通比較好；

但「已建立」[7]的團隊於網路環境的運作效力，與面對面溝通並無不同。另曾有研究顯示，以電子郵件交換資訊的團隊績效，還可能比個人或面對面群組的運作績效還要好。[8]

虛擬團隊也適用於工作地點相近、但彼此都忙碌的人們之間。過去有些人資的研究結果顯示，若人們的工作距離超過 50 英尺 (約 15 公尺) 以上時，他們每週面對面聚會一次的機率就會少於 10％ 之內。[9]

虛擬團隊的另一項優點，是能拉平成員之間地位上的差距。在網路 (聯結) 團隊中，階級的影響會比面對面運作的工作群組要低。在電子郵件裡，低階成員提出概念或想法的效力，絲毫不遜於高階管理者，而來回對話的壓迫感，也比可能要面對老闆的狀況要來得低。

有些時候，虛擬團隊也有即時溝通的需求。**電話會議** (Teleconference) 或**即時訊息** (IMing) 也讓「**同步虛擬會議**」(Synchronous Virtual Meeting) 變得方便與容易實施。

雖然虛擬團隊有上述許多優點，但電腦、網路與通訊技術等的進步，終究仍不能取代人與人之間互動、接觸的功能。

7.2 團隊中的領導與影響

在群組、團隊、甚至整個組織的運作中，成功或失敗的原因，通常能歸咎於領導 (leadership)。輸球球隊的教練可能會被炒魷魚；但贏球的教練則獲得聲譽與讚賞。讓公司賠錢的總經理，會被董事會趕下台；但賺錢公司的總裁，則可能獲得豐厚的報酬。當組織發生敗德

---

[7]「已建立」的團隊是指經過組成、震盪、規範等期程後，開始運作、發揮效力的階段。

[8] 參考 Montoya-Weiss, M. M., Massey, A. P., & Song, M. (2001). Getting it together: Temporal coordination and conflict management in global virtual teams. *Academy of Management Journal, 44*, 1251-1262.

[9] 參考 Wigglesworth, D. C. (1997, July). Bookshelf. *HR Magazine, 42*(7), 133-134.

失能事件時,「缺乏有效領導」則通常會被引咎為罪魁禍首。在本節中,我們要來看看溝通在有效或無效領導所扮演的角色。

7.2.1 領導觀點

在組織發展理論中,領導通常被視為由一人所承擔的角色。但最近的研究趨勢則認知到領導也可能是一程序、不同的團隊成員、在團隊運作的不同階段,都可能承擔領導的角色——不管有沒有正式的領導職務。以下則簡要綜覽一些領導的觀點,使我們更能瞭解團隊的領導。

特質導向 (Trait Approach):特質導向的領導觀點,認為有效的領導者,都具備某些共同的特質。這種觀點的研究,在 1930 年代中開始盛行,但研究結果確有許多衝突、不能解釋的現象。對大多數的領導者而言,某些特質看起來是具有共通性的,如外表迷人、有社交能力、對領導的渴望及有智慧等。[10] 雖然有這些「關聯性」;但研究結果卻不能證明有效領導與其間的因果預測能力。換句話說,擁有上述特質的人,不必然就能成為有效的領導者。

類型導向 (Style Approach):1940 年代開始,研究者開始注意領導的類型區分導向。研究者們試圖瞭解組織指定的領導者,應採取 (或選擇) 哪種溝通類型,才能具備領導效能。

在這領域的研究結果,一般辨識出三種不同的領導類型如:

1. 獨裁型 (Authoritarian):運用組織賦予的權力來控制成員。
2. 民主型 (Democratic):會邀請成員參與決策。
3. 放任型 (Laissez-Faire):領導者「放棄」組織賦予的地位權,使群組或團隊呈現無領導而所有成員皆平等的狀況。

早期的研究認為,民主型領導能產生最好的效果,現代近期的研究也認為,民主領導比獨裁領導能使群組或團隊成員更滿意。[11] 但上述結論,又是一過度簡化的推論。我們都知道,當面對高度壓力時,群組的獨裁領導效能會較具有生產力與效

---

10 參考 Rothwell, J. D. (2013). In mixed company: *Small group communication* (8th ed.). Boston, MA: Cengage.
11 參考 Foels, R., Driskell, J. E., Mullen, B., & Salas, E. (2000). The effects of democratic leadership on group member satisfaction. *Small Group Research*, *20*, 676-701.

7 團隊運作與領導

力;而民主型領導通常也僅適合情境或任務壓力不大的狀況下,才會比獨裁領導有效。

在領導類型導向研究中最為人所知的,是由布雷克與穆頓 (Robert Blake and Jane Mouton) 所發展的「**管理或領導方格**」(the Management/Leadership Grid)[12] 如圖 7.1 所示。管理方格所突顯的是,好的領導應依據任務需求與成員之間人際關係的有技巧管理,才能發揮領導效能。領導方格的橫軸是對結果 (績效) 的關切——也就是任務導向的把工作做好。縱軸則是對員工 (人際關係) 的關切——也就是現代所稱的「人性化管理」。

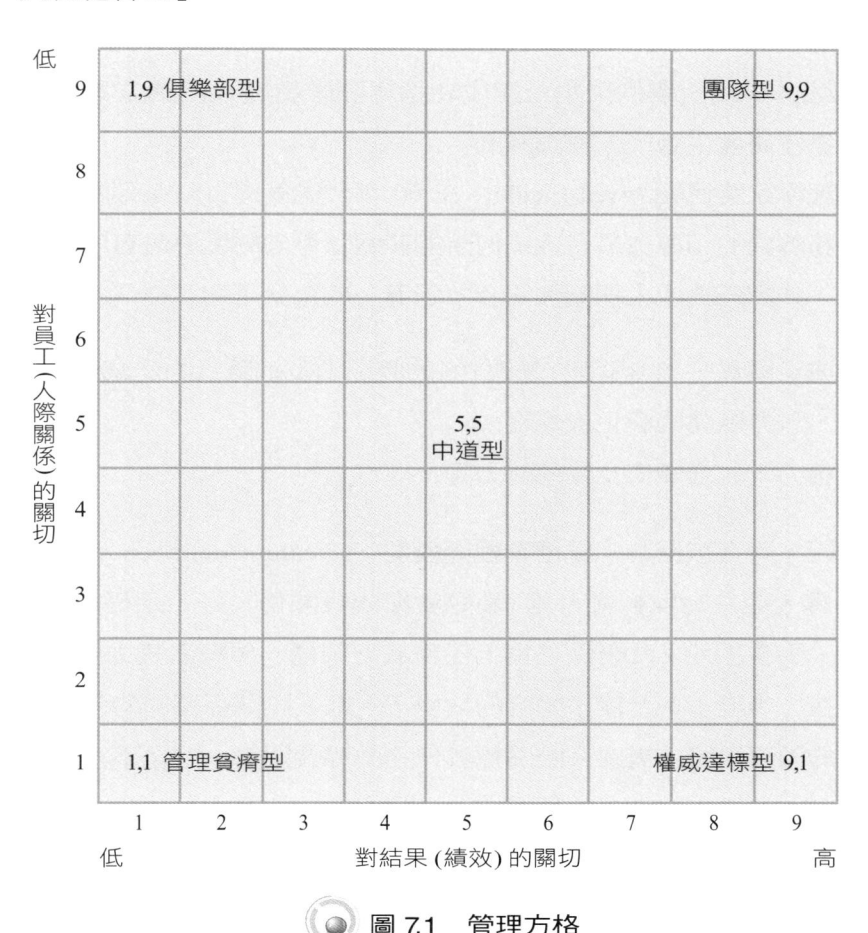

圖 7.1 管理方格

縱軸:對員工 (人際關係) 的關切 (低 1 — 高 9)
橫軸:對結果 (績效) 的關切 (低 1 — 高 9)

- 1,9 俱樂部型
- 9,9 團隊型
- 5,5 中道型
- 1,1 管理貧瘠型
- 9,1 權威達標型

---

12 管理方格又稱領導方格,指管理者在「管理」群組或團隊時的不同「領導」類型區分。另參考原著 Blake, R. R., & Mouton, J. S. (1985). *The new management grid.* Houston, TX: Gulf. 則稱「管理方格」!

根據布雷克與穆頓的說法，好的、有效的管理或領導，應同時追求完成任務與人際關係的維繫，也就是所謂的「9, 9 團隊型」。雖然現實有可能達成「9, 9 團隊型」；但如前述，許多情境壓力大的狀況下，「9, 1 權威達標型」——獨裁領導，督促成員盡快達成任務——通常較為常見。「5, 5 中道型」則是大多數管理者所表現出來的領導類型。而「1, 9 俱樂部型」通常需要有高度自治的成員，管理者才能放下權力或授權成員自主運作。最後，「1, 1 管理貧瘠型」則通常是管理失效的狀況。

權變導向 (Contingency Approach)：不同於類型導向，權變導向的概念基礎是「最好的領導模式就是彈性」——它會隨著情境而變，因此，又稱為「情境導向」(Situational Approach)。舉例來說，能成功指導團隊發展一行銷方案的管理者，可能就不適合擔任研發主管或人資訓練師。

美國心理學家費德勒 (Fred Fiedler) 在 60 年代中就進行一系列的研究，希望能發現何時任務導向的領導會最有效或何時能使關係導向的領導最有效。他經由研究的結果發現，強調任務或人際關係的有效領導，取決於下列三種情境如：

1. 領導者與成員關係，包含管理 (領導) 者的吸引力及追隨者的忠誠度。
2. 任務架構，包含職務的簡化或繁複。
3. 領導者的權力，包含職銜及獎懲能力等。

一般來說，現在被稱為「**費德勒權變模型**」(Fiedler Contingency Model) 認為任務導向的領導，能在情境極端合適 (領導者與成員關係良好，架構完整的任務) 或極端不合適 (領導者與成員關係不良，任務缺乏架構，領導者權力薄弱) 的情境下效果最好。在「中度」適合或不適合的情境下，則人際關係導向的領導效果最好。而在大多數的領導情境，需要人際關係與任務的混合關切。問題不在於應「選擇」哪種領導導向，而是「強調」哪種導向。

另一個與情境相關的領導模型，是由賀奚與布蘭查德 (Paul Hersey and Kenneth Blanchard) 所發展的「**領導生命週期理論**」(Leadership Life-Cycle Theory)。領導生命週期理論，同樣也審視任務與人際關係兩者對領導效能的影響。當員工還缺乏獨立運作的技能與自信前，領導者應扮演高度指導與任務導向的角色。當追隨者能在沒有監督狀況下獨立運作時，領導者則應逐漸降低任務導向的監督式領導。最後，

當成員能獨自且優異的執行複雜任務時，領導者也能逐漸降低對成員的社會情緒支持。瞭解到團隊成員能高效的執行任務時，領導者所能提供的，主要是成員內在需求(如認同、成就感等)的強化(參見圖 7.2)。

7.2.2　領導成員交換理論

到目前為止，我們都假設領導者會平等對待所有成員，但每個人的經驗都顯示，領導者與團隊中的不同成員之間，實際上存在著不同的關係。有些是正向溝通且能彼此滿足(需求)的；其他的關係卻可能是彼此誤導且不滿意的。基於上述事實，LMX「**領導成員交換**」理論 (Theory of Leader-Member Exchange) 視領導為領導者與成員之間所有不同關係的集合，而每個關係都各自獨特。

LMX「領導成員交換」理論的基本前提是，領導者——不管好與壞——的時間與精力都有限，他們沒辦法對所有成員提供等量的資源。因此，無法避免的，有些人得到的較多、有些人就得到的較少。這種分配上的差異，就同時變成領導成員關係中的因與果，得到較多的員工高度滿意於領導者的領導品質、與領導者互動頻繁、參與決策並自認為「圈內人」等；而分配不到資源的成員，則認為領導品質不

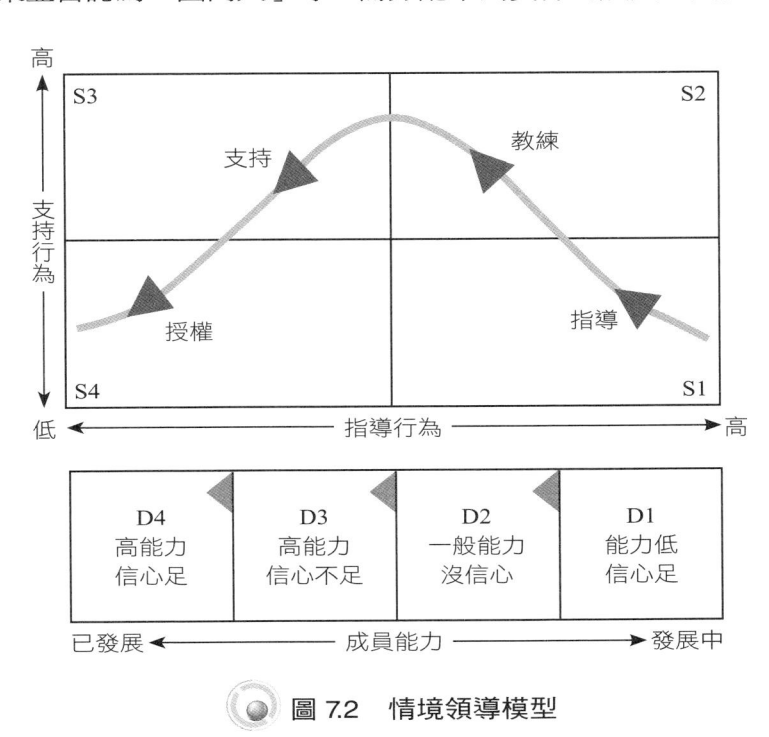

圖 7.2　情境領導模型

良,表現出來的行為則是與領導者的互動較少,互動時卻較傾向威脅態勢、競爭性衝突、權力競爭及防禦性等,這些成員也認為自己是「局外人」。

身為群組或團隊成員,你也可以朝向與領導者之間的高品質溝通方向發展。研究發現領導者會對「與工作相關的交易」(work-related currencies) 有深刻印象,如採取主動,承擔責任,並願意執行職務說明書表列之外的工作等。這些作為雖然基本但很有效,除了能讓你順利完成工作外,通常也能超出領導者的預期。如此,自然而然就能建立起與領導者之間高品質的關係。

7.2.3 領導者養成

組織的領導者,通常由高階指派;但也有許多情形是在群組或團隊中「浮現」出來的。這種所謂「**浮現的領導者**」(Emergent Leaders) 在群組或團隊中可能是正式由成員推選出或非正式、自然而然浮現出來的。如一個球隊會選出他們的隊長、公寓社區住戶選出主任委員、工會推派一小組代表與管理階層執行談判等,都是正式推選出來的「浮現領導者」。而在戰爭電影中,久經戰陣的士官,顯然要比年輕派任中尉軍官的影響力要大,這就是自然浮現領導者的典型範例。

上述士官與軍官的例子中,負責指揮部隊的軍官,實際上只是掛名的領導者;實際領導作戰的卻是那些士官。這種自然浮現領導者的情形,也常見於商務領域中。如組織為群組或團隊指派一名新的管理者到任時,通常會發現群組或團隊成員會聽那些「老前輩」(Old Timers) 而非管理者的。當碰到這種情形時,新到任管理者的最好作法,是順從非官方的浮現領導者——至少等到他也獲得一些經驗或獲得團隊成員認可後。

溝通研究者伯曼 (Ernest Bormann) 曾研究在新成立群組或團隊中,浮現領導者如何獲得其影響力。根據伯曼的說法,群組或團隊成員通常以「殘存法」(the method of residues)——以各種考量逐次刪除某些候選人、直到剩下最後一人為止——來選擇他們的領導者。殘存法刪除候選人的程序,通常有兩個階段。在第一個階段中,成員會以某些選擇準據,刪除那些顯然不適任的人。這些選擇準據通常如:

1. 沈默寡言 (Quietness):幾乎不表示意見或少說話的人,通常會被其他成員認為是不關心團隊或缺乏對團隊的承諾。這種沈默寡言的人,幾乎可以確定會被刪除掉的。

2. **獨斷專行 (Dogmatism)**：跟沈默寡言相反的，凡事都表達強烈意見、甚至不適當的表達方式等，會被其他成員認為過於極端且缺乏彈性，不適合擔任領導角色。
3. **缺乏知能 (Incompetence)**：必要的技能顯然是成功領導的必要條件。若候選人表現得知能不足的話，會被其他成員排除於領導者候選名單的。
4. **溝通不良**：除了上述三項基本的選擇準據外，候選人與其他成員之間的溝通方式，也會影響是否能被其他成員支持為浮現領導者的。表達方式過於刺激或容易讓人惱怒的，顯然會被剔除。其它溝通行為也可能落於此溝通不良的範疇。如說話太嚴肅、喜歡說笑話或不適當的言語等，都可能被剔除。最後，在某些有偏見的群組或團隊裡，性別與種族等，也可能會被當成剔除的準據。

在完成第一階段的殘存法剔除不適任的人後，剩下來的人都是(浮現)領導者的可能候選人。如果這些候選人都有意願發揮領導的影響力，就容易演變成因爭奪領導角色而形成對立的狀況。在某些狀況下，競爭者會尋求伯曼所謂「中尉」的支

職涯提示：如何變成團隊領導者

如果你想、也知道你能在團隊裡扮演領導者的角色，下列一些行為有助於你在團隊中發揮影響力如：

- **經常並早期參與**：在團隊討論時的發言，不能保證你被其他成員認為是領導者；但什麼都不說，卻能保證你成不了團隊領導者。
- **展現你的能力**：確定你的意見會被其他成員認為是能協助團隊成功的。展現出你的專業、關係及資訊權力等。
- **別逼得太緊**：自信固然沒錯，但不要試圖壓迫其他成員。即便你是對的，你的獨斷專擅會讓其他成員討厭你的。
- **當危機時能提出解決方案**：誰能在危機狀況發生時提供解決方案，通常就能取得權威領導地位。

參考資料：Anderson, C. & Kilduff, G. J. (2009). Why do dominant personalities attain influence in face-to-face groups? The competence-signaling effects of trait dominance. *Journal of Personality and Social Psychology*, 96, 491-503.

持。若僅有一名競爭者有所謂「中尉」的奧援與支持,他成為領導者的機會就顯然高了許多;但若多名競爭者都有其各自的「背景」支持,那這「浮現」領導者的程序就會拖延許久,甚至形成對峙僵局。無論如何,如果你想爭取群組或團隊的領導角色時,上述「職涯提示」會對你有所幫助。

除了上述「浮現領導者」外,費雪及夏普 (Roger Fisher and Alan Sharp) 在 1998 年出版的〈把事情做好:不負責時的領導〉(Getting It Done: How to Lead When You're Not in Charge) 一書中,[13] 另提出一個「**側向領導**」(Lateral Leadership) 的概念。費雪及夏普認為,團隊的領導應避免什麼都不做與事事凌駕他人的兩個極端,並建議團隊成員之間,可藉由下列三種作為來互相領導如:

1. 周到詢問:提出誠摯的問題,激發他人更能創意的思考與貢獻想法。
2. 提供概念:提出概念、想法,邀請他人挑戰,藉此協助團隊成長。
3. 建設性的作為:對團隊需要的事,做出建設性的作為,並藉此形塑有助於團隊發展的行為。

7.2.4　成員的權力與影響

許多團隊有指定的領導者,其職銜如督導、主席、教練或管理者等,這些人有組織賦予的正式權限,並督導、負責團隊的任務。其他的群組或團隊,也可能沒有指定的領導者,這種團隊或被稱為「**自我管理團隊**」(Self-Managed Team),團隊成員負責並管理自己的行為。

不管團隊有沒有指定的領導者,團隊成員之間仍有互相影響的權力。早在半世紀之前,法藍區與雷文 (John French and Bertram Raven) 兩位學者即辨識出人際之間——不見得是領導者與追隨者之間——的幾種權力類型,這些權力的運用,能造就也能摧毀一個團隊的成功。

職位權 (Position Power):是組織賦予的地位權力。一般員工聽從管理者的指令,是因為管理者擁有職位權。但若一旦失去這個職位,其職位權也就消逝。此外,也有些職位較低的職務,是「告訴」高職位者應做或不應做些什麼。如公關經理告

13　參考 Fisher, R., & Sharp, A. (1998). *Getting it done: How to lead when you're not in charge.* New York, NY: Harper Business.

訴總裁或董事會在股東會上應講與不應講些什麼等。

強制權 (Coercive Power)：擁有懲罰他人的權力稱為強制權。一般員工通常會服從管理者的指示，因為不聽從可能就會有不愉悅的後果。組織的管理與領導階層或指定的領導者擁有強制權：他們可以指派成員不喜歡的任務，拒絕加薪要求，甚至開除某人等。團隊成員之間，雖然不明顯但同樣也有強制權。如要求其他成員至少要考慮他的想法或建議，否則將採取抵制或不合作態度等均屬之。

好了，大家都表達了你們價值的兩分意見，現在，我想說說我擁有 51% 股權的關切。
© Joseph Mirachi/The New Yorker Collection/www.cartoonbank.com.

獎賞權 (Reward Power)：強制權的反面，就是獎賞權——獎勵他人的權力。指定的領導者控制大部分明顯的獎賞權，如加薪、改善工作環境及晉升他人職位等。同樣的，團隊成員之間，也擁有獎賞權，而這些同儕之間的獎賞，通常來自於社會性的報酬，如彼此的善意，自願協助他人工作等。

專家權 (Expert Power)：專家權，來自於其他成員對某名成員於特殊領域的專業認同。有些情形，由專家作決策要比團隊決策要好。除少數狀況例外，指定的領導者，通常「不具備」專家權。如在工作現場，較低階層的工程師能影響管理者的決策，因為他們比管理者更具備現場問題診斷與解決的專業能力。但如管理者未能辨識出真正的專家或誤將沒此資格的人視為專家的話，就會產生嚴重的問題。

參考權 (Reference Power)：參考權一詞暗示著其他成員對有影響力者的感覺：他們敬重、喜歡這名具有影響力的人。這是指定領導者與真正具有影響力者之間的最大差異之處。不受成員喜好的指定領導者，只能用強制與獎賞權讓成員服從；但受人敬重與喜歡的人，無須威脅、承諾與職銜，就能得到成員的合作。

資訊權 (Information Power)：資訊權指的是擁有某些重要資訊的人，對團隊所形成的影響力。資訊權與須多年教育、訓練與歷練的專家權不一樣，僅因擁有對團隊有價值資訊的人，對團隊而言就有一定的影響力。如企業之間高薪挖角競爭對手的成員——只要擁有重要資訊即可，不見得必定是高階經理人或專家等——就是希

> **職場文化：日本棒球：集體主義的描繪**
>
> 散文家艾耶 (Pico Iyer) 以美國典型的棒球運動，比較說明團隊在個人與集體主義文化中的差異。美日兩國在棒球的規則上幾乎一樣，但球員對其球隊的態度，確有截然不同的差異。
>
> 艾耶描述著美國球員若想到日本職棒發展：
>
> 他必須同意不炫耀球技，不追求炫麗的統計數據，不⋯簡單的說，不要想成為明星。他必須反覆提醒自己的成就僅依附著團隊⋯在日本，球員對球隊而言，只像是一首詩裡面的字詞而已。
>
> 多數英語系國家的人，雖然很早就認知到在團隊裡沒有「我」的字眼，但若沒能在集體文化當中生活、體驗過，還是無法瞭解個人主義為何不能融入集體文化中的。
>
> 參考資料：Green, S. W. (2002). Baseball and racial and ethic perspectives. In A. I. Hall & T. L. Altherr (Eds.), *The Coopertown symposium on baseball and American culture*. Jefferson, NC: McFarland.

望能獲得與對方競爭的重要運作資訊。同樣地，組織內的「萬事通」也能影響團隊的運作，如「現在別提這個議題，老闆現在有家庭糾紛，他會對任何事都說『不』的！」或「我知道公司還有很多差旅與娛樂預算有待執行，現在是提出我們想了很久休憩提案的好時機。」等均屬之。

關係權 (Connection Power)：在商務領域中，若有某人在組織內外與重要人士有關係的話，就有所謂的關係權。典型的例子就是老闆的兒女加入公司時，老闆通常會對組織成員說：「像一般員工一樣對待我的兒女。」但說的比做的容易！因為老闆的兒女擁有與老闆的關係權，沒人會像一般員工般對待他們的。並非所有的關係權都是負面、有害的！如某名員工熟識某些重要客戶，他可能就有助於業務的推動。另如公司內某人熟識政府官員，則可以在非正式的情況下，徵詢政府官員對如何處理政府法規的建議等。

在商務領域中，要注意關係權的影響，就像西方諺語說：「你知道什麼不重要，你認識誰才算數！」如果我們把所有上述權力類型串接起來，可以說成：

真正算數的，是你認識誰 (關係權)，然後是你知道些什麼 (資訊權與專家

權)，誰敬重你(參考權)及你是誰(職位權)。

7.3 團隊的有效溝通

無論你是在有一強力領導者的團隊或權力分享及共同決策的團隊中，你都能以好的溝通技巧，協助團隊有效運作並使成員都有滿意的經驗。如果團隊要能運作順利，每名團隊成員都必須瞭解溝通的功能與可能遭遇的問題。

7.3.1 功能角色的填補

每名成員影響團隊運作的目標，都是為了讓團隊能順利完成任務。而成員影響團隊運作的方式，不是因為各自的職銜，而是成員能填補必要的功能，因此可稱為團隊的「功能觀」。表 7.2 列舉一些團隊運作所需的任務及關係功能，同時也標示了一些會降低團隊運作效力的失調行為。團隊所需的任務功能，是讓團隊完成任務，而關係功能則讓團隊成員之間保持良好的互動。

表 7.2 也是對團隊相當有價值的診斷工具。當一團隊無法有效運作時，你就可以表 7.2 檢視缺了哪些重要的功能。舉例來說，你可能發現團隊不缺好的概念與想法，但沒有人負責綜結與協調！或團隊可能缺乏某項重要訊息，但卻沒人發現此問題…等。

在某些狀況，你也可能發現團隊所有必要的功能角色都不缺；但未能滿足成員的「**社會性需求**」(Social Needs)。人們通常希望他們好的想法能獲得支持(這是個了不起的想法？才不呢！)，也可能個人的衝突希望能得到認知與解決(我知道在這事上我聽起來有些抗拒！但我花了將近一個月的時間來發展這個想法，我真的痛恨你們在不到五分鐘的討論中就駁斥了它！)當如上所述的社會性需求未能被滿足或適當處理時，團隊即便有足夠的知識與才能，也不能保證團隊的順利運作。

某些重要的團隊功能角色也可能轉變成正式的角色。舉例來說，美國財務服務巨人「嘉信理財」(Charles Schwab) 在每次會議中，會有一名「觀察診斷者」(Observer-Diagnoser)，這名成員並不參加會議的討論，而他將隨著會議的進行，製作一份「做得好與做得不好」的清單，「做得好」的像是「好的創意」、「時間運用良好」…等；而「做得不好」的範例則可能如「經常插話」、「人身攻擊導致抗

表 7.2	團隊成員的功能角色

任務功能

1. 資訊或意見提供者：提供團隊任務相關的事實或意見。
2. 資訊或意見尋求者：向他人(也可能是團隊外)尋求任務相關的資訊或意見。
3. 啟動者或施力者：發起或鼓勵有利於任務相關的行為。
4. 指引方向者：提供目前任務如何執行的指導意見。
5. 綜結者：審查團隊做些過什麼決定，辨識共同的情境或進展等。
6. 診斷者：提供與任務相關行為的觀察意見。
7. 守門者：「調節」成員的參與度。
8. 現實測試者：以現實情境檢測提出概念的可行性。

關係功能

1. 鼓勵參與者：鼓勵沈默的成員發言表示意見，讓他們知道他們對團隊的貢獻是有價值的。
2. 和諧促進者：調解成員之間的人際衝突。
3. 壓力緩解者：善以幽默或其他方式，緩解團隊成員的焦慮與挫折感。
4. 情緒氛圍評估者：觀察並提供成員之間社會與情緒關係的意見。
5. 善予讚美者：強化團隊成員的成就與貢獻。
6. 同情傾聽者：傾聽成員對其他成員的人際關切，但不加以評估。

失調的角色

1. 阻擋者：經常提出反對意見，阻擋團隊的運作進度。
2. 攻擊者：對其他成員能力或動機的攻擊性質疑。
3. 認同尋求者：不斷要求團隊成員認同與任務無關的個人經驗，自我誇讚及尋求同情等。
4. 小丑：超過壓力緩解需求的小丑行為。
5. 撤退者：拒絕承擔團隊的社會性或任務事務，隱藏自己的情緒，對他人的意見不作反應等。

拒」等。這份清單在管理階層看過後，會隨著會議紀錄分發。不難想像這名觀察診斷者的意見能如何促使團隊朝向更有效的運作。

多人同時擔任同一功能角色所造成的問題，一如沒人填補某些重要功能角色。舉例來說，你可能發現團隊中有多人擔任意見提供者，但沒人擔任意見尋求者；多人都想擔任指引方向者，其結果通常是方向的糾纏不清。即便社會性需求也可能被過度的關注，過多的壓力緩解或讚美，也相當的「惱人」！

自我評估	評估你的團隊溝通效能					
運用下列問項來評估你的團隊是否正確地執行重要的溝通：						
既然為一團隊，我們做得如何？		不好				非常好
• 定義或澄清任務需求		1	2	3	4	5
• 交換並分享資訊		1	2	3	4	5
• 鼓勵不同意見的表達		1	2	3	4	5
• 評估與分析資料		1	2	3	4	5
• 採用最適合的決策程序 (共識，多數決…等)		1	2	3	4	5
• 專注於任務而非個人		1	2	3	4	5
• 展現出對其他成員的尊重		1	2	3	4	5
• 鼓勵意見的回饋		1	2	3	4	5
• 能構建於彼此的概念		1	2	3	4	5
• 會要求澄清概念		1	2	3	4	5
• 展現出平等		1	2	3	4	5
• 會認真處理反對意見或不瞭解的問題		1	2	3	4	5

　　一旦你在診斷後發現某項功能需要填補，你就承擔起該功能角色吧。填補這些漏失的功能角色，能使停滯不前、受挫的團隊恢復生產力。其他成員可能不清楚你到底在做些什麼，但他們會體會到你總是能在適當的時間做適當的事。

7.3.2　團隊與個人目標的辨識

　　每個團隊的成立，都有其特定的目標如銷售某項產品，推出某些新的服務，或解決某些問題等。除了團隊的目標外，團隊成員也各自有其個人目標。有時個人目標與團隊目標相同或相近，如一零售商參加社區募款活動，其用意可能是真誠的希望幫助他人。但絕大多數的狀況，個人的動機會比團隊目標要強。再以零售商為例，參加社區募款活動能增加零售商的可見度及社區形象──最終招攬更多的生意！團隊與個人目標之間的差異，如下表所示：

團隊目標	個人目標
銷售部門要達成年度銷售目標	業務員想要爭取獎金、紅利
零售商希望延長營業時間,以吸引新的客群	員工不想要夜間及週末的工作
公司要求員工參加遠在上海的研討會	員工想要順便拜訪上海的親戚

如上表所示,個人目標不見得會損及團隊目標,只要能匹配即可。若個人目標與團隊目標匹配,實際上更能協助團隊達成目標。如業務員想要更多的獎金和紅利,他就會努力銷售更多的公司產品。同樣的,如果研討會舉行地點有親朋好友在那,員工就可能主動爭取參加該研討會。如表 7.3 所示,只有當個人目標能與團隊目標和諧匹配時,團隊才能順利運作。

表 7.3　相關於生產量的團隊程序變數

1. 成員都清楚並同意團隊的目標。
2. 任務對團隊及個人都適宜。
3. 成員清楚並同意團隊交付他的正式角色。
4. 團隊角色的指派,都能符合成員的特質與能力。
5. 團隊領導者的位階,適合團隊的任務(技術)層級。
6. 所有的團隊成員都被鼓勵參與討論與決策。
7. 團隊會在產量及有效性上獲得資訊、提供資訊及做出回饋。
8. 團隊與成員都會花時間在定義、規劃及討論當前面對的問題、解決方案與決策等。
9. 團隊事前揭示決策策略並能有效運用於決策。
10. 團隊會對各種解決方案與決策執行評估。
11. 有鼓勵高績效、品質、創新與成功的規範。
12. 次群組也能整合到團隊中一起運作。
13. 團隊維持著能達成目標的最少人數。
14. 團隊有足夠的時間發展凝聚力及達成目標。
15. 團隊是合作導向的。
16. 不同意見經常發生,但都能很快獲得解決。

資料來源:Wheelan, S. A., Murphy, D., Tsumura, E. & Klines, S. F. (1998). Menber perceptions of internal group dynamics and productivity. *Small Group Research*, *29*, 371-393.

當個人目標與團隊目標有衝突時，問題才會發生。如果團隊兩名成員彼此憎惡，他們彼此的主張只會讓團隊一事無成。若某名成員擔心犯錯會讓他失去工作，他可能就會專注於避免犯錯而非解決問題。

成員個人目標與團隊目標的干涉類型相當廣泛。如某些成員希望能盡快完成團隊的工作、然後能處理個人的事務。有些人則想在團隊運作的過程中結交關係或展現才能，因而不急於快速、有效地完成團隊工作。更有些人想在團隊運作的過程中取悅老闆，而非專注於團隊的目標等。所有上述及其他更多的個人目標，可能會讓團隊目標偏離軌道。

成員個人的目標，通常不會公開宣稱。雖然可以理解，但員工肯定不會公開的說：「我打算在公司內盡我所能學習任何事務，然後辭職、開展我自己的事業。」這些不會公開宣稱的個人目標，也可稱為「**隱藏的企圖**」(Hidden Agendas)。

隱藏的企圖通常因為無助於或甚至有害團隊目標的達成而須隱藏，但在團隊運作中，其他成員仍可感覺到某些成員的隱藏企圖，而處理成員的隱藏企圖，也沒有單一有效的方法。當你發現團隊某些成員有所謂的隱藏企圖時，公開揭露不是個好方法，這會讓該名成員感覺窘迫、否認有此企圖、然後採取抗拒的態勢！因此，處理成員隱藏企圖的最好作法，就是間接。舉例來說，如某名成員總在會議上發言甚多(希望獲得認同)，則你可在會議上經常、多次肯定他的意見貢獻。如果兩名成員彼此憎惡與對抗，團隊領導者最好能將這對抗的兩人分派到不同的專案或甚至直接調往其他的團隊。

7.3.3 期望規範的提倡

規範 (Norms)，是不正式、通常也是不成文的行為規範。團隊的運作規範，有些是針對任務，有些則是針對成員之間的社會性互動。團隊運作規範通常源自於所在組織的「組織文化」(Organization Culture)，舉例來說，3M 的成功來自於組織文化「對同意的偏見」(bias for yes)：「當有疑慮時，公司鼓勵員工冒險，而非因畏懼失敗而採取規避行動。」團隊典型的建設性(與摧毀性)規範如表 7.4 所示。

若團隊成員來自於不同文化背景時，建立團隊運作的規範，可能就具有些挑戰性。如來自於低內涵文化(美、加)的成員，比較傾向公開、直接的對抗；而高內涵文化(東亞、中東)的成員，則比較傾向間接的方法。同樣的，高權力距離的文

表 7.4　團隊典型的建設性 (與摧毀性) 規範

- 會在成員不在職位上時，代為處理 (或忽略) 他的業務。
- 成員會願意 (或拒絕) 承認錯誤。
- 在不傷害團隊的狀況下，可以 (或不能) 因個人因素暫時離開工作。
- 當重要期限將屆而須趕工時，願意 (或不願意) 無怨言的加班工作。
- 會說出 (或保持沈默) 不同意見，不 (或會) 暗示或背後搞鬼。
- 避免 (會) 在會議中私下談話。
- 準時參加會議 (或遲到)。
- 會 (或不會) 慶祝團隊的成功。
- 會尊榮 (或貶抑) 成員的承諾。

資料來源：Baum, J. A. C. (n.d.). Avoiding common team problems. *Rotman School of Managament*. Retrieved from http://www.rotman.utoronto.ca/~baum/mgt2003/avoid.html

化背景比較不會挑戰團隊領導者；而低權力距離的文化背景，則容易挑戰團隊的領導者。

　　團隊規範一旦建立後，任何成員違反此規範，會對其他成員帶來風險或甚至危機。[14] 舉例來說，若某名成員不遵守他對團隊的義務，「隊友」可以下列方式，對他逐次提高壓力：

- 延緩行動：成員之間會討論但不採取行動，希望他能在沒壓力的狀況下有所改變。
- 暗示違反規範：成員以「怪咖」、「懶人」等調侃，希望能以幽默調侃背後傳達的訊息，讓他能承擔他的義務。
- 公開討論問題：成員直接公開不遵守規範者，並對他的行為影響表示關切。
- 拒斥或孤立違反者：當所有上述作為都失效、而違反規範者甚至採取防禦的態勢、不可能改變時，團隊成員可直接要求違反規範者離開團隊。如果這名成員不能被團隊排除 (皇親國戚！) 其他成員可以不邀請他參與會議、或以不與他溝通等方式隔離他。

---

14 在管理領域，風險 (risks) 一般指能預期可能發生 (有機率意涵) 的議題 (issues) 及其後果；若風險發生且形成負面影響的，則稱為問題 (problem)；若問題處理不當且迅速擴散時，則稱為危機 (crisis)。

盡早建立預期的規範：規範雖然在團隊發展階段的形成、震盪期之後，但最好能盡早建立(亦即縮短形成與震盪期程的時間)，另規範一旦形成後，就變成不易更改成員的行為準則。如果你是組織指定的團隊領導者，你就該盡早建立起你所期待成員的行為準則。如你希望團隊成員準時參加會議，每場會議在預定時間準時開會(不等遲到的人)就很重要；另如你希望團隊成員之間能坦誠相待，團隊一啟動時，你自己就必須先誠實，然後鼓勵其他人也一樣誠實。

盡可能遵守規範：團隊一旦建立起規範且按照任務與社會互動關係的規範運作時，成功達成目標的機會就很大。但人際之間的互動，總是繽紛且非一成不變的。如果你的工作夥伴習慣彼此交換「善意的污辱」，那你就不該認為被侵犯！若你能淡然處之，那你就能被其他成員接受成為「自己人」。當你加入已建立規範的團隊時，最好能事前問問有經驗的成員或觀察其他成員的表現。

在遵守團隊規範的討論中，最具挑戰性的，可能就是不符合一般道德考量的團隊運作規範。如開有關種族或性別的惡劣玩笑、開會遲到、偷工減料、收取回扣、接受廠商招待或甚至竊取公司財物等，此時你個人價值觀與團隊規範的衝突可能會讓自己或團隊陷入危機狀況中。若碰到某些重要的道德議題但與團隊規範有潛在衝突可能時，最好的方法是不參加該團隊。但若此道德風險不單單存在於團隊而是組織文化時，那你就應該考慮轉換跑道了。

7.3.4 最佳凝聚力的提倡

凝聚力 (Cohesiveness)，可定義為團隊成員之間彼此認同的感覺與希望待在團隊中的程度。凝聚力可使團隊有一共同的認同感，一般研究也證實，凝聚力高的團隊，成員較為快樂，較滿意於工作，工作壓力較低，缺席、離職率較低及團隊較能作好的決策等。

凝聚力高的團隊，不代表一定有高的生產力。舉個極端的例子來說，凝聚力高的工會，容易讓公司停止運作(當然，也能為員工爭取較好的待遇及工作環境)。

另一種比較不那麼極端的例子，是團隊成員若追求凝聚力所形成的「**反組織規範**」(Anti-Organization Norms) 如「工作別太認真！」「直接把我們的午餐費申報為業務花費吧，我們都這樣做的！」「如果你想要為孩子準備文具，就直接從供應櫃中拿吧！」…等，這種會讓成員感覺良好的凝聚力，不但有道德風險，也會損及

> **道德挑戰：沒貢獻的成員**
>
> 　　假想你曾參與一夢幻團隊，成員都相當有能力與貢獻。直到最近，一名成員因小孩生病要照顧而請假數週，團隊成員都樂於代為處理他的工作。再過幾週，相同的成員，又因其他問題—要照顧生病的配偶、運動傷害或搬新家…等—要請假數週。
>
> 　　其他團隊成員開始懷疑這名成員是否能在團隊中作出他應有的貢獻？並決定公開提出此關切。
>
> 　　描述身為團隊領導的你，如何處理此問題？能同時兼顧到該名成員的合法權力(請假)及團隊成員應分擔工作的要求？

組織的利益。最後，過高的凝聚力，也會導致前文說過的「**集體迷思**」(Groupthink)現象。

　　凝聚力會在團隊存在著某些狀況時而發展。瞭解這些適合發展凝聚力的狀況，有助於你發展並維持最佳的團隊凝聚力。以下列舉七點常見的狀況因素如：

1. 共同或匹配的目標：團隊成員之間的關係會緊密些，如果他們有共同且能相互滿足的目標。舉例來說，以個人付出貢獻為日薪依據的建築工人，彼此之間的凝聚力可能不高；但若能在期限前提前完成某項重大工作，團隊可能獲得團體獎金的狀況下，成員之間的合作程度會提高些。

2. 朝向目標的不斷進展：當目標能被逐次地達成並進展時，成員之間的凝聚力較高，成員會常說「我們…」而非「我…」。若進度受阻或延遲，此凝聚力就跟著下降，平常的話語中則「我…」多於「我們…」。

3. 有共同的規範或價值觀：雖然成功的團隊通常會容許或甚至需要對事務有不同態度的成員；但超出被認為適度的行為，反而會降低團隊凝聚力。如多數成員都習於穿著便服時，若有成員堅持會議時穿著正式服裝，就會與其他成員顯得格格不入。團隊的規範與價值觀，應符合一般的預期。若容許甚至鼓勵造假、欺瞞等行為，則不應視為正常的規範或價值觀。

4. 團隊成員之間互無威脅感：在有凝聚力的團隊裡，同儕之間對於彼此的狀態、尊嚴、擁有資源及社會福祉等，都應該沒有威脅感。因為彼此之間的威脅感、終究

發展成對立、對抗時，會嚴重損毀團隊的凝聚力。最常見成員之間互存威脅感的狀況，發生在多名下級管理者爭取一個上級職位的情形。因此，團隊的運作應不涉及更高職位的競爭。

5. 成員之間的相互依賴性：如果團隊成員的工作或任務，都需要其他成員的配合與支持才能達成目標時，團隊會較趨向較有凝聚力。只需要一個人的工作，或每名成員都各自執行程序中的某一階段工作，此凝聚力也會下降。

6. 來自團隊之外的競爭：所謂「兄弟鬩牆，共禦外侮」，即便凝聚力不高的團隊，在遭受到團隊之外的競爭威脅時，通常也會拋棄各自成見而團結起來，共同對抗外部的競爭。因此，聰明的經理人會在組織內設計團隊之間競爭的情境，讓組織目標能更快及更有效的達成。

7. 共同的體驗：團隊成員若能共同經歷過困難的歷程，成員之間的凝聚力，即便在團隊解散後，還能歷久不衰。這也是為何共同經歷過某場戰爭的同袍之間，能彼此依賴、甚至交付生命！組織可以團隊或其他方式如「年度研習」(Annual Retreats) 等，來強化組織成員之間的共同體驗並增加凝聚力。

7.3.5 避免過度制式化

團隊成員對問題過度一致的看法，可能導致團隊做出錯誤的決策。這種現象被詹尼斯 (Irving Janis) 稱為「**集體思考**」(Groupthink)，一種因顧慮群體和諧而不願對多數意見作出批判的心理現象。詹尼斯說明集體思考的幾項特徵如：

- 團隊無敵的錯覺：如對自己的產品或服務「深具信心」，即便在市場對手已推出相似但價格較低的產品時，仍堅持提高自己產品的價格，以突顯「高價、奢華」的行銷策略。

- 合理化負面訊息的傾向：如對上述例子的反應為：「我們瞭解市場調查的結果顯示，如果我們產品的價格再提升的話，他們就會轉向其他競爭對手的產品。但你知道的，一般市場調查結果是不可靠的！」

> **職場啟示：魔鬼倡議**
>
> 　　從中世紀開始，天主教教會就開始指定一名稱為「魔鬼倡議者」(Devil's Advocate) 的人，對即將要昇為「聖徒」的候選人，提出任何——即便是最輕微劣行——的抗辯。天主教會認知到作重要決策時一面倒激情的危險，故指定「魔鬼倡議者」作其他負面或全面性的思考。
>
> 　　這種方法也同樣可以運用在非宗教領域，尤其是對幾乎沒有異議的共識決策特別重要。如果你的團隊沒有指定「魔鬼倡議者」的遠見，你大可以擔任這個角色而挑戰多數思考。
>
> 　　還有其他幾種防止「**集體思考**」(Groupthink) 效應的方法，如團隊若有足夠人數，可分成兩組(或更多組)，分別對同樣的問題執行獨立的思考規劃。另一種方法，則是邀請團隊以外受人敬重、且不被成員集體熱情影響的局外人，審查解決方案的提議並提供意見等。

- 忽略決策的道德考量：如「我們倒在河裡的廢水或許會殘害一些魚蝦；但看看，這個公司為社區提供多少工作機會！」的說法。
- 對其他團隊的刻板印象：如「那些在總部的人只知道績效底線而已，他們根本不關心我們想些什麼或需要些什麼。」
- 符合(規範)的群體壓力：「拜託！我們當中沒一個人對直接郵寄行銷感興趣的。你為何不打消你的念頭？」
- 自我限縮：「每次我提出一新奇的廣告提案時，所有人都有意見！我不如就放棄吧。」
- 一致性的錯覺：「所以，我們都同意：降價是保持競爭力的唯一方法。」
- 對威脅資訊的心理防衛：「他們都在談維持機器的 24 小時運轉以達成期限要求；我最好不要說主管曾說要大家加班工作的期待。」

　　意見的多元性，可藉由更廣泛的視野角度以避免集體思考效應。但也有研究顯示，多元文化所組成的團隊，卻因為成員體會到文化之間的差異，為了避免衝突而比較容易傾向集體思考。[15]

---

15 參考 Goby, V. (2007). Business communication needs. *Journal of Business and Technical Communication, 21*, 425-437.

第二種類型的有害一致性，稱為「**風險轉移**」(Risky Shift)：團隊比個人較傾向採取極端的立場。風險轉移有兩個方向，其一，當團隊成員都比較保守時，其集體決策比個人決策較為謹慎。其二，也是較常見的，是團隊比個人的決策，較傾向於採取風險。若風險未能適當的評估與採取管理 (降低或規避等) 作為，則容易對團隊帶來不好的後果。

矛盾的是，高度凝聚的團隊，較傾向於集體思考與風險轉移。因凝聚力高的團隊，成員彼此尊重、相互同意的程度都較高，而容易產生一致性的想法與決策。這些因集體思考或風險轉移所導致的「**集體盲目**」(Collective Blindness)──尤其在凝聚程度高的團隊，通常可以尋求外部專家的審查而解決。此外，有影響力的領導者，在決策討論初期，應避免表達意見。

重點回顧

- 小群組的特性計有規模小、成員之間有互動、有共同的目標、定期的溝通與互動及對群組有身分認同等。
- 有效的團隊，則除了群組的特性外，另有產量較高、更具技能性及成員對團隊決策有較高的承諾等。
- 虛擬團隊超越時間與空間的限制，其運作成效則有好有壞。
- 領導群組的最好方法，要看情境而定。若群組有指定領導者，最佳的領導方式取決於領導者與成員之間的關係、任務的結構及領導者的權限等。在沒有指定領導者的群組裡，單一領導者通常會因推動可預期的程序而浮現。
- 領導者與成員之間的權力關係，包括職位、強制、獎勵、專家、參考、資訊及關係權力等。
- 團隊成員藉由積極發揮其功能角色 (任務與關係兩者皆然) 與避免失調的角色，對團隊作出有效的貢獻。
- 團隊與成員的成功，來自於目標能滿足團隊及個人需求，有多數期待的規範，適當程度的凝聚，避免過度制式化及強化創意等。

有效開會 CHAPTER 8

學習重點

1. 會議的類型劃分與目的。
2. 舉辦與不舉辦會議的理由。
3. 完整會議議程的結構。
4. 會議中創造正面氛圍、使討論步上正軌及平衡成員參與的方法。
5. 有效結束會議及會議的追蹤。
6. 問題解決會議的階段及特性。
7. 在特定環境下強化群體創意發想、解決問題、決策等的方法。

> 會而不議，議而不決，
> 決而不行，行而不實，
> 實而不及，及而不效！

這是我們對不良會議的常見批評。許多職場員工，包括管理者也一樣，通常會覺得組織的會議太多，除浪費時間與成本外，也引起組織內部整體的不良氛圍。微軟 (Microsoft) 於 2005 年進行的調查研究，發現不僅僅是管理幹部常開會而已，一般典型的美國員工，平均一週也會花上 5.5 個小時在開會上，而開會前後的「行政干擾」，使得每週具有生產力的日數竟只有三天！[1]

在每週工作五天的國家裡，週休二日還可說是讓員工的身心獲得修養、調適；但上班中的開會，其「不具生產力」的影響，居然也跟休假一樣。難怪，大多數人不喜歡開會；但為何大部分組織仍不可免的要一直開會呢？正如「致命會議七種原罪」一文中引述美國資深諮商與訓練顧問丹尼爾 (William R. Daniels) 對會議的看法如：[2]

Meeting matter because that's where an organization's culture perpetuates itself,...

Meeting – whether they are good or bad – are a sign of an organization's health.

會議對組織是重要的，那是組織塑造其文化的地方，…

不管好或壞的會議，都是組織健康與否的徵兆。

既然會議能塑造組織文化，也是組織運作是否健全的表徵，對大部分組織而言，會議又是那麼平常、重要且不可免！那學習職場溝通的我們，就必須瞭解如何運用溝通技巧在組織與團隊的會議上，使組織與團隊的運作更加健全！

---

[1] 參考 Microsoft (2005, March 12.). *Survey finds workers average only three productive days per week*. Retrieved from http://www.microsoft.com/presspass/press/2005/mar05/03-15threeproductivedayspr. mspx

[2] 參考 Matson, E. (2015). The seven sins of deadly meetings. Fast Company Web Site: http://www. fast-company.com/26726/seven-sins-deadly-meetings

8.1 會議類型

人們會以各種理由見面、會面談話等,但對職場而言,會議的類型,一般則區分為資訊分享、問題解決及儀式活動等三種類型,另因網路通訊技術的進步,不同地點的成員還可在網上進行即時線上討論等。當然,某些會議會同時承擔著上述不只一種的目的。

8.1.1 資訊分享會議

一般職場中,人們會定期見面以交換資訊,或即稱為「**資訊分享會議**」

職場提示:會議的七種致命原罪(與贖罪法)

1. **不認真看待會議**:這些人晚到、早離,在會議大部分時間中隨手塗鴉。
   贖罪法:做好會議基本功:建構議程,目標明確,依循程序。
2. **會議時間太長**:好的會議應該是事半功倍而非事倍功半。
   贖罪法:時間就是金錢,利用資訊系統同步顯示會議的時間成本。
3. **離題**:偏離議題,與會者花在題外話的時間比議題討論時間還長。
   贖罪法:組織要能習慣建構議題,並於會議中堅持議題。
4. **會議結束後一切如常**:沒發生任何事!與會者未將會議決定轉化成行動。
   贖罪法:以會議紀錄、行動清單等基本文件,追蹤議決的行動。
5. **人們沒說實話**:會議中雖然有很多討論,但絕大多數都不坦率!
   贖罪法:試試「匿名」技術,使人可在不揭露自己身分的狀況下表達意見。
6. **缺乏重要資訊,導致關鍵決策的延誤!**
   贖罪法:會議室內不只需要設備、家具而已,資料也要!
7. **會議始終沒改進、人們始終重蹈覆轍!**
   贖罪法:熟能生巧,組織要監控會議後哪些做得好而哪些行不通,此外,要行動負責人「承擔」行動成敗的責任。

資料來源:Matson, E. (2015). The seven sins of deadly meetings. Fast Company Web Site: http://www.fastcompany.com/26726/seven-sins-deadly-meetings

(Information-Sharing Meetings)。如警察、醫護人員於到班、交班時，通常會以簡報方式，對接班的人傳遞勤務資訊。一般組織或公司，也會於週一早上執行「晨報」或「晨會」，讓相關成員瞭解現況、目前發展中的演化趨勢及當週的主要任務和工作等。

資訊分享會議，通常只是團隊成員之間，對目前所有資訊的分享與發布而已，通常不會設定與討論重要議題。故資訊分享會議又可稱為「**簡報**」(Briefing)，也可以公告、電子郵件、簡訊等方式取代。

8.1.2 解決問題與決策會議

對組織或團隊而言，許多時候必須為是否採取行動來解決特定問題，如該找哪個供應商？是否應增加一條生產線？是否應延緩生產以找出設計上的瑕疵？若今年銷售仍未改善、該從哪裡縮減成本？如何安排團隊成員的假期？⋯等。

當問題浮現時，就有為「解決問題」(Problem-Solving) 與「決策」(Decision-Making) 而見面開會的需要。而解決問題與決策，是組織與團隊中最具挑戰性的兩個群體活動。本章大部分內容，也會著重在如何能使問題解決及決策更為有效的溝通技巧上。

8.1.3 儀式活動

某些「集會」的社交功能，則遠比其他任務功能來得重要。如某些公司，會在

© Warren Miller/The New Yorker Collection/www.cartoonbank.com.

週五下午有個類似「進度審查會議」(progress review sessions) 的制度或設計，讓部門或團隊成員在公司之外的「場所」進行工作進度審查與討論的集會——這當然是內行人口中的**挖苦笑話** (Tongue in cheek joke)，因為在歐美地區，這集會的場所通常是酒吧！在圈外人來看，這種集會倒像是——TGIF「**週五歡樂派對**」(Thank God, It's Friday)！

雖然「進度審查會議」的內容，完全不像名稱上的那麼正式，但這種社交性的集會，卻也能發揮下列重要功能如：

1. **確保成員之間的彼此承諾**：人與人之間，尤其是團隊成員之間，需要對彼此作出相互支援的承諾。下班之後與其直接回家，選擇與大夥聚聚，是能確保與強化成員之間彼此承諾與關切感的。
2. **交換不適合在辦公室說的意見**：如第 1 章中所說，小道消息或流言蜚語有時還比正式管道發布的消息還要來得精確！如「誰現在有什麼麻煩？」、「老闆到底想要什麼？」的訊息交換，只有在這種社交性的集會中才有可能突顯其價值。
3. **確認成員的狀態**：雖然組織中不宜發展「小團體」，但即便是部門或團隊，也需要這種社交性的集會，來「確認」成員於此團隊中是否被認同的狀態。這對新進人員尤其重要。如果被邀請參加「進度審查會議」，就代表著大家已認同你！否則，你還只是「圈外人」而已！

8.1.4　虛擬會議

當說到「開會」時，我們通常想像著人們圍繞著會議桌，討論、執行交易…等；但隨著科技的進步，身處地球兩端的人們之間也可以「開會」，我們稱這種狀況為「**虛擬會議**」(Virtual Meeting)，而虛擬會議通常又可區分不同型式如：

電話會議 (Teleconference)：事實上，就是多方在同一時間的打電話。這對有地理位置區隔團隊成員之間的溝通效率，要比電子郵件或兩兩對談 (也在電話中) 來得快速、有效。現代絕大多數的公司電話系統，應該都有「電話會議」功能，電信公司與網際網路服務提供商也能提供類似的服務。只要所有參會者都「上線」，就可不受任何限制的交談。

視訊會議 (Videoconference)：隨著網路通訊技術的進步，視訊會議能讓多方參

與者在交談(電話會議!)的同時,也能看到對方。如本書第 1 章開宗明義所說,溝通時的肢體動作與面部表情所傳達的訊息,比說話的內容要來得多且豐富、確實。視訊會議能讓各方於交談時看到對方的表情甚至動作,其成效比傳統電話會議更高。

不管電話會議或視訊會議,下列指引有助於虛擬會議的順利執行如:

- **會議前先發送議程**:及任何需要參會者討論(議題)的相關文件。如文件篇幅較大則應加編號,避免會議中不必要的浪費時間於文件的翻查。
- **會議開始、介紹與會者**:讓所有與會者簡單介紹自己及其所在位置。

職場文化:網路上的合作:有文化差異

網路上的溝通,對身處世界不同地方團隊的運作效率有何影響與重要性?世界知名大公司如威訊(Verizon)、微軟(Microsoft)於 2006 年,曾發起一研究,探討不同國家與不同產業於網路上組成虛擬團隊的運作效率。

上述研究發現,無論處於世界何地,在不同產業領域中都顯示一致的結果。簡單的講,那就是越能在網路虛擬世界中合作的公司就越成功;反之,不能於虛擬世界合作的,其績效表現則越差。

除上述發現外,研究團隊還發現網路上的溝通風格,會有明顯的文化差異。一般而言,美國人比較喜歡獨自工作,他們偏好使用電子郵件而非電話,他們也習慣於電話或視訊會議,並能在電話或視訊會議中多工(multitask)工作。

相對於美國人,歐洲人則偏好與人即時的溝通方式,亦即電話勝於電子郵件;另當電話找不到人而留言後,他們也「自然預期的」能收到「回電」。

至於亞太地區(東亞、南亞)的專業商務人士,則傾向工作日中能「保持聯繫」,因此,現代智慧型手機的 IM「**即時訊息**」(Instant Messaging) 勝於電話、更勝於電子郵件。

在身處世界不同地區的跨國團隊而言,能留意到網路虛擬世界上溝通的文化差異,就能提升團隊的運作效能。

資料來源:Frost & Sulivan (2006). *Meeting around the world. The impact of collaboration on business performance*. Retrieved from http://newscenter.verizon.com/kit/collaboration/MAW_WP.pdf

- 電話會議必要時都要提示自己：只要有可能混淆時，電話會議過程中，只要有必要，都應提示說話者的身分 (如「現在是趙大說話，我同意王五的意見…」)。
- 避免打斷他人：即便看不到彼此，也不要打斷他人談話或忽略他人。
- 把干擾降到最低程度：如電話鈴響、開關門聲…等。
- 使用最好的裝備：便宜的裝備雖然也能用，但若會影響虛擬會議過程中的彼此瞭解與溝通，還是改用好的裝備比較好。沒必要因省錢而造成虛擬會議中可能的誤解，那就「因小失大」及「得不償失」了。

8.2　問題解決會議的規劃

如同本章一開始所說，為解決特定問題所召開的會議，是一般最常見、也最具挑戰性的商業會議型式。如能「策略性」的思考與規劃問題解決會議，就是邁向強化團隊效能重要的一步。

8.2.1　何時召集會議

不是一有問題就要召集大家來開會！把人召集起來，是要花錢的！因此，何時適合召集會議，是開會的第一個考量。過去有許多不同的研究結果顯示，組織內的員工 (包含管理階層) 認為多數會議沒有必要，可以電子郵件、電話或其他溝通方式解決的百分比從 25 ％ 到 50 ％ 都有。不意外的，越高階的管理者認為會議沒有必要的比例越低 (習慣開會？)；但也認同多數會議不具效能、沒有生產力；基層員工，則普遍認為會議對他們而言沒有必要、開會次數也太多！

> **倫理挑戰：處理不同意見**
>
> 老闆要你整理你負責部門對彈性上班的意見與相關建議，而身為管理者的你知道這個方案在公司裡很可能獲得通過並推動，你自己是支持彈性工時方案的。現在，你有必要把部門內的關鍵員工召集起來開會，討論部門對這議題的整體態度。
>
> 你部門內有兩個明顯反對彈性工時的「大聲公」，其中一個下週將出差一個禮拜。你大可以在這位大聲公不在時再開會議，降低反對聲浪…你會怎麼做？

要明確知道何時應召集會議，不如從負面表列法切入。如下列狀況，召開會議可能就顯得沒什麼道理如：

- 一通電話就可以解決的事
- 一、兩人就可處理好、不需要徵詢他人的事
- 能藉由發送備忘錄、電子郵件或傳真等達成相同目標的事
- 關鍵要角無法參加會議時
- 會被多數人認為是「瑣碎」的事
- 時間不足以處理手頭上的事
- 成員沒準備好或被其他要務纏身時
- 沒適當理由，只是為開會而開會(例行會議)
- 你心意已定或已決定的事

瞭解沒道理開會的狀況後，會議規劃者可用下列問題來檢視會議的有無必要，如答案都是「是」則可召集或預定會議如：

1. 要做的事是否超出一個人的能力？

事情超過一個人所能處理的狀況有兩種，其一，是它需要的資訊超過單一個人所擁有或能處理的資訊量。舉例來說，在改善食品工廠員工健康的專案任務上，可能就需要有醫療背景、工廠實際經驗、能掌控資源的管理能力等，而此需要多技能的任務，不是專一領域的專家所能勝任的。

第二個原因，是一件事情需要處理的時間，超過單一個人所能貢獻的。如單位需要編輯一份「員工手冊」，而也有人實際上有此能力與經驗，但也不太可能要這些人在編撰員工手冊的同時、還能兼顧其職務上的工作。

2. 彼此之間的任務是否相互依賴？

原則上，一個委員會成員所扮演的角色與任務應不同，且需要其他成員提供的資訊才能完成任務。這種狀況，才需要成員之間定期的開會。若是不需要他人的資訊即可獨自完成任務，那也沒必要開會。

即便是成員都執行同樣的任務，但若能定期聚會、分享彼此的經驗、看法…等，也能視為對彼此資訊的依賴，並對彼此的績效都有增長助益的。如同事之間可

扮演「**現實測試者**」(Reality Tester)，可詢問：「在你負責區域內對所有潛在客戶送出親筆個人便箋似乎是個好點子；但你有時間去做嗎？」或是「**資訊提供者**」(Information Giver) 如：「你知道嗎，就在工業區外有一家印刷廠，能輸出同樣畫素但更大的圖而且也更便宜。需要時找我，我會給你地址與人名。」其他也可擔任「**診斷者**」(Diagnoses) 如：「你檢查過饋入機構沒？有些時候那裡出的問題，會讓整個系統停擺。」即便當個「**同情的傾聽者**」(Empathic Listeners) 也不錯，如：「是啊！我知道，要讓人做好那樣的工作真的很難！」

3. 決策或解決方案是否不只一個？

問題若只有一個明確的解決方式，不需要開會來討論。如銷售部門是否達成去年的目標？或預算是否能配合時程的需求等，直接查表就有答案，不需要把區域行銷經理或團隊成員集合起來開會、達成協議。

沒有固定結果的任務才值得開會討論。如廣告公司為顧客規劃一特定的行銷方案，在行銷新產品或概念時，沒有所謂的最佳方案，也不像販賣辦公室用品或一般衣物。像行銷規劃這類任務而言，就需要有能力、精心挑選的人們，來共同激盪出創意才能達成。

4. 事情的進展是否可能造成誤解？

當會議目標是產生想法或解決問題時，很容易看出會議的有效性。但如溝通訊息紊亂或甚至可能有衝突時，開會有時也是必要的。如公司發布一份「更為詳細」的請假、用車或經費報支規定時，很容易想像這種新規定將引發的牢騷與抗拒，而用備忘錄型式發布新的規定，並不會產生預期員工遵守的效果。此時，管理階層以會議的型式，說明實施新規定的理由與必要性，並讓大家表達出看法…等，一旦員工表達出看法或提出意見，牢騷與抗拒的心態就會大幅下降。

另在表達組織重大宣言如遠景、價值陳述時，面對面的講解、闡釋與解說的效果，可用「見面三分情」來形容。加拿大溫哥華 Priority Management Systems, Inc. 公司主席史單普 (Dennis Stamp) 也證實這種看法：「我可以寫上千百次公司的遠景陳述，然後發送給員工，」史單普接著說：「但當我們坐下來，由我面對面地向他們說出此遠景，不知道什麼原因，他們接受的程度顯然較高！」

8.2.2 制定議程

所謂會議的「議程」(Agenda)，就是一份須於會議中討論的主題清單。若會議缺乏議程，就好像沒有目的、也沒有羅盤在海上航行的船：船上的人都不知道現在在哪？也不知道要去哪？現代的公司組織，都瞭解議程對會議順利執行的重要性，也都會要求所有的會議規劃者，在會議之前，必須將議程發布出去。

會議規劃者可藉由自問自答下列問題而構建所需的會議議程如：

1. 為達成目的，我們在會議中要做些什麼？
2. 對與會者而言，哪些對話、討論是重要的？
3. 我們需要哪些資訊來啟動這個會議？

而議程項目也有很多來源，如領導者的想法、團隊成員的想法、上次會議紀錄或「**常設項目**」(Standing Items, 即「報告項目」) 等，都可能是構建議程的基礎。

圖 8.1 示範一完整的會議議程，其中應包含下列訊息：會議時間與地點、與會者 (及需要看到議程的人) 清單、每個議程項目的背景及簡要說明等。

有人可能覺得要準備如此詳細的議程相當花時間，但一旦瞭解事前議程準備工作的多寡與會議成效成正比後，只要稍作練習、養成習慣，制定一份好的議程，實際上沒那麼困難！事實上，要使議程發揮作用，在發出議程後，最好能以電子郵件或電話，確定所有受邀與會的人，都對相關議程項目做好了會議前的準備。

時間、地點：會議開始與結束時間及會議地點等三項內容是「必要」而非無意義的八股格式，若不明確訂定，會有「會議一般都是十點開始的啊？」(與會者顯然搞錯了時間！)「平常都在 K104 開會，難怪都等不到人！」(弄錯了地點) 等「習慣性」誤解。會議結束時間也必須要明確制定，否則，就預期有些人會提早離席吧。

注意，圖 8.1 所示的會議時間僅有一小時，這是會讓與會者感覺「愉悅」的時間，但須會議主持人的精確掌控會議過程。一般建議的會議時間以 1-2 小時內為宜，超過兩小時以上的會議，不但突顯缺乏效率，也不符合人性。[3]

---

[3] 需要專注的值勤時間，通常最多就是兩小時。這也是軍中衛兵勤務每班兩小時的設計依據。另會議中途通常不宜「休息」而打斷了原本建立起的會議節奏；但若連續時間超過兩小時，畢竟人有內急⋯！

會議議程

XX 設計團隊

行銷諮詢任務小組

時間　　11/27, 09:00-10:00 a.m.
地點　　K602 會議室
受邀者　趙大、錢二、孫三、李四、王五、吳六、鄭七

宣布開會 (5 分鐘)
- 上次會議行動項目審查 (李四)

現況報告 (10 分鐘)
- 客戶回饋活動 (王五)
- 預算執行情形 (吳六)

待完成事項討論 (20 分鐘)
- 網站的重新設計 (趙大)
  趙大將展示兩種重新設計方案

新生議題討論 (20 分鐘)
- 客戶研究專案 (鄭七)
  各團隊請準備各自對客戶需求瞭解的資料

散會

圖 8.1　完整會議議程格式範例

　　如果團隊須定期的見面，將會議內建於每個成員的行程中或根本就規劃成例行性的聚會，可能是最好的辦法。有些世界級的公司或集團，就習慣於領導或管理高層例行的「晨會」，每天早上高階管理階層與總裁見面並簡要討論重要的議題，這種模式一直展開到最基層的員工，在輪班值勤前，由基層管理者向員工簡要宣布當日或近期的工作要點。如此運作模式，可將大型組織的上下作為，完全一致的聯動起來。

　　與會者：參加會議的人數也很重要，一般而言，當開會人數超過七人以上時，有些人未能發言或傾向保持沈默的機率就會增加。若會議目的在解決某些問題，讓

每個參會者能充分討論相當重要，因此，會議人數不宜過多；若會議目的主要是資訊性的(發布或蒐集)，則參與人數可略為增加。

在議程上列明與會者有其重要意義，它可讓所有與會者知道誰會參加會議。若是你(會議規劃者)漏了某個應該參加會議的人，接到議程的人也能提醒你(應該要補邀請參加會議)。若到開會時，發現某些擁有重要資訊的人沒被邀請參加會議，不但浪費時間與金錢，也會讓所有與會者感覺沮喪與不悅的。

背景資訊：與會者可藉由議程項目中背景資訊的扼要說明，提醒他們可能已遺忘的事，另議程項目的背景說明，也能突顯出會議的必要性與重要性。

議程項目與目標：一份好的議程，不僅僅是討論主題列舉與會議目標的說明而已。一般人若對他們為何參加某個會議感到不解或困惑，那會議結果一定也是混亂與困擾的。好的議程應該以結果導向(而非程序導向)說明會議的目標與議程項目。試著體會下列不同說法的差異如：

較差說法 (程序導向)	較佳說法 (結果導向)
聽聽看預算報告吧。	瞭解我們如何達成今年度的預算目標。
討論一下網站的重新設計。	選擇最能代表公司形象及最多功能的設計。
談到新的客戶研究專案。	在即將來到的客戶調查專案中，確定應包含的主題。

決定會議目標，至少對會議有下列三項幫助如：

1. 判斷誰該參加：結果導向的會議目標設定，能讓會議規劃者辨識出誰應該參加此次會議。
2. 讓與會者提前準備：結果導向會議目標的扼要說明，能讓與會者於會前準備必要的資訊，或甚至進行必要的協調、整合工作等。
3. 使會議正常執行：會議目標的明確制定，能讓與會者按照既定議程執行討論而不偏離主題。

至於議程項目的規劃，不一定僅由會議規劃者制定！許多時候，當團隊成員有重要關切事項需要大家討論時，也可要求會議規劃者納入議程。因此，開會之前，會議規劃者最好能以「預期檢核表」來檢核、辨識關鍵成員是否有重要關切議題。如果可行，在會議之前，重要成員先聚聚、確定議程是否已納入大家所關切的議

> **職場提示：讓成員也能領導會議**
>
> 好的領導能使開會成功，但團隊成員對會議的成功執行，也能扮演重要的角色。讓所有團隊成員都能「領導」會議的提示如：
>
> - **會議要有議程**：會議前最好能送出議程；不然，會議開始時，也應讓大家先確定議程。
> - **要能婉拒不必要的會議**：對不必要或規劃不良的會議，要能大膽但婉轉地建議取消。僅在有需要且有議程時，才召集會議。
> - **會議開始時要求協助**：要求澄清會議目的，是展示資訊？還是要討論問題解決方案？或是要作出決策？
> - **志願擔任記錄**：記下來的會議紀錄能降低誤解，提示自己應做項目。紀錄如能按照自己的認知記載，當然對自己較為有利。
> - **建議指定一位或志願擔任「計時者」(Timekeeper)**：計時者能提醒與會者對每項議題的討論進度及會議結束時間等。
> - **會議結束前要求協助**：要求澄清這次會議確定了哪些事？在下次會議前，大家要做些什麼等。
>
> 資料來源：Keep, A. M. (1994). *Moving meeting*. New York, NY:Irwin.

題。

上述說明，不意味著成員關切的議題就能自動的納入議程！會議規劃者必須考量會議資源(主要是時間)的可用性，若不適當納入議程，規劃者即應延緩或在會議之外處理該項關切議題。

會議前準備：會議要有好的結果，那就必須是所有參會者都做好事前的工作。而議程，則是提醒與會者應做些什麼的最佳提示，如閱讀文件、準備報告、複製文件或蒐集事實資訊等。如果是所有與會者都必須做的事，如會前閱讀完某份文件，則將其列在議程項目說明內；若只是對某些與會者的特定提醒，則可在發送給特定與會者的議程上加註如：「吳六，記得把去年總銷售的圖片帶來」、「李四，請將年度報告複印給每個與會者」等。

議題項目在開會中的次序安排也很重要，專家建議會議項目由容易逐次升高難

度、再逐漸緩和下來，使議題架構在整個會議期間的投入，類似一鐘形架構，如圖 8.2 所示。會議一開始，從較容易的項目如確定先前會議紀錄、報告事項 (常設項目)、簡單的決策項目等，當好的會議氣氛 (大家遵循議程與議事規則，不離題、理性的討論⋯) 建立起來後，就可進入較困難議題的討論部分。理想的議題項目安排，困難議題的討論大約應占整個會議期程中間的 1/3。議程後段 1/3 部分，則安排腦力激盪、細瑣議題 (無須太多討論的議題) 等舒緩壓力與釋放善意的部分。

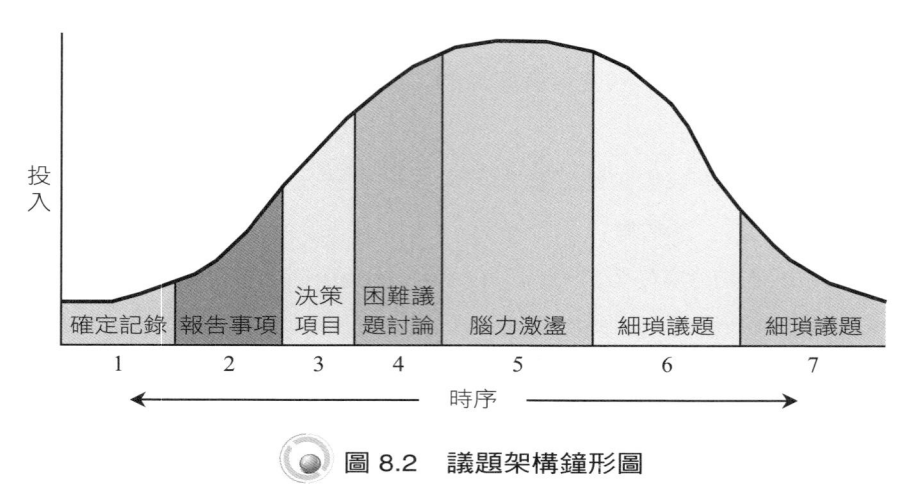

圖 8.2　議題架構鐘形圖

資料來源：Tropman, J. E. (1995). *Effective meetings: Improving group decision making* (2nd ed.). Thousand Oaks, CA: Sage. Copyright © John E. Tropman. Used with permission.

8.3　會議的執行

對外行的觀察者而言，好的會議看起來絲毫不費力，時間有效地被運用，討論的語調都具有建設性，提出想法與建議的品質都夠好⋯等，即便看起來好像沒什麼困難，但這樣的結果不是憑空就能得到的，這需要與會者運用一些重要的溝通技巧才能達成。本節開始，針對會議的執行部分，將可能運用得上的溝通技巧簡述如後。

8.3.1　會議開場

有效的開場，能讓會議邁出成功的第一步 (事實上，會前的準備早就邁出了！)

首先,它能讓所有與會者瞭解這個會議將要達成什麼目標的整體印象。其次,它也說明如何讓與會者達成目標的方法。最後,則是為得到好的會議結果所需的合作方式。因此,會議召集人的開場,能決定會議是否能朝建設性的方向走。

一般的會議開場,應包含下列幾項要點:

明辨會議的目標:雖然已在議程中載明,但再次於開場的強調有助於凝聚與會者的專注,並強調會議應著重的討論主軸如:

> 我們現正面臨一嚴重的問題,去年的庫存損耗從 5% 激增到幾乎兩倍約 9%!我們必須在這次會議找出造成損耗的原因,並想出一些降低庫存損耗的方法。

提供必要的背景資訊:主要的目的,是讓所有與會者都處於(沈浸於)相同的情境與資訊中,以避免不必要的誤解。方法從簡單的分送文件複本(若會前不方便發送的文件)到提供一簡短的簡報均可。

突顯每名與會者的可能貢獻:讓所有與會者知道誰能做出何種貢獻,或自己要做些什麼⋯等。突顯會議的貢獻,可能針對某些特定與會者:

> 趙大將把我們的損耗,與業界實務做一比較,這樣我們就能瞭解問題的嚴重性。錢二則要向大家說明他以前在 X 公司處理此問題的經驗,或許其中有一些好辦法,可供我們參考。

突顯與會者的貢獻,也可能是向所有與會者發出「做出貢獻」的訊號,讓大家都能積極參與,並使會議成功例如:

> 我們依賴所有參加此會議的人,提出縮減庫存損耗的建議。一旦大家形成改善的共識,我將請各位於各自部門中,發展出實施的時程表。

預演 (Preview the Meeting):雖然議程已載明、開場時已宣布會議的目標,但會議主持人將議程在大家的「心智」中走一遍,還是有助於凝聚所有與會者的努力的!例如:

> 我們一開始先聽趙大與錢二的報告後,接著,我們就要腦力激盪,發展出

一份能縮減損耗的想法清單,目標當然是越多越好。一旦完成想法清單後,我們再來討論哪些想法最好與如何實施!

說明時間限制:會議若無時間限制,沒有人會專注於會議上的。會議主持人說明會議的整體可用時間,或某些特定議程的可用時段等,無非要大家專注於該時段的議程,依序達成會議目標。

詢問與會者以確認:在完成上述會議開場的說明後,最後,還可以詢問的方式,徵詢所有或特定與會者的意見。其目的除讓與會者確定其於會議中應扮演的角色外,另也可徵詢更好的會議執行方式,都能讓會議順利執行,及成功獲得會議所要的結果。

8.3.2 執行議事

有效的會議,必須仰賴有能力、承諾積極參與的人;即便如此,也不見得能保證會議的成功。因此,**執行議事** (Conducting Business)[4] 時,會議主持人或有責任的人可運用一些方法,使議事得以順利進行。

議事程序

議事程序 (Parliamentary Procedure) 為指導或規範會議討論議題與決策的一套規則。議事程序此一名詞,常見於立法委員用於達成其政治目的所主張的程序變更或動議。雖然看似小動作,但如運用得宜,能在保障所有與會者權益的基礎下,讓會議能明確、有效的執行。對於議事程序的運用,有何時運用、議事的程序考量及動議的方式等可資運用。

何時運用議事程序?下列狀況適合運用議事程序如:

當有關切會議結果的外部關係人時:提出議事程序,使會議作出「正式會議紀錄」,使外部關係人瞭解與掌握會議決策的過程與內涵。

避免倉促決策:這是現代自由法治主義政治體系下、議事程序設計的精神之一。議事程序本來就有延緩討論與決策的功用,以避免倉促的決策。但這並不保證決

---

[4] Conducting Business 的直譯為「辦正事」,對會議而言,則為「議事的執行」,再簡單講,就是進入會議主題。

策都是好的、對的！

當成員可能潛藏有強烈情緒時：如少數、有強力主張者…等，等待會議主持人犯錯而暴起！有此顧慮時，最好能以議事程序保障所有人 (包含少數) 的發言權力，並以規則 (須予適度的強化) 避免成員的不文明表現。

議事次序：如果有議程及議事程序，則一般的會議議事都能符合邏輯的依序執行。一般而言，標準的議事次序如：

1. 宣讀與確定前次會議紀錄
2. 常設項目的報告
3. 待完成事項的討論與決策
4. 新議題的討論與決策

動議：**動議** (Motions) 通常是與會者在會議議題都討論完、還有時間的狀況下，希望會議討論並決策的臨時性議題或正式提案。所謂臨時性議題，可用口頭提出並解說；但正式提案則通常須以正式文件提出。

會議的動議必須由動議提出者之外的其他參會者「**附議**」(Seconded)，才能成為會議上可討論的議題。討論完成後，如須決策則通常接著表決，決定動議方案是否付諸實行。

平衡參與

輕鬆、不正式的會議，比較能讓所有參與者暢所欲言。但一般正式的會議，因時間限制、討論議題數量、主導者偏好、甚至組織文化等影響，可能沒辦法讓所有與會者都有機會發言。這種「**不平衡參與**」(Unbalancing Participation)，會形成會議的兩種問題。第一、有人沒機會或發言機會被剝奪；隨之而來的其二，則是有不滿的成員阻礙會議的順利執行！因此，會議主持人應瞭解下列「**平衡參與**」(Balanced Participation) 的作法如：

讓成員輪流：讓所有與會者對所有議題都發言，並非明智的作法。而是在會議開場、讓每個參會者介紹自己於會議的功能，讓大家都處於相同的「起步」，然後，在會議中若有少數人明顯的「主導」討論，則由主持人請其他人表示意見，或在會議討論後期，主持人刻意讓尚未發言的人表達意見等，都是平衡參與的有效作法。

運用問題：發問、自然能引起被問者或其他傾聽者興趣的有效作法。在會議中為平衡成員的參與，有四種發問的類型如下：

1. 整體性問題 (Overhead Questions)：整體而言，並非特定針對哪個人的發問，任何人都可回答的提問如：

    「我們在南部的銷售幾乎停擺，有任何人有看法嗎？」
    「我們必須想辦法提升士氣，我想聽聽大家的想法。」

2. 直接問題 (Direct Questions)：針對特定個人的發問，通常以姓名來強調如：

    「那個建議對你行不行得通，趙大？」
    「錢二，新計畫在你的部門運作得如何？」

直接問題對引導那些「較沈默」的成員而言，是相當有效的平衡參與作法。但運用需有技巧，千萬不要產生「**教室氛圍**」(Schoolroom Atmosphere)：「別發言，除非被叫到！」的現象，這樣對會議的順利執行是相當不利的。另發問也應讓被問者有「迂迴」的空間，不要讓被問者因難以回答的問題而覺得窘迫如：

    「李四，你現在有你部門的數據嗎？還是等你確認過後，再向大家說明。」

3. 反向問題 (Reverse Questions)：當成員向主持人提問時，主持人反問成員的問法如：

    「如果由你決定，趙大，你會怎麼做？」
    「錢二，這想法很好，但你認為真的實際可行嗎？」

當主持人察覺到成員只是想表達意見、而並不是真的想這麼做時，用反向問題很有效，但也必須謹慎運用！當成員可能只是在要求多點資訊時，用直接問題會較為適合。

4. 轉移性問題 (Relay Questions)：強調他人所問的問題如：

「趙大剛提出個好問題，有人能回答嗎？」

「有人能對錢二的問題提出任何回應或建議嗎？」

當主持人避免表現出自己的觀點、看法，進而影響群體時，用轉移性問題是個好方法。「轉移性問題」也能用在「整體問題」後的重述，避免讓某些人看起來比其他人優越或具主導性。當然，若會議中確實有人具備特殊專業，直接徵詢其意見也是適當的如：

「你看過這種問題沒？李四，你覺得從哪著手處理比較好？」

運用名義群體技術：讓所有與會者都有相同表達機會的方法，還有後續將介紹的NGT「**名義群體技術**」(Nominal Group Technique)。名義群體技術除能讓所有參與者擁有同樣的參與權力外，對於提出意見的「份量」也完全相等，如此，能產生比傳統群體討論更好的結果。

讓議事正常進行

有時，問題不是太難、而是太多！成員花太多時間在討論這些枝微末節，而在會議目標上卻毫無進展！此時，會議主持人或任何與會成員都可以利用下列方法，讓議事回到正軌而正常進行：

提醒時間壓力：當大家以「從容的態度」處理一緊急的議題時，你可以提醒大家快點運作的重要性。當如此做時，注意你的話術，始終肯定他人「離題」意見的價值如：

「網路廣告聽起來不錯！但我們現在最好專注在眼前報紙宣傳方案的確定上。報社中午就要我們的方案了，若現在不開始討論，會來不及的！」

討論的總結與轉向：當成員仍「漫遊」在已討論、決定的議題上時，你可技巧性地總結已完成的事項，然後，繼續下一個議題的討論如：

「看起來，目前我們已有一份導致缺曠職影響因素的清單了(目前已完成事項)。還有任何人能想到其他可能影響因素嗎？如果沒有(轉向)，或許我們

> **個案研究：無設備的開會**
>
> 　　在現代資訊科技進步的狀況下，職場中看到人運用各式各樣的資訊設備如筆記型電腦、平板電腦、智慧型手機及一些炫目的「小玩意」(gadgets) 來維持與外界的聯絡。
>
> 　　但在開會(與其他社交性或專業性聚會)時，與會者專注於自己資訊設備的現象，被觀察者稱為 CPA「**連續性部分專注**」(Continual Partial Attention) 現象，有時會讓人受不了的！就好像美國矽谷中常見的抱怨：「我花了很多時間準備專案狀態報告，也花了心思在新策略部署的建議上。但很沮喪的發現，四分之三的主管們沒在注意簡報，眼睛都盯在自己的筆電或手機上。」這種雖然跟你在一起開會、卻表現出「可以忽略我」的態勢，對簡報者而言，無疑是一種不尊重。
>
> 　　為改善這種狀況，即便在此資訊經濟時代中，已經有些公司開始在開會時禁止使用任何移動式裝置(如筆電、平板、手機等)，如舊金山以狗為主題的社交網絡和論壇型網站 Dogster.com 創辦人之一瓦士 (John Vars) 解釋他們公司「**無設備會議**」(Device-Free Meetings) 的邏輯如：「即便只是做筆記，也是一種沒在聽的象徵，這會逐漸累積不滿的情緒，對團隊而言可不是件小事！」
>
> 　　瓦士在他的報告中，提及「無設備會議」的好處如：「會議進行得較快，開會的人會樂於分享經驗，人們溝通會較好，且流程通暢、快速。」
>
> 資料來源：Guynn, J. (2008, March 31). *Silicon Meetings go "topless"*. Los Angeles Time, p. A1.

可以開始思考解決方案了。」

　　相關性挑戰的運用：當討論一旦離題時，總結與轉向技術可能不適用。這種偏離可能有價值、但與目前議題無關；也有可能是無關且沒價值的離題主張。此時，主持人或任何與會者，就可運用「相關性挑戰」(Relevancy Challenges) 技術，使討論回歸正軌如：

　　「我有點搞不懂，趙大。租借新裝備取代採購的方式，如何能使我們的生產力增加？」

　　「老闆要我們決定採購哪一種文字處理軟體。你剛才所說的圖形編輯軟體，跟我們眼前要做的決定有何關係？」

> **職涯提示：不參加會議的理由**
>
> 你怎麼面對或處理不想參加、卻又必須參加的會議？這是很多管理者都曾有過的兩難經驗。明明知道參加會議是浪費時間，但卻因某些理由而無法規避如：你有義務要參加、缺席會損害你的聲譽或老闆堅持你必須要出現…等。
>
> 除了上述不得不參加的狀況外，有許多情形能讓你用適當的策略，使大家能接受你的不參加：
>
> - **提供書面資料**：如你對會議的意義，僅在於提供資訊而已，則一份備忘錄或簡單的書面報告，可取代你的親自出席。
> - **提出有意義的替代方案**：如有任何方法，能讓你(與其他與會者)不必面對面的聚會，就能達到會議目的如電子郵件溝通、電話會議或授權更小的團隊去處理任務…等。
> - **說實話**：某些非絕對必要的狀況，向會議規劃者或召集者解釋自己不能參加的原因，通常也會被接受；但注意要用「外交辭令」說如：「我想我的參加對會議不會有任何貢獻！」而非「這種會議是浪費時間的！」
>
> 資料來源：Lippincott, S. M. (1999). *Meeting: Do's, don't, and donuts* (2nd ed.). Pittsburgh, PA: Lighthouse Point Press.

相關性挑戰的提出要點，是「對事不對人！」除能讓討論回歸正軌、或讓意見提出者進一步的闡釋其意見外，另也使會議討論維持著「正面」的氛圍。

建議稍後處理：另一種維持正面討論氛圍、但不使無關議題干擾議程的作法，是建議在後續適當時機再處理如：

「租借裝備的方案聽起來很有意思，讓我們會後跟孫三談談，看看他有什麼想法。」

「圖形編輯軟體好像對你的工作很重要，李四，你何不再進一步提出細部成本規劃，讓我們看看增加的採購成本是否值得投資。」

稍後處理的建議，與相關性挑戰一樣，如要讓人接受，必須讓人感受到你的「真誠」。而表達真誠態度的方法，如說出確切的人事時地物(如會後找孫三談談)或

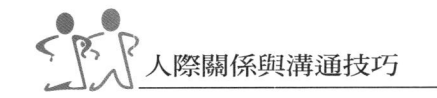

在符合某特定情境 (如你能提出細部成本規劃時) 等。

維持正向基調

沒有人會質疑「職場要成功，必須要能與人相處」的道理。但在開會時的與人相處，有時會很困難！大多數人不喜歡開會，有些人不認同你的主張與建議，更嚴重的，有些人會攻擊你的論點。因此，為使會議討論正常進行，會議主持人維持正向的基調 (keeping a positive tone) 就顯得相當重要。

提問與重述：批評他人的想法，會激起對方的防衛心態、浪費時間、產生負面氛圍…等。即便聽起來愚蠢的意見，可能都有其價值。因此，要他人澄清觀點的最好方法，就是重述式的提問如：

「你為何認為我們應該讓吳六走 (離職) 呢？」
「這樣，當你下週放假時，誰來顧店？」

當面對明顯有敵意或愚蠢的意見時，重述而要求澄清的方法也很有用如：

「聽起來，你好像是說吳六沒做好他的工作？」
「所以，你認為當你休假時，由我們來顧店嗎？」

重述式的發問，至少有兩個作用。一是驗證你瞭解的正確性，如果是誤解，則提出意見者可能會更正你如：

「我不是認為吳六沒做好他的工作！我只是認為我們不需要投入那麼多人力。」

其次，即便你的瞭解是正確無誤的，重述提問也能要求他人更進一步解釋他提出的觀點如：

「如果我們能找到某人能在我休假時輪值兩班，我也會作出同樣的回報的。」

強化成員意見的價值：無論提出的意見或觀點是好是壞，記住，任何觀點都有其價值。因此，你可以下列所謂的「三段式反應」，來強化成員提出意見或觀點的

> **職場提示：會議中重構抱怨**
>
> 問題解決會議中，因意見不同而產生抱怨是可預見的事，若會議中的抱怨未能處理得宜，則彼此間的抱怨就可能演變成成員之間彼此防衛心態，或甚至公開的敵對態勢。因此，會議中對抱怨的「重構」(reframing) 能將成員之間的抱怨轉化成較具建設性的方案。以下提出一些會議中重構抱怨的策略如：
>
> **將對過去的抱怨轉成對未來的希望**
> 抱怨　為什麼每次開會都要我們開車穿過市區？
> 重構　從現在起，你也想找出一種方法，讓大家參加開會的路程時間都一樣，對嗎？
>
> **將負面抱怨轉成正向的期望或遠景**
> 抱怨　我有事要做啊！這些長程規劃只會浪費我的時間。
> 重構　你想確定我們花在規劃未來的時間，真的能做出些不一樣的成果，對嗎？
>
> **將個人攻擊轉化成議題**
> 抱怨　她總是在顧客來找我時切進來，她這是在搶劫我的業務獎金啊！
> 重構　所以，我們需要確定我們有一套能明確化與顧客溝通的分際線。
>
> **將個人關切轉化成團隊利益**
> 抱怨　我有小孩在家，也沒人看顧！我沒辦法在臨時通知狀況下，在週末加班工作！
> 重構　我們都有工作以外的生活。讓我們談談如何在不干擾個人生活或耗竭精力的狀況下，處理急迫的任務與工作。
>
> 資料來源：Littlejohn, S., & Domenici, K. (2007). *Communication, conflict, and the management of difference*. Long Grove, IL: Waveland Press; Domenici, K., & Littlejohn, S. (2007). The affirmative turn in strategic planning. *OD Practitioner*, 39, 36-39.

價值如：

1. 承認觀點的優點與價值
2. 解釋任何對觀點可能的關切
3. 徵詢能改善觀點有效性的建議

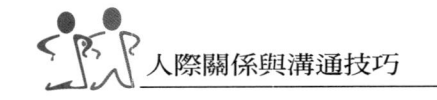

注意下列強化他人觀點的表示,如何能將看似沒價值的意見變成有價值的建議如:

「很高興你能提出對停車問題的關切,李四(承認觀點的價值)。但要求大家併車共乘不是會引起更多的不滿(平衡關切)?我們要如何鼓勵大家自發的願意併車共乘呢(原觀點上徵詢改善意見)?」

「你是對的,王六。你的部門真的需要人手(承認觀點價值);但趙大對這次人事凍結真的很認真(平衡觀點)。讓我們看看,如何能在不增聘人力的狀況下,想出些幫助你的辦法(原觀點上徵詢改善意見)。」

注意文化差異的影響:與其他溝通類型一樣,是否能有和諧、有效、有產能的會議,也要看文化而定。舉例來說,日本的問題解決會議,通常由一系列、一對一討論「根回」(Nemawashi)程序所構成。簡單的講,日式的「根回」是針對重要的議題,在會議之前即由與該議題有關的人,個別、各自地磋商,取得共識後,才逐級彙整、最終在正式會議上正式宣布而已。日式的根回,也反映其民族性,日本人不喜歡兩人談話時有第三者插入,兩人談話時也都禮貌性的避免直接表達,以維持彼此關係的和睦性。

8.3.3 結束會議

所謂「行百里者,半九十」,會議過程即便順利、融洽;但若結束得不好,則容易讓與會者對會議的印象完全改觀,會議決議是否會被尊重、執行,行動項目是否會被確實執行…等,都有賴會議是否能「正確」的結束。

何時結束會議

即便熟識的「戰友」許久未見,議題也都討論完成…大夥「談興」甚佳的狀況,該結束的會議還是要結束。會議的結束時機有:

1. 當規劃的會議時間將屆時:即便討論狀況甚佳,會議主持人還是應該在議題預期的時程結束討論,以免失焦的討論偏轉議題或引起其他與會者的不快。
2. 當缺乏繼續討論的資源時:這與會議前提醒與會者準備會議討論資源有關。當議題討論缺乏必要的資訊、或關鍵人物缺席時,議題即應結束討論,移至下一議

題。當所有議題都經過(不見得有結論)、再沒有可用會議資源(人、資料)時，即便會議預定結束時間還沒到，也應結束會議，避免讓與會者淪於無意義的空談。

3. 當所有議題都被討論過後：許多「習慣開會」的人會在會議結束時還繼續「社交」，若因此延誤了會議時間，會造成其他與會者不悅或不快。因此，會議主持人「有義務」在議程將臨結束時，彙整會議的結果後結束會議。

如何結束會議

好的結束會議，也有三個步驟，通常是會議主持人的責任如：

1. 發出時間快到的訊號：一個時間快到的提示，能讓大家開始總結並想想還有沒有什麼必須要說的：

> 「會議還有 15 分鐘就要結束了。我們還要聽聽李四參加總部會議的報告。如果沒其他事情，接下來的時間，就聽李四的報告了。」

2. 總結會議的成就與未來行動：總結包括會議中傳達哪些資訊、制定了哪些決策，另也一樣重要的，是提醒參會者的責任如：

> 「下週五在台中舉行下次會議。我們將審查今天修改行程的執行狀況。錢二明天第一件事情，就是將修改後的行程複本傳給每一個人。孫三請記得預訂較大的會議室。請大家都好好準備下週五的晚餐會吧。」

3. 感謝與會者：感謝每位與會者的貢獻，不只是禮貌而已，它也有助於大家於未來(會後)的表現。除了感謝所有參與者外，對有特殊貢獻的與會者，也值得特別提出如：

> 「今天我們真的完成很多事情，要感謝大家的貢獻。錢二，要特別感謝你對行程修正所付出的時間與心力，若沒有你，這次會議沒辦法達成那麼多的！」

8.3.4 會議跟進

除了確定會議決議能被確實的執行、也獲得期望的結果，會議才算真正的成功。確定會議決議執行是否確實的過程，稱為會議的跟進 (Following Up the Meeting)，一套完整會議追蹤的程序應包含下列三個步驟如：

1. 準備與分發會議紀錄：會議追蹤的第一步，就是「**會議紀錄**」(Meeting Minutes) 的調製與分發 (給所有與會者及有必要看到的人)。所謂會議紀錄，是一份正式書面文件，記錄著會議舉行的時間、地點、與會者、(應到而) 缺席者、會議主持人與紀錄者、議題討論要點與決議、行動項目等。

   議題討論要點中所謂的「要點」詳細程度與是否要記錄等，有不同的看法。因會議紀錄屬組織內部的正式書面文件，其記載事項可成為法律要件。因此，會議過程中的討論，除非成員要求「列入紀錄」的事項外，一般傾向不記錄、只記錄議題的決議。若組織有要求記錄過程的政策，其詳細程度則是以「完整、簡要」為原則。所謂完整，就是讓沒參加會議的人也可看得懂議題討論的過程與決議；而簡要則是不含無關資訊、不逐句條列地直述議題核心。

   會議紀錄讓人可追蹤的部分，就是「**行動項目**」(Action Items) 的列表或陳述。行動項目記載著三個要件：「須採取的行動任務」、「任務承擔者」及「行動完成期限」。行動項目可脫離於每次會議的紀錄而自成一可追蹤執行狀況 (完成與否) 的表格，而於每次會議中提出審查與討論。

2. 為下次會議構建議題：大多數的會議，很少是一次就能解決的。團隊可能需要經常性地開會。因此，好的會議主持人 (無論這次或下次) 會在會議結束前，請成員協助規劃下次會議的議題，如必須解決的待辦事項、必須分享的進度報告、成員必須瞭解的新資訊…等，都可成為下次會議的議題備案。

3. 行動項目的追蹤：這是比較詭異的部分。首先是誰來負責行動項目的追蹤，通常是會議召集人或更為常見由召集人授權的會議紀錄者。在這次到下次會議期間執行一或多次行動項目執行進度的跟進 (Follow-Up) 與狀態更新，最遲在下次會議舉行前，將行動項目執行狀態彙整並交給下次會議的召集人 (或規劃者)。

   因有行動項目追蹤機制的設計，每個人才會認真地在期限前執行被指定的任務，能在期限前完成行動項目的人，在團隊的運作中，也較能突顯出其能力與聲譽。

8.4 問題解決的溝通

前曾提及,大部分的商務會議都是為了解決問題或決策而召開,而大部分的會議溝通技巧,也都針對問題解決與決策兩項目標。所幸我們已有許多經研究驗證過的方法可供運用,來提升會議的品質。

8.4.1 團隊解決問題的階段

研究者發現,在解決問題或決策的會議中,團隊或團體大多會依循一些特定的階段程序。早在 80 年代初,費雪 (Aubrey Fisher) 即辨識出團隊會議會隨著團隊發展階段而循環運作的四個階段:引介 (組成)、衝突 (震盪)、浮現 (規範) 及強化 (執行) 期,後人稱此為「**費雪模型**」(Fisher Model),如圖 8.3 所示:

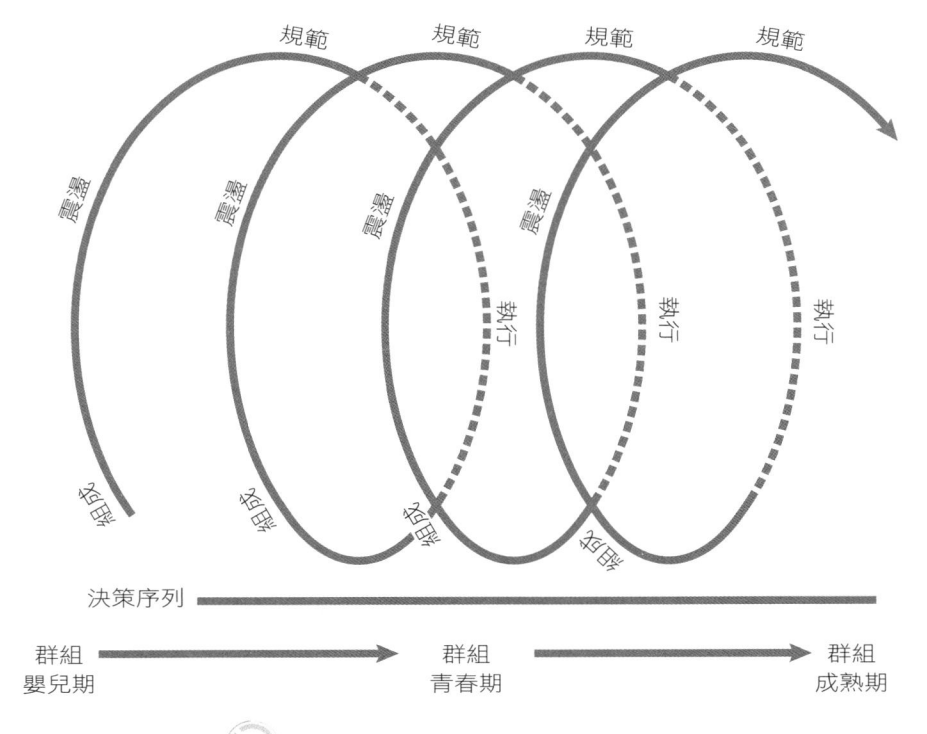

圖 8.3　團隊循環運作階段示意圖

引介期 (Orientation Phase)：又稱「組成期」(Forming)，來自不同部門的成員組成團隊，大家可能都不熟，因此，也很謹慎於發表論述，以免觸怒他人。引介、組成期的和平與安靜，通常象徵著「謹慎」而非「協議」。但組成期的運作也很重要，因為，團隊運作的「規範」，通常也在組成期中逐漸醞釀。

衝突期 (Conflict Phase)：又稱「震盪」期 (Storming)。成員開始對議題有看法與立場，因大家的背景、熟悉與專精的領域都不同，意見、觀點與立場的衝突，是顯而易見的。但如第 5 章所述的衝突管理，衝突不見得對團隊都是負面影響的！成員若能妥適運用衝突管理的溝通技巧，反而能提升團隊的運作績效。

團隊運作最糟糕的狀況，是成員無法脫離此「震盪期」，成員彼此堅持立場而不試圖尋求妥協或其他調適之道，直到時間壓力迫使「上級」作出決定，或表決作出多數決等。若衝突議題是靠表決或上級的決定而決定，事實上沒有哪一方會是滿意的！

好的會議主持人或團隊構建者，會利用衝突震盪期 (及接下來的「規範期」) 來疏導不同的意見、規範大家共同認同的言行準則，並朝向共同的目標而作出貢獻。

浮現期 (Emergence Phase)：又稱「規範」期 (Norming)。成員之間開始尋求能終止不一致、進而解決問題的方法。這階段成員之間會妥協、調適、發展出大家都能接受的言行準則。如「我能接受。」(I can live with that.)、「給它個嘗試機會吧！」(Let's give it a try.) 等說法，則常見於此階段的溝通。「和諧」是這個階段的表徵。

強化期 (Reinforcement Phase)：又稱「執行」期 (Performing)。與規範期成員可能對團隊決定仍有疑慮，只是藏在心裡不講，相對而言，執行期時，即便最初不見得贊同，但當團隊作出決策後，就全力支持。這是團隊發揮實力的主要階段。

在真實的職場中，團隊的運作要比上述「費雪模型」來得複雜得多，如同一團隊，可能同時承擔數種處於不同階段的任務。因此，面對不同階段任務的溝通模式也各自不同，團隊領導者的主要任務，就是將「執行期」之前三個轉換階段盡可能縮短，使團隊盡快進入「執行期」狀態、發揮效能。另如組織成員之間，可能經常性的組成團隊，成員對彼此的行事風格與個性都已瞭解，則可有效縮減「引介期」與「震盪期」；另若任務專業性質差異性不大，則約束大家言行舉止的「規範期」亦可縮短，也可由「組織文化」或「管理風格」等來取代。總之，若想要團隊發揮效能，應盡快進入「執行期」是重要關鍵。

表 8.1　團隊於問題解決循環運作階段的特性與原則指引

階段	成員行為	成員關切	高績效表現
組成	意見朝向指定的領導者 經常想到方向與需要澄清之處 成員根據在團隊外的經驗扮演其角色 表面化的議題討論	我為何被指派到這團隊？ 其他人為何被指派到這團隊？ 我能被其他人所接受嗎？ 我在此團隊的角色為何？ 我會有哪些工作？我能勝任嗎？ 領導者是誰？他或她有領導能力嗎？	任務、角色及權責明確 有運作架構 鼓勵平衡參與 辨識彼此的專業、需求、價值觀及偏好等
震盪	有些成員想獲得不匹配的影響力 形成次團隊或聯盟 被指派的領導者經常被成員挑戰 成員熱衷於評斷彼此的想法與人格	我有多少自主權？ 我能影響他人嗎？ 我在團隊的次序為何？ 誰是我的盟友？ 誰是我的敵人？ 我的想法在這能得到支援嗎？ 其他人的看法為何跟我不一樣？ 如此的激盪有必要嗎？	運用聯合解決問題技術 討論團隊對解決問題的想法 讓成員解釋他人想法的優點及如何能再改善 建立支持表達不同觀點的規範 阻絕個人或次團隊的主導意圖
規範	團隊建立起大家依循的規則與程序 成員偶爾公開表達出不認同的意見 團隊互動開始有「我們」及歡樂的氛圍 成員自覺要比其他團隊來得優秀 會有「集體思惟」(Groupthink) 的風險	我們應如何組織起來，以處理我們的任務？ 我應和其他成員維持何種距離(趨於接近)？ 我們如何和諧的運作？ 我們跟其他團隊比起來怎樣？ 我跟團隊領導人的關係如何？ 我們如何控制衝突與差異？ 我們如何構建使事情運作順利的架構？	挑戰團隊，打擊自滿 建立高績效的運作規範 對個人與團隊行動都提供正向、有建設性的回饋 鼓勵針對個人想法與關切的公開討論

表 8.1　團隊於問題解決循環運作階段的特性與原則指引 (續)

階段	成員行為	成員關切	高績效表現
執行	成員期待彼此之間坦誠的意見回饋 角色分工清楚，但成員之間會相互支援 成員公開討論並能接受差異 成員彼此間相互激勵，追求更好的表現	我們如何以此步調持續執行？ 我們如何分享彼此所學？ 當此程序結束後，我還能做什麼？ 我如何再找到像此團隊的好組合？	共同設定具挑戰性的目標 尋求擴展團隊能力的機會 會質疑傳統的假設、規範與執行方式等 發展持續自我評估的機制

8.4.2　強化創意發想

團隊的優點之一，就是創意發想的機會大增。[5] 當團隊成員對執行任務提出不同觀點與看法時，團隊獲得致勝解決方案的機會就大增。也有企業領導人如此說：「創新，是一種團隊運動。」(Innovation, is a team sport.) [6]

腦力激盪

我們都知道，在團隊中激發創意的最佳與實務作法，就是「腦力激盪」(Brainstorming)。腦力激盪此一名詞與運作方法，為美國廣告、創意實業家、理論家奧斯本 (Alex Faickney Osborn) 於 60 年代末期所創，其要點就是不強調一致性的鼓勵自由發想。如諾貝爾獎得主鮑林 (Linus Carl Pauling)[7] 所強調的：「創意的關鍵，就是許多、許多的想法，然後，丟掉那些不好的。」

腦力激盪有很多衍生的類型、也廣為運用於各種領域。但其基本的規則仍始終

5　參考 Carmull, E. (2008, September). How Pixar fosters collective creativity. *Harvard Business Review*, 86(9), 64-78.

6　參考 Rae-Dupree, J. (2008, December 7). For innovations, there is brainpower in numbers. *New York Times*, p. BU 3.

7　萊納斯卡爾鮑林 (Linus Carl Pauling，1901.02.28 － 1994.08.19)，美國著名化學家，量子化學和結構生物學的先驅者之一。1954 年因在化學鍵方面的研究取得諾貝爾化學獎，1962 年因反對核彈地面測試的行動獲得諾貝爾和平獎，成為獲得不同諾貝爾獎項的兩人之一 (另一人為居里夫人)；也是唯一的一位每次都是獨力獲得諾貝爾獎的獲獎人。

不變如：

1. 禁止批判：執行初期，禁止對任何概念的評估與批判。
2. 目標在概念的量而非質。
3. 考量概念之間可能的組合。

對腦力激盪健全的運作，也有領域專家提出下列意見如：[8]

1. 不要讓老闆先說。
2. 鼓勵成員當有想法時就說，不必等或按照次序。
3. 除了領域專家外，也邀請不同領域的人來參加。

除腦力激盪的運用原則外，目前的實務運作也已證實，以虛擬團隊執行腦力激盪的效果，會比面對面的團隊要好。再者，若能運用資訊科技，使概念的提出也「匿名」化，大家也比較能產出較多的概念。

名義團隊技術

當腦力激盪能產出大量概念時，NGT「**名義團隊技術**」則能產生較多高品質的建議。[9] NGT「名義團隊技術」之名，得自於參與者都是以團隊命名 (或即「匿名」) 且獨立、彼此不干擾的運作而來。NGT「名義團隊技術」的執行，通常包括 5 個階段如：

1. 每名參與者匿名寫下他 (對議題) 的概念或想法，由會議主持人蒐集。匿名書面表達，能讓較為沈默的成員，也能有表達好想法的機會。
2. 所有概念向所有成員展示 (可投影後貼在黑板上)。因仍處於匿名階段，每個人比較可以公正、客觀的看待每個概念。

---

8 參考 Thompson, K. (2008). *Six ways to kill a brainstorm*. Retrieved from http://www.masternewmedia.org/news/2008/04/23/how_not_to_brainstorm_your_htm
9 參考 Rietzschel, E. F., Nijstad, B. A., & Stroebe, W. (2006). Productivity is not enough: A comparison of interactive and norminal groups in idea generation and selection. *Journal of Experimental Social Psychology*, *42*, 244-251.

3. 成員開始討論各個概念；但禁止批判！此時的目標是澄清每個概念的可行性，而不是評估它們。
4. 每個成員再度以匿名方式，從最可行到最不可行的次序，對所有提出的概念排序、然後將結果再交給主持人彙整。匿名，可不受權威者或群體的影響。
5. 到最後階段，團隊成員開始針對得票較高的概念提出評判與討論，最後，以本章稍後會提及的決策方法，來選擇較適合的概念並付諸實踐。

顯然的，NGT「名義團隊技術」也同樣適合由虛擬團隊所運用。現代團隊套裝軟體的進步，使成員能匿名的於電腦上表達意見，而不受其他成員或群體壓力的干擾等。

腦力激盪、及 NGT「名義團隊技術」尤然，對相對不重要的議題而言，太花團隊的心力；因此，上述強化創意發想的兩種作法，一般只適用於重要的議題。匿名，除可保障每位參與者的表達權益外，另也較能避免不同意見爭辯、衝突對團隊造成的傷害。

8.4.3 系統化解決問題

團隊所面對與處理的問題類型，幾乎沒有任何限制。如我們如何縮減開支？如何擴張市占率？如何減少顧客的抱怨？設計一較好的員工福利制度？…等，每個團隊處理問題的方法也不盡相同。但多數的研究者都會同意，若能運用系統化的方法來解決問題，則較能發展出高品質的解決方案。

最知名的系統化解決問題的方法，是杜威 (John Dewey) 於將近百年前所發展出來的「**反向思考程序**」(Reflective-Thinking Sequence)，此反向思考程序發展迄今，已有許多不同的衍生型別；而其中最有效的型別包含下列 7 步驟程序如：

1. **定義問題**：一個團隊若不瞭解問題，則無從發展問題的解決方案。有些問題顯而易見，如專案行程延誤、成本超支或客戶要求產品規格的變更…等；但有些問題的陳述卻很廣泛 (因而「空泛」！) 可以「求證」的問題 (Probative Questions) 鼓勵或要求對問題更進一步的闡釋與解說如：

空泛的問題陳述	較佳的問題陳述
我們如何降低員工離職率？ （範圍太廣！）	我們如何降低新進員工的離職率 （確定問題範圍）
我們如何提升辦公室士氣？ （士氣不是真正的問題！）	我們如何降低對工作太多的不滿抱怨？ （更清楚定義問題）

2. 分析問題：於此階段，成員開始探索問題的肇因及其影響程度。如成員之間可以自問：(1) 問題有多嚴重？(2) 為什麼要解決這問題？(3) 是哪些因素導致此問題…等。

   分析問題時，也可從正面的角度看問題能帶來哪些好處如：(1) 哪些資源或力量(機會)可供運用？(2) 這些機會如何能協助我們？及 (3) 我們如何強化這些機會…等。

   如「我們如何降低對工作太多的不滿抱怨？」這問題的分析，可能會發現這些抱怨只發生在某特定職位上的員工，必須在下班前彙整大家一天的工作…等，這些員工其他時間的工作量也不見得多…等！如能以正面態度處理這樣的問題，讓這些員工覺得能彙整大家的工作是受大家尊重、榮耀的工作…時，或許他們也就不會在意一時工作量的激增了。

3. 建立方案評選準據：與其直接朝著發展解決方案，還不如花些時間，先建立方案評選的評估準據。所謂的「準據」(Criteria)，是一好的問題解決方案所應具備的特質、並可以某些量化數值來比較評估。舉例來說，方案由誰核准？成本的限制為何？需要滿足的期限為何？…等，都是實務上可設定為方案評選準據的參考依據。若不定義理想解決方案的評選準據，則成員花在發展解決方案的時間與心力，都可能因為「無法被接受」而浪費！

4. 產生問題解決方案：這是運用創意思考技術如腦力激盪的步驟階段。此階段最容易發生的風險，是成員只在意一或兩項問題解決方案而堅持、爭論不休，而不去審視、發展其他可能的解決方案。因此，只產生、不評斷或具體地講「前期著重產生、後期再評選」的腦力激盪技術，是最適合產生大量問題解決方案的可用技術。

5. 選擇最佳方案：一旦團隊成員發展出所有的可能解決方案後，接下來就是以步驟

3 建立的方案評選準據，對每項方案實施評分，得分最高的方案，就是「**最佳替選方案**」(Best Alternative)。除以評選準據選擇最佳方案外，也可以質性的判斷方式，來評斷可能**替選方案** (Alternatives) 如：

   (1) 方案是否可行？好的方案、但超出團隊的能力之外，也只是「理想但不可行」的方案。不可行的方案必須修改或直接棄置不用。

   (2) 方案是否能產生所有希望的變化？如果方案僅能解決問題的部分，則在未修正完善 (解決所有的問題面向) 前，不能成為替選方案。

   (3) 方案實施後是否會有不良後果？能解決眼前問題、但會衍生其他問題的方案，是終究不值得採用的方案。

6. 方案的實施：找出最佳方案只是規劃作為的最後一步，接下來，就是要付諸實踐了。付諸實踐也可視為「**行動計畫**」(Action Plan)：「誰需要在何時完成何事？」(Who need to do what, and by when?) 的執行，另通常在行動計畫之外，還必須有「**應變計畫**」(Contingency Plan) 的配合實施。所謂的應變計畫，就是對可能發生的風險如工期超過預期、專案超支、客戶需求改變、重要關係人的傷亡而無法任事、發生 (能預期) 的天災如地震、颱風…等，或發生 (不能預期) 的災難如恐怖攻擊、城市大規模突發災難…等的應變計畫。

7. 結果的追蹤：即便最佳的想法，在實際狀況也不見得能有效發揮作用。因此，團隊成員，必須在方案的實施過程中，持續的追蹤、監控結果，並檢討有無任何可修改的必要。

8.4.4　決策方法

意見不同對團隊而言，可能是健康、且於解決問題程序中常見的部分；但遲早終究須作決定。如同加拿大企業講師包姆 (Joel Baum) 的形容：「如何做決定與做何種決定一樣重要！」[10] 你的決策程序，將會影響團隊成員如何看待你的決定，是興奮、承諾；或是不滿、不買帳…等。因此，會議主持人或規劃者，必須瞭解會議最後制定決策可用的方法，才能讓決策實際付諸實踐。

10　參考 Baum, J. A. C. (2003). *Running an effective team meeting*. Retrieved from http://www.rotman.utoronto.ca/~baum/mgt2003/meetings.html

共識決

共識決 (Consensus) 的理論意義，是所有人都同意的決策；但這在實際狀況不太可能發生。共識決 (對會議討論與決策) 的實際意義，是「大家都願意支持」的決定。即便部分成員最初的想法不見得是此決策方案，但經討論決定後，確定對團隊有最佳的預期結果後，雖不滿意但可接受的支持。

不同文化對共識決有不同的態度。如英國、荷蘭等地的商務人士，相當重視「同舟共濟」(Group Must be Aboard) 的精神與價值；另一方面，德國、法國及西班牙等國的商務人士，則較偏好「強而有力領導者」的決策模式，認為「共識決」反而是一種軟弱無力 (wishy-washy) 的表現。

共識決有其缺點與優點。主要缺點是共識決策相當耗時，它需要決策成員之間的團隊精神，能容忍彼此暫時意見的不一致，對其他不同意見的尊重與雙贏心態⋯等；但一旦形成共識決後，成員的支持 (或配合) 度相對較高，其決策品質也較高、較能兼顧所有利害關係人的權益等。

由於共識決不太容易實施，因此，通常僅適合運用在議題重要性較高、且須成員之間高度的認同 (或協議)，值得成員花費時間與心力去達成共識協議的情境。

多數決

當共識決需要所有團隊成員的同意時，**多數決** (Majority Vote) 可較快速、較容易的達成，只要超過半數以上即可。

多數決通常僅適用相對不重要的議題上；對重要議題而言 (尤其是小群體)，即可能不適用。即便多數同意，在重要議題上造成少數的不滿，此重要議題的推動與執行，必然仍會遭受許多「不配合」的阻難的。

少數決

少數決 (Minority Decision) 的狀況跟多數決相反，決策是由一小群或甚至只有一人決定，但卻是絕大多數商業運作的決策情境。如上市公司董事會中的決策小組或決策委員會，代表董事會制定決策。

只要較大群體 (如董事會) 對決策委員會的決策「有信心」，少數決的決策模式就可正常運作。少數決並不依賴較大決策群體的「創意思考」，反倒是少數決策者個人的素質比較重要。但通常能躋身決策小組的人，通常都具備有決策所需的才

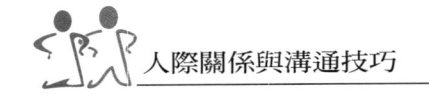

能與經驗。

專家意見

當決策議題涉及專業性時，以專家的意見為決策，通常是較合理與保險的選擇，另對專家決策有如此的說法如：「若你想團隊贏得跳高比賽，找一個能跳 7 公尺的教練，要比找七個能跳 1 公尺的好！」顯見專業的意見能決定決策的品質！但須注意，中國俗諺也有「三個臭皮匠，勝過一個諸葛亮。」這說明若能同心協力地集思廣益，三個臭皮匠也能提出比足智多謀諸葛亮還周到的計策。

上述對比，說明採用專家意見必須注意的事，首先，要解決「誰是真正的專家？」這個問題，在一領域裡的年資、甚至經驗，都不見得能保證其專業性！事實上，商務 (與其他) 領域中不乏很多「資深笨蛋」(old fools)：只活在他們感覺自在、但已落伍的世界裡。即便某人真的是領域專家，但也需要其他團隊成員的認同，其決策才能獲得其他成員的支持與配合。最後、也最不幸的，現代大多數所謂的專家，並不配專家這個頭銜；而真正的天才、通常就因為平常的「曲高和寡」而不獲得人注意與重視！

權限

除了少數決模式外，大多數商業群體的決策，通常只是「權限」(Authority Rule) 的劃分而已。所謂的權限，就是「領導者做最終的決定！」

權限並不意味著專制、集權 (autocratic)，領導者決策前，可先徵詢部屬的意見，最終由領導者做出決策。這樣的決策品質通常也不錯，也能獲得群體成員的支持與配合。權限決策徵詢下屬的意見倒有一項先天性的缺陷，那就是若意見不被採納，意見提供者通常會覺得失望、甚至引發不滿情緒，以後要再徵詢其意見時，通常就不會配合。因此，領導者若不採納某人建議的意見時，要注意「回絕」的善意互動。

決策方法的選擇

每一種決策方法，都各自有其優點與缺點，在選擇採用哪種決策方法時，須參

照下列影響因素而決定如：

決策的類型？決策可由一、兩位專家所決定，或須由組織權限來決定等狀況，加入其他(不相關的)成員就顯得不適合。但若眼前的任務須有創意、需要不同來源的各種不同資訊，則整個團隊所有成員的投入決策，也能讓決策品質大幅提升。

決策的重要性如何？細瑣的問題，不需要勞師動眾的召集大家來參與決策；但重要的議題，則最好能讓所有有關係的成員(甚至團隊之外的關係人)參與決策。

有多少可用的時間？若決策可用時間甚短，通常沒辦法徵詢所有成員的意見，這在一般商務狀況甚為常見，尤其是某些須徵詢意見的人不在辦公室或出差！即便所有成員都在，但徵詢所有成員的意見所需的時間與心力，通常也不是一般決策可負擔的「豪奢」！

成員之間的人際關係如何？重要的決策，也不見得適合召集所有成員參與，尤其是成員之間有「不和」的狀況！雖然這不是個健全的團隊建構結果，但在一般商務狀況也很常見。如果議題的討論或辯證，有助於解決成員之間的不和，則決策會議過程中的鐵與血，也是值得的！但若只會把關係搞得更僵，則最好思考其他的決策方法。

重點回顧

- 開會，組織中相當平常，但通常卻是相當耗費時間與花費的。
- 開會至少能滿足下列某些目的如：資訊分享、解決問題或決策，或進行某些儀式活動等。
- 虛擬會議，對領導人與參與者都帶來了優勢與挑戰。
- 會議，僅在下列情形適合召開如：眼前工作超出一個人的負荷，需要多人的努力，有待議多重選擇方案或可能造成誤解或抗拒時。
- 會議議程，應在會議之前發佈，除宣布會議的時間、地點、與會者、背景資訊、會議目標…等之外，也應提示與會者會議前應做些什麼。
- 只要與會者在會議時能彼此發問與重述，強化他人意見的價值，並有文化警覺性時，會議的調性就能維持正向與積極。
- 會議應在規劃時間已到，當團隊缺乏繼續(開會)的資源，或當議題都處理完成時就應結束。會議主席應提示會議時間

- 將屆，總結會議要點與未來的行動後，感謝與會者的貢獻。
- 會議主持人在會議結束後的責任包括準備會議紀錄、建構下次會議的議程、追蹤其他成員的行動，並表彰與會者(與其他成員)對會議結論的承諾。
- 團隊運作的階段性步驟如組成、震盪、規範及執行期。團隊領導人應盡量壓縮組成至規範期的時間，而讓執行期盡早發揮功效。
- 解決問題的創意方法，包括腦力激盪及NGT「名義團隊技術」。
- 以系統化的方法解決問題，並運用最好的決策方法(共識、多數決、少數決、專家意見等)，能使團隊有效運用時間、產生能讓成員支持的結果。

PART 4

有效的展演

展演的規劃與發展 CHAPTER 9

學習重點

1. 在完整的情境分析後，發展一特定展演的有效執行策略。
2. 辨識出特定講演場合的一般與特定目標。
3. 根據講演的情境分析，發展出一清晰的論述。
4. 適應目標與聽眾需求展演的規劃與發展。
5. 創造有效的開場引介與有力的結語。
6. 學習如何以轉換聯接展演引言、主體與結語。

不管你在哪一行業，也不論你的職務為何，跟人說話(本章以下通稱「聽眾」)是每天工作與生活的重要事實。如業務員向顧客作產品的展示，品牌經理向所有管理階層提出一新產品的提案，部門主管向上級報告目前運作狀態或向部屬宣布公司的新政策，電腦專家向員工介紹新軟體的運用方式等。**展演 (Presentations)** 在職場與生活中無處不在。表 9.1 列舉了一些職場中勢將碰到的展演類型與其範例。本書第 12 章則將介紹一些特定場合的展演。

表 9.1　一般展演類型與範例

展演類型	範例
宣布訊息與簡報	新健保申請程序的宣布
介紹	健保福利計畫資訊的提供
訓練計畫	新裝備或軟體的操作訓練
研究與技術報告	市場調查結果的(口頭)報告
進度報告	各月銷售額的狀態報告
民間與社會性展演	地方服務機構的演講
研討(年)會展演	報告公司的技術突破
電視、廣播訪談	公司對公安意外或合約爭議立場的說明
介紹	將新員工介紹給同事認識
行銷展演	向潛在顧客展示產品或服務
專案或政策提案	向管理階層提報新的差旅政策
尋求資源	向金主提出借貸要求
儀式	資深員工退休茶會的演說

職場中有些展演是須穿著正式服裝、面對大群聽眾的正式展演，但大多數的展演則是相對的僅向一個或少數人的非正式展演。如果你到老闆辦公室說：「你有空嗎？我有一些縮減開支的想法向您報告。」你就正在安排一次展演。其他的展演情境還包括如你教導員工如何使用資料庫，向新近員工介紹公司的組織架構，或向上級解說你為何需要更多預算⋯等。

即便你寫了一份書面報告，但多數情況上級會要你作一下簡單的口頭報告。而你展演報告的品質，攸關未來職涯發展的成功與否。事實上，你的口頭報告也將決

定書面報告的品質，口頭報告說得好，別人才有興趣細看你的書面報告；但若口頭報告得不好，書面報告寫得再好，也不會有人想看！更甚者，由於展演具有高度公開的特性，你的聲譽與可信度，就靠你在眾人面前的表現決定了。

口頭展演的重要性更甚於書面報告。當人們看你的書面報告而有問題時，若沒能聽到你的口頭展演，可能過了一陣子就會直接拒斥書面報告。事實上，書面報告的提案或建議，從來也不會在沒聽到口頭解釋前而獲得批准。

不同的展演對展演者的要求會不一樣。舉例來說，業務員對一個客戶的展演，聽起來會像是對話，客戶會打岔、回應…等；但在一次面對幾百人的展演，聽眾的詢答 (Q&A) 則通常會安排在展演的最後階段。不管展演的類型為何，成功的展演，都需要對展演架構與內涵作細心的規劃，而其規劃程序則大同小異。本書 9-12 章，將介紹你在職場中所有可能碰到的展演。

9.1　情境分析

儘管只有一句話，在面對聽眾說出前，你都必須先分析展演的情境。你覺得吸引人的內容，別人可能覺得無聊或刺激！因此，展演規劃的第一步，就是分析展演的情境，這包括三個因素的考量如聽眾、展演者 (你) 自己及展演的場合等。

9.1.1　分析聽眾

俗諺說的「對症下藥」(Different strokes for different folks)，正適合形容展演的情境分析。能掌握情境仍不夠，你還需要讓聽眾瞭解與接受你將在展演時提出的概念。有人曾這樣形容如：「心中無聽眾的展演規劃，就好像給「敬啟者」(To Whom It May Concern) 寫一封情書一樣！」

美國汽車業大師艾科卡 (Lee Iacocca)[1] 也曾強調聽眾分析的價值如：

能用他們熟悉的語言與人們對談是重要的。如果你做得好，他們會說「天

---

1 艾科卡 (Lido Anthony Lee Iacocca) 義大利裔美籍企業家。先後擔任過「福特」和「克萊斯勒」汽車公司總裁。福特經典車型「福特野馬」 (Ford Mustang) 開發負責人。克萊斯勒總裁期間成功將公司轉虧為盈，獲得「國產業界英雄」的稱號。近年來，業界或學界也常用「艾科卡」來比喻：「將公司經營轉虧為盈的企業家」。

啊！他說的跟我所想的一模一樣！」當他們開始尊敬你後，就會到死都追隨你。他們追隨你的原因，不是因為你有某些神祕的領導氣質，而是你「追隨著」他們。

你可藉由下列有關於聽眾的自問自答，來協助你安排你的展演材料，以符合他們的興趣、需要與背景：

誰是關鍵聽眾？並非所有聽眾都同樣重要，關鍵的聽眾是那些有權同意或反對你主張的人。關鍵聽眾並不一定是主管，讓其他聽眾尊重且言聽計從的資深員工，也有可能影響你的展演結果。辨識出這些關鍵聽眾，並針對他們的興趣、需求、態度、甚至偏好偏見等，規劃你的主張與訴求。

辨識關鍵聽眾在多數狀況很簡單，單位主管當然比實習生重要。但「閻王好見，小鬼難纏」也告訴你，在展演前最好能作些約訪調查，以確定誰是意見領袖或決策者。

他們已經知道多少？一群專家不需要你對他們做背景介紹，你若堅持背景說明，會讓他們覺得無聊或甚至覺得遭受侵犯的不受尊重！但對一群毫無概念的聽眾而言，若不提供背景資訊，卻會讓他們迷惑(同樣的無聊及不滿)。

因此，要知道聽眾知道多少，最好問「他們還不知道什麼！」並心裡準備著在實際展演時能察言觀色，若聽眾顯然已經知道你所說的(低頭看資料、彼此交談…)，

職場提示：規劃一展演需要多少時間？

馬克吐溫曾說過：「為說好一場即興演說，我通常要花上三個禮拜的準備時間。」這說法顯示了所有展演都必須重視的事實：成功的展演來自於謹慎的規劃，而規劃，是需要時間的。

多數的演講專家會運用「一分鐘一小時」原則(Hour-per-Minute Principle)：即一分鐘的演說，要花上一個小時來準備。

你如何運用準備展演的時間也很重要。多數的演講專家會建議專注於聽眾的分析上。你花在瞭解聽眾的時間，能幫助你順利發展出展演的目標、論述及規劃策略等。總之，展演如同運動員一樣；花在規劃與練習的時間，是競技獲勝的投資！

簡化或甚至略過這段說明，直接跳到能讓他們眼睛一亮的看著展演者，那可能就是他們不知道的起點！

他們想知道些什麼？與成功溝通的要領一樣，始終專注於聽眾的興趣與需求、而不是你的！因為缺錢而向老闆要求晉升，顯然不如展現你在新位子上能為公司創造更多利潤來得有說服力！成功的業務員，能展現他的產品如何能滿足潛在客戶的需求，而不是吹噓自家的產品有多好…等。

聽眾的職銜可以提供一些他們想知道什麼的線索。如工程師、財務或業務專員等專業聽眾，可能會想聽他們領域中的技術涵義；但非專業的聽眾，可能就會對你的詳細技術解說覺得無聊。不必驚訝，絕大多數的管理階層，都歸屬於此「非專業」屬性，「給我個簡潔的說明，一個時程及成本估算！」是大多數管理者面對展演時的態度。

他們的偏好是什麼？聽眾的特質與偏好，也會影響展演的成敗。聽眾希望展演是正式或隨意的？幽默或拘謹的？節奏快速或鬆緩的…等。

聽眾的偏好有時難以預測！但仍可以事前的調查略知一二，如組織文化、他們對外人員的展演習性，通常即反映出組織對展演型式的偏好。

哪些個人基本特質最顯著？聽眾群的人口統計變項，對展演的規劃也有影響。如聽眾群的「性別」，雖然現代的職場與社會已相對平權，但對多數是女性場合的展演，展演者最好嚴謹些比較好。

聽眾群的「年齡層」也會影響展演的規劃，如保險業務員，對年長的聽眾群說明退休保險，會比儲蓄險要好。

聽眾群的「文化背景」，在現代國際職場的展演特別需要考量。你的論點、舉例及運用話術等，都要避免對不同文化族群可能的不尊重。最低程度，要確保對所有不同文化的尊重。舉例來說，對外國人展演時，要避免「這是我國習慣的做法」的盲目愛國心！

聽眾群的經濟狀況，在行銷展演時尤其重要。財務允許的聽眾群，才會對你所主張的提案與特性感興趣。

並非所有的聽眾基本特質對所有展演都有一樣的重要性。如對目前最新技術的發展狀況演說，應考量聽眾群的職業(他們是否為同行)與知識水準(是否同屬該工程技術領域)。此時，聽眾群的性別、年齡層、文化背景及經濟狀況等的影響性，

職場文化：瞭解國際聽眾

下列是一名將調任亞太區業務總裁對一級主管所擬定演說搞的部分如：

我很高興有此機會跟亞洲部門所有同仁一起工作。雖然過去我也曾在許多亞洲公司工作過，但現在能在亞太業務工作，仍是一次令人興奮的機會。當我在美國西區擔任行銷主管時，我們對總公司的營收貢獻很多。我相信亞太區也能對總公司與股東們創造更多的獲利。我和內人非常期待在此的生活，並希望能瞭解你們更多。

這個演說，對美國的管理者看來，並沒有任何不妥。但對這些「亞太」區的主管們，聽的感覺可能就不一樣。當然，他們不會公開表達出他們的感想，但他們可能這樣詮釋著如：

- 他很自豪於他自己過去的成就。
- 顯然的，他並不瞭解我們這過去做了些什麼！
- 他為何在這正式場合談獲利？難道我們只為股東獲利而存在？
- 他把亞洲看成一個地方了嗎？
- 他為何提到他太太？

讓一群員工像上述情形看他們的管理者，不是一個好的自我介紹演說。這些在與下屬初次見面時形成的印象諸如自吹自擂、傲慢、短視…等，需要花很多善意、時間與精力等，才能消除的。更糟的，地區員工對空降的主管，通常有一種先天的抗拒。因此，外派國外擔任主管時，對當地員工特質的瞭解，是相當重要的。

資料來源：Gundling, E. (2007). Twelve people skills for doing business across borders. *Employee Relations Today, 34*, 29-42.

可能就不那麼重要。

聽眾數量有多少？聽眾的數量多寡，對展演的規劃有基本的影響。如你要準備多少份講義？你的視覺輔助工具 (PowerPoint 簡報、字板、圖形、表格等) 要做多大？你有多少時間做 Q&A 詢答？…等。當聽眾數量越大時，你所考量的因素及其範圍就越大，展演的態度也越趨於正式。如當面對百餘人演講時，斜靠在椅子上的態度會顯得輕忽；但在對僅四、五人做狀態報告時，站在講台後的正襟危坐，更顯

得荒謬。

聽眾的態度為何？在規劃展演時，要考量聽眾的兩種態度，第一，就是對你身為展演者的態度。藉藉無名的展演者要讓聽眾覺得興奮、想聽，需要一點努力與時間累積；但資深的展演者，若其過往展演紀錄不良，也很難引起聽眾的興趣。

聽眾的第二種態度，就是針對展演的主題。這與聽眾的需要與利益有關。如果展演的主題跟聽眾的興趣、利益等無關，就很難吸引他們。

有一種方法可發掘出聽眾的態度——及爭取他們對你將提出概念的核准與支持——在展演前先與聽眾見面。一資深專家說明他如何運用此原則如：

> 當我要向客戶或老闆提案時，我通常會先找機會，跟他們坐下來談談，並測試我提案的可行性。然後，回去後，我會開始設計下一步的展演材料，要不就是先強化他們的支持態度，要不則是對他們的負面、質疑提出解決方案。

除了人際接觸外，你也可以在「網上」對聽眾的態度先做一些功課。即便並非聽眾自己的本意，也沒有刻意避免個人資訊外露，也不是遺世獨居⋯，你通常可在網際網路的公司網站、部落格、社群網站等，瞭解聽眾的個人特質、偏好，甚至對某些議題的態度等。一個審判顧問對此有傳神的說明：

> 在一個大案子選擇陪審員時，如果某個陪審員對某事有某種態度，那我就要知道他的態度是什麼？⋯任何人若在網路上找不到任何資料，那你就無法掌握他！[2]

9.1.2 分析身為展演者的你

沒有兩個展演是完全相同的。你當然可以從他人的展演中，學習他人展演的強

---

[2] 參考 Williams, C. J. (2008, September 29). Jury duty? You may want to edit your online profile. *Los Angeles Times*, p. A6.

> **個案研究：向長者行銷：聽眾分析或欺騙？**
>
> 營業超過 13 年，創業家克拉克 (Tyrone M. Clark) 創設了「年金大學」(Annuity University)，這兩天的工作坊專案，訓練了超過 7,000 名以上的業務員，向資深市民銷售年金保險。但在 2002 年末，麻州政府對克拉克發出停業命令，並控訴年金大學以昂貴、複雜的年金政策欺瞞長者，讓他們購買年金保險。
>
> 根據華爾街期刊的報導，克拉克對州政府的控訴，有如下辯解如：
>
> - 過度簡化銷售投資保險。克拉克說到：「如果你想以精美圖表、文件及複雜的語言加深他們的印象，你是浪費你的時間！」他建議：「只要告訴他們，它是安全、有保證的就夠了。」
> - 運用恐懼訴求。「長者因恐懼、氣憤及貪心而茁壯。」克拉克說：「告訴他們他們的財務規劃都很糟！這樣他們會想：『噢不，我都搞錯了。』」
> - 藉由提供免費餐點，吸引退休長者參加銷售說明會。
> - 從投資者的關切點切入。在說明會上，長者們會表達出他們的關切點如稅務、社會安全、保險及資產保護等。銷售員則鼓勵長者約定一次銷售面談，來處理他們各自的關切。
>
> 資料來源：Schultz, E. E., & Opdyke, J. D. (2002, July 2). Annuities 101: How to sell to senior citizens. *Wall Street Journal*. p. C1, C10.

項；但正如幽默或髮型一樣：適合別人的，不見得適合你！所以，完全參考他人的展演風格、型式…等，是展演規劃最大的錯誤之一。當發展你自己的展演時，確定要考量下列項目如：

你的目標：第一個要問自己是「你為什麼要說？」你有興趣想接觸聽眾中的某人或某一小群體？你想要關鍵聽眾在展演後想些或做些什麼？你如何知道你的展演是成功的達成目標…等。

你的知識：你當然應該對你所要展演的主題有足夠的知識，甚至應該是這領域的專家。但即便是領域權威專家，在展演前，最好對展演主題再作一次確認，最近有沒有新的發展。

如果你的確需要更多的更新資訊，千萬不要以為自己知道夠多、而沈浸於安全

的假象中。現在的過度準備，總比展演時看起來像個傻子要好！英國前財務部長克拉克 (Kennethe Clarke)，在他某次參訪英格蘭北部工業城康塞克 (Consett) 時，就犯了「像個傻子」般的錯誤。他讚揚康塞克「有歐洲最好的鋼廠」。但實際上康塞克的鋼廠已在 15 年前關閉、並造成 3,000 名員工的失業！為彌補他的失言，他再引述康塞克另一家拋棄式尿布工廠，是世界尿布市場的主要競爭者；但那家尿布廠在他展演前的兩年也關場了！

你對主題的感覺：行銷學中的一項公理：「如果沒深信不移，你無法銷售任何東西！」研究也顯示，真誠，是演說者最大的資產。當你對一主題有興趣時，你的行銷技巧自然而然就會改善：你的聲音更具表現、說服力，你的動作更自然，而你的表情也自然流露出熱情。從另一個角度來看，若你並不關切自己的主題，聽眾會知道並想著：「他都不相信了，為何要我們相信？」

要測試你對主題是否真誠、熱情，就問自己是否真的關切聽眾是否瞭解或相信你將說的！如果你覺得「沒差！」或「熱情有限！」那就最好對你的主張另尋一個新的概念或表達主題的方式。

9.1.3 分析情境

即便你的分析讓你對聽眾有一完整的認識，但也不保證你能有效的執行展演。你還必須考量你的規劃是否符合展演「當時」的「情境」(occasion)。情境的考量因素有下列幾項如：

設施：圖 9.1 是你在很多禮儀或展演書籍上可找到的座位安排方式。除了座位的安排方式外，你還必須考量在會場上有無足夠的座位？有哪些裝備可供你運用？或是否會有讓聽眾分心的背景噪音…等。

上述的自問自答相當重要，若對設施的潛在問題沒預作反應，則「**墨菲定律**」(Murphy's Law) 勢將找上你的展演。有經驗的展演者，都會在事前先去「勘查」展演的場地、設施及裝備的可用性，最好也實際演練展演的過程，並準備好任何突發狀況 (如停電、電腦停擺) 的應變方式等。

時間：展演規劃於時間的考量有二，第一，是你展演在當天的時間。通常早上十點開始 (其次是下午一點開始)，聽眾會較有精神也不那麼緊張；千萬不要在上班一開始或快要下班前執行你的展演。剛開始上班的時間，一般人的心理還沒準備

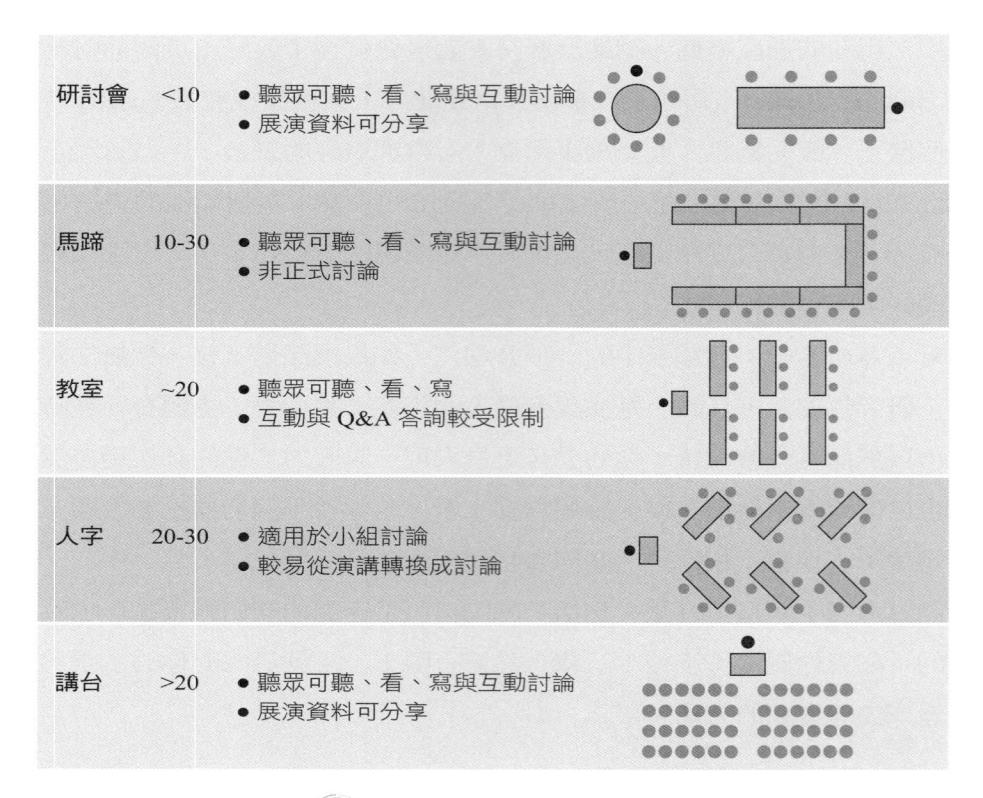

形式	人數	特點
研討會	<10	• 聽眾可聽、看、寫與互動討論 • 展演資料可分享
馬蹄	10-30	• 聽眾可聽、看、寫與互動討論 • 非正式討論
教室	~20	• 聽眾可聽、看、寫 • 互動與 Q&A 答詢較受限制
人字	20-30	• 適用於小組討論 • 較易從演講轉換成討論
講台	>20	• 聽眾可聽、看、寫與互動討論 • 展演資料可分享

圖 9.1　座位安排的選擇

資料來源：Morrisey, G. L., Sechrest, T. L., & Warman, W. B. (1997). *Loud and clear: How to prepare and deliver effective business and technical presentations* (4th ed.). Cambridge, MA: Perseus Books.

好，而快下班的時間又容易心不在焉。此外，展演在一週五個工作天內，不要在週一上午或週五下午，其他工作天的時段則都可以。

有關展演時間的第二個考量，是展演的時間長度。職場中的展演通常是簡短扼要的，要看展演對象 (聽眾) 的要求而定。如洛杉磯一個大賣場的老闆，通常只給潛在的供應商 20 分鐘時間展示他們的產品。他表示「我會直接刪掉遲到或超過時段的人。我的經驗告訴我，不能遵守規則與期限的人，都是不可信的！」另一位業務經理也強調在預定時間內說出重點的重要性，他說：「如果不能在 6 分鐘內表達出重點，這個人的時間也用完了！」

脈絡關係：如同第 1 章中就提過，上下前後的脈絡關係，也會影響到你要說什麼、要怎麼說。舉例說明，如果是一次**群體展演 (Group Presentation)**，你的同伴要

在你之前或之後說，當然會影響到彼此展演內容的規劃。

目前正發生的事件也會影響你的展演。如果在公司剛遭受到一次嚴重的財務損失，而你也正打算向公司高層提出一個新的預算提案。那你最好準備展示你的提案能如何協助公司消減開支、而非增加預算！

9.2　設定目標與發展論述

在展演的規劃程序中，最必要且重要的步驟，是定義你的展演目標－你打算達成什麼？沒有清晰目標的展演，必然失敗！

沒有規劃與組織的展演，就好像把你蒐集到一皮包的文件倒在老闆的桌上。你當然想要邏輯陳述事實，展示精美製作的圖形、圖片，運用機智與技巧如演員般的演說…。在沒打算贏得肯定、讚美、沒抓住最佳時機前，不要輕易展示！老闆通常沒有時間聽長篇大論，能在極短時間讓老闆驚艷的展演機會，通常只有一次！就把展演當成所有重要商業作為一樣，做好準備、隨時把握這一次機會吧。

9.2.1　一般與特定目標

在定義你的展演目標時，有兩種目標要考量：一般目標及特定目標。一般目標 (general goal) 正如其名稱所示，是你想達成什麼的廣泛指引。一般目標通常又可區分為：提供資訊 (informative)、說服 (persuade) 及取悅 (entertain)。好的展演者通常會選定一種主要的一般目標，同時也希望盡量能達成其他兩種。舉例來說，人事主管在向新進員工說明如何填寫保險申請書 (提供資訊) 時，盡可能的以幽默、好笑的方式來表達 (取悅)。

提供資訊：提供資訊的展演目標，一則在擴充聽眾的知識，另則在協助他們獲得新的知識或技能。職場中的教育與訓練，都是提供資訊型的展演目標。

說服：說服式展演的目標，是希望能改變聽眾的想法或行動。銷售，是展演企圖達成說服目標的最好範例。

取悅：好的展演通常希望能達成取悅聽眾的目標。如在一聚會上致歡迎詞，或

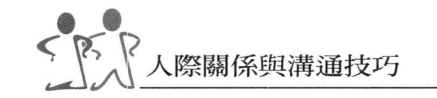

餐後致詞、頒獎致詞等情境，展演者的目標當然是希望能讓氣氛良好且聽眾都心情快活的狀態。

至於特定目標 (specific goal)，指的是你的展演希望能獲得的結果。若把你的演講視為一次旅程，則特定目標描述著你的旅途終點及抵達終點所採行的途徑。好的特定目標，可以 4W1H 方式表達如：「我想要誰 (Who) 在何時 (When)、何處 (Where) 及如何 (How) 做到什麼 (What)。」下列是一些好的目標陳述範例如：

我要所有上次沒參加考照的人，在這次解說後都報名參加。

在演講結束後，我要至少五個人向我要名片，另至少一個人跟我約定進一步解說的約會。

我要這部門至少五個人搬到新的辦公室。

在簡報後，我要老闆在委員會上支持我的提案。

如同上述範例一樣，你的目標陳述應做到下列三項要求如：你想要的反應或結果、越明確越好及實際可行等。

描述你想要的反應：你的目標應以你想要的反應或結果來表達。試看「我要向每一個人展示如何正確的操作這套新系統。」這句目標陳述有何不足？最重要的，它並未說明想要聽眾有什麼反應？我們可以稍加擴充成較完整的句子如：「我要在解說後，這一組的每一個人都向我展示如何正確的操作這套新系統。」有了這個較完整的目標陳述句後，你至少可以知道展演後的績效為何！

職涯提示：定義論述的方法

1. 想像你在電梯內，一個聽眾問你待會要講什麼？在電梯門關上前的幾秒鐘內，你會怎麼說？
2. 想像大會向你要一至兩句內、有關你演講的概念，你會怎麼以文字表達？
3. 問問自己，若聽眾僅能記憶你演說的一小部分，你要他們記得的最小部分是什麼？
4. 若有人問聽過你演講的人，你想要讓他怎麼說？

盡可能明確：如同前述，你可以 "4W1H" 原則盡可能明確地描述你的展演目標。如前例「在簡報後，我要老闆在委員會上支持我的提案。」你至少定義出關鍵聽眾 (Who)，並希望在你的簡報後 (When)，老闆能在委員會上 (Where) 支持 (How) 我的提案 (What)。

好的目標陳述，能以「可衡量」的方式描述目標。試參考下列範例如：

模糊	明確
這次會議我要募些款項	我要向每個人募到至少台幣 500 元的款項。
我要老闆支持我的概念	我要老闆給我每週一天，並提供祕書的服務，以發展我的概念。

9.2.2　論述的發展

論述 (Thesis Statement) 或稱為「中心概念」(central idea) 或「關鍵概念」(key idea)，是一句總結你要傳達訊息的句子，溝通專家通常會建議將論述盡可能的縮減、精簡化。「定義論述的方法」提供一些規劃論述方法的提示。一旦你能完成論述，展演的其他部分則都在支持此論述。論述，能清楚告訴聽眾你想對他們表達的論點如：

> 我們的時程落後了；但我們仍能追上進度，並及時完成任務。
> 他人對你信用的評價，會在爾後數十年內持續幫助──或傷害──你。
> 現在對新系統的投資，長期而言能為我們省錢。

沒有清楚論述的展演，會讓聽眾質疑：「這個人到底在幹什麼？」當聽眾想弄清楚展演者想表達的概念時，他們就不會認真聽講。

論述，在展演過程中會重複出現。通常引介時先說一次，主體可能重複數次，最後在結論中再重複一次，以加深聽眾的印象。

初學展演的人，通常會搞混展演的論述與目標有何差異。展演的目標是展演者為提醒自己希望達成的重點列舉，而論述則是展演者希望傳達給聽眾的概念。展演的目標與論述可能完全一致，但多數的狀況則不同，如以下所示範例：

目標 (Goal)	論述 (Thesis)
我要這客戶在公司網站上刊登廣告	在網站上刊登廣告能增加銷售量
使員工更能節約能源	節能可縮減開支而增加薪資
使聽眾能處理而非接受性騷擾	妳不必接受性騷擾
我要找到搜尋此先進技術的顧客	過去幾年技術的快速發展已改變了產業生態

9.3 展演主體的規劃

展演的規劃重點是主體的規劃。主體的規劃通常有兩個步驟：辨識支持論述的關鍵論點及決定如何發展這些論點的方法。

9.3.1 概念腦力激盪

一旦你決定了展演的論述，接下來的步驟，就是作些功課，蒐集能支持論述的所有資料。

你可能自行蒐集相關資料，或如第 8 章所述的「腦力激盪」(Brainstorming)，請同事一起幫你發展所有相關概念或論點。當蒐集到足夠概念與論點資訊後，接下來就是如何組織這些概念與論點了。

9.3.2 基本規劃

一旦有了論述觀點的清單後，你必須要以清楚的架構來「組織」這些概念觀點。許多展演者並不瞭解這個步驟的重要性。如果展演主體缺乏明確的架構，則不易讓聽眾瞭解展演者所要表達與傳遞的論述；更糟糕的是，觀點之間的重疊或混淆、衝突等，都會降低論述的強度的。許多展演的規劃會在此處發生問題如：

- 花費太多時間才讓聽眾瞭解展演要點

- 採用無關的材料
- 沒能提出必要的資訊
- 概念混淆

即便是有經驗的展演者，若未能事前完善掌握論述與論點的架構，在實際展演時，也可能發生問題。美國前總統喬治布希 (George W. Bush) 在「準備好」時是個好的演講者；但他的即興演說卻顯現出準備不良的缺點。在他 2005 年對社會安全計畫演說後回答問題時，即顯現了此問題 (看你看得懂嗎？) 如：

因為這所有桌上的這些東西，強調著大的成本驅動力。舉例來說，利益如何計算的方式，舉例來說，就在桌上；不管利益增加的基礎是工資增加或價格提升。這裡是一系列開始規劃考量公式的一部分。當你聯接那些，那些不同的成本驅動力，影響著那些———改變著個人的帳戶，概念就是達成先前承諾它可能的樣子———或接近先前所承諾的。[3]

許多演說者也會發現演講時無法串連觀點或論點的問題，為避免發生此尷尬狀況，最好的方法，就是演說前先對自己的論述、論點先做一次「組織」。

大多數成功的展演，會依循所謂的「線性邏輯」模式如：

引言
- 引起注意的開場
- 論述
- 展演全盤預覽

主體 (2-5 個論點)

結論
- 回顧
- 結語

上述線性邏輯組織模式，適用於歐美的展演者與聽眾；但對其他不同文化背景

---

[3] 參考 The White House. (2005). *President discusses strengthening social security in Florida*. Retrieved from http://www.whitehouse.org/news/release/2005/02/20050204-13.html

的聽眾而言,可能就有不同的認知。但此標準模式,還是最保險與安全的展演主題組織方式。

你可能在許多場合碰到組織不良的展演狀況,如展演者雖然看起來像是依循上述「引言、主體與結論」的三段式模式,但不斷重複著說「我說過了,…」(重複!)、「我們也有相同問題,對了!當去年…」(跳躍!)或「噢!另一件我應該強調的…」(遺忘!)等,這些展演者不知道該在何處結束、何時該繼續下去,透露出展演未經組織的紊亂。

9.3.3 辨識主論點

當你已發展出一份論點清單,它的數量極有可能超出你所要表述的範圍(或時間不夠你完全說明)。此時,你就應該依據你的論述與情境分析結果,想出你要達成展演目標的陳述要點。

舉例來說,若有一管理者想說服公司採用「捷達」快遞公司的服務,而且他也蒐集到一些能支持論述的論點,但因論點稍多,他可依據情境分析的結果,認為以快遞服務的「可靠」、「便利」與「經濟」作為「陳述要點」,較容易說服公司的決策者。因此,他可能將論點依據陳述要點而組織起來,製作如圖 9.2 的邏輯樹狀圖。

要怎麼發展上述範例中聯接論述與論點的「陳述要點」?可以「**一週後測試**」

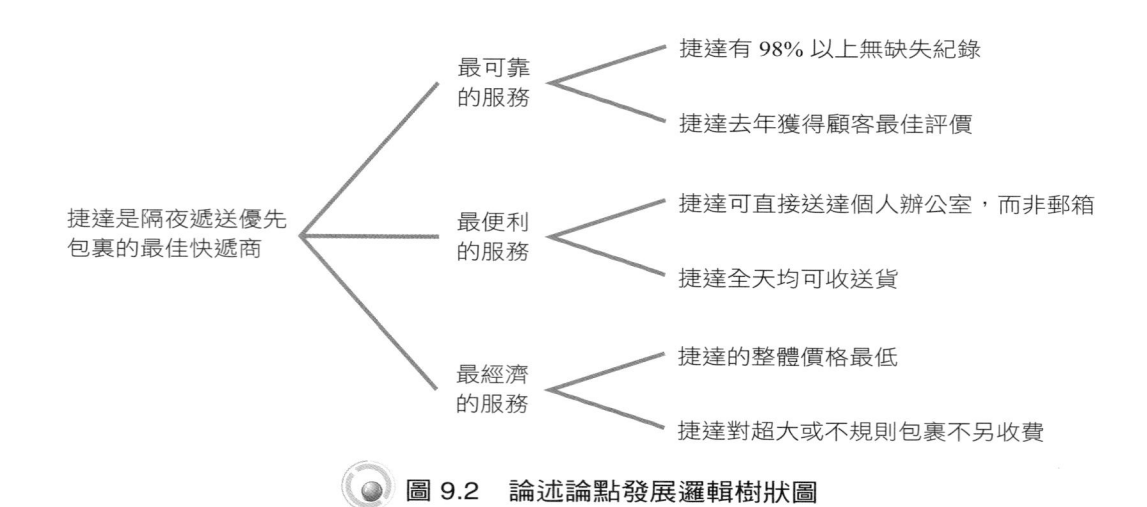

捷達是隔夜遞送優先包裏的最佳快遞商
- 最可靠的服務
  - 捷達有 98% 以上無缺失紀錄
  - 捷達去年獲得顧客最佳評價
- 最便利的服務
  - 捷達可直接送達個人辦公室,而非郵箱
  - 捷達全天均可收送貨
- 最經濟的服務
  - 捷達的整體價格最低
  - 捷達對超大或不規則包裏不另收費

圖 9.2 論述論點發展邏輯樹狀圖

(One Week Later Test) 來做檢測。因為人通常記不起太多概念 (3-5 個，五個最多！) 因此，你的論點組織方式，最好能以你想要聽眾在一週後仍記得的「形容詞」作為你的陳述要點，並將論點分配到最有關聯的陳述要點中。若無法分配，則可棄置不說！千萬不要另以「其他」或「雜項」分配 (因其他或雜項聽起來就不像是陳述要點！)

當完成如圖 9.2 的論述論點發展邏輯樹狀圖後，你的展演主體架構也就大致完成。接下來就是要選擇論述的表達模式了。

9.3.4　選擇最佳論述表達方式

論述的表達方式，會隨著展演一般目標 (提供資訊、說服或取悅) 的不同而或許有差異，展演者此時應參考情境分析及展演目標，來選擇適當的論述表達方式如時序、空間、主題、因果、解決問題、滿足準據、優點比較及循序激勵等模式，其要點則分述如下：

按照時序：時序模式 (chronological pattern) 是把論點按照時間次序的安排而依序解說，適用於與「程序」(process) 相關的論述，如下列程式下載程序指示說明如：

論述：安裝軟體程式是非常容易的：
1. 點擊「下載手冊」。
2. 當「下載檔案」視窗出現後，選擇資料夾位置。
3. 選擇包括你所用瀏覽器所有的應用程式。
4. 雙擊「存檔」圖像開始安裝程序。

空間模式：當論述有空間的意象或有位置上的安排時，可以空間模式 (spatial pattern) 來說明，如一房屋銷售員向客戶的說明如：

論述：這個家提供你需要的所有空間：
1. 主樓層空間相當寬敞，包括一個大客廳，一個正式的餐廳，及一個可簡易用餐的廚房。
2. 二樓有足夠家庭所有成員的臥房，加上一個

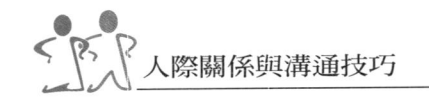

個人研究室。

　3. 地下室有一個兒童遊樂室及一個置物間。

　4. 院子有許多大樹及可做一花園的足夠空間。

另如管理階層檢討各區域的銷售狀況如：

論述：某些地區的銷售有較佳的表現：

1. 南部的銷售量比去年同期下降了 20％。

2. 中部地區則較去年同期增加了 10％。

3. 北部地區的銷售量最好，比去年同期增加了 25％。

主題式：**主題模式** (topical pattern) 則按照論述的邏輯、次序或列舉關係，說明對論述的支持。業務員於推銷時，常以主題模式說明其論述的理由如：

論述：一庫存 JIT「及時」系統有三項主要好處：

1. 它可消除長期訂單可能造成的多餘庫存。

2. 它能降低因庫存過期或老舊的浪費。

3. 它節省下儲存空間及電腦紀錄等所衍生的成本。

　　主題式的論述表達方式，又稱為「**傳接球**」**模式** (Catchball Model)，它源自於日式「**方針管理**」(Hoshin Kanri) 的專有術語。其意義為在目標發展過程中，組織上下階層的來回不斷溝通，直到確認目標為止。若沿用至論述的表達，則為展演者在規劃論述的表達方式時，在其心中 (或與同事之間) 來回驗證，以確定完整的陳述了論述的主題。

　　因果模式：顧名思義，**因果模式** (Cause-Effect Pattern) 說明某些狀況會導致某些事件的發生如：

論述：加薪前重新裝潢辦公室 (因) 可能會傷害員工士氣與影響產量 (果)：

1. 當員工數年來都只看到辦公室重新裝潢，卻未得到改善生活的加薪，他們會氣餒的。

2. 氣餒的員工在下一季可不會為公司付出全力的。

　　反向因果模式：與因果模式相反的「**反向因果模式**」(Effect-Cause Pattern) 強

調的是結果，並試圖找出造成此結果的肇因為何如：

論述：公司獲利的下降(果)可能是下列幾個問題的結果(因)：
1. 我們的獲利下降了 15 %。
2. 可能的因素包括如：
　　(1) 競爭對手以更低的價格提供更好的服務。
　　(2) 我們的維護成本將近加倍。
　　(3) 我們的廣告無效。

從以上範例的解說中，我們可發現時序、空間、主題、因果與反向因果等表達方式，都適合用於「提供資訊」的展演目標。接下來再介紹幾種適用於「說服」的論述表達方式，如表 9.2 所示：

表 9.2　展演目標對應的論述表達模式

提供資訊	說服展演
時序式	問題與解決方案模式
空間式	滿足準據模式
主題式	優點比較模式
因果模式	循序激勵模式

問題與解決方案模式：這是最簡單的說服論述表達方式，首先提出聽眾都會認同的問題，讓他們產生焦慮與期盼後，接著，再提出你所主張的解決方案。問題與解決方案模式 (problem-solution pattern) 最適合當聽眾還未能察覺到須改變現況的情境。因為聽眾還未能察覺到問題的存在，當你提出問題後，他們就會對解決方案產生興趣。但須注意這種論述表達模式的次序，必須先展現出目前狀態不能滿足(現在或未來)需求的問題後，再提出你的解決方案如：

論述：建立員工激勵系統能增加產量：
1. 我們兩年來的產量都持平時，業內其他廠商卻都持續的成長(問題)。
2. 建立一套激勵系統，能讓員工更努力的工作(解決方案)。

但若聽眾已經知道問題的存在時，你就不必花太多精神在問題的表述上。此

時,你可運用下列三種表達策略如:

滿足準據模式 (criteria satisfaction pattern):以準據取代問題,亦即先說明某些為達成某些目標必須滿足的準據,並讓聽眾認同後,再提出展演者所主張能滿足所有準據的建議方案。我們以「引言、主體及結論」的正式三段模式,以一尋求金主支助某專案的例子說明如:

引言:在正確的時機到達正確的位置,是財務成功的關鍵。我在這要對此非常有希望成功的專案向各位提供一獲利機會。任何投資都一樣,這個專案需要堅實的經營計畫為基礎、有幹練的管理團隊及適當的資金投資。讓我向各位展示這個專案如何符合所有成功的重要要求。

主體:
1. 第一個準據是堅實的經營計畫。密集的市場調查結果都顯示對此專案產品的需求。
2. 第二個準據是幹練的管理團隊。讓我向各位介紹專案的關鍵成員並說明其合格的資歷。
3. 第三個準據,則是一堅實、實際的財務計畫。接下來要跟各位說明的,是一非常保守但卻仍有可觀獲利潛能的計畫。

↓

結論:因這計畫符合所有要求,這專案非常值得各位認真考慮。

另一種滿足準據的不同說明方式,是先提出所有評估準據,獲得聽眾的認同與支持後,再提出滿足所有準據的方案,以強化方案的可行度。這種方式又稱為「**延遞論述**」(Deferred Thesis)。延遞論述的策略適合用在聽眾不見得會支持或另有偏好方案時。

如一管理者要向員工宣布一凍結工資政策——很難讓人接受的想法,不是嗎?如果管理者直接先說「凍結工資最符合大家的利益!」員工很可能因惱怒而根本不會再聽管理者接下來要說什麼。藉著延遞論述策略,引導員工經由合理的推論,一直到凍結工資的論述,比較能說服員工。注意在下列範例中,論述如何在主體中先出現、另在結論再次強調的說法:

引言：大家都知道，過去幾年公司的營收一直下降。在此艱困時期，我們需要推動一個對公司對你──及所有員工都好的政策。這是我們維持生存的唯一途徑。

主體：

1. 在選擇一個政策時，有三個評估準據要能符合【先介紹準據】
   (1) 必須要公平。
   (2) 對員工的傷害要降到最低。
   (3) 要能讓公司撐過難關而不遭受長遠的傷害。
2. 而「凍結工資」是最能滿足上述準據的計畫【滿足準據】，因為…
   (1) 它是公平的。
   (2) 它對所有員工的傷害程度最低。
   (3) 能讓公司持續經營。

結論：在此艱困時期，凍結工資是目前最佳的計畫。

優點比較模式 (comparative advantages pattern)：當聽眾或許可能不支持、或另有考量方案時，將所有可能的問題解決方案(不宜漏掉聽眾可能中意的方案)並列比較其優缺點，並突顯論述是最佳的方案。如一採購經理，要說服老闆租借裝備比直接採購(老闆中意的方案)更符合預算運用效益：

論述：當我們重整廠房時，租借裝備比直接採購更能發揮預算執行效率。

主體：

1. 因無須首付款，前期成本可大幅下降。
2. 申請程序較簡單。採購所需的借貸申請，須向銀行提供過去三年的財務紀錄；但租借則僅須提供半年的紀錄即可。
3. 能跟上裝備技術進步的速度。短期的租借，能讓我們始終使用最新技術的裝備，這比每幾年就要採購新裝備的成本要來得低很多。另我們目前負擔不了採購新裝備。
4. 租借更多裝備。因為租借成本低，我們能租借更多品質好的裝備以增加產量。

結論：當考量資金的運用效率時，租借肯定是我們要走的路。

循序激勵模式 (motivated sequence pattern)：是用一「五步驟」場景，強化聽眾的融入程度與提起他們的興趣。不管主題為何，此模式運用相同的循序步驟如：

1. 引起注意 (Attention)：藉由提出聽眾會關切的問題，抓住並集中聽眾的注意力 (其功能如「引言」)。
2. 需求 (Need)：清楚並完整的解釋目前存在的問題，以各種證據支持問題的嚴重性、在各層面會影響聽眾 (的利益)，並使他們急切的想聽問題的解決方案。
3. 滿足 (Satisfaction)：展示你對處理此問題的解決方案，提供足夠的證據，顯示你的方案是可行並確實能解決問題的。
4. 具象化 (Visualization)：清楚說明若採取你所主張的方案，會發生什麼事。讓聽眾在其腦海中形成一此方案能解決問題的心智圖像。若聽眾有不同想法，也在此

技術提示：概念圖應用軟體

表達概念與概念之間的關係，最好使用視覺的具象法，或稱為「概念圖」(Concept Mapping)。傳統的概念圖，通常以卡片寫下概念，並發展出特定的索引編號，用以表達概念卡片之間的關係。

現代已有許多繪製「概念圖」的電腦軟體可供運用，舉例說明如 "Inspiration" (http://www.inspiration.com)，使用者可在軟體上隨意安排表達概念的圖形 (矩形、圓形或橢圓形)，直到彼此關係能清晰呈現為止。然後，一個簡單指令，可將概念圖轉換成傳統的列舉，兩者均可有效運用於展演者講稿、講義或視覺輔助。除了繪製概念圖及列舉概念之間的關係外，Inspiration 軟體還可製作流程圖、知識圖、流程圖及其他視覺顯示圖形等。

其他可供運用的概念圖軟體還包括如：

- Decision Explorer: http://www.banxia.com/dexplore/index.html
- Mindjet: http://www.mindjet.com
- VisiMap: http://www.visimap.com
- ActionOutline: http://www.canadiancontent.net/teach/download/ActionOutline.html
- B-Liner: http://www.bliner.com

步驟具象若不採行你所提方案的後果。不管是哪一種情形,要讓此具象化步驟成功的關鍵是結果或後果的生動具象描述(畢竟是用說的),突顯出你的方案真正的差異性。

5. 行動 (Action):要求聽眾對你所提方案採取行動,解釋他們能為解決問題做些什麼等(功能如「結論」)。

　　循序激勵,是有組織的演說,逐步引導聽眾朝向你所提問題解決方案的主張或建議。它的基礎仍是「問題與解決方案」模式;但到了第四步驟,則進一步地將解決方案具象化,接著,再以第五步驟,引導聽眾採取解決問題的行動。

　　循序激勵模式與多數展演有顯著差異的是它並不需要在開場引言時,對論述先實施預覽(preview)。它最適合能將問題與解決方案都具象化的情境。如果聽眾對問題與解決方案都能具象化,也比較容易接受你的提案。另循序激勵最後一個步驟,在呼籲聽眾採取行動,因此,也特別適用於須對你的提案採取立即反應的時機。

　　乍看之下,循序激勵模式脫離了組織展演的基本「引言─主體─結論」架構,但再仔細比對,大家仍可發現循序激勵的五步驟模型,仍不脫離展演的基本組織架構如:

展演基本架構	循序激勵五步驟模式
引言	引起注意
主體	需求
	滿足
	具象化
結論	行動

　　上述展演基本組織架構及循序激勵五步驟模式,都有引起聽眾注意力的「引言」,並提供聽眾繼續聽下去的理由,兩種方式也都有「主體」,其內容的安排,以逐漸導引至展演者的展演目的,最後,兩種方式也都有「結論」強化聽眾對展演者論述的認同,並激勵聽眾接受論述與採取行動。

9.3.5　主要論點依循規則

　　不管運用哪一種展演的組織模式,你的論述「主要論點」(main points) 應依循

下列規則如：

以主張的方式陳述論點：所謂的「主張」(claim)，就是事實或信仰的決斷陳述。如果主張完整、有理，應該能滿足「一週後測試」，即聽眾在展演過了一週後，仍能清楚的回憶出你所宣稱的主張。下列比較範例，顯示出以完整的句子說出你的主張，會比簡略的短句更有效如：

簡略短句	完整主張
選擇一名醫師	從合格的醫師清單中，挑選一位最適合平時健康照護提供者，是有必要的。
性別與種族歧視	若允許性別或種族歧視進入我們人員聘僱程序，不但是個壞主義，另也違法！
市場上消費族群特性的改變	因為消費族群特性的變化，我們因該能預期下一個十年中市場的萎縮。

所有論點都應能發展論述：試以下列範例說明如：

論述：讓員工有選擇工作排程的彈性，對公司與對員工都好。

論點：

1. 彈性的工作排程能有許多作法。
2. 彈性的工作排程能改善員工士氣。
3. 彈性工作時間能降低員工的曠職率。

上述第一點雖然是事實，但沒能說明彈性工作時間的價值。因此，應該不能當成論述的要點。

論點不宜超過五個：畢竟，你要聽眾記得你的論述要點。最近的研究已證實，一般人對口頭演說能記住的資訊片段(即論述要點)最多為五個。[4] 因此，在規劃論述的要點時，應盡量使其數量不超過五個。另有學者建議論述要點不超過三個如：[5]

---

4 參考 Katt, J., Murdock, J., Butler, J., & Pryor, B. (2008). Establishing best practices for the use of Power Point™ as a presentation aid. *Human Communication*, *11*, 193-200.

5 參考 Zielinski, D. (2003, June 4). Perfect practice. *Presentation*. Retrieved from http://www.cttnewsletter.com/article/perfect-practice-0

三個要點比快速列舉十個要點,更能增加聽眾印象並留在聽眾心中。要經常地問自己「這是最重要的嗎?」、「這是最佳例證嗎?」及「這是表達論點的最佳方式嗎?」

即便你有許多材料可作為論述要點,但始終可以「再組織」,使要點不超過五或三個。舉例來說,如果你正執行一降低組織運作費用的分析,在腦力激盪後,你可能得到下列清單如:

- 降低照明設施的耗電量
- 將季節性帳單外包分析,而非增加分析人力
- 賣掉過剩的裝備
- 降低印表機的非公務用途
- 降低大樓內不常使用樓層及房間的空調
- 支付加班費而非新聘員工
- 更新舊裝備而非採購新機具

上述七點論述,可進一步再組織成三個論述要點如:

論述:我們可在三個方向上降低運作費用。
要點:
1. 降低能源消耗
    (1) 降低照明設施的耗電量
    (2) 降低大樓內不常使用樓層及房間的空調
2. 降低人事費用
    (1) 將季節性帳單外包分析,而非增加分析人力
    (2) 支付加班費而非新聘員工
3. 降低裝備維護費用
    (1) 更新舊裝備
    (2) 賣掉過剩的裝備
    (3) 降低印表機的非公務用途

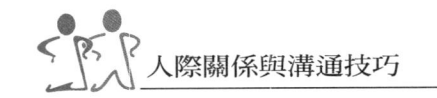

如此對要點清單的再組織,可使七個清單要點變成三個論述要點,更容易使聽眾瞭解與記憶。

論點應盡可能的平行:所謂的平行論述,是指論述要點都用相同的語詞表達、使其在同一語意位階上。如前述降低運作費用的「我們能降低…費用」的各項要點表述,就會比下列說法來得平行與彼此強化:

1. 管理能源成本能為我們省錢。
2. 謹慎的人力聘僱能降低經常性費用。
3. 裝備的採購與維護是可控制的成本。

雖然有時你不見得能將所有論述要點「平行」表述,但在體會本章所示的各種範例後,你至少可以經常性地運用平行表述。

每個論點僅應強調一個概念:論述要點若結合或重疊不同概念,會使聽眾混淆。試看下列範例:

論述:許多當地的公司,藉由人力多元化來強化經營的效能並服務社區。
要點:
1. 背景不同的員工,能接觸更多的客戶。
2. 身心障礙的員工,能與一般員工有相同的表現。
3. 不同年齡層的員工的不同觀點,能促進銷售與生產運作。

上述範例中,各要點分別說明「人力多元化」中的背景、身心障礙及年齡層差異所帶來的好處。

9.4 開場與結論的規劃

展演主體的規劃相當重要,但在主體之前的引言,也值得展演者的同樣重視。在一般展演中,引言所占的時間約 10-15 %,在此很短時間內── 1-5 分鐘內──會讓聽眾形成對展演者及其演講主題的初步印象,引言處理的好壞,自然會影響聽眾對後續論述的態度。因此,要使展演有效,引言部分也必須達成一些標準。

9.4.1　開場引介的功能

你看到目前應該已知道,展演的引言應包括攫取通聽眾的注意力、陳述論述及對展演作全盤預覽等。詳細點說,引言應達成下列五件事:

攫取聽眾的注意:如第 3 章中已提及,參加展演的聽眾不一定會聽!如對展演主題不感興趣,聽眾是被上級要求參加…等。即便展演主題對他們很重要,聽眾在展演過程中,也不見得能保持專注。因此,在展演一開場時的引言,就攫取聽眾的注意力,是絕對重要的。

給聽眾繼續聽下去的理由:攫取聽眾注意力與專注力的最好方法,就是讓他們相信(說服!)你的主題與內容對他們很重要,也能引發他們興趣的。舉例來說,如果員工對公司目前提供的保險計畫已覺得滿意,要讓他們接受另一個新的保險政策,除非要能提出具體理由——如新政策能涵蓋緊急意外服務且較便宜,否則就很難說服員工傾聽新的保險政策。同樣的,要說服管理階層的第一句話,通常要說你的方案能產生更高利潤、降低成本或風險等。

為主題及論述定調:如果你要讓潛在客戶多買一些火災保險,那你的開場引言,必須讓客戶覺得若他的設施發生火災,將導致無法承受的損失。如果你要鼓勵一位員工的好表現,並希望他能在升職後表現得更好,那你的恭賀引言,應該是讓他處於一種好情緒的狀態,而非告訴他升職後所將面對的問題!無論是哪一種展演情境,你的引言都要能建立起你與聽眾之間的良好關係。如法國籍講者摩倫 (Robert T. Moran) 在面對日本聽眾演講 (管理文化差異) 時的引言:

> 如果我是美國人、而你們也是美國人,則我可能以說個笑話開場。如果我是日本人、而你們也是日本聽眾,那我可能先以致歉作為開場。但我既不是美國人、也不是日本人,所以,我要向你們致歉沒能說個笑話作為我的開場。[6]

建立你的可信度:如果聽眾已經知道你是這個領域的專家,或介紹人為你作了個令人印象深刻的引介,或你自己的資歷、地位,讓你的展演資格無庸置疑,你就沒必要在引言建立自己的可信度。如果不是上述情形,你就必須要在很短時間內,

---

[6] 參考 Moran, R. T. (1989). Tips on making speeches to international audiences. *International Management*, *44*, 74.

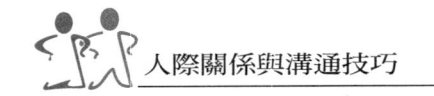

說服聽眾你具備展演的資格與能力，聽眾才會認真看待你的論述。

非語言的溝通技巧(請參照第 4 章)能幫助、也能摧毀你的展演信度。另在第 11-12 章中，也將介紹如何以非語言的行為，構建你的展演信度。

引介你的論述與預覽全盤展演：在多數情況下，你必須在展演的引言時，就清楚陳述你的主要概念(論述及主要論點)，讓聽眾知道你要講些什麼。另除論述外，你也應該在引言中對主要論點作一全盤預覽，讓聽眾當聽到論點時，知道你的展演進度。

要在一分鐘內，說完所有引言的五個要點，並不像你想像的那麼難！你可以同一時間內完成數個要點的說明。試看下列範例，一個保險業務員如何將 30 分鐘的困難演說，以簡短的引言激起聽眾的興趣：

> 身為一個保險業務員，讓我對稅務員或抓狗員有很深的同理心，因為我們的職業都不討人喜歡。畢竟，買個保險對你而言都是損失：買保險不便宜！如果兌現了，你也沒辦法享受這些錢。換個角度看，如果不買保險，你辛苦賺來的錢又花到哪去呢？你用來償付帳單、整修房子、買部新車或度個假等。
>
> 如果有這麼多負面的看法，你為什麼要關心保險呢？我又何必投身此一職業中呢？對我而言，理由很簡單，我看過上百人──真的像你我一樣的上百人──瞭解如何購買正確保險所造成的差異。我更看過另外的上百人，因為不覺得有必要，而後悔事先沒買保險。
>
> 因此，今晚我要向各位報告些好消息。我能向各位證明保險能保障你的人生成功果實，你能獲得心靈上的平靜，你甚至能將保險看成是一種投資，現在及未來都能利用的分紅等。

9.4.2 開場陳述類型

展演的開場，對許多演說者來說是很困難的。你必須要風趣，你必須要為論述定調，你的開場也必須要帶出你要說的主題，最後，開場也必須要讓你自己感覺良好。

開場陳述類型的選擇，將依據你所作的情境分析結果而定。當聽眾對主題都熟悉時，你甚至可以跳過開場，直接在論述前作些簡單的背景說明即可如：

我們現在都已瞭解，在不降低效率的前提下，能將我們的營運花費降低將近 10％。今早，我們將介紹六個降低營運費用的六個步驟。…

但大多數狀況，你必須在開場對展演作一「序言」式的說明。以下列舉七種常用且有效的開場陳述如：

提問：問對的問題，可以讓聽眾融入你的主題，並建立起論述與聽眾之間的關聯性與重要性。

當你確切知道聽眾對某個問題的反應時，你可以用「**反問法**」(Rhetorical Question) 來加強聽眾對你論述的認同如：

是不是只有我？或大家都有同樣的感覺：我們花太多時間在填資料、在表格上簽字等行政干擾上？

運用「反問法」時須小心、謹慎！有時反問法的風險很大。如問聽眾根本不感興趣的事：「你曾想過『國土保育法』對你的影響是什麼嗎？」其他的反問甚至可能激起聽眾的反感、而根本不想聽你的論述。如你問部門員工說：「如果是要你來開除部門的三個人，你會選擇誰？」…等。總之，若打算以反問法開場時，則必須避開上述的錯誤。

開場時可用的提問，還包括尋求公開的反應如：

你們當中，有多少人是在國外深造？
你們認為公司目前面臨的最大威脅是什麼？

另外，無論是要聽眾公開表達意見或在心中思考(也是反應的一種)，必須讓他們清楚的知道如：

反對此主張的人，請舉手讓我知道？【公開表達】
請大家捫心自問，這樣的費用報告能通過公司內部稽核嗎？【自我省思】

說故事：大多數人都喜歡聽好的故事，開場時說個好故事，能引起聽眾的興趣，導入主題，並為論述定調。說個自己的糗事或過錯，通常是個好的開場如：

當我剛到美國，與美國友人開車經過北加州時，我轉頭問他在將近一千多

公里的路上：「我不斷看到的中文路牌一定是搞錯了！那到底是什麼路牌？」他看了我一會、然後笑翻了⋯因為，他終於搞懂我在說些什麼⋯沒錯！就是那看起來像中文字的野餐區路牌。

　　說故事，也必須要符合引言的兩個原則，第一就是簡短，記得引言通常只占整個展演時間的 15 ％ 以內。其次，就是說的故事要與展演主題有關。上述故事所要關聯的主題，可能是「文化認知差異」或「路牌標示的明確性」⋯都有可能。如果聽眾不清楚故事與展演主題的關聯性為何？展演者就有必要說清楚。

　　引述名句：引述名言有兩項優點，其一是其他人清楚的說出你想要說的事，只要大家知道這個名言，你的引言就可以「由他人說」。其二就是作為你論述的支持或證據。

　　名言，也不一定要出自於大家都知道的名人，只要這名言與你的論述有關，說出此名言的人，可以是任何無名小卒，甚至是虛構的人物如：

漫畫人物波果 (Pogo) 曾說：「我們始終會遭遇上敵人，那就是我們自己！」如果你們始終只想著是文件工作阻礙我們的產量，那波果的話，正適合評論我們！

　　令人驚訝的表述：另一個引起聽眾注意的方法，就是說出能讓他們驚訝的事！當然，這件令人驚訝或驚奇的表述，最好也能跟你的展演主題產生關聯。

　　社會網路業者麥爾 (Pamela Meyer) 曾對社會上流行的欺瞞行為作一次演講，其開場就是令人驚訝的表述如：[7]

我剛想到坐在你右邊的人，是個騙子。同樣的，坐在你左邊的，也是個騙子。而坐在你座位上的那個人，也是個騙子。沒錯！我們都是騙子。

　　參考聽眾：提到聽眾的需求、關切或興趣等，除能立即顯現展演主題與聽眾的

---

7 參考 Meyer, P. (2011, July). *How to spot a liar*. Speech delivered at TED global conference, Eidenburg, Scotland. Retrieved from http://www.ted.com/talks/pamela_meyer_how_to_spot_a_liar.html

關聯性外,另也能顯示你對聽眾的瞭解。

美國前加州州長杜美津(George Deukmejian)在他對洛杉磯扶輪社的一次演講,就是運用參考聽眾的引言。他向聽眾表示他知道人們願意聽演講的關鍵—即便是名人亦如此—就是簡短:

> 今天下午,我答應各位不作太長的演講。要知道〈主禱文〉(The Lord's Prayer)[8]只有 56 個字,林肯的《蓋茲堡演說》(The Gettysburg Address)[9]有 226 字。〈十誡〉(Ten Commandments)[10]有 297 字。但美國農業部對甘藍菜發布的限價令卻有 15,269 字。我會嘗試在這中間完成我的演講。

參考事件:事件本身,就是演說的最好引言。美國前檢察總長侯德(Eric Holder)對司法部員工的一次演講中提到:「每年二月,我們都緬懷所謂的『黑色歷史』(Black History)[11],這是一個值得的活動,讓我們感懷非裔美國人對這偉大國家做出的無數及重要的貢獻。」藉著「黑色歷史月」的活動事件,侯德向聽眾發出美國人應重視不同種族的融合的訊息如:

> 「黑色歷史月」是我們開始對話的最佳契機。我呼籲大家利用這個月的機會,跟在種族議題另一端的朋友、同事們好好談談,這樣,我們才能加速要成為真正美國人的進度。

---

8 〈主禱文〉(又稱為〈天主經〉、〈上帝經〉)是基督教最為人所知的禱詞。據《聖經》記載,門徒請求耶穌指導禱告,耶穌便教導他們一個模範禱告,就是現在的〈主禱文〉。
9 〈蓋茲堡演說〉(Gettysburg Address)是美國第 16 任總統林肯最著名的演說,也是美國歷史上為人引用最多之政治性演說。1863 年 11 月 19 日,也就是美國內戰中蓋茲堡戰役結束的四個半月後,林肯在賓州蓋茲堡的蓋茲堡國家公墓揭幕式中發表此次演說,哀悼在長達五個半月的蓋茲堡之役中陣亡的將士。林肯的演講修辭細膩周密,其後成為美國歷史上最偉大的演說之一。以不足三百字的字數,兩到三分鐘的時間,林肯訴諸獨立宣言所支持的「凡人生而平等」之原則,並重新定義這場內戰:不只是為聯邦存續而奮鬥,亦是「自由之新生」,將真平等帶給全體公民。
10 〈十誡〉:根據《聖經》記載,是耶和華藉由以色列的先知和首領摩西向以色列民族頒布的律法中的十條規定。以十誡為代表的摩西律法是猶太人的生活和信仰的準則,也是最初的法律條文。在基督教中也有很重要的地位。
11 「黑色歷史月」(Black History Month),又稱「非裔美國人歷史月」(African-American History Month),為美國、加拿大及英國等國,每年為紀念非洲移民在歷史上做出的重大事件與貢獻。該紀念月在美國和加拿大是二月,在英國則為十月。

幽默：適當的笑話是攫取聽眾注意、陳述一論點、並讓聽眾喜歡你的有效方法。如在一次新進人員的訓練課程中，管理者可以下列故事開始他的引言：

或許，你們已聽過一個人始終有不好氣味的這個故事。當有人問起時，他解釋著那是他的工作──為馬戲團的象灌腸！問的人說：「你為何不換個工作？」「開什麼玩笑？」那人急切的回覆說：「那是離開演藝事業啊！」

這個故事，也可對照我們的工作。許多人會認為廣告業是多麼光鮮亮麗，常吃大餐，並有豐厚的佣金⋯。廣告業，當然也是演藝圈的一種，但光鮮亮麗的同時，也伴隨著辛苦、雜亂無章的工作。在這次介紹中，我會告訴你們這行業乾淨、容易的，也會說明艱困、骯髒的部分。這樣，你會對這行業有較清楚的概念。

笑話，不僅僅是幽默的一種，有時你可以有趣的開場為你的論述定調。如下列範例：

有些人說問題不是問題、而是機會。如果是這樣，那以現在的狀況，讓我們看看我們正面臨的一大堆機會吧！

你的笑話，必須從聽眾的角度來聽！會讓內部員工笑的笑話，可能會讓外部客戶覺得被孤立！因為，他們聽不懂！此外，笑話應「不著任何顏色」，諸如性、種族、身心障礙⋯等，都不適合作為笑話的題材，有顏色的笑話所產生的「笑果」，絕對不值得它可能產生的風險。

當是跨文化演講情境時，須注意笑話或幽默是「不能」轉譯的。美國前總統卡特，有一次對日本聽眾的演講時說了個笑話，他回憶說：「我說了個笑話，翻譯員轉譯了，然後聽眾笑成一團！那次是我一生中看過最好的反應。」

事後，卡特問他的翻譯官，到底用了什麼譯文，能讓日本聽眾有那麼誇張的反應。當然，他得到一個迴避性的回答；但當卡特堅持要知道時，翻譯官解釋著說：「我告訴聽眾：『卡特總統說了個笑話，所有人都應該笑！』」[12]

---

12 參考 Carter, J. (2003). *Camp David* 25th anniversary forum special conference series. Woodrow Wilson International Center for Scholars: Washington, D.C.

9.4.3　結語的功能

當展演快到結束時，許多人會因放鬆而犯了草草結束的錯誤，因而說出：「以上就是我的展演」的蹩腳結語。溝通與展演專家們都會同意結語會製造出「最後的印象」，而此最後印象通常會掩過先前的所有努力！

展演的結語，應比引言更短：不超過整個展演的 5％時間。在這甚短時間內，結語也應完成兩件事：回顧 (review) 與結語 (close)。

回顧：展演結束前的回顧，應再次 (簡短) 陳述展演的論述與主要論點如：

　　這個下午，我已建議三個方向的改變，以提升我們的獲利能力。第一，就是增加報紙的廣告量，第二，提升我們產品的品質，最後，就是擴張我們的生產線。

你的回顧，僅是上述訊息的說法微調如：

　　現在，我希望能獲得你們對上述改變的認同。當顧客發現我們有更寬闊、更高品質的產品時，我相信我們能讓顧客多花些錢買我們的產品。

結語：強而有力的結語，能讓聽眾對展演者留下好的印象；但軟弱無力、虎頭蛇尾的結語，卻會「中和」掉你先前展演的努力。除了讓聽眾留下好的印象外，好的結語也讓你向聽眾發出展演結束的訊息，最後，好的結語也應該能「煽動」聽眾、鼓勵他們朝展演者希望的方向去思考或採取行動。

9.4.4　結語的類型

適用於引言的各種技巧如發問、說故事、引述名言、發出令人驚訝的訊息、參考聽眾或事件或運用幽默、笑話等，同樣也能適用於結語的陳述，除此之外，還有下列幾項可運用的結語陳述如：

回到開場陳述的場景：回到起點，是發出展演即將結束的訊息。展演者應該在結語時參考引言的開場陳述，但略微加上一點更深度、更詳細或甚至「意象」不同的結語如：

　　在我演說的一開始，我曾問各位是否知道不必像現在付那麼多稅。我懷疑

你們還沒發現我們對「山姆大叔」有多麼大方。我也希望我已協助各位瞭解到你們真正的責任，並能善用各種可用的節稅措施。

另一種能緊抓住聽眾注意力的方式，是將故事分成兩部分，引言時先說故事、但不說完，在關鍵處切斷，並承諾聽眾在最後的結語前會完成故事。這樣做，能使聽眾於你的展演全程，都集中、保持著注意力。

行動訴求：當你的目標是讓聽眾採取某些特定行動，你可以要求某些預期結果，作為你的結語如：

所以，目前各位應該瞭解這些工作坊能作些什麼了。剩下來的問題，就是你該在何時註冊參加。我們在 5 月 11 日及 6 月 6 日都會開張。那兩天我都會在現場為各位登記參加。我希望在那兩天能看到各位。

以挑戰結束：當展演訴求某種行動時，也可以「挑戰」聽眾的方式作為結語，如：

你們可以不作任何改變，雖然不至於墜落失敗，但也絕對不可能是最好的。或者，你們可運用今天聽到的概念，讓你們更具創意、產量更多及更為成功。如果有機會卓越，何必甘於平凡？當能實現夢想時，又何必停滯於希望？這一切，由你自己決定。

9.5 展演的轉換

轉換 (Transitions)，是聯接展演各部分的字詞或句子，如橋樑一般的聯接你論述的各部分，並讓聽眾瞭解其間的關係。轉換，應該運用在引言與主體、主體中各論點及主體與結語等處，如以下範例所述：

這些是大的承諾，讓我說明如何做到這些承諾…【引言與主體】

並非都是壞消息，讓我告訴你們一些在那次會議中發生的好消息…【主體中的論點】

展演的規劃與發展

自我評估	展演規劃檢核表

用此表檢核你的展演是否組織得宜

引言部分
□是；□否　1. 是否能引起聽眾注意？
□是；□否　2. 是否能給聽眾一個聽下去的理由？
□是；□否　3. 是否適當的定調(論述及論點)？
□是；□否　4. 是否建立你自己的可信度？
□是；□否　5. 是否引介你的論述及內容預覽？

主體部分
□是；□否　1. 是否選用了最有效的組織模式？
□是；□否　2. 是否以完整句子陳述你的主要論點？
□是；□否　3. 是否運用主要論點發展你的論述？
□是；□否　4. 主要論點不超過五個？
□是；□否　5. 每個論點只說一個概念？
□是；□否　6. 以平行架構說明你的主要論點？

轉換部分
□是；□否　1. 是否聯接上下論述並呈現兩者之間的關係？
□是；□否　2. 是否強調你的重要概念？
□是；□否　3. 是否明確架構你的概念？
□是；□否　4. 存在於整個展演需要部分？

結論部分
□是；□否　1. 是否回顧你的論述與論點？
□是；□否　2. 是否以有效的結語結束？

如果任何一項答案為否，則應修改該部分。

　　聽過這麼多特性後，我想你們很難通通記得，讓我再作一次簡單的回顧…
【主體與結語】

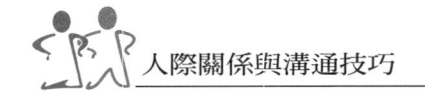

9.5.1 轉換的功能

前述的範例，都有三項功能如：

促進明晰性：演說比書面文件較難達成(傳達訊息的)明晰性(clarity)，尤其是單向、演說式的展演。信件、備忘錄、書籍或報告等，因都有格式規定，能將概念加以組織而達到明晰性的要求，段落、標題、用項目符號的列舉，不同字型、字體等，都能強調概念與表達概念之間的關係。但在演說時，聽眾沒有上述格式或強調的協助，很難把你說的概念在腦海中組織起來。他們僅能從口語的線索——轉換的詞句——瞭解演說內容的架構。

強調重要概念：展演中的轉換，正如書面文件的斜體、粗體字的強調重要概念如：

現在，讓我們轉向第三個理由——或許也是最重要的一個——為你的駐場代表配置手機。

這就是公司對費用的政策。現在，讓我們看看它「到底」如何運作。

維持聽眾的興趣：轉換能賦予展演的持續動能，它能讓聽眾始終想知道接下來會說些什麼：

到現在，你們可能會問這樣的產品要花費多少？這是我要告訴你們最好的消息…

9.5.2 有效轉換特性

轉換(Transitions)，除具有提高明晰度，強調重要概念，並使聽眾保持興趣等功能外，另有兩項特性。其一為它參考、聯接了上下概念的關係。轉換就像一座橋，使聽眾從橋的一端移到另一端，而轉換也像橋樑一樣，必須在兩端都有固定點。平順的轉換如下例：

這些都是我們要處理的問題。現在，讓我們看看如何解決這些問題。

目前你知道此變化具有財務合理性，但對受到影響的人會怎麼想呢？

如果你在規劃展演轉換上有困難，通常是因為你選擇的組織模式有瑕疵，無法邏輯、合理的聯接上下概念。請回到 9.3 節，再次檢討你展演論述與論點的邏輯關聯性。

轉換的第二項特性，是它自己也能引起聽眾的興趣。當你表述轉換時，應該也能讓聽眾的注意力與興趣隨著轉換。這項特性可類比開車時的換檔！在實際運用時，則通常運用一些「關鍵詞」來強調轉換如：

下一個 (next) 重要概念是…
另一個 (another) 促使我們必須改變的理由是…
最後 (finally)，我們必須考量…
總結來說 (To wrap things up)，…

重點回顧

- 幾乎職場中的所有人都要做展演，無論是正式或非正式，對內或對外，職場的發展方向與成功與否，可能要看展演者累積的聲譽而定。
- 展演前的情境分析有三部分。第一，是對聽眾的分析。誰是關鍵聽眾？他們知道多少？他們想聽到些什麼？他們的偏好為何？聽眾的文化背景、規模、參加展演的理由及態度等，都需要事前瞭解與掌握。
- 情境分析第二的部分，是分析身為展演者的自己。你的展演目標為何？對主題的瞭解程度？及對主題的熱忱為何等。
- 情境分析的第三個部分，是分析展演的場合情境。展演的設施是否可用？展演的恰當日期與時間長度為何？及需要展演的內容為何等。
- 展演規劃的第二步驟，是定義展演的一般及特定目標，並發展展演的論述。展演的一般目標是提供資訊或說服？特定目標如要影響誰？要他們在什麼時間做些什麼等「4W1H」？目標的陳述必須明確且具體可行，才能讓聽眾瞭解，並按照展演者的預期採取行動。
- 定義目標後，展演者必須發展以一句話可以表達的論述。論述是展演的核心概念，並在整個展演過程中會不斷重複。因此，有必要謹慎發展。
- 按照「引言、主體及結語」等三段式線性邏輯架構，較能讓聽眾對展演有一全盤的瞭解與認知，提升展演者的可信度。

- 以腦力激盪發展論述的論點時，情境分析與目標陳述等，都可作為論點的發展依據。論點，也應善加組織成「主要論點」，而一次展演中，主要論點最好不超過五個。
- 論點的表達方式，計有適合於提供資訊的時序、空間、主題及因果等模式，若展演目標為說服，則還有問題與解決方案、滿足準據、優點比較及循序激勵等表述模型。
- 展演主題發展完成後，再回到引言部分的設計，設計要點在能攫取聽眾的注意力、給聽眾一個繼續聽下去的理由及說出展演的論述。至於結語部分，主要是論述與論點的重點回顧，另要有強而有力的結語。
- 最後，展演中的轉換設計，聯接著引言，主體中的各論點及結語。轉換自己可類比書面文件的格式組織與強調，能讓聽眾始終保持聽的方向，並瞭解展演前後表述的脈絡關係。

展演時的口語及視覺輔助

CHAPTER 10

學習重點

1. 學習如何在展演時運用各類型口語輔助,增加聽眾的興趣,提升論點明晰性,並提供論點的佐證等。
2. 瞭解展演情境是否需要用到視覺輔助、各類型視覺輔助的優缺點後,設計一適合展演情境的視覺輔助。
3. 針對特定的展演內容,選擇最有效的呈現媒介。
4. 瞭解各類型展演軟體的設計原則與缺點。

李四非常沮喪。「我知道我值得加薪，」他向同事友人錢二訴苦：「我向老闆明確地陳述了理由，包括自孫三離職後，我就一人兼顧兩個職務的工作，我的生產量比公司其他任何人都要多，所有我的客戶都對我的服務覺得滿意；但我的薪水卻遠低於業界平均，他到底還要些什麼？」

錢二試圖以支持的口吻安慰著說：「我知道你值得加薪的鼓勵，李四。而我也不相信老闆沒看到你的努力。你有對你的加薪主張提出支持證據嗎？」

「你說的是什麼意思？」李四問著。

「你有提出你的生產力證據或與產業平均的薪資比較？另你是否向老闆提出滿意客戶的任何證明嗎？」

「應該沒有！」李四回答著說：「但我們不是不應該自我推銷嗎？老闆應該要能賞識他擁有的好員工，不是嗎？」

「應該是吧！」錢二回答著說：「但老闆整天忙著處理有關錢與資源的要求。如果你能讓你的加薪理由更明確、能引起老闆興趣，或許你還有機會。」

錢二對李四的勸告是對的。好的概念不見得能引起聽眾興趣！大多數的聽眾 (高階管理階層、老闆、客戶…等) 都是忙碌且斤斤計較的，他們也不會像你一樣關切你自己的問題。第 9 章所介紹的展演組織方式，能幫你做個不錯的展演，但要使展演成功，你通常還需要有一些能支持論述的證據，這些證據還要能引起聽眾的興趣、瞭解你的意圖並接受你的訊息。換句話說，你需要大量運用論述的支持證據。

10.1 支持證據的功能

所謂展演的「**支持證據**」(Supporting Material)，是在一次展演中，能支持論述的任何事物。你可從表 10.1 看出論述主張與支持證據之間的關係。

如表 10.1 的範例所示，沒有支持證據的論述，還是具有邏輯性的；但因缺乏讓聽眾深入瞭解的訊息，故通常不容易達成展演目標。審慎選擇的支持證據，能在下列三個方面提升展演的有效性：明晰性 (clarity)、引起興趣 (interest) 及提供證據 (proof)。

表 10.1　論述主張與支持證據之關係	
論述主張	支持證據
我們能延長每日營業時間到晚上十點，以增加銷售量。	根據《現代零售業》期刊內的一篇文章，顯示延長營業時間的店面，扣除延長經營時間的經常性成本後，其獲利率都超過 20%。
建構一個無線網路環境，並不如想像中的困難。	這個影片可以顯示它有多容易。
花點時間協助顧客，不但能增加他們的忠誠度外，另也能提升你的業績。	讓我為你讀一封來自滿意顧客的感謝信。

10.1.1　明晰性

支持證據，能讓抽象與複雜的概念更容易讓人瞭解。試看下列電腦的傳統鍵盤輸入指令與滑鼠點擊的對比：

想像一下一輛沒有方向盤、油門、煞車、排檔、方向燈桿及其他任何你熟悉的操控裝置…你有的，只是一個操作鍵盤。

當你需要轉彎、變換車道、加速、減速、按喇叭或倒車時，你能做的，只是在鍵盤上鍵入一組「指令」。不幸的，你的車子不懂中文！因此，你必須一手按著某個功能鍵，一手鍵入文字與數字，如 "S20; TL; A35"，這意味著「減速到 20；左轉；加速到 35」。

如果你按錯了鍵，有三件事情會發生。如果你輸入一個「未定義」的指令，車子會發出警告聲響，要你重新輸入。如果你輸入錯誤卻是一個有效的指令，車子會盲目執行 (想像一下你打錯的是 "A95" 而非打算的 "A35"！) 如果你鍵入的指令，是原廠並未能預期的特殊指令，車子可能會戛然停止、而後熄火！

10.1.2　引起興趣

支持證據，能「活躍化」你的展演，並使你的主要論點對聽眾更為生動、有意義。試看當林肯還是律師時，如何在一次結辯讓無視於證據的對手變成不可信的案例如：

當林肯還是個辯護律師時，有次碰到一個案子，對方律師的訴求為想像而非證詞。林肯於辯護時，向對方律師問到：「告訴我，先生，一隻羊有幾隻腳？」「為何這樣問？當然是四隻！」對方律師回答後，林肯再問：「如果我說牠的尾巴也是一隻腳，那此時這隻羊有幾隻腳？」對方律師顯然沒能注意到這是陷阱就回答說：「那就五隻嘍！」

「錯！」林肯猛敲著陪審團的木欄並吼著：「牠還是四隻腳！說牠的尾巴是一隻腳，並不能把尾巴變成真正的腳！」、「現在讓我們回到實際的證人證詞，看看你把多少尾巴說成是腳！」

10.1.3 提供證據

除了明晰性、引起聽眾興趣外，支持證據還能讓你的展演論述更具說服力。如展演者如何運用證據來支持他的「雇主開設安親班，除能幫助有小孩的員工外，也能增加員工的生產力」：

> 加州聯合銀行的一項員工調查，顯現出由雇主開辦安親班的價值。運用這項福利的員工離職率只有 2.2％，遠低於選擇公司外日間照護員工 9.9％ 的離職率。這還沒完，使用這項公司福利的員工每年請假天數，也比其他有小孩的成家員工平均少 2 天！

當運用他人的證據來支持你的論述時，除應引述來源外，也應注意證據的公信力。如上例員工調查，是由「可信」的加州聯合銀行所執行的，其結果則較一般「自利」的調查研究結果來得可信。

10.2 口語強化

如表 10.2 所示，有許多類型的口語式支持證據能增加展演時的明晰性，引起聽眾興趣及提供證據等。在商務與專業展演中，常用的口語支持證據包括有定義、範例、故事、統計量、比較及引述等，在展演前應先行分析與判斷聽眾的偏好，選擇適當的口語支持證據。

表 10.2　口語輔助類型說明表

類型	定義	用途	備註
定義	名詞意義的解釋	增加明晰性	聽眾不熟悉或不常使用的名詞解說
範例	能解說論點的簡要參考	明晰性 多個範例較能引起興趣	兩個或多個簡短、延伸式的範例最有效
故事	某事件的詳細解說	明晰性 增加興趣 提供證據(僅事實)	與聽眾融合 須能明確支持論述 長度適當
統計	論點的數據化表達	明晰性 提供證據 增加興趣(與其他類型配合運用時)	使聽眾得以參照 謹慎、保守運用 四捨五入 視覺、講義的補充
比較	概念從何而生的審視與程序比較	明晰性 增加興趣(比喻) 提供證據(字面上)	使聽眾易於熟悉 確保有效的比較
引述	專家或文獻的意見	明晰性 增加興趣(有時能！) 提供證據	長引述的轉述 極短引述可逐字引述 引述可信的來源 接續著陳述解釋

10.2.1　定義

試看下列資訊專業領域中的一段演說，如果你是非資訊領域的聽眾，你一定會覺得混淆與無法瞭解：

　　SQLite 是一個軟體圖書館，能無須伺服器、零構型、自主運作的 SQL 引擎。其內容可以整數、實數、文字、BLOB 或 NULL 方式儲存。[1]

---

[1] SQLite 是一套用高階 C 語言撰述的關聯式資料庫管理系統。而 BLOB 是 "Binary Large Object"「二元大型物件」的縮寫詞；另 NULL 則代表「缺漏值」(missing values) 等。

定義 (Definitions) 為對聽眾不熟悉或不常用專有名詞的解釋，以消除任何可能的混淆或不瞭解。而一般定義詞彙的方法則包括如：

1. 特定字義解說 (denotation)
2. 相關意涵解說 (connotation)
3. 詞源解說 (etymology)
4. 否定解說 (negation)

智慧型電錶不僅僅在衡量顧客使用的能源有多少，它還能辨識顧客使用能源的時段，並將此訊息傳回當地的供電事業單位，作為監控與計費的依據。【特定字義解說】

寶萊塢 (Bollywood) 是印度在孟買 (Mumbai) 電影工業基地的非正式印度語名稱，是孟買舊時的名稱 "Bombay" 與 "Hollywood"「好萊塢」的組合詞。【詞源解說】

在稅務詞彙裡，「資本收入」(Capital Gain) 不同於一般收入。它是你賣掉如房地產或股票等資產後，收入大於你最初償付的獲利。【否定解說】

10.2.2 範例

範例 (Examples) 是支持展演者論述的簡短說明。如展演者主張公司應提供員工更多的福利組合時，他可以舉例如：

- 微軟 (Microsoft) 提供一包含 23 家店的購物中心，其中有餐廳、水療店 (spa)，腳踏車修理店及一家小酒館…等。
- 安普拉銀行 (Umpqua Bank) 提供員工每年 40 個小時的有薪假，使員工能從事志工工作。
- 天柏藍 (Timberland) 的員工若購買油電混合車，公司則代付 3,000 美元並有優先選擇停車位的權力。
- 思科 (Cisco) 的員工在工作天時，可直接把車交給技師做換油保養。
- 北歐航空 (SAS Airline) 的員工福利包括公司內的健康照護、員工小孩的夏令營、車輛清洗、美容院及一個 66,000 平方英尺大的健身中心。

展演時的口語及視覺輔助

- 安海斯布希 (Anheuse-Bush) 啤酒公司的員工，每個月有兩箱免費啤酒的福利。

同樣的，行銷顧問可以公司取名好壞為例，說明公司名稱是否能「意味」著公司的經營要項：

- "Totally Twisted"「完全扭曲」：馬里蘭州一家椒鹽捲餅 (Pretzel) 公司。
- "Now Showing"「現正顯示」：奧克拉荷馬州一家戲院旁的女性內衣店。
- "Access/Abilities"「進取能力」：加州一家身障輔助器材店。

上述店名是好的範例；當然，也有不好的範例如：

- "Coffin Air Service"「棺材空運服務」
- "Big Bill's Plumbing"「大比爾水暖」[2]
- "Bland Farms"「布蘭德農場」：一家郵購食品公司[3]

許多時候，你不需要從外尋找範例，你自己的經驗可能就是論點的最好支持範例。如工會常有「公司管理階層關心建築、土地更甚於員工」的抱怨，就可以舉例如：

我們常聽到「員工是公司最重要資產」這句話，但事實卻沒能反映這個經營哲學。在過去兩年半沒加薪的期間，我們看到公司不斷花錢在設施的改善上，如一套新的草皮灌溉系統、辦公室的更新、停車場的地面重整及新增公司大樓的一個新的出入口。這些設施的更新雖然都有幫助，但也顯示管理階層較關心設施與土地、而非員工 (福利) 的事實。

當用來支持某一論點時，若能同時舉出多個例子，其說服力更強、更有效。如你要向老闆要求晉升一更具挑戰性的職位時，最好能向老闆顯示你 (現在即) 能同時處理數種任務。畢竟，單一範例可能只是獨立事件或僥倖！

10.2.3 故事

故事 (Stories)，是藉較詳盡說明一事件而支持某一論點之謂。所有人都喜歡聽

---

[2] "Big Bill" 在美俚語是指「大驢蛋」，有負面貶抑的意思。
[3] "Bland" 一字的字源，有平淡、無特性而令人不感興趣的意思。

職場文化：文化會影響佐證說法

大多數英文母語的演說者，比較喜歡以直接的例證支持其論述。但此說話方式不見得適用於其他文化背景。以拉丁美洲為例，以多個片段的範例、最終歸納為支持論述的佐證，比較具有說服力。如一位西班牙語系的行銷顧問形容著：

當你問起「你最喜歡的顏色是什麼？」時，大多數的美國人會先講答案，再講理由如：「我最喜歡藍色，因為…」

但當同樣問題問到拉丁裔美國人時，他們可能會說：「當我幼年時，我喜歡黃色，因為我支持球隊的球衣顏色是黃色；接著，我喜歡向我女朋友眼睛一樣的黑色，…」在一大串個人式對話後，最後的答案是：「所以，我最喜歡的是藍色。」

沒有誰對誰錯──就是文化差異使然！美國人預期先有答案再說支持主張；拉丁美國人則先給支持論述後，再導向答案。

即便最具說服力的佐證，也要看文化背景差異而定。就拉丁美洲而言，舉例與說故事等，都比資料的論證來得能引發聽眾的情緒反應。

文化，不是影響聽眾偏好的唯一因素，教育背景、職涯專業及社經狀態等，都是強有力的影響因素。聰明的演說者在演說前，會仔細考量所有因素，再決定論證的方式。

資料來源：Jaffee, C. I. (2013). *Public speaking: Concepts and skills for a diverse society* (7th ed.). Boston, MA: Wadsworth.

好故事！說得好時，故事能增添聽眾的興趣，能比邏輯或推理說明更能使聽眾融入展演者所欲表達的論點。

如一農夫向孩子說明傳統與有機農法的差異時，他可以說個故事如：

當我從前在傳統農場工作時，回家時孩子都會奔向我、要我抱抱。當然，他們要等我脫掉衣服、淋浴更衣後才能抱抱。現在，我可直接從有機農場回家、直接迎向孩子的歡迎擁抱，因為，我的身上沒有任何會傷害孩子的有毒物質。

另如溝通專家對說故事的要點解說：「故事必須動人心弦，才能影響聽者的想法。」[4]

故事的類型可分成虛構 (fictional)、假想 (hypothetical) 與事實 (factual) 等三類。虛構故事讓展演者所要突顯的論點而創造故事的內容。如一演說者運用虛構且幽默的故事，讓聽眾瞭解從事商務「主動」的重要性如：

> 在希臘某一高山頂上有座修道院，四面都是懸崖峭壁。上山的唯一方法，是由一名僧侶以繩索拉上山的柳條筐。
>
> 一名遊客注意到拉柳條筐的繩索──他生命所依賴的──已相當老舊且磨損。他問拉繩的僧侶：「你多久換一次繩索？」僧侶回答：「當它斷掉時啊！」

在哄堂大笑平息後，演說者以這故事支持他的論點：

> 在這家公司裡，我們不等到繩索斷掉，我們也不讓它磨損。我們在它可能造成危害前就先更換它。

假想的故事通常以「想像你自己⋯」、「試想一名典型的顧客⋯」及「如果⋯你會如何做？」等作為開頭。除了讓聽眾融入假設情境外，假想的故事也能讓展演者創造出能突顯其論述要點的情境。展演者可藉著調整細節、創造對話及運用圖表等來支持故事的論述。但假想故事要能有效的前提是，假想的情境必須能讓聽眾覺得「可信」。

一名財務專員向顧客解釋在多種投資方案中的「保證帳戶價值」(guaranteed account value) 時，就可以一假設的範例說明如：

> 假設你發生了一次悲慘的意外而不能工作六個月。想像一下你可能因為意外所帶來的傷痛和不方便，也想像一下你如何應付生活所需。你是否存夠了能支持你及家人生活所需的錢？你是否有能彌補意外而收入減少的保險？

事實的故事一樣能增加論述的明晰性與引起聽眾的興趣。下面的例子說明許多經營者只重視賣出產品，而非賣出產品後的售後服務。

---

[4] 參考 Gallo, C. (2008, September 12). *Use storytelling to strengthen your presentations*. Retrieved from http://www.businessweek.com/smallbiz/content/sep2008/sb20080912_141650.htm

上週二，我打電話給車廠。在名片上有分別標示「銷售」與「服務」兩個電話。我問服務經理是否能在下週六把車輛送去保養。服務經理總有辦法讓你覺得不舒服！他似乎很樂意告訴你他們週六不營業，也沒辦法在超過一週的時間內，安排你的車輛送去保養。

我並沒跟服務經理預訂保養日期，而是撥了「銷售」的電話。「你們週六營業嗎？」我向對方問到。「當然啦！先生。」電話那端愉悅的聲音回道「我們週六營業時間從早八到晚九，星期天則從中午到傍晚六點。」

現在的狀況是，我能在週六買車，為何不能在週六修車？這到底是怎麼回事？我想我知道為什麼，他們賣東西比做東西好，這就是為什麼！

在上述三種類型的故事中，虛構與事實兩種故事，都能讓展演更具明晰性與引起聽眾興趣，但只有事實類型的故事，才能對論點提出佐證證據。

不論虛構或事實的故事，有效的故事，通常須具備下列特性如：

1. 都應簡短：不要繞了半天，才說出一個小論點。
2. 必須適合聽眾：可能冒犯聽眾的故事，會讓聽眾有展演者不想要的印象與記憶。
3. 必須能支持論點：這是最重要的特性！有趣但無法支持論點的故事只會讓聽眾偏離焦點。

10.2.4 統計量

統計量 (Statistics)，是用數值代表一個概念。大多數的統計量是許多範例的集

合，並以數值方式呈現，以增加解說的明晰性。如要對一條有問題的生產線提出警告時，一、兩個不良的案例，並不能證明些什麼。但如表示成：「我們這條生產線的重工率超過 40 %──相對於一般的 5 %，另在這些重工半成品當中，有五分之四與齒輪的缺陷有關。」就能構成證明！

在商務領域的展演中，也常用到統計量來表示市占率大小、市場趨勢、利潤的下降或增加、成本變動…等。當妥適引用根據事實的統計數據時，除顯示出事實證據外，也顯現出演說者對此領域的專業性。如以下範例：

> 根據美國統計局的報告，有學士學位的平均薪資，比僅有高中文憑工作者的薪資高出約 62 %。而在一個人的整個職涯生命，學士學歷比高中學歷的總薪資要多出美金一百萬以上。這些數據都顯示，在短短數年大專校院的投資與犧牲，都是較具有長力報酬的。

引用統計數據雖有其效力；但若不當引用，則會毀了整個展演。最常見的錯誤，就是用「雪崩」式的數據埋葬聽眾！如沒經驗的財務長在股東會上的演說如：

> 公司去年有令人興奮的表現。我們在 4 億 5,000 萬的淨利下，每股獲利 6.02 元，比去年 4 億 1,200 萬的淨利下，每股獲利 4.63 元成長不少。這淨利增加的部分原因，是我們將研發部門賣給「新投資群」的普通股而獲利 1,300 萬。除了上述一次性獲利外，我們也在去年提升了每股獲利率 5.8 %，淨利率則提升了 6.5 %。

上述數據適合擺在年度報告書中，而不是在口頭報告時，一條接著一條的唸出來，聽眾沒辦法跟得上。與其詳盡的報告數據，較適合的說法，是在展演中僅說明關鍵數據，而以書面文件輔佐如：

> 在報告書中有詳細資料。公司去年的表現很好。在一次性獲利 1,300 萬的狀況下，每股獲利率提升到將近 6 %，淨利率則提升了 6.5 %。

如以上範例所示，在展演時，最好能將數據四捨五入的說。舉例來說，「將近二分之三」要比「64.3 %」要來得易懂。如美國巨星安潔莉娜裘莉 (Angelina Jolie) 在對聯合國官員的一次演講中，使用「超過」、「將近」等形容詞，來提升聽眾對

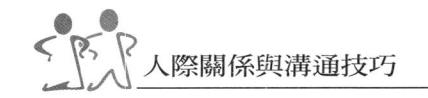

統計量的瞭解程度如：

在肯亞北部達達布難民營中有超過 40 萬以上的難民，其中將近 10 萬是過去 9 個月陸續進駐的，他們是因為乾旱、不安全與飢荒而來的。

除了使用過多的統計數據外，另以統計為基礎的論述，對大多數的聽眾而言，可能就顯得「乾澀」。當你面對一群非專業的聽眾時，最好能以參照聽眾——讓他們能懂——的方式來說，如下列以統計數據 (以範例方式呈現) 重新詮釋：「時間就是金錢」的重要原則如：

對一個年薪 3 萬美元的管理者而言，每天若有一個小時在等待，則每年花費公司 3,750 美元⋯若是一個年薪 10 萬美元的高階經理人而言，兩個小時的午餐時間，就花掉公司 12,500 美元！

當一次展演會使用許多統計量時，可能就必須用到視覺輔助來協助解釋。謹記：僅僅呈現統計量數據，是容易讓人混淆與難以理解的！

10.2.5 比較

比較 (Comparisons)，是將一個概念與其他不同概念放在一起對比。有些比較是**意象式類比** (Figurative Analogies)，它們將不熟悉的概念與一熟悉的做類比，使聽眾較為容易瞭解他們可能不熟悉的概念。從下列範例中，你可以看出意象式類比能增加論述明晰性與引起聽眾興趣的價值如：

某些航空公司的特價票實際上是誤導顧客，沒能看見票價下面許多蠅頭小字的限制？也沒有一家食品連鎖公司，不會作牛排每磅 3 美元的促銷廣告，但限制每個連鎖店只有 5 份且只能週二到週四在巴黎買到。

想想當你在沖澡，而某人另外開了水龍頭或沖馬桶，你的水量會突然減少。同樣的現象也會發生在網路上的資料流量，當越多人使用網路時，資料流速就會變慢下來。

另外一種比較是「字面」(literal) 上的比較是將兩個相似的概念聯接起來比較。如一客戶經理主張：「我們應該花更多廣告預算於直接郵寄上。這方法在 A 公司運

> **倫理挑戰：挑櫻桃支持謬誤**[5]
>
> 假想你正打算給一個潛在客戶執行行銷展演，而你有很多滿意顧客的範例佐證，能證明你的產品或服務是優異的。但不幸的，你也有一些對產品或服務不滿意顧客的抱怨，你會挑那些不滿意顧客的抱怨，作為你論點的支持證據嗎？
>
> 一般業務員通常只會講好的而避免觸及不好的負面意見。但如果能對顧客誠實，坦承說明對不滿意抱怨的處理方式，卻常更能獲得顧客的信任與交易。

作得很好，我想對我們也有效。」

在美國西維吉尼亞州一處煤礦場發生意外，損失 12 條人命後，輿論觀察者用比較的手法，聲稱聯邦法律對礦場安全的忽視，使礦場主人容易為了財務而忽略礦場安全的防護：

> 在加州共乘車道上單獨一個人開車收到的罰單罰款，還比在礦場內儲存易燃物品的罰款還高！難保礦場不會出事。

當你打算提出一個你認為可行的方案或政策，你也可以運用比較手法來支持你的論述。而佐證的強度要看你所比較事物之間的相似程度而定，如微軟創辦人暨慈善家比爾蓋茲 (Bill Gates) 有一次用生動的統計比較，來顯現美國藥物研究優先程序的錯置如：

> 花在治療男性禿頭的藥物研究經費，是瘧疾藥物研究費用的十倍以上，而瘧疾每年奪走超過一百萬人的生命！[6]

不管比較的用意，是增加明晰性、引起興趣或提出佐證證據，好的比較必須符合兩項特性如：

---

5 挑櫻桃謬誤 (Cherry Picking fallacy) 是指刻意挑選支持論點的資料呈現，而將重要但不支持論點的資料忽略不計。這個詞語是源於挑櫻桃 (或其他水果都一樣) 的一般經驗。挑水果的人把好的水果挑出來，看到的人可能會以為所有水果都是好的。

6 參考 Anderson, K. (December 29, 2011). *Craft an attention-grabbing message*. Retrieved from http://blog.hbr.org/cs/2011/12/craft_an_attention-grabbing_me.html

1. 熟悉的部分必須為聽眾所熟知：舉例來說，當理財專員向客戶解說：「我們驗證存款的方式在許多方面都與國庫券類似。」就是個錯誤的說法，因為客戶可能並不知道什麼是「國庫券」(treasury bills)。
2. 比較必須有效：如管理者告誡員工不可以將公司的影印機用於個人用途上時所說：「使用公司影印機於個人用途是一項罪行，就跟強盜或攻擊一樣。」可能就顯得過於嚴重！但如改個說法如：「當提款機吐出多餘的錢時，你當然不會想拿！每個有常識的人都知道拿了就是偷竊行為，但使用影印機於個人用途上，花的是公司的錢，其行為跟拿走提款機吐出不屬於你的錢沒有兩樣！」就顯得比較有效。

10.2.6 引述

引述 (Quotations)，是使用其他權威者所說過的話，並用來支持自己的論點。引述通常能增添論點的明晰性與對聽眾的衝擊力。舉例來說，你可以引述商業界名人比爾蓋茲說過的：「最不滿意的顧客，是你學習成長的最好來源。」來支持傾聽顧客抱怨的重要。或者，你可以重複歐普拉 (Oprah Winfrey) 對「人應該為其自己的成功負責」的說法如：

> 我並不認為自己是一個從貧民窟出來窮女孩的成功範例，我只是把自己看成是老一輩知道應對自己負責的人，而我事實上也做得不錯。

10.2.7 來源引述

任何你所引述的話語、統計數據…等，都應該要引述其來源。引述來源不但能將功勞歸功於原作者或出處，也能提高自己的可信度。

為了不干擾展演的順暢，以下列舉一四步驟的引述來源方法與範例如：

1. 陳述論點：「在家中工作的趨勢正在成長中。」
2. 辨識出引述來源：「在〈今日美國〉3月12日的社論中，專欄作家亞默說到…」
3. 陳述引述內容：「只要有高速網路的聯接與一個電話，就能讓任何人變成自由工作者，為公司處理客服電話。」

個案研究：比爾蓋茲的蚊子策略

微軟公司創辦人比爾蓋茲，致力於消除世界上的瘧疾，這種因瘧蚊引起的疾病，每年奪走百萬條生命。但蓋茲知道，要讓西方人瞭解這種只有在開發中國家發生的疾病，是件困難的事。

蓋茲用了各獨特的策略，讓他加州的菁英聽眾，瞭解這種常在熱帶地區疾病的衝擊。

蓋茲在演說的同時，冷靜的打開一罐裝滿蚊子的罐子。聽眾在緊張的笑聲中，看到這些小昆蟲飛向聽眾。

這項「蚊子策略」立刻藉由這些菁英聽眾的「推特」在網路上迅速傳播，其速度比任何傳染疾病都要快。

蓋茲利用簡單的蚊子策略宣傳消滅瘧疾呼籲的效果，要比其他任何方法都來得有效。

資料來源：Gates, B. (2009, February 4). *How I'm trying to change the world now*. Speech delivered at TED annual conference. Long Beach, CA. Retrieved from http://www.ted.com/talks/bill_gates_unplugged.html

4. 解釋引述材料對聽眾的重要性：「這意味著在這房間內所有的人，不管你還在就學、撫養小孩或行動受到限制…等，都有潛能在家工作。」

另在引述來源時，必須依循下列指導原則如：

1. 以增加展演信度的方式引述來源：必要時應解釋來源的可信度如：「無黨派、獨立的國會預算辦公室說到…」
2. 引述對聽眾具有可信度的來源：引述馬克思 (Karl Marx) 對濫用勞動力的評論，不會引起共和黨人製造業者的興趣；相同的訊息若來自華爾街期刊的文章，則可能更有效些。
3. 重述長段落的論點：如果引述的內容甚長，先重述綜結重點的方式重述 (rephrase/restate)。[7]

---

7 重述 (Rephrase or Restate) 是引述者「消化」引述內容後，以自己的方式表達。

10.3 視覺輔助

所謂「一圖勝千言」，雖屬陳腔濫調；但卻再真實不過。這也是絕大多數商務展演中，常用圖表 (charts)、圖解 (diagrams) 及其他圖片視覺輔助 (本文以下通稱「圖表」[8]) 的主因。

設計良好的圖表除能比純文字說明容易讓人理解外，圖表呈現的視覺效果，也能讓聽眾在展演後持續留下印象。專業的圖表設計，也能讓聽眾 (尤其是高階主管或公眾領域) 對展演者有專業的形象，有利於未來發展。最後，視覺效果也能讓你所要呈現的資訊，更容易被人所記憶。過去許多研究結果都顯示，展演如能同時運用口語及視覺輔助，則聽眾所能記憶的資訊比僅使用單一種輔助方式為多。

視覺輔助對展演有許多有用的功能如：

- 顯示事物的樣子：建築師可以模型或素描向客戶描述一個建案；廣告主管可在會展中，以照片方式顯示新產品…等。
- 顯示事物的運作方式：工程師可以圖解方式，顯示一個裝備的運作方式；行銷代表可以模型來展示遊艇的安全與速度設計…。
- 顯示事物間的關聯性：一組織圖明顯的呈現一個公司內部的呈報關係；一流程圖則顯示完成一任務所需執行的步驟…。
- 強調要點：客戶代表可以圖表方式顯示一心產品的特性；投資顧問也能用圖形來顯示股票的運作績效。

10.3.1 視覺輔助類型

身為一個演說者，你可選用多種視覺輔助方式，讓你的展演更成功、有效。當然，你不會每次都使用所有類型的視覺輔助，但在職涯發展過程中，你遲早都會用到下列所述的各種視覺輔助類型。

物件與模型 (Objects & Models)：前述比爾蓋茲「蚊子策略」中裝蚊子的罐子，

---

8 圖表：英文中有關圖表的單字甚多，如 "Chart" 圖表，"Diagrams" 圖解，"Figures" 圖形，"Tables" 表格，"Photographs" 照片…等，在實務中也甚多混用情形。為避免混淆，本文以「圖」整合所有非「表」的圖形、圖片等，而以「表」稱用來比較數據的表格。

就是一種能增加議題明晰性、引起興趣及提出佐證的物件或模型。在行銷訓練中，尤其對昂貴的裝備、器材而言，沒有什麼比「**實際體驗**」(Hands-On Experience) 來得有效。業務員必須要能徹底瞭解裝備的使用、拆解及維護程序，才能有效地向顧客展示。有的時候，讓顧客自己體驗操作也有其必要性。

當你要用物件或模型來做展示的操作說明時，先確定物件模型要夠大、能被所有觀眾看見。小巧的物件如電腦晶片或珠寶等，僅適合一對一的展示。但對大眾展示時，傳遞小的物件或模型，不是個好主意！這樣做會讓所有聽眾轉移焦點。拿到物件的人在看物件，而還沒傳到的觀眾則引頸企盼著…沒人在聽你接下來講些什麼！

當你在展演中要使用物件或模型時，最好先確定你已做好足夠的練習，以避免任何能讓你不愉快的意外。如曾有一名客戶代表…

> 為想在稅務這個枯燥的議題上增添一些趣味，我想表現若不好好處理稅務問題，那辛苦賺來的錢就會像「煙」一樣的消失。我打算用魔術師常用的可瞬間燃燒的紙張來表現這個效果…。當我點火燒第一張紙時，它卻很難點燃，我把它放到一個隨手帶來的空咖啡罐中，然後抓起第二張紙，很順利的點燃。
>
> 第二張紙的瞬燃，燒到我的眉毛！但觀眾似乎並未察覺。相反的，他們都看著我身旁那個已在冒煙的咖啡罐。一位觀眾跳起來、滅了火…我幾乎在無意識的狀態下完成了演說。從來沒這麼糗過。

照片 (Photographs)：指以照相機或攝影機等類似器材擷取下來的圖像，因其內涵甚多且每個人看的角度與詮釋不同。如圖 10.1 所示「錯覺圖」的一種，你看到的是花蝶還是女子臉？因此，照片通常需要文字或口語的解說。

雖然照片通常需要文字的解說，但有些時候卻也能不言自明，如交通事故現場的照片，可以作為保險甚至訴訟的佐證依據。總而言之，若照片可能讓觀看的人有不同的詮釋時，最好能以文字解說輔助，以達到正確傳達訊息的目的。

圖解 (Diagrams)：是二度空間抽象或簡略的圖示法，顯示不方便完整呈現的複雜物件、模型或系統。一般的圖解可概分為圖樣 (drawing) 及地圖 (maps)。圖 10.2 所示的太陽能系統示意圖 (圖樣) 及「臺北捷運路線圖」(地圖) 等，都是圖解的類型。

圖 10.1　錯覺圖「花唇」(Mouth of Flower) 範例

圖片取自 http://www.world-mysteries.com/illusions/sci_illusions3.htm

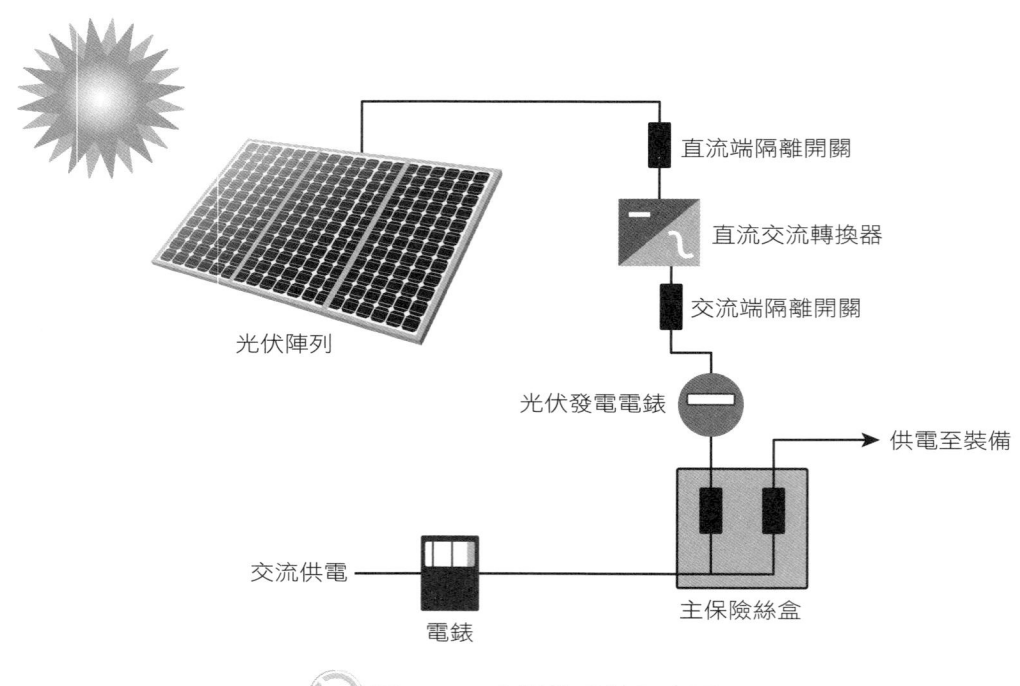

圖 10.2　太陽能系統示意圖

從圖 10.2 的圖樣及路線圖(地圖)等圖解中,我們可以知道圖解適合用於傳達有關尺寸(規模)、形狀及架構等訊息。

列表 (Lists and Tables):為強調事實與關鍵數據的有效方法,適用於列舉步驟,強調重點或比較相關事實數據等。表 10.3 顯示大專教育學費隨著時間的增加情形(僅為示意,表內非真實數據)。

表 10.3　年度大專學費比較表

單位:美元

年度	私立四年制	公立四年制	公立二年制
2002-2003	18,060	4,098	1,674
2005-2006	21,235	5,491	2.191
2008-2009	25,143	6,585	2,402
2011-2012	28,500	8,244	2,963

在設計展演的列表時,應記住下列幾項原則:

- 盡量簡單:僅使用關鍵詞或不含標點符號的短句列舉重點,避免使用(含標點符號的)長句。
- 使用編號或項目符號來區分要點:編號意味著有次序關係的排序或程序的步驟,但「項目符號」(bullets) 則適用於要點有同樣重要性地位時的列舉。
- 保守的使用文字:如果表列超過 7 列,分割成 2 至 3 個表。另每一列的文字應少於 7 個(英文)字。
- 使用大字體:確保文字及編號的字體都夠大,方便所有聽眾看得到。
- 確認表列的可讀性:確保表列的配置及空間運用,方便聽眾閱讀。

圓餅圖 (Pie Chart):用來呈現單一項目(變數)各部分的比例,如圖 10.3

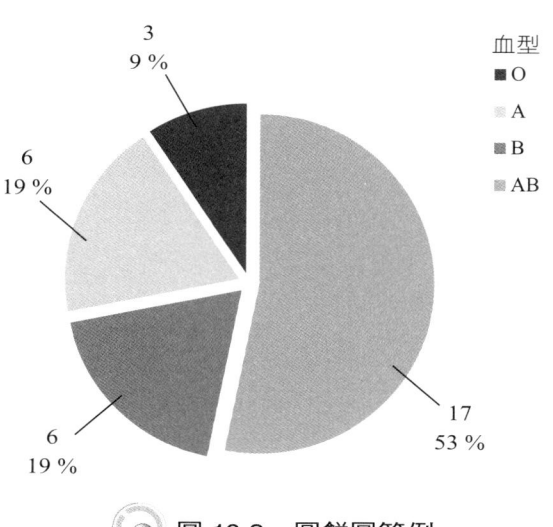

圖 10.3　圓餅圖範例

所示。圓餅圖常用來顯示花費項目或資源的配置等。

在繪製圓餅圖時，須注意下列原則如：

- 將所要強調的要點擺在 12 點鐘位置：當你沒打算強調任何項目的某一部分時，則按照比率由大到小，從 12 點鐘的位置開始，順時針方向安排。
- 賦予每一扇形部分的標籤說明：可在圖內或圖外，視展演者的需求而定。
- 標出每一扇形部分的比例：如賦予標籤說明。

長條圖 (Bar/Column Charts)：用於比較數個項目的圖示法如圖 10.4 所示。比較的項目可以是幾個員工的生產量，或是在不同媒體上花費的廣告費用⋯等。簡單長條圖也可用於呈現單一項目隨時間的變化。另如圖 10.5 所示的多重長條圖，則可用於比較幾個項目隨時間的變化情形。

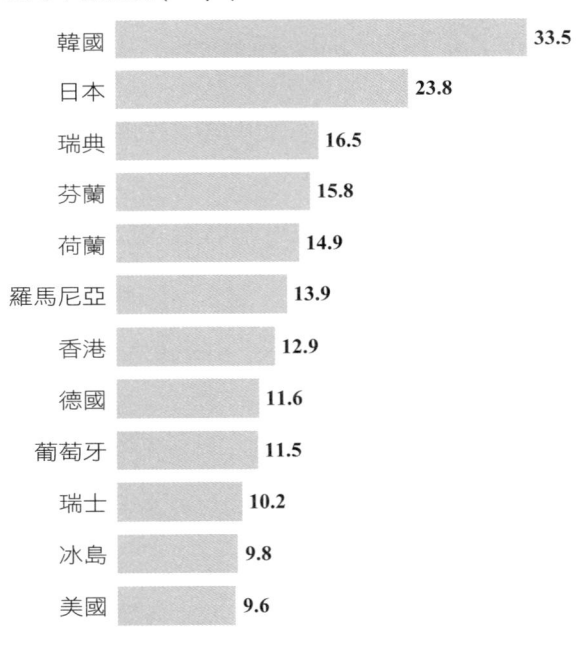

全球下載速度 (MBps)

韓國	33.5
日本	23.8
瑞典	16.5
芬蘭	15.8
荷蘭	14.9
羅馬尼亞	13.9
香港	12.9
德國	11.6
葡萄牙	11.5
瑞士	10.2
冰島	9.8
美國	9.6

圖 10.4　長條圖

展演時的口語及視覺輔助

美國的人口老化

圖 10.5　多重長條圖

下列幾個技巧能協助你設計一些有效的長條圖如：

- 始終以橫軸代表時間：由左至右。
- 將各「長條」依據展演目的依序安排：你可選擇由高至低或由低至高，或以 (英文) 字母次序，或重要性次序…等。
- 確定數字能清晰地呈現：這可能意味著將數字擺在長條旁。有些情形可擺在長條內；另也有少數的狀況當縱橫軸的尺度夠明確時，圖內即無須標示數字。

另從圖 10.6 的組圖，我們可發現長條圖 (及其他各類型圖形) 可藉由調整縱橫軸的尺度而「操控」資料顯示的差異性：

形象圖 (Pictograms)：為長條圖、圓餅圖等的「藝術」變形，如圖 10.7 所示。形象圖由於使用藝術的形象圖，所以比傳統的長條圖或圓餅圖來得有趣，對一般聽眾比較適宜；但因形象圖的數據不具數學確定性，故不適用於要求精確數據的正式報告。

線型圖 (Line Charts)：適合用來比較兩組 (或多組) 事物間的關係及隨時間的變化情形，又稱為「複線圖」如圖 10.8 所示。

影片 (Video)：有些展演情形可以影片來增加展演的效果。若須呈現「行動」——如運動員的技術或展演者的手勢、動作等，影片呈現的效果會比其他任何

人際關係與溝通技巧

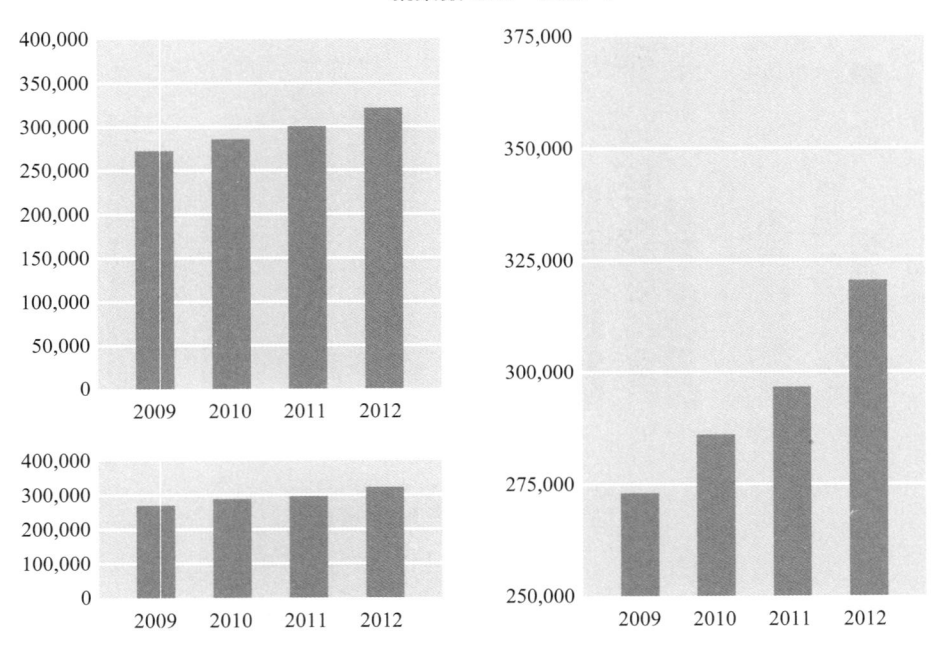

就業數 2009 – 2012 年

圖 10.6　相同資料但不同顯示效果示意圖

53.2¢
出版費用

19¢
書店
經常性成本

12.2¢
作者版稅

8¢
稅

6.6¢
出版商利潤

1¢
書店
利潤

圖 10.7　形象圖

圖形要來得有效。

　　影片的效果雖好，但仍須專業製作。從 YouTube 或其他平台的下載影片可能

工作職缺趨勢演變 2009-2012 年

圖 10.8　複線圖

會有風險，如是否有版權授權？時間是否過長？影片錄製效果不好如晃動、模糊、片段…等，都會讓聽眾對你的展演有不專業的印象。

10.3.2　視覺呈現媒介

即便你的圖、表等視覺輔助做得再專業、漂亮，若沒有呈現媒介的配合，一切也是枉然。本小節說明一些常用的視覺輔助呈現媒介，並說明其優缺點。

黑板 (Chalk & Dry-Erase Boards)：傳統的粉筆、黑板，對有互動如腦力激盪的展演狀況相當方便，展演者可隨時記錄下聽眾的意見或反應。但展演時寫黑板，會讓你背向聽眾！若要寫的內容太多、使展演者長期背向聽眾，反而會讓聽眾不知所措，顯然不是個好的展演方式。因此，最好能用其他不使你背向聽眾的呈現媒介。

在記錄腦力激盪的意見時，與其使用粉筆與黑板，倒不如使用大型的便利貼，可免除擦黑板、重寫…等動作，直接移動便利貼即可。

海報 (Flip Charts & Poster Board)：畫架 (easel) 或海報板 (Poster Board) 都是可以展示大型紙板 (海報) 的裝置，展演者可藉「翻頁」或更換紙板，一頁一頁解說的達成展演顯示目的。

以圖架或海報板展示的圖表或海報，最大的優點就是它的低科技層次，無須動用到複雜的電腦系統，可由展演者自行繪製 (較有親和性)、容易攜帶 (相對電腦系統而言)，也不怕展演時因電腦設備出錯等問題。即便是電腦製作出來的圖表，現在許多影印店也能輕易的將電腦圖檔輸出到海報上。

雖然有簡單、易於製作等優點，但海報展演的尺寸，卻是始終要斟酌的問題：

太小、容易攜帶；但聽眾看不到！太大、雖容易閱覽；但卻不易攜帶。

　　電腦顯示 (Computer Displays)：電腦配合著投影裝備可以呈現相當豐富的材料，包括文字、圖片、圖表及影音資訊等。配合著適當呈現裝備，展演者甚至可在展演時即興創造一些視覺資訊如手寫、實物投影等。另外，現代的筆記型電腦及儲存裝置等，都可方便攜帶與運用。

　　當使用電腦顯示為主的展演時，留意墨菲定律 (Murphy's Law)：「任何可能出錯的事都會出錯。」不要依賴快速、穩定的網際網路 (最好先下載或能離線操作)，留意電腦與呈現系統裝備之間的匹配性 (展演前反覆執行系統測試)，最好也能在你將展演的現場執行測試，確定系統能如預期般的運作，最好也能將展演內容備份待用或製作視覺輔助 (如海報、講義…等)。如果不能正常運作，複雜、炫麗的電腦展演根本沒用，也會讓你尷尬地站在期待的聽眾前。

　　講義 (Handouts)：是一份提供給聽眾展演內容的書面文件，它具備有下列功能如：

1. 提供展演概念的正式紀錄：紀錄著聽眾可能需要查閱的產品特性、人的姓名與電話、可做與不可做的清單…等資訊，方便聽眾事後參考運用。
2. 展演論述與論點的詳細說明：簡報展演是用說的，而說的也只是摘要、重點，細節的部分則可記載於講義內，以方便聽眾查閱。
3. 可使聽眾免於記錄：展演前提供講義，能使聽眾的注意力集中在聽講上、而非聽眾忙於自己的筆電或記錄本上。提供講義，也能確保聽眾事後可參考的圖表、內容等正確無誤，而這在重要的展演情境相當重要！

　　有些展演者也會運用電子白板，將重要的展演內容即時印出並提供給聽眾。但這方式僅適合只有少數聽眾的場合，另也須注意分送講義時，不要中斷了展演的節奏。更注重環保的展演者，為了節約紙張，通常也會以網路社群軟體發布展演內容，方便聽眾下載參閱。

　　講義對展演的最大問題，是它可能使聽眾分心。即便能做到展演前即分送講義，展演時演說者也須與講義「競爭」聽眾的注意力！好的展演者能始終吸引著聽眾的目光，只有在展演者提示時才參閱講義，展演者也要能引導聽眾停止參閱講義並將注意力回到展演者的說明上，如提示著說：「讓我們看看講義第 N 頁的預算

表，⋯現在，讓我引導你的注意力到現在所呈現的預算分配圖。」

10.3.3　展演軟體

目前常用的展演軟體如 Microsoft 的 PowerPoint，Apple 的 Keynote 及雲端網站的 Prezi 等，都能讓展演者創造出一專業、美觀的簡報。

展演軟體的優點：展演軟體可依據展演者的需求，自行創造出一客製化的簡報。以下列舉一些展演軟體能做到的事如：

- 運用軟體提供的投影片切換模式、動畫或時間安排等，在螢幕上順暢的展示展演者所要傳遞的訊息與效果。
- 為展演者提供一套方便運用的備忘或備註。
- 能提供許多不同的講義輸出格式。
- 可轉存成網路或電腦相容的放映模式，方便分送給沒能當場聽、但感興趣的聽眾。
- 能方便展演者繪製圖形或表格。

電腦軟體的設計雖然十分有效，但也不是萬無一失的。即便是最基本的展演軟體如 PowerPoint，繪製圖形的 Excel 與繕打紀錄的 Word 等，也需要展演者的熟練，才能產生出符合展演者預期的效果。而熟練這些軟體的操作運用，是需要長期練習的。

即便展演者已相當熟悉 PowerPoint, Excel 及 Word 等的操作，展演者也要能抗拒「過度運用」的引誘。如大部分的繪圖軟體都可繪製出如圖 10.10 複雜的圖，但謹記展演簡報製作的原則：「簡單就是美德」(Simplicity is a virtue)。像圖 10.9 複雜的圖，只會讓聽眾難以瞭解，另解說它也需要較長的時間等，都不符合簡報精簡的原則！複雜的圖表，僅適合擺在書面講義中，但在口頭展演時，簡單、扼要的圖表始終是不變的最佳實務。

展演軟體的負面風險：有經驗的展演者，能利用展演軟體做出相當炫麗與專業感的展演。但如同大多數科技一樣，它在解決傳統展演問題的同時、另也產生了一些新的問題，這些問題是你在簡報設計時應該避免的：

圖 10.9　複雜的圖

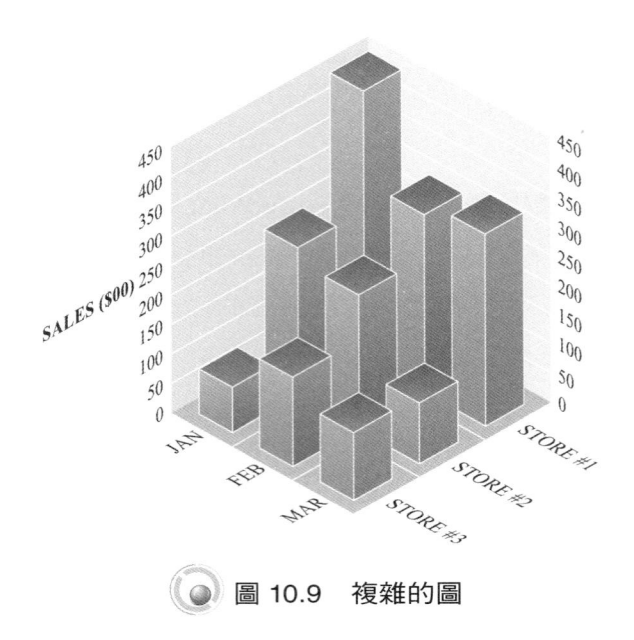

- 訊息組織不良：因展演軟體相當容易操作的版面設計、製圖、動畫⋯等，使展演者習慣直接在展演軟體上發展他的展演。有經驗的展演規劃者，可能還沒什麼問題；但對初階展演者而言，在展演軟體上的「組織」規劃，就容易被軟體的設計方便性「拉著跑」而失去組織規劃的重心。

  最好的展演訊息組織方法，仍是在運用展演軟體前，先按照第 9 章所述的展演規劃與組織程序，發展好自己的展演架構。此時，再運用展演軟體就是加分而非減分的效果了。

- 過度設計：這是展演者常犯的錯誤之一：花太多時間於展演設計、而非內容的呈現！即便是炫麗的投影片，也不會把不好的論點變好！設計專家塔克 (Edward Tufte) 這樣形容著：

  > 如果你的數字看起來很無聊，有可能是你用錯了數據。如果你的解說、圖像等說不到重點，將它們著色並跳舞，也不會讓它們變得較為相關。感覺無聊的聽眾，通常是內容而非裝飾的錯誤。[9]

- 過於複雜：即便展演軟體能讓你創造出非常細緻、複雜的電腦繪圖，但並不意味著你就該如此！炫目的展示反而會把觀眾從你的論點拉開。如果展演後，觀眾只

9　參考 Tufte, E. R. (2003). *The cognitive style of PowerPoint*. Cheshire, CT: Graphics Press.

10

展演時的口語及視覺輔助

記得你有非常炫麗的展示、細緻的動畫…而非你的論點時，很難說這次展演是成功的！

如前已提及，過於複雜或詳細的圖形展示，反而會讓觀眾混淆、不知道要看什麼？如美國前陸軍部長卡爾迪拉 (Louis Caldera) 曾經承認美國許多高階將領喜歡用複雜的展演圖表 (如圖 10.10)，並形容為：「美國軍方常犯的「PowerPoint 遊騎兵」(PowerPoint Rangers) 問題！」他表示：「許多人根本不聽我們說些什麼，因為，他們必須花很多時間，來搞懂這些極端複雜圖表到底在表示些什麼！」[10]

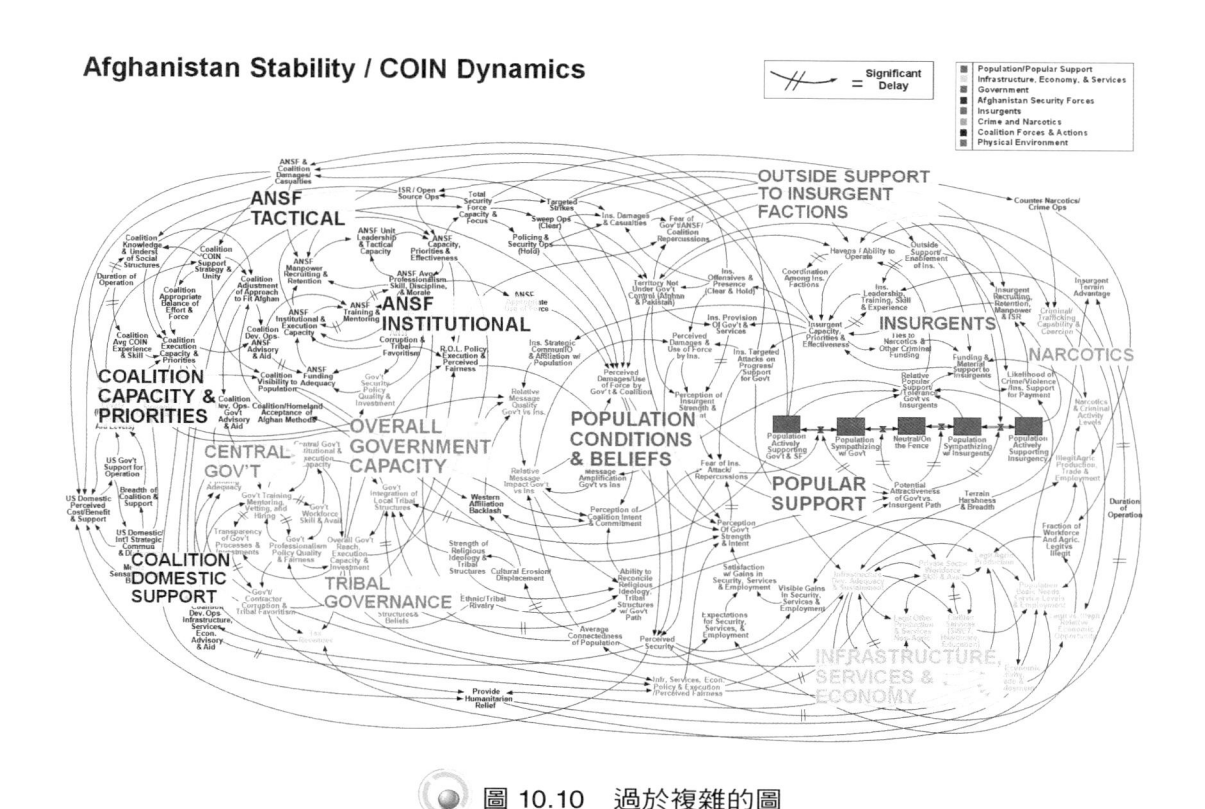

圖 10.10　過於複雜的圖

10.3.4　視覺輔助運用指導

不管你使用哪一類型的展演視覺輔助，都應確實依循下列展演的基本規則如：

10　參考 Jaffe, G. (2000, April 26). What's your point, lieutenant? Just cut to the pie charts. *Wall Street Journal*, p. A1.

選擇 (Selection)

在展演的任何一部分(引言、主體、結語)中,都必須謹慎選用你的視覺輔助。選擇的準據是:選用視覺輔助比只用講的更好!一般視覺輔助的選擇原則如:

確認你有選用視覺輔助的理由:如果你選用的圖表沒能比你講的更能解釋或突顯你的論點,不要用圖表!

我需要一熟練折磨藝術的專家——你知道怎麼用 PowerPoint 嗎?
© Alex Gregory/The New Yorker Collection/www.cartoonbank.com.

在展演領域中,有種說法:能讓聽眾始終盯著展演者的臉看、展演者移動、聽眾的頭就跟著擺動,是最好的一流展演者。聽眾始終專注於展演者的表達上。若聽眾的視線擺在視覺輔助 (PowerPoint 投影片) 上的時間多於展演者的臉,是二流的展演者,聽眾的關注焦點擺在做得不錯的視覺輔助上,卻沒能專注展演者在說些什麼!若是聽眾的目光始終擺在講義(或他們自己帶的文件)上而不看展演者與投影片,則是完全失敗的展演!因為,聽眾根本不想聽展演者在說些什麼!

簡明扼要的投影:遵循「少即是多」(less is more) 的規則。注意投影片只是輔助,重點是你怎麼表達你的論述與論點。所以,讓你的投影片數量盡量精簡,以 2-3 分鐘一張投影片為原則。若展演時間不足或展演內容很多(仍應盡量避免!),則再遵循「宜少不宜多」的原則。

此外,單張投影片中也應遵循「少即是多」(less is more) 的規則,即一張投影片中不宜列述過多要點(最多不超過 7 項),而每個要點的陳述也應精簡(不超過 7 個英文字),是所謂 7×7 原則!不要把所有要講的話都「逐字」的呈現!記住:投影片只是要點的列舉呈現,內容還是要展演者來說才適宜。

根據聽眾的需求特性來選擇呈現的方式:對重要聽眾如高階管理階層、老闆、關鍵客戶⋯等,通常需要經過「修整」過的視覺輔助——即捨棄無關資料、只呈現必要的資訊。但這原則也有例外,如聽眾是一群專業的財務或工程人員,他們則通常不會接受經過修整過後的視覺輔助。如拍立得數位相機的一位產品經理的形容:

> **技術提示：避免展演時的電腦災難**
>
> 當你在展演時用到電腦，遲早你會碰到軟硬體出錯的機會(墨菲定律！)。以下列舉一些將這類電腦災難影響程度降到最低的技巧：
>
> - **事前整備**：你若不想在聽眾面前重新開機、更換纜線、對軟體偵錯⋯等，最好在實際展演前預留足夠時間，將整套展演裝備預演一次；若有錯誤則仍有時間補救。
> - **始終維持兩套備份**：重要展演時，把所有硬體如筆電、顯示器、投影幕或甚至數據機等，都維持著兩套備份，以備不時之需。
> - **備份你的程式與檔案**：將你的重要展演軟體與檔案另存在 CD 或 USB 等儲存裝置，你也可以將重要檔案存放在可方便存取的「雲端」，如此，在任何能連線的地方都有檔案的備份。
> - **留意網路不通**：若展演需用到連線，須留意展演時連線的突然失靈。將展演檔案存在備份的 CD 或 USB 中，是較妥當的作法。
> - **必要時，準備一名能處理裝備失效的技師**：重要展演時，帶上一名專業技師，處理任何可能的軟硬體失誤。
> - **要有應變計畫**：要準備應變所有展演裝備都失效的狀況，將重要的圖表做成紙本講義或海報。雖然不如電腦展示的效果，但有總比什麼都沒有好！

當人們看到有色彩、炫目的視覺呈現效果時，他們會認為資料經過「處理」而不相信你所說的！[11]

設計 (Design)

令人混淆或製作不良的視覺輔助，反而容易遭致反效果。下列指引能幫助你做出簡明俐落的視覺效果如：

確保視覺夠大、能被看到：在電腦螢幕上看得清楚的圖形，放大到投影幕上不見得能被坐在下面的聽眾看得清楚！避免使用過小的文字說明、圖片、照片等，要不然你就必須以散發講義的方式，讓聽眾能「就近」看得清楚。記住：模糊或不清晰的視覺效果，比不呈現還差！

---

11 參考 Pearson, L. (1993). The medium speaks. *Presentation Product*, 7(6), 55-56.

確保設計簡單化：每一個視覺輔助指展示一個概念，千萬不要想把許多概念融入一張圖表內。另整個展演的投影片字型都應一致化，避免字型、字體大小的變化而讓聽眾混淆。

盡量少用文字解說：絕大多數的視覺輔助都應該是圖形、圖表，而非文字解說。如果必須以文字解說，則遵循「7×7 原則」。注意，是你在對聽眾口頭展演，而不是給他們一份書面報告！

文字一律橫列：避免在投影片中使用直列或對角線式的文字呈現方式，一律橫列文字，甚至圖表縱軸的圖解，也應橫式繕打。

所有項目都有明確辨識用的標示：如每張投影片都須有標題、頁碼，所有圖表的縱橫軸及呈現部分都必須有圖解的說明…等。

自我評估　你的展演輔助材料合格嗎？

對下列所有問項，評估你的展演輔助材料是否合格？想辦法改善「需要改善」的勾選項目吧…

評估問項	優異	勝任	需要改善
1. 每一論點都至少有一項視覺輔助。	□	□	□
2. 每一項視覺輔助是否能讓你的論點…			
a. 更清晰	□	□	□
b. 引發聽眾的興趣	□	□	□
c. 更具說服力	□	□	□
3. 我會運用如定義、範例、故事、統計及比較等口語輔助，來增進展演對聽眾的衝擊性。	□	□	□
4. 我如何呈現視覺輔助…			
a. 我會看著聽眾而解說	□	□	□
b. 只在提到時呈現視覺輔助	□	□	□
c. 會在事前練習，以確保展演的平順	□	□	□
5. 我誠實並精準呈現支持我論點的資訊。	□	□	□
6. 我引用輔助材料的複雜性與精確性能符合聽眾的要求。	□	□	□
7. 當有必要時，我會引述支持材料的來源。	□	□	□

展演時的口語及視覺輔助

　　視覺輔助應配合解說而呈現：視覺輔助應在談到時即呈現，而非在展演者提及前或說完後才呈現。展演程序中，展演者可以鍵盤上的 "B" 及 "." 鍵，讓螢幕轉成黑幕，再按一次則回復呈現狀態。

　　確定展演視覺輔助適用於展演場地：如就地就能提供展演設備的電源，無須另拉容易絆倒人或被踢開的延長電源線，所有聽眾看投影幕的視線不被遮蓋…等。另如須操控光源，也須確保展演者自己(或助手)能方便操作。

　　練習：如果是海報板的展演 (PowerPoint 投影片也一樣)，事前整備時，練習所有海報板或螢幕的快速、順利切換以及你對每一張海報板或投影片要講的內容和展演呈現的次序等。只有充分、完備的練習，才能避免展演時次序混亂或文不對題等尷尬場面。

重點回顧

- 輔助材料對所有展演都是必要的，且扮演著三項角色如：使論述概念更明確、讓展演更有趣及提供論點的佐證等。
- 展演的口語輔助，包括如定義、舉例、故事(虛構、假想與真實)、統計、比較、及引述等。
- 展演者知道何時以及如何引述資料來源，除能顯示符合倫理規範外，另也可增加展演者的可信度。
- 商務展演時，設計良好的視覺輔助能比說的有效，增添展演多樣性及趣味性，並能展現展演者的專業性等。
- 視覺輔助對展演有下列功效：強調重要資訊、展現事物的樣態及運作方式，或展現事物之間的關聯性等。
- 展演者可運用的視覺輔助包括如物件、模型、照片、各類型的圖與表及影片等。
- 視覺呈現的媒體包括如粉筆與黑板、畫架與海報夾、電腦投影及講義等。
- 展演軟體能讓展演者發展專業形象的視覺輔助，但須注意不要過度專注於軟體特性或特效的呈現，而忽略了展演的重點。
- 好的展演者事前謹慎規劃其展演的內容，強調論點而非設計，並著重於展演的簡單與明確性。
- 不管運用何種媒體，所有的視覺輔助應依循相同的基礎共識如：容易閱讀，有目的性，適合論點與聽眾需求，及能在展演場地有效展示等。
- 展演者須瞭解並熟悉其視覺輔助的運作，以避免實際展演時可能遭遇的不愉快或意外事件。

正式展演 CHAPTER 11

學習重點

1. 在特定展演情境下,選擇適合的展演類型。
2. 準備與有效執行臨時與即興的演講。
3. 依循指導原則有效執行展演的問答。
4. 運用溝通技巧,有效地在展演中與他人交談。

不管規劃設計得多麼完美，展演必須要執行 (delivered) 才能說是真正的成功。如果你看起來很邋遢，演說的方式讓人難以瞭解，或看起來缺乏熱忱等，都會讓聽眾懷疑你的論述、甚至會直接拒絕你想要傳達的概念。曾有一位溝通專家如此形容著：「(演說時) 你就是訊息！人們無法分辨訊息與傳達此訊息者之間的差異。」

本章對執行展演時使你的訊息更明確、更有趣及更具說服力等，提出一些建議。本章將針對展演執行的類型，說明：如何改善與強化你的視覺及口語績效、如何面對與管理聽眾所提出的問題，及如何處理重要場合時的緊張情緒等。

11.1 展演類型

展演 (Presentation) 一詞結合了站在講台後面的演說者，對被動 (傾聽) 聽眾傳遞訊息等印象。有些商務及專業領域的展演，的確也依循此簡單的展演模式，但更多的展演型式則較趨向於「互動」(interactive)。

展演類型的模式計有三種如：[1]

1. **獨白演說 (Monologues)**：為單向、不被聽眾打擾的演說。獨白式的演說較適合大型、正式的演說場合；但若是小型僅有幾名聽眾的展演，若採用此獨白式演說，會讓聽眾覺得不受重視。

2. **導引式討論 (Guided Discussion)**：演說者呈現資訊並傳達概念的過程中或於展演最後階段，鼓勵聽眾提出問題或表達他們的意見。這種導引式討論的展演有展演者與聽眾之間的互動，對展演者而言是較具挑戰性的，但與聽眾互動的努力，也較能獲得聽眾的認同與接受。

3. **互動式展演 (Interactive Presentation)**：展演者與聽眾之間的互動程度，比導引式討論更多、更強。雖然展演過程仍由展演者掌控，但聽眾互動與涉入的程度，讓互動式展演看起來比較像對話而非展演。互動式展演常見於實際的商務行銷，展演的溝通是由顧客的興趣所驅動的。

執行展演時，演說者則有四種選擇如講稿式演說、記憶式演說、即興演說及即

---

[1] 參考 Locker, K. O. (2000). *Business and administrative communications* (5th ed.). Boston, MA: McGraw-Hill/Irwin.

席演說等。在上述四種演說類型中,只有即興演說與即席演說較能適合大部分的商務情境。

11.1.1 講稿式演說

在**講稿式演說** (Manuscript Presentations) 時,演說者按照事前準備好的講稿逐字的唸,通常也不與聽眾互動。講稿式演說常見於政經領域,適用於當一點措辭的小錯誤即可能產生嚴重後果的情境。但講稿式演說也是最無聊、乏味的!

沒經驗的演說者在面對一大群聽眾前,通常會想藉著唸稿來掩飾他的緊張——這會使他變成毫無生氣的機器人。大多數的人都沒經過演講訓練,因此在唸稿時可能不夠大聲、會停頓看稿與生澀不安,更糟的是,緊張的演說者,若過度依賴講稿,則會發生他自己都不知道的錯誤。如一位管理顧問曾如此形容類似的情形如:

> 我記得有某家大公司總裁,總習慣要求他的公關為他準備演講稿。但在一次展演中,講稿的裝訂有些小錯:兩張第五頁裝訂在一起。你猜怎麼著?總裁唸了兩次第五頁,卻都沒發現!

在法律或立法情境、外交演說或其他一點陳述的小錯誤可能就會導致嚴重後果等場合中,講稿式演說可能是演說者的最佳選擇。但絕大多數的展演狀況,卻不歸屬於此等場合領域。對絕大多數的展演情境,通常適用一條簡單但重要的規則:「不要唸稿!」

11.1.2 記憶式演說

如果說唸稿的講稿式演說不好,那試圖把講稿記憶(背)起來則更糟。參加過或看過朗誦比賽的人都知道,除非倒背如流的朗誦者可以有較自然的表現,一般眼睛上翻、從腦海中逐字背出記憶的朗誦,是多麼的不自然!

記憶式演說 (Memorized Presentations) 看起來好像有助於減輕演說者的緊張,事實則不然。強記講稿幾乎可以保證怯場會更嚴重。記憶式演說的演說者,幾乎都把心力花在從記憶中逐字、逐句拉出而說,除看起來不自然、沒能與聽眾互動外,演說者根本也沒法注意到論述或論點的正確表達。

有些時候演說者也必須記憶一些展演的內容,但在關鍵時候參照講稿,會降低

演講者在聽眾眼中的可信度。業務員對他推銷的產品或服務內容、人事主管對新進員工的職前訓練內容…等，都應該要滾瓜爛熟，在聽眾提問干擾下還能不參照書面文件的立即回答，才是記憶式演說的精髓。如果一名同事在資深員工趙大的退休歡送會上這樣致詞：「大家都知道趙大的貢獻…」然後停頓、參照他的講稿，這看起來會多麼愚蠢！這名致詞的同事，應該「記憶」一些趙大的重要貢獻，然後才能做出好的記憶式演說。

11.1.3　即興演說

雖說是「即興演說」(Extemporaneous Presentations)，但也需要事前準備 (即便時間很短)、練習過 (或演說者早已熟悉) 的演說。它的特性就是不唸稿、不記詞，演說者根據他的專業與經驗，即興的發展演說內容。換句話說，演說者在很短的準備時間內，僅針對「大情境」在腦中稍作規劃後，讓特定情境的描述詞句自然的流露出來。如果平常多作規劃與練習，你就可以自然、看起來幾乎不費力的執行即興演說。

即便是自己的專業領域，但大多數人也無法記住所有的展演內容，尤其是時間稍長的演說情境。因此，即興演說者通常也會準備「小抄」(notes)，作為演說次序與內容的提醒。小抄的型式隨個人方便而設計，可以寫下展演內容的架構，或是僅寫下幾個關鍵詞而已；也可以裝訂起來或在小卡片上標示索引次序…等，不管小抄的型式為何，都必須符合下列要求如：

- 簡短：稍微詳細一點的小抄，就容易引誘演說者去看它！不影響演說節奏地瞄一下小抄上的重點還可接受；但若會使展演停頓下來的「閱讀」小抄，就會使展演效果與可信度大打折扣。因此，小抄的內容應盡可能簡短，也才能在一張或數張小卡片中列舉展演要點。
- 清晰易讀：重點是瞄一下就知道該講些什麼，這瞄一下、需要的是你寫的

小抄要點要夠清晰、自己能看得懂的！最好能用足夠大的字體打字、印出。有些人寫字過於潦草，現在寫下的要點，下一分鐘卻看不懂的小抄，反而容易壞事！

- 不顯眼：只要不影響演說節奏或讓聽眾分心、偏離焦點，演說者看著小抄而說，通常不至於冒犯聽眾。但最好不要讓聽眾看到你的小抄，若小抄大到像一般 A4 紙，而你必須在展演時翻動它們，對聽眾而言，就是一種不必要的干擾。

11.1.4 即席演說

與即興演說稍有不同的，**即席演說 (Impromptu Presentations)** 是一種不預期的，眼前、現下的談話。可能的狀況包括如顧客突然來到你的辦公室，詢問並請你描述你的下一代新產品；在一慶功晚宴中，你被大家要求「說些話」；管理者要求你「給我們一點問題的背景資訊」或「告訴我們你的進度如何？」…等。

即席演說不像它的名稱看起來這麼具威脅性。大多數狀況，你被要求的即席演

職場提示：展演中的站或坐？

在展演中要站著或坐著的決定，要看你的展演目標而定。在一個沒有放大視覺輔助的大房間中，當然，你必須站著，能看到所有聽眾，也能讓所有人看得到你。但當你隔著一張桌子跟客戶談話時，站著就相當突兀了。其他展演狀況何時應站而何時應坐，就要看情況而兩者皆可了。

考慮站著，當你要⋯

- 被他人認為是你在主控、負責的。
- 有較寬闊的視野與聲域。
- 看著聽眾也被聽眾看著，維持視覺接觸。
- 從其他演說者(坐著)突出。

考慮坐著，當你要⋯

- 與聽眾群體建立關係。
- 被他人認為是團隊中的一份子。
- 保持低調、隱密或避免被貼上傲慢的標籤。

說，是在你專業領域中的議題，這意味著你過去的生涯始終在思考與歷練著即席演說的議題。此外，多數聽眾也不預期你的即席演說是完美無缺的。

即席演說要能有效，應依循下列原則如：

- **要能預期你被要求演說**：多數的即席演說要求，也不會完全出乎意料之外。如果你是討論議題中的專家或議題負責人，被要求即席演說是預期得到的。如果你能預期被要求即席演說而事前能做些準備，即席演說通常能順利執行。
- **聚焦於你的聽眾與情境**：事前的情境分析與規劃原則，同樣能運用在即席演說前的準備。如聽眾心中在想什麼？他們對議題的態度是什麼？演說的情境是什麼等，越多的觀察用在你的演說中越好！
- **確定的接受邀請**：即便你不太想講話，但當別人邀請你說話時，不要結巴、不要情緒驟變或甚至不高興。如果你看起來不太想講，聽眾也不會想聽！所以，當有人邀請你時，有自信的接受並準備演說。
- **組織你的想法**：即便是不預期的即席演說，也要避免毫無組織的「漫談」(Rambling)。在演說前，至少在心裡按照第 9 章所述的「引言、主體、結語」等三段式結構，規劃你的論點。
- **以佐證資訊支持論述**：如同絕大多數的展演一樣，即席式的演說，如能提出統計量、範例、比較…等佐證資訊(當然，不必比事前準備展演的詳細與精準！)當然有助於你的論述。
- **不必道歉**：沒人會要求即席演說必須完美無缺，所以，當你的資訊不足以支持論述時，也不必向聽眾道歉。說像是「你們讓我措手不及」或「我不確定這樣說對不對」等致歉的話都沒有必要。如果你覺得沒有任何貢獻，直接回絕即席演說即可！
- **不要漫談**：如同上述「組織你的想法」，不要在同一論點上反覆以不同言詞陳述或形容，直接簡潔的說出你的論點即可。

11.2 展演的指引

選擇適當的演說方式，能有效的做好你的演說。但僅僅演說方式也不能保證展

> **職場文化：向國際聽眾演說**
>
> 展演是否有效，事前對聽眾的分析相當重要，尤其是聽眾來自於不同國族或文化背景時尤然。對多元性聽眾執行演說時，下列幾個要訣，能有助於提升你演說的有效性。
>
> 1. **如果有疑慮，穿正式點較好**：對北美地區的聽眾演說時，服裝可以「便裝」；但對其他文化背景的聽眾而言，便裝演說會被視為對聽眾的不尊重。
> 2. **讓你的演說有架構性**：第 9 章所述「引言、主體及結語」等三段式架構，能適用於絕大多數的聽眾，也較能清晰呈現你的主要論述與論點。
> 3. **運用標準英文**：大多數的非英語母語的聽眾 (與演說者)，僅在學校學過英文。因此，避免使用任何會讓聽眾不熟悉的成語 (idioms) 或行話 (jargon)。盡可能的運用簡單、明確與標準的英文。
> 4. **比平常稍慢一些**：說得慢一點，能讓聽眾專心與確實聽到你說些什麼。但不要提高音量：嘶喊不會讓你的說明更容易瞭解。
> 5. **善用講義**：大多數非英文母語的聽眾，閱讀能力會比聽講能力要好。所以，事前分送印出的講義，能讓聽眾更容易依循、瞭解與記得你的演說要點。
> 6. **諮詢當地人意見**：演說前找一個熟悉聽眾特性的當地人 (不必是專家) 看看你的講義或甚至試講。能確定你要陳述概念對聽眾的清晰性、可瞭解程度及免除不必要解說。這樣也能提升你演說的可信度。
>
> 資料來源：Schmidt, K. (1999, September). How to speak so you're open to interpretation. *Presentation*, 68, 126-127.

演的效果。如果你能考量到執行演說時的視覺與聲音元素，則能讓你的演說更有效。本節說明執行演說時的視覺與聲音元素如：你看起來如何？你要用哪些詞語？你的聲音聽起來怎樣？等。

11.2.1 視覺元素

你的演說是否有效，絕大部分將決定於你在聽眾眼中看起來如何。你能按照下列幾項指導原則改善你演說時的視覺效果如：

- 有效的穿著：所謂的有效，並非正式的穿著，而是要讓聽眾覺得你能融入他們的情境與瞭解他們的產業。一般來說，在組織內的演說，只要依循組織的穿著規定或規範即可；但如對組織外的聽眾演說，演說者最好能事前瞭解聽眾的工作屬性，依據他們的穿著習慣即可。
- 自信、權威地走上講台：即便是組織內的管理者，絕大多數的人在面對群眾演說時，並不像平常一樣的專業。在等待演說時，緊張的演說者會瞎忙著他們的手和衣服，走上講台時的僵硬好像要面對行刑隊一樣，站上講台時，摸索著小抄或敲著麥克風…等，這些動作都向聽眾發出「我不太確定自己能不能講這個議題」的訊息。即便你說得很好，但這些演說前的不良非語言動作，都會讓聽眾對你演講的印象打了折扣。

  你的展演從你開始進入聽眾視線時即已開始。因此，在走上講台時，表現出你就是適合演講的人，而你要講的內容也值得他們聽的自信與權威。
- 開始演說前的充分準備：如果你需要海報架、投影幕或黑板等，在你開始講話前，先將那些演講設備擺在適當位置，其他甚至更細微的細節如調整麥克風、關門、調整空調、甚至重新安排座位…等，都應該在你開始講話前，調整到適當位置。

  同樣重要的，是演講者自己的心態。有些演講者，習慣用一些隨性的開場白來緩和自己的緊張；但更好的作法是，走到定位，準備好，等一下，再開始說。「準備好」是演說者自己的心態充分準備，「等一下」則是以有力的沈默，讓聽眾期待與專注於你，建立起演說者與聽眾之間的關聯性。
- 開場時千萬不要看小抄：如同前一原則中的「等一下」，開場時以視覺接觸，維持著與聽眾之間的關聯性。若開場時看筆記或小抄，此視覺接觸維繫的關聯性就中斷了！

  不必擔心開場說得不好或不對，這些缺陷都可以在後續比較不緊張的演說中作修正。重要的是，所有論點都要直接對著聽眾說。
- 建立與維持視覺接觸：對著聽眾說的演說者，會讓聽眾覺得演說者是融入聽眾且真誠的。除了開場前那短暫的等待、建立起演說者與聽眾之間的視覺接觸外，另在演說過程中，都應該保持這種持續與聽眾視覺接觸的關聯性。

  在與聽眾視覺接觸時，不要固定模式的左右掃視，會讓你看起來甚為「機械」！

用隨機短暫凝視數秒的方式,讓每個聽眾都覺得你是在對他演說著。若聽眾數量過多,則在演說場地各處,選擇一些主要聽眾亦可。最後,與特定聽眾的視覺接觸也不宜過久或始終盯著他看,這也會讓這些被盯著看的聽眾,覺得不舒服的。

- 有效的站立與移動:表 11.1 列舉一些演說時的有效與不良肢體動作。最好的演說姿勢,是穩定但輕鬆的站著、面向聽眾、自然轉動頭、臉與軀體、自然、走動式的看著聽眾說。

若是聽眾僅有數名,且在一會議室中的情境,坐著說通常要比站著說要好。但坐著演說時,也要保持上身的端正、稍微前傾向聽眾。靠著椅背、在椅子後面閒逛或蹺腳在桌上,都是漠不關心、輕視、甚至傲慢的表現。

- 有自信的暫停,然後繼續:演說快到結語時,與開場前一樣,有效運用自信的暫

表 11.1　對演說者肢體語言的一般詮釋

傲慢、專制

● 雙臂胸前交叉	● 雙手背在身後
● 握拳捶擊	● 雙手拱成尖頂狀
● 兩手叉腰	● 雙手握著衣領或下襬
● 食指指人	● 誇張的手勢

不安全、緊張

● 抓著講台	● 緊握拳頭
● 咬著嘴唇、指尖硬皮或指甲等	● 在口袋或手中叮叮噹噹的玩弄著鑰匙
● 不斷的清喉嚨	● 反覆的拿下、戴上眼鏡
● 玩弄頭髮、鬍鬚、珠寶等	● 佝僂著背
● 前後左右搖擺	● 極度僵硬的站著
● 揉搓衣物或身體	

開放、自信

● 雙手開展	● 熱切的面部表情
● 自然、寬闊的手勢	● 有戲劇效果的暫停
● 從講台後走出來	● 自信、持續的眼光接觸
● 走向聽眾或在聽眾群中移動	

資料來源:Bocher, D. (2003). *Speak with confidence: Powerful presentations that inform, inspire and persuade.* New York, NY: McGraw-Hill.

停、降低音調與節奏，向聽眾發出你將要結束演說的訊息。提高音調會有質疑與不確定的反面效果。當結束你的主體(或結束問答與再強調論述)時，暫停、然後繼續你的結語。

- 不要過早倉促結束：沒人喜歡冗長、超過時間的演說！在講演原則中，也有「宜短、可提早」的說法(但也不宜過早結束)；但即便預定演說時間已很緊迫，也不要倉促的草草結束。再一次強調論述重點的結語花不了一、兩分鐘。倉促的結束，會讓聽眾有「虎頭蛇尾」的不良印象。因此，好的演說者會事前規劃好開場、主體、問答與結語的時間分配，逐次說明重點後，如果時間提前，那就提早結束皆大歡喜！

11.2.2 口語元素

你在演說時選擇的詞句，也是執行展演中重要的一部分。當你練習展演時，記著下列幾項要點如：

- 使用口語式的用詞遣句：說的訊息與寫的不一樣，其間的差別就說明了為何演說者唸稿會聽起來僵硬與不人性化。當向聽眾演說時，若能依循下列一些簡單的原則，就能讓你的演說聽起來正常與愉悅。
    - 盡可能使用短句：人的暫存記憶與注意力都不長，因此，長的句子說起來相當拗口且不容易讓聽眾瞭解。如果要說的概念很複雜，則最好採用西方文化的表達方式：先說重點或結論、讓聽眾掌握要點後，再慢慢詳細解說。
    - 使用第一、第二人稱：演說的話語中，多使用第一及第二人稱，聽起來比第三或中性說法來得親切且直接，如說「你可能會問…」而非「人們通常會問…」，或「我們的業務員發現…」而非「業務員發現…」等。
    - 主動語調：同樣的，演說的話語用主動語調比被動語調要來得生動，如「我們決定…」比「事情被這樣決定…」要好，或「十個人使用過這裝備」要比「這裝備已被十個人用過」等。
    - 謹慎運用略語：此處所謂的略語，是包括縮詞、行話等之通稱。如果演講議題與聽眾專業有直接關係，適度運用略語能增加話語的流暢度；但如聽眾群中包含不同領域的人，則不適合使用特定領域的略語。

- 直接稱呼聽眾：在演講中，直接稱呼聽眾，會讓聽眾有實際參與感。當然，演說者必須熟識聽眾才能在演講中直接稱呼聽眾。此外，稱呼聽眾時，也必須注意有文化差異。西方文化可直接稱呼「名字」；但東方文化則較適合稱呼「職稱」。
- 避免「語言癌」：雖然演說強調口語、但仍須避免過多的冗言、贅詞與虛字(所謂的「語言癌」)等。如「進行一個 XX 的動作」、「XX 的部分」及在說完一句話後加上「了」、「對」…等。這些冗言、贅詞及虛字等，會讓你及你的演講看起來都不夠專業！

● 不要強調錯誤：即便是最好、最有經驗的演說者，也難免忘記或漏掉一些演說的訊息。如何處理這種狀況，就是專業或業餘演說之間的一種差異。若是專家碰到這種狀況，他們會繼續下去，在後續演說中調整、修正回來，而聽眾甚至還沒能察覺出演說者出了些差錯呢！

如果聽眾有講義、也發現你講錯或漏講了些資訊，但通常他們還是會認為是演說者刻意如此、節約時間…等。只要你不顯示出在講稿中搜尋的焦躁，聽眾幾乎還是不會察覺到你的錯誤。

如果是明顯的錯誤，如引用了錯誤的圖表、拼錯了名字，或裝備不能運作…等，最好的反應仍是一樣：「盡量讓錯誤不要那麼明顯」。如引用錯誤資訊或說錯時，直接說「讓我更正一下…」即可；當裝備發生異常或失效時，說：「我現在沒辦法呈現圖表，讓我用說的吧！」

最後，不要強調你「沒做」的如「我沒時間做一份過去十年的銷售趨勢圖！」相反的，你應該強調你「所做」的如「我研究了過去五年的銷售趨勢！」

● 使用適當的詞彙：董事會、記者招待會或業務員間的聚會討論等不同場合，在服裝、行話、俚語…等的正式度要求上各自不同。同樣的，在不同的場合，也必須選用適合情境的適當詞彙。

> **技術提示：使用智慧型手機分析你的展演**
>
> 從聽眾的角度來看你自己的演說，是分析與改善你展演技巧的最好方式。一支智慧型手機 (或數位相機) 就可以做到這一點。
>
> 錄完你的整個展演程序後，仔細的觀察播放影帶，同時以「喜歡」、「不喜歡」兩欄來同步記錄你的感覺。通常，完整的錄影分析要看四次：
>
> 1. **正常速度**：以原始速度播放與觀察影帶，這是在聽眾角度的原始紀錄。
> 2. **靜音模式**：關掉聲音、只看你的外表與肢體動作如：姿勢、手勢、面部表情…等。
> 3. **純聲音模式**：不看影帶而僅聽聲音。你說的概念與論點容易瞭解嗎？流利與否？是否展現出熱忱？是否說出正確的話語與正確的發音等。
> 4. **快速播放**：最後，以較快速度 (4-8 倍) 觀察影帶，看看在展演過程中是否出現有重要、明顯的動作？是否有怪癖？等。
>
> 經過上述完整的分析程序，你同時能獲得對自己展演效能的感覺及值得改善點的清單。

11.2.3　聲音元素

在演說時你聽起來怎樣？與你看起來怎樣一樣重要。演說者的聲音，對於是否能有效傳達演說者的專業性、議題的重要性及對聽眾的關懷等都很重要。以下列舉一些在展演溝通時，有關聲音要考量的重要原則如：

- **熱切、真誠地說**：如果演說者對自己演講的主題不熱切，聽眾也將有同樣感覺！這對專業人士演講其熟悉主題時，表現出「淡然」態度的通病尤其重要。
表達演說的熱忱最好的方法，是演說者以自己的型式 (即自然) 分享或試圖說服聽眾。
- **要說得能被聽見**：演說的音量應適中，而此適中音量要能讓在場的所有聽眾都能清楚的聽到。太輕、太軟的音調，除容易使聽眾聽不到重要訊息外，另也缺乏說服力；但過大、過強的音調，卻也容易讓人有壓迫感而感覺不舒服。
- **說得流利**：所謂的不流利，包括結巴、口吃、常發出一些無謂的尾音如「呃」、

正式展演 CHAPTER 11

> **自我評估　演說成效的評估**
>
> 　　在重要的展演前，運用智慧型手機、攝影機或網路攝影機等，記錄下你演練的過程。如果可能，找一、兩位同事當你的聽眾。在演練後，與同事一起仔細觀看攝影紀錄，並在下列領域評估你演說的成效如：
>
> **視覺元素**
>
> _____ 我的穿著適當
>
> _____ 我是有自信、權威的走上講台
>
> _____ 我在開講前已準備好
>
> _____ 開講時並未看小抄或筆記
>
> _____ 整個展演過程我都與聽眾保持視覺接觸
>
> _____ 我能有效的站立與移動
>
> _____ 結語前，我能自信的暫停、然後繼續
>
> **口語元素**
>
> _____ 我的說話是口語型式
>
> _____ 我並未強調展演中的錯誤
>
> _____ 展演中都使用適當的詞彙
>
> **聲音元素**
>
> _____ 我的聲音能顯現熱情與真誠
>
> _____ 我的聲音足以讓所有聽眾聽得到
>
> _____ 我的聲音沒有顯示不流利的狀況
>
> _____ 演說時，我會改變速率、音調及音量
>
> _____ 我能有效的運用沈默暫停
>
> 　　第一次演練可能就能發現應該改善的地方，演說者檢討並規劃好改善策略後，這個評估程序可以重複數次，直到滿意為止。

「嗯」…等；其他還包括不必要的填充詞如「你知道…」(ya know)、「像是」(like)、「因此」(so) 及「OK」…等。演說時「一些」的不流利，還不至於讓聽眾察覺；事實上，完全流利的演說反而會讓演說聽起來像是過度演練而不自然！但過多的

不流利則會讓聽眾覺得演說者缺乏組織、緊張與不確定。情況嚴重時，聽眾甚至會停止傾聽、而開始計算演說者說「你知道」、「像是」等的數量！
- 變化音調：就像每個人每天的說話一樣，演說時的速度、音調及音量等，也要有變化，才能抓住聽眾的注意力。一般原則是，當你要講述論述及重要論點時，慢下來、並說得大聲些，聽眾會知道「現在要說重點了。」
- 有效運用暫停：演說時不必畏懼「沈默」！短暫的沈默能用於強調重點，讓聽眾稍微消化先前所講的，思考演說者提問的答案(反之亦然)等。有自信的運用暫停，更能顯示演說者對演講情境的掌握。

11.3 問答時段

在現場能回答問題，是口頭簡報優於書面報告的最顯著優點。當書面報告閱讀者對報告有疑問而無法獲得解決時，口頭報告在現場回答聽眾的問題，則有贏得聽眾(信任)的好處。

聽眾提問，幾乎是所有商務及專業演說中不可或缺的一部分。有時，提問時段會與演說時段區分開來，也有些時候，聽眾的提問可直接納入演說者的說明中。不管是哪種狀況，有技巧的回答問題是所有演說者必須學習的必要技能。

11.3.1 何時回答問題

問答時段規劃的第一個考量，就是要不要有問答時段。有些時候演說者沒有選擇，如老闆打斷你的演說、問一些資料或事實的問題時，你通常必須要回答。另有些時候，當問答問題可能導致時間延誤或會偏離主題時，你也可以有技巧的排除提問，如說「因為我們只有十分鐘的時間，不適合回答問題。如果任何人有問題的話，歡迎在簡報後或休息的空檔來找我。」

如果你的簡報確實有問答時段的需求，那身為演說者的你，對問答的掌控，就必須要有事前完備的規劃。

在展演中：演說者通常會鼓勵聽眾「隨時」提出問題，這樣，能讓演說者即刻澄清聽眾聽不懂或有困惑的地方；如果聽眾有不同論點，演說者也能現場即刻處理。

但在展演中處理聽眾的問題,也有它的缺點。某些問題可能不成熟,如聽眾提出演說者稍後就會解釋的問題。某些問題則可能根本與演說議題無關,答覆這些無關問題,會浪費演說者及其他聽眾的時間等。如果演說者決定在展演中處理聽眾的問題則可依循下列指導原則如:

- 預留足夠時間:一般說來,聽眾提問與回答問題所占的時間,幾乎會跟展演演說的時間一樣長。那就是 15 分鐘的演說,若加上問與答,則可能要花上 30 分鐘的時間。因此,若要在展演中回答問題,演說者必須要讓自己的陳述盡可能精簡,至少預留一半的時間來實施問與答。
- 承諾稍後回答:演說者不必覺得有義務要即刻回答所有聽眾的提問,如果你本來在稍後即將說到提問者的關切,可以這樣表示如:「這是個好問題,我稍後就會

職涯提示:降低演說時的干擾

在演說過程中碰上幾次干擾,也會打亂最有自信的演說者。以下列舉一些能降低有意或無意打亂演說節奏的干擾作法如:

- 在門上貼上「簡報進行中」的告示,並在展演前關上所有的進出門。
- 若展演室內有室內電話,確定事前已先設定好轉接到其他電話,或啟動語音信箱功能,避免電話在展演過程中突然的響起來。
- 在展演前要求聽眾(在展演時)關上他們的手機與筆記型電腦(及任何會發出聲音的裝置)。
- 如果你不習慣在展演中回答問題,在展演一開始就先跟聽眾說明,請在演說結束後再進行問答。
- 展演開始前就讓聽眾知道何時有休息時間,另演說者也須注意不要延誤或占用休息時間。
- 如果有餐點服務,通常是在展演室外的休憩空間,展演前先確定餐點布置不會干擾到演說。
- 如果是外租場地,而你是最後一名演講者。在展演前,先確定下一場次的布置活動不會干擾到你的演說。

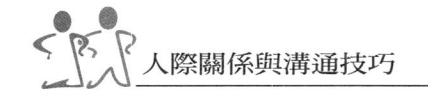

說明。」

展演完成後：將問答時段留在展演完成之後，能使展演者有效的掌控所有必須要揭露的訊息，不必擔心聽眾會以不相關的問題干擾到你展演的節奏，也能讓展演者能較有效的掌控時間。

但在展演完成後才執行問與答，有時會讓聽眾的關切因無法提問而占據了他的注意力，而根本沒能聽到演說者的後續解說。如在某個高價格、高品質裝備的行銷展演中，某個潛在顧客因擔心無法負擔裝備的昂貴價格，而根本沒能留心到展演者對高品質及符合成本效益的解說。

11.3.2 如何管理問題

無論你要在展演過程中或結束後來處理問題，來自聽眾的問題可能非常具有挑戰性。有些提問根本不清楚，演說者可能要重述或反問才能搞清楚提問者真正要問些什麼。有些提問則是明顯的挑戰演說者的立場，如飛行員挑戰工程師說：「你根本沒飛過！怎麼能告訴我們如何處理引擎的失效？」其他的問題，則可能脫離了展演的主題，如實務管理者挑戰教師說：「你說的管理策略非常有意思，但我懷疑，你在實務上真的實施過這種管理方式？」等。要有效管理聽眾的提問，以下列舉一些指導原則如：

以自問啟動：有些時候，聽眾不願意作第一個提問的人。你可以肢體動作如稍微傾向聽眾、發出鼓勵他們提問的訊號。或者，你可以自問的方式啟動問答程序，如：「有一個你們可能想問的問題是⋯」或「在另一場演說中，有人問到⋯」等，在自問的時候，演說者甚至可以舉手自問，引導聽眾開始發問。

預期可能的問題：就好像重要考試前，猜測可能的出題一樣，演說者要從聽眾的角度來預期可能的問題，如他們最可能問些什麼問題？你的論述中有哪些論點是難以理解的？哪些論點會引起聽眾的抗拒等。

以重述澄清複雜、易混淆的問題：藉著重述問題，以確定你確實瞭解提問的內容，如：「如果我瞭解的沒錯，趙大，你問的是『為何我們無法以現有人力處理這個問題』，對嗎？」除了讓演說者知道提問者想要些什麼外，重述也能為演說者爭取到一些時間、思考如何回答問題。再者，重述也能讓其他聽眾確實瞭解提問。如

果聽眾甚多，重述每個問題，確定所有聽眾都聽到問題，是有必要的。

尊重提問者：與有敵意提問者對抗或使之困窘，對演說者一點好處都沒有。反之，演說者若能認真地處理每一個問題、並對提問者表示謝意，就能維持自己的尊嚴並獲得其他聽眾的支持。如對有反對態度的提問回答說：「錢二，我一點都不怪你認為這個專案根本是個牽強的計畫！我們一開始也跟你一樣覺得懷疑，但當進入審查階段後，這專案就越看越可行。」

即便你堅信自己的答案，但也不能以「是的、但…」(yes-but) 的回答來贏得辯論，類似「是的，我們的確超出預算，但進度則超前…」的回答，會讓你在其他聽眾眼中看起來好辯、有防衛心與頑抗。與其用「是的、但是」；還不如以「是的、同時」(yes-and) 的回答如：「是的，我們的確超出預算，我們同時也相當擔心這個問題。這也是我們在報告中特別說明如何處理此問題的理由。」

專注於展演目標的回答：不要讓問題把你拖離了展演目標。展演者回答問題時，始終要把答案朝向展演的目標。如提問者挑戰新電腦系統的引進方式時，展演者可以這樣回答如：「是的，孫三，這也是你與我一開始採用方式的不同。但你也應能認同這套電腦系統能同時降低成本與錯誤率。讓我再次強調這套系統的特性…。」

你也可以避免冒犯提問者、答應在展演後再給他進一步的詳細說明如：「我很樂意向你展示詳細規劃，李四，讓我們今天下午聚聚，如何？」

爭取多一些時間：有些困難與突然的問題，需要些時間規劃如何回答。你可以藉下列方法為你自己爭取到一些時間，首先，等提問者問完問題，除了禮貌外，也讓你能在心中開始規劃問題的回答，其次，你可以反問提問者(有何答案？)如：「你如何在不影響專案進度的前提下，處理這個問題？」最後，你也可以將問題丟給聽眾，如「趙大，你是我們當中最有經驗的專家，你怎麼看如何節約能源成本？」

將問題向所有聽眾解說：當有人提問時，演說者應看著提問者並等他說完，但在回應問題時，就要向所有聽眾回應。這種回應模式之有效，來自於兩個原因。一是將所有聽眾納入問題情境，而非讓其他聽眾扮演「旁觀者」。其次，這也有助於使演說者免於陷入敵意問題的辯論情境。絕大多數的批評在演說者向所有聽眾回應(並獲得認可)後，會自然沈靜下來。你可能無法說服提出批評的人，但你向所有聽眾的回應，卻能得到大多數人的信任。

最後回答後總結：人們通常只會記到最後聽到的話。因此，在完成問答程序的最後一個問題的回答時，要將你的回答導回你的主要論述，並要求聽眾朝向你的展演目的而行動。

11.4 自信的演說

如果要執行演講讓你覺得緊張，恭喜你，你在一家不錯的公司或組織。許多研究都顯示，絕大多數的演說者(包括最有經驗的專家)在大眾演說前，都會有程度不一的緊張。

怯場(Stage Fright)——或被溝通專業稱為「**溝通焦慮**」(Communication Apprehension) 者，是絕大多數商務人士最害怕的事，其中又以「處理敵意的審問」為榜首項目。當工作項目中，包含著必須要能在眾人前演說時，處理演說焦慮的好壞，將影響到你的職涯發展成功與否。[2] 如果你覺得胃裡有隻蝴蝶在翻騰、手心流汗、口乾舌燥、快要昏厥、無法清晰思考⋯等，當你知道大多數的人，即便如知名的藝人、政客或企業大老闆等，也都在眾人演說前，有程度不一的焦慮與緊張時，或許能讓覺得你舒服一些。雖然是正常現象，但溝通焦慮不見得就是演說前的障礙。

能讓你覺得再好一些的就是許多研究也顯示，演說者自覺的緊張程度，實際上都遠超過實際表現出來(聽眾所感覺)的。換句話說，演說者的緊張，通常是「自己嚇自己！」聽眾通常感覺不到演說者的緊張。即便聽眾察覺到演說者的緊張，也無損對整體演說的評價。瞭解到聽眾並不會因演說者的緊張而覺得不妥，演說者或許就能消除其大部分的緊張，而能更有自信地演說。

11.4.1 接受適度的緊張

某些程度的緊張，不但是正常現象，通常也是「希望要有」的！「搞砸演說的威脅」被美國廣播新聞界一代宗師愛德華默羅 (Edward R. Murrow) 形容是「完美的汗水」(The Sweat of Perfection)，能促使演說者完美的展現。緊張所激起的腎上腺

---

[2] 參考 Watson, A. K. (1995). Taking the sweat out of communication anxiety. *Personnel Journal, 74*, 111-117.

素——人體對威脅狀況的自然反應——能讓演說者在台上看起來更有活力、更熱忱及強而有力。相對而言，輕鬆、隨意的演說，反而沒這種效果。

適度緊張的目標不是消除而是控制它。如一位有經驗的演說者的形容：「胃裡的蝴蝶不會消失；但在(演說開始)一會後，它們會開始編隊飛行！」因此，演說者應知道，只要一開始演說，自己的緊張程度會隨之遞減。

11.4.2　練習演說

如同任何不熟悉的新奇事務一樣，人們對新奇的事務總會感覺緊張與不安。所以，在眾人面前的第一次演說的新奇不安感，是除了經驗與技巧外，讓演說者緊張的另一項影響因素。

演說也與大部分新奇事務——如騎腳踏車、機車、開車、游泳…等——的影響一樣，你越練習就越熟練，當幾乎變成本能反應後，這種對新奇事務的緊張不安感，就會自然的消除。

在學校、公司或社區組織中，通常會有許多訓練演說的課程。因此，在職場上第一次眾人演說前，最好能在職前多作練習。

11.4.3　演練展演

許多展演的災難，源自於不適當的演練。如遺失筆記小抄、超過時間、笨拙的言詞及彼此衝突的引用材料…等，都能在事前的演練中，逐次修正與改善。

電腦輔助或技術層次越高的展演，出錯的機會與程度影響也越大。如投影機燈泡燒掉、延長線不夠長、網路無法連線、電腦程式損壞或麥克風故障…等，即便事前有裝備的備份規劃，也不見得能保證能順利運作。如以下兩個例證：

多媒體製片商 Dave Mandala 有次在匈牙利要執行重要的展演。為保險計，原先只要 8 個監視器；但 Mandala 準備了 12 個。當他打開裝在金屬箱內有防撞緩衝保護的 12 個監視器箱子時，卻驚恐的發現，所有箱子都泡了水！

遠程辦公者 Craig O'Connor 頗善於運用先進移動裝置執行演說。在一此演說執行到一半時，兩個大投影幕上卻閃出他太太要他回家時辦些事情的簡訊！

演練，有助於演說者盡量降低上述的演說災難。你也能確保在眾人演說時，能

有效運用你的複雜裝備並發揮其功能。除了展演中的情境與裝備外,你也應該按照下列原則演練你的演說。

　　特別專注你的引言與結論:聽眾通常只能記得展演的引言與結論。因此,在你展演中的一開始與結束階段的說法最重要。要能使聽眾記得每一個你所說的字。換句話說,引言與結論必須精簡與鏗鏘有力。

　　在聽眾面前實地演練:心智上的(想像)演練有其價值,但始終不如實地、現場的演練。當然,展演前的演練對象,終究不是實際的聽眾群。但若能在現場,實地對數量相近的模擬聽眾演練,效果會比心智上的演練要好。在實地的演練,也能讓演說者確定裝備布置的適切性。

11.4.4　專注於主題與聽眾

　　一直想著你的感覺——尤其是溝通焦慮——雖然是可理解的,但執著於此,卻會讓你更緊張而無濟於事。較好的方法是把你的注意力轉移到主題與聽眾的專注上。如果你自己深信於主題的論述,你的熱切與真誠會自然而然的取代焦慮,讓你有效的面對聽眾。若能有效的將注意力轉移到展演主題與聽眾需求上,你的緊張會縮減到可管理的程度。

11.4.5　理性的思考

　　有些演說者會擔心別人會怎麼看他的展演,而非他自己將如何展演!許多研究的結果發現,一般展演者常對展演有一些強有力的堅信;但事實上卻不理性且會影響他的展演表現。這些錯誤的堅信,可歸納成三種迷思如:

　　迷思一:展演必須完美無缺:不管是一次牽涉數百萬專案合約對客戶的展演,或是對一小群新進員工的訓練,好的展演都必須有清楚的架構、好的紀錄(簡報與講義)及有效的執行等。但期待每次展演都必須完美,無異於確保「緊張」的處方!「練習,只能讓你更好。」美國專業人力發展公司創辦人威廉(Otis Williams Jr.)說到:「但完美的展演並不存在!」演練展演的目的,只在讓展演者對自己將要說的感覺較自在、能從口唇間自然的流露出來而已。交談可能有效、但不必毫無缺失!同樣的原則,也能適用於任何型式展演的演說錯誤。大多數的聽眾,並不會注意到你忽略了哪些要點或重複說了兩次⋯等。

迷思二：有可能說服所有聽眾：即便最好的產品，也不見得能為所有顧客接受；最有口才的人也不見得能說服所有聽眾。所以，期待一次展演能解決所有問題或說服所有聽眾的想法並不實際。把一次展演當成整個「行動」的一部分，一次朝向長程目標進展一點，就能減輕你的壓力。

迷思三：可能發生最糟狀況：某些悲觀的展演者，會沈溺於最糟狀況無法自拔，讓自己產生不必要的緊張。如始終想著會在走上講台的過程中絆倒、展演中腦袋突然一片空白，把要說的論點混雜不清，聽眾會問些無法回答的問題，聽眾對你的反應有敵意、甚至訕笑…等，這些幻想只會自我實現悲慘的預言：「這些可怕的想法，會搞砸了這次展演！」

職涯提示：信心構建策略

即便是有信心的演說者，也會遭遇到會焦慮的情境。當這狀況發生時，下列一些技巧提示有助於控制你自己的情緒如：

- 在友人或同事面前演練你的展演：要確定他們會跟你講真話：什麼好、什麼不好等的。當還有時間調整時，演練並學習如何改善你的展演是比較好且容易做到的策略。
- 穿著能投射出專業形象的服裝：穿上一件新的外套、燙得筆挺的襯衫與休閒褲，能立即建立起你的自信。
- 避免演說前飲用含酒精、咖啡因及碳水化合物等飲料。
- 展演前，四處走動、做些伸展操，也有助於燒掉過度緊張的能量。
- 展演前，在場地內四處走動，並與聽眾簡短交談，除能聯接起演說者與聽眾之間的間隙外，也能適度緩解你對不熟悉聽眾的緊張。
- 記得，你在這是要分享你所知道的，而他們也想知道。這樣的透視，能讓你的展演更有效。
- 展演開始階段，掃描並尋找友善的面孔、隨後，就與他們保持目光接觸。一旦你找到站在你這邊的聽眾，你的自信心自然強化。
- 不要試著模仿某人。模仿你所仰慕展演者的展演技巧固然很好，但你有自己的特色。想著你過去表現良好的展演情境，以此為基礎，發展你自己的展演特色。

克服這種悲觀、負面想法的方法，不是要你理性地看待你的展演，反而是放縱你的災難幻想！從最壞狀況如你害怕到昏倒、所有聽眾都睡成一片或老闆當場就開除你⋯等，當你發現這些災難狀況都極不可能發生後，再試著你可能碰到的一些真正問題，如展演中被聽眾打斷、干擾或發生技術上的故障等，這時，你的理性會自然而然的生成，你能從展演訓練與指導原則中，學習與練習如何應對這些問題。再接下來，想像一些最好的可能結果，如你說完後，聽眾都站起來喝采，老闆當場給你加薪、晉升職位⋯等。當想著如何達成這些正向的結果時，你就會專注在如何保持聽眾的興趣，如何才能達成你的展演目標等。以這種由負面到正面的幻想思考方式，你將會發現自己擁有決定展演效果的能力。

重點回顧

- 在四種演說類型：講稿、記憶、即興與即席演說中，即興演說通常是最常見也最有效的演說方式，它結合了即席自發的熱忱與事前精準演練的優點。但講稿式的演說，也常適用於政經、外交領域。
- 演說者提醒自己用的小抄或筆記，應符合簡短、可見及不顯眼等原則。
- 當必須要即席演說時，最好的展演方式，是清楚陳述論述，以邏輯、事實及合理的佐證支持論述，不必致歉，也不要毫無組織的漫談。
- 好的展演，必須有視覺及聲音上的輔助。視覺方面，演說者要看起來端莊，開始演說時與聽眾建立起目光接觸，並在展演中維持著眼光接觸，自然的移動，結束時不要倉促等。

- 聲音上的輔助，演說者應該使用自然口語，不必強調錯誤，使用適當的詞彙及正確發音等。演說者的聲音如音量、變化性、流利及適當的運用暫停等，會決定演說主題與聽眾之間的關注性。
- 問答時段幾乎是所有展演的一部分，讓演說者能快速回應聽眾的問題。演說者應決定在演說中或結束後邀請提問。讓顧客在演說過程中提問，能在關切提出時就能立即澄清，但有延遲展演時間與容易轉移聽眾注意力等缺點；在演說結束後才提問，能讓演說者較有效的控制展演時間。
- 演說者提升問答效能的作法，包括沒人提問時自己提問，事前預期可能的問題，澄清複雜的問題，尊重提問者並專注提問問題及問答最後總結等。

- 對展演、溝通的焦慮，是正常的現象。維持著可管理的焦慮，對展演的活力是有貢獻的。展演者可藉著接受它是正常的事實，經常練習交談，展演前的演練，專注於聽眾(而非自己)及理性思考等，能將展演的焦慮降低到可接受的程度。
- 展演的迷思包括：展演必須完美無缺、所有聽眾都可被說服及災難必然發生等，都可以從負面到正面的幻想思考方式，讓理性發揮作用，增進展演的效果。

職場展演 CHAPTER 12

學習重點

1. 訊息呈現式的展演包括簡報、可行性報告、狀態報告及訓練等。
2. 針對議題、聽眾及情境，選擇最適合的說服式展演計畫。
3. 瞭解並練習激勵演說、善意演說、提案及銷售展演。
4. 設計一符合倫理及有效性的說服式提案。
5. 區分問題解決、優勢比較、滿足準據及激勵演說等說服策略的差異，並在適當情境運用於展演。
6. 與他人合作共同設計與執行一群組展演。
7. 準備特殊場合如歡迎、介紹演講人、表彰、頒獎與領獎的致詞。

讀者閱讀至此,應該已經知道如何做出一有效的展演。但有些特殊的狀況另須特殊的技巧。本章進一步提出一些特殊的展演情境如「訊息呈現」(informative presentations) 包括如簡報、報告與訓練等,各種類型的說服 (persuasive talks)、群體展演 (group presentations) 及你在歡迎會引介他人、敬酒、頒獎及受獎的特定情境演說等。

雖然你已經知道展演所需的各種技巧,但這些特定情境展演技巧的進一步瞭解與掌握,能讓你的展演更有效與傑出。

12.1 訊息呈現

訊息呈現 (Informative Presentations),是職場中常見的工作特性之一。如向老闆報告專案目前執行的狀況、向團隊成員解說從一份顧客調查的分析結果及教導同事如何使用一個新的軟體…等,不管訊息呈現的場景是否正式,瞭解訊息呈現的特性與原則,能讓你比較有效的規劃你的演說。另訊息呈現的原則,也是說服式展演的構成基石,將於 12.2 節介紹。

12.1.1 簡報

簡報 (briefing),顧名思義,是簡短的口頭報告。簡報的對象,通常是對主題已有瞭解的專業人士 (因此,無須詳細解說),而簡報的功用,一在向聽眾報告過去發生了什麼,另則是對未來的預測與規劃。簡報運用的場合甚多,但都具有下列特徵如:

- 時間:如簡報名稱的「明示」,簡報應簡短,通常不超過 2-3 分鐘為宜。
- 組織:因其簡潔性,通常不需要複雜的規劃與闡釋,議題可依主題或時序分別陳述即可。
- 內容:因聽簡報的人大多瞭解他們為何在這!因此,讓他們知道現在要做什麼即可。

- 視覺輔助：通常是方便、隨手可得的視覺輔助。
- 話術與實施：因簡報的不正式特性，使用平常對話的話語，說事實而不重視戲劇化的展演即可。

以下示範一個貿易展攤位管理者對參展成員於開展前的簡報。它從「論點」(thesis) 開始：「我們怎麼做，會有很大的差異！」隨後，對參展的銷售成員作出明確的指示如：

這是我們第一次向大家展示我們有些什麼。未來三天我們如何表現，對我們的第一年將有很大的差別！我知道你們都是好手，但我還是對大家提出一些最後一分鐘的提醒。

首先，是宣傳小冊。它們連夜快遞在今早就應送到；但目前還沒看到！請凱西持續追蹤快遞狀況，若 09:00 前還沒到，就請到對面影印店影印 500 份「實況報導」(Fact Sheets) 應急備用。宣傳小冊未到前用實況報導，宣傳小冊一到，就用宣傳小冊。

會展開始後大家都會很忙，你們可能沒多少時間跟訪客聊天！但請注意確實完成三件事。第一，確定讓每名訪客在簽名簿上留下(抽獎)資訊，這些資訊會讓我們知道誰對我們的產品有興趣。

第二，邀請每一個人來參加我們明天晚上舉行的接待會，給他們正式的邀請函，這樣他們才知道接待會在何時、何處舉行。

最後，也是最重要的。記得詢問他們正使用哪些其他公司產品及是否喜歡等。如果喜歡，找出他們喜歡哪些特性，並向他們展示若用我們的產品會更容易；若是不喜歡，也向他們展示我們產品的特性。

記得！保持最佳狀態，絕對不要批評我們的競爭者，傾聽顧客並向顧客展示我們的產品可以滿足他們哪些要求。有任何問題嗎？

12.1.2 報告

報告，比簡報稍微詳細些。在一報告中，你向聽眾交代你及團隊到目前為止所學到及已做到的事。報告的類型甚多，一般職場常用的報告類型可概分如：

進度或狀態 (Progress/Status) 報告

- 合約商客戶的報告
- 對董事會的財務季報
- 對行銷經理的行銷月報
- 對公眾的年度報告

調查 (Investigative) 報告

- 顧客抱怨處理是否得宜？
- 我們去年的經常性開支為何增加 15％？
- 公司的聘雇與晉升是否存在著性別偏見？

可行性 (Feasibility) 報告

- 24/7 全年無休的經營模式是否能獲利？

職涯提示：技術報告

技術報告針對的對象有兩類：技術聽眾 (職場中或研討會中的同行) 與非技術聽眾 (與你專業無關、但有決策權的人們)。對這兩類聽眾的技術報告，有下列依循原則如：

- **使用聽眾習慣的語言**：對非技術聽眾，使用一般能瞭解的語言，並對必要的術語提出說明。對技術聽眾而言，則必須使用精確的「行話」(jargon)。
- **運用類比**：為方便非技術聽眾的瞭解，可適度的運用類比 (analogies)，但運用時須指出類比的限制。
- **運用視覺輔助**：對非技術聽眾而言，簡單的視覺輔助也有助於其瞭解；但對要求按規範要求精確資料的技術聽眾而言，視覺輔助僅在需要時才運用。
- **細心觀察聽眾的反應**：如果有些人看起來有些疑惑，慢下來，重複關鍵要點，試著舉例…等。在小群體的互動展演時，還可停下來，詢問疑惑者的問題。當聽眾看起來失去興趣、無聊時，試著以更大的音調與動作變化，再度吸引聽眾的注意。

資料來源：Hering, L., & Hering, H. (2010). *How to write technical reports: Understanding structure, good design, convincing presentation*. New York, NY: Springer-Verlag.

- 我們負擔得起兼職人員的健保嗎？
- 報告的型態又可分為對內或對外；正式或非正式，書面或口頭報告…等，此處專注於口頭報告的原則。

狀態報告

　　狀態報告 (Status Report)，是最常見的資訊提供式的展演，有時也稱為「進度報告」(Progress Report)。如你在會議中，常會聽到有人 (通常為上級) 問到：「專案目前進度如何？」問此問題的人，並不預期你對他提出詳盡的說明！因此，你應在短暫時間內，說出詢問者想知道的事。若你能簡潔的滿足他詢問的需求，會增加你在組織內的信用。以下要項可供你視狀況擇要選擇，而在你的狀態報告中提出如：

1. 專案目的的審查
2. 專案目前狀態陳述：特別提出相關、有貢獻的人，及你所採取的行動等。
3. 辨識任何執行的障礙及你打算突破的方法：必要時，要求上級的協助。
4. 說明你的下一個里程碑：說明你將採取的行動步驟與其時程。
5. 預測專案的執行結果：專注於你能於預期專案結束時間完成能力的說明。

　　以下示範一個簡短的狀態報告如：

　　今年 2 月 3 日，我們被要求來改善公司的網站〔專案目的審查〕。艾迪與我探索了同行公司的網站，並發展出一份公司網站應有特性功能的清單。如果有人有興趣，我們將樂於分享、提供〔專案目前狀態陳述。如屬較長的狀態報告，報告者甚至可提出這些特性並舉例說明〕。

　　我們知道不久我們將需要有一名網站設計師，但目前在這裡還找不到任何人可擔任此工作〔辨識關切與問題。如較長的狀態報告，報告者可列舉其他不足之處〕。我們歡迎任何建議，如果有人可推薦，請將人名與聯絡方式 E-mail 給我。

　　我們預計在下個月底前可完成網站功能架構，並挑選出一名設計師〔里程碑描述〕。如果進行順利，我們就可在四月底前如期讓新網站上線〔預測專案的執行結果〕。

最終報告

顧名思義，**最終報告** (Final Report) 是在一個任務或專案完成後才提出的報告。最終報告的 (時間) 長度與詳細程度，要看完成之事的規模而定。如向同事說明你剛參加的會議狀況，通常是簡短、非正式的報告。但對組織上級或公眾，報告一個一年期專案的執行成果，就是一個較詳細、正式的報告。同樣的，你也可根據情境需求，選擇下列最終報告的要素如：

1. 簡介 (Introduction)：除非聽眾已熟識你，在最終報告的一開始，先介紹你自己和在專案的角色，然後，是這份報告的概略簡介。
2. 提供必要的背景資訊 (Background)：向聽眾說明這個專案的必要背景資訊，主要是專案背景、欲解決的問題 (或發掘的機會) 及專案目的、範圍及解決問題的方法等。
3. 說明專案的執行過程 (Process)：主要是專案執行方法與途徑的說明，較為詳細的說明專案採取的程序、步驟及過程中遭遇的問題與解決之道。如果有專案關係人的涉入、協助，亦於此處提出致謝。
4. 結果描述 (Results)：專案執行結果、包括成功經驗與失敗的教訓 (Lesson Learned)。[1] 另說明於未來可著手的方向與議題等。
5. 參考資訊 (Reference)：告訴聽眾何處與如何獲得專案執行的更詳細資料。

可行性報告

可行性報告 (Feasibility Reports)，通常對一或多個可能行動方案執行「可行性分析」(Feasibility Study) 評估後，提出最佳方案，並對應如何執行作出建議等。

大多數可行性報告的主要架構可區分如：

1. 簡介：簡略的定義問題及其影響、解決問題的替選方案及你打算處理此問題的途徑與方法。如果此時聽眾沒有異議，則說明你的結論；但若聽眾對你提出的建議有異議，則延緩你的結論 (到簡報的最後)。
2. 準據 (Criteria)：描述你評估各個替選方案的評估標準，舉例說明如：

---

[1] "Lesson Learned"「經驗教訓」通常指過去失敗的檢討所帶來的經驗；若是成功的經驗，則通常以 "Best Practice"「最佳實務」稱之。

- 行動方案是否真的「有用」？
- 我們能執行此行動方案嗎？
- 行動方案的施行能在時限內完成嗎？
- 我們能負擔此行動方案嗎？

如果你的結論可能具爭議性，對評估準據的說明就更顯重要。因此，最好先說明評估準據，讓聽眾先接受評估準據後，對你接下來提出的結論(行動方案)則較容易被接受。

3. 方法論 (Methodology)：說明你辨識與評估每個替選方案的程序。對一重要的可行性評估──尤其是行動方案頗具爭議性或你的可信度尚待建立時，方法論有必要詳細解說。

4. 可能的解決方案 (Possible Solutions)：對你建議所有的解決方案提出說明。

5. 解決方案的評估 (Evaluation)：以前述方案評估準據，說明你對每個可能解決方案的評估，並對你所建議最後解決方案的行動方案提供必要的資訊。

6. 建議 (Recommendations)：如果解決方案的評估言之成理，並說明所建議最佳替選方案的效益後，最終行動方案的建議，也應順理成章的容易被接受。

12.1.3 訓練

訓練 (Training)，也是資訊提供展演的重要功能之一。在訓練時，訓練者教導聽眾如何去做某事如操作一種新設備，使用一種新軟體，如何應對公眾，如何處理與避免職場性騷擾…等，訓練主題的範圍幾乎沒有限制。訓練可以是非正式、簡單的，如教導新進員工如何轉接電話；也可能是正式、密集與專業繁複的，如各大世界級企業，對新進(管理)員工所提供的制式訓練等。

成功的企業，都能瞭解訓練的價值與重要性。衡量一個公司或企業是否重視員工訓練的指標，是花在員工訓練的時間與成本。根據一份最近的調查報告，美國企業的員工，平均每年花 32 個小時於正式訓練上，而花在訓練上的經費，則每年約為一億七千萬美元左右。[2] 若職務所需的技術水準越高，其所需的訓練時間也越多，

---

2 參考 American Society for Training & Development. (2011). *The 2011 state of the industry: Increases commitment to workplace learning*. Retrieved from http://www.astd.org/TD/Archives/ 2011/Nov/Free/Nov_11_Feature_State_of_the_Industry.htm

如生技產業中的企業，平均每年花 69 個小時於員工訓練上。另在高階裝備業務員的訓練時間，則有可能長達一年以上，才允許業務員向客戶展示裝備的操作程序。[3]

有些訓練由專家執行，大型企業也可能有專責員工在訓練計畫的發展與實施上。即便有訓練產業的存在，但美國「勞動統計局」(Bureau of Labor Statistics) 的研究顯示，美國企業在與工作相關的訓練上，將近有 75 ％ 是在職、非正式的訓練。[4]因此，不論你在組織內的職務為何，遲早你將面對設計與執行訓練的要求。下列的資訊有助於讓你順利的完成訓練。

訓練計畫的規劃

1. 定義訓練目標：訓練的目的，始終在改變聽眾 (學員) 未來的行動方式。所以，清楚描述你要教什麼及預期想達到的狀態為何。對標的學員及預期結果的描述越明確，你的訓練成果就可能越豐碩與成功。試比較與體會下列對目標定義說明的差別如：

模糊	訓練員工有效的處理顧客抱怨
較佳	使銷售及客服部門的所有人，都瞭解如何運用傾聽、發問及同意等方法，使大家都能有效的處理顧客抱怨。
模糊	訓練員工使用線上採購系統
較佳	使有權能採購新裝備或替換裝備的人員，瞭解如何運用這套新的線上採購系統，以辨識供應商、追蹤交運及檢核其部門的採購預算。

2. 發展訓練計畫：一旦辨識出目標聽眾與訓練目標後，你就可以開始規劃你的訓練計畫，規劃設計考量如：

   - 你有多少準備時間：從規劃到實際付諸訓練展演時，你有多少準備時間，及必須採取哪些行動…等。
   - 辨識你所需的資源及可用性：審視訓練展演所需的資源，包括人力、設備、設施等及資源的可用性。辨識參與者所需的資源 (名牌、座位牌、紙筆、飲

---

[3] 參考 Bingham, T., & Galagan, P. (2011). *Committed to innovation*. Retrieved from http://www.astd.org/TD/Archives/2011/Jul/Free/

[4] 參考 Lowenstein, M., & Spletzer, J. (1994). *Informal training: A review of existing data and some new evidence*, Report NLS 94-20. Retrieved from http://www.bls.gov/ore/pdf/nL940050.pdf

職涯提示：成人學習型態

職場中的成人，其學習方式不同於學校教育機構的學習模式。較佳的成人學習效益發生在：

- **與其個人生活相關時**：如果訓練計畫有助於提升其個人生活的價值，則容易被職場從業人員接受，鼓勵學員探索並瞭解你所提供的訓練材料與內容。
- **讓學員主動學習**：不要只是演說，讓學員自己探索與體驗你所提出的學習與訓練計畫。
- **針對學員的經驗水準而設計**：若訓練計畫遠超出學員能力與經驗水準，則容易嚇退他們；但若提出的計畫過於簡單，他們會覺得受辱與不耐煩。
- **按照反應調整節奏**：訓練者對學習的步驟始終有控制權，準備好依據學員的反應與回饋，減緩或加速訓練的進度與涵蓋面。

當然，職場中的學習較偏向於學員目前職務所需技能的訓練 (training)；教育 (education) 則較偏向未來職涯發展所需的知識。

料點心…等)，確定展演地點的設備、設施符合你的設計 (場地大小、電腦、投影機、講台、圖表架…等)。尤其重要的，在實際執行展演前，展演者必須要在實地現場實際的「預演」設施、裝備的適用性；另重要展演最好都能有備份或替代方案 (如碰到展演過程中停電的不預期狀況，展演應如何繼續…？)。

- 製作或採購必要的訓練材料。

3. **讓聽眾參與**：雖然講師講演、聽眾被動聽講的方式在現代訓練方式上仍被普遍運用；但早在 80 年代中，學者即已發現人在不同訓練方式後的記憶量會有顯著差異，閱讀文件的記憶量最低，僅約有 10 % 而已；如能讓學員模擬實際操作 (hands-on simulation/practice) 的訓練效果則最好，訓練後的記憶量可高達八成以上，如圖 12.1 所示。

現代的講演，通常須配合的圖表、模型的展示，另在課堂上以小組練習的方式，讓學員能實際參與工作表的填寫、執行腦力激盪的討論等，甚至挑選學員實際練習、展示裝備的操作方式等，才能增加學員學習的效果。現代的行銷公司，通常

訓練後的記憶量

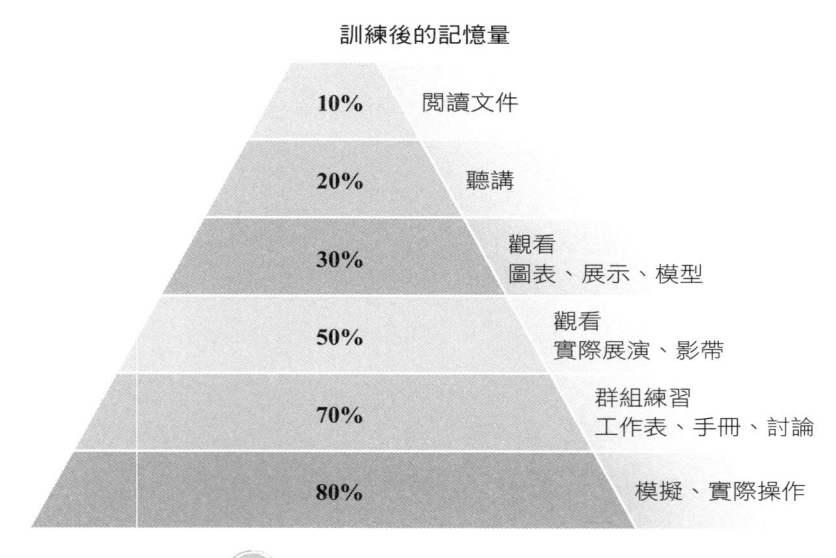

記憶量	學習方式
10%	閱讀文件
20%	聽講
30%	觀看圖表、展示、模型
50%	觀看實際展演、影帶
70%	群組練習工作表、手冊、討論
80%	模擬、實際操作

圖 12.1　訓練後記憶量模型

也都會讓銷售員先實際操作其販賣的產品、裝備，熟練後後才實際上線。服務型的公司，也會以「祕密客」或「奧客」等方式，讓學員實際練習與顧客抱怨的互動等。

4. 組織你的展演：以第 9 章所說的展演組織原則與方法，開始組織你自己的展演。一般在方式的選擇上，以解決問題導向最好。因為，學員對他們所遭遇的問題及其解決方法的學習會比較有興趣。

執行訓練

當你準備好訓練的所有規劃與組織後，最後，你終將開始實際執行你的訓練展演，以下幾個提示，有助於讓訓練的執行更為有效：

將主題與聽眾聯接起來：要學員「熱衷」於訓練主題並主動學習，最好的方法是激起學員的興趣，而學員的興趣，則通常來自於對獎勵的期待或規避懲罰！如要學員學習如何調製「費用報告」的訓練主題，聽起來很枯燥、乏味！但強調訓練後，可使他們節省金錢 (或避免損失金錢)，則較容易激起學員們的學習興趣。

從整體層面開始：當訓練的目標，是讓學員能吸收所提供的資訊時，最好在開場時，即說明訓練內容的概要綜覽。若未能說明訓練的概要綜覽，則學員可能因不瞭解你打算提供的資訊樹 (information trees)，而失去概念上的「見林」(forest)。

> ### 個案研究：乳酪工廠的線上訓練
>
> 如何對工作地點分布甚廣的員工執行訓練？美國加州起家的連鎖餐廳「乳酪工廠」(Cheesecake Factory) 有一套好的方法，稱為「視頻餐廳」(Video Café)，它提供了一套視頻影帶上載與觀看的社群網站，讓它分布美國全國近 150 家連鎖分店的員工，自己製作、上傳與分享彼此的影帶，其主題從準備食物、如何服務顧客、處理顧客抱怨…都有。
>
> 這些線上的視頻分享有許多優點，首先，是員工自己製作短影片 (通常 2-3 分鐘)，因而節省了大量的與製作成本。其次，因都是跟員工自己工作內容相關的影片，能讓員工主動觀看與學習。最後，視頻上傳的社群網站，能配合現代千禧年世代員工的習慣。
>
> 雖然乳酪工廠也仍維持其書面文件與面對面方式的員工訓練，但線上視頻社群網站的機制設計，也不失為一聰明且有效的輔助訓練方式。
>
> 資料來源：Kranz, G. (2011, June 20). Online Café serves up a heaping helping of training for staff. *Workforce Management*. Retrieved from http://www.workforce.com/article/20110620/NEWS02/306209997

強調訓練材料：你可運用下列幾項方法，讓聽眾瞭解展演材料的架構如：

- 編號 (Number)：如「新計畫的第一項優點是…」或「此計畫的第二個好處將為我們帶來…」等。
- 標示詞 (Signposts)：「另一項必須考量的重要成本是…」；「其次，讓我們看看生產規劃。」及「最後，我們也必須考量顧客需求的變化。」等。
- 插句 (Interjections)：「因此，我們所學到的──這相當重要──是我們無法控制個人使用辦公室電話。」
- 重複 (Repetition and Redundancy)：「在舊系統下要花三週──那是 15 個工作天──才能得到月銷售數據。現在，我們僅要兩天就可得到這項資料。沒錯，就是兩天！」
- 綜結 (Summaries and Previews)：「大家可以看到我們在新庫存系統的轉換上很有進展。如我曾說的，成本比預期多出 10 ％，但可視為一次性支出。我希望在第

二項議題——客服問題——上，我們也能有正向的結果。顧客抱怨的確有增加，我們相信我們終究能辨識出問題所在，所以，讓我向各位說明我們將如何處理客服問題。」

僅提供需要資訊：所有老師或訓練者都知道，你無法讓學員完全吸收你所想要提供的資訊(與知識)，事實上，想教授完整的知識，使學員「青出於藍更勝於藍」的期待，通常會被「一代不如一代」所挫敗！過多的資訊，會讓學員疲乏而失去興趣、進而影響到訓練學習效果。因此，僅提供學員「必須知道」的資訊才是上策；若學員需要更多的資訊，他們會問的！

避免使用行話：**行話 (Jargon)**，是指一些特定專業人士之間的用語，為了幫助討論議題，這些用語在發展過程中逐漸簡化，如可能會直接使用縮寫而不加解釋。不同的行業有不同的行話。在一個領域中，某個詞彙可能會有比標準解釋更為精確的定義。雖然行話在一般溝通中很有用；但在訓練場合、尤其是新進人員的訓練時，過多的行話會使學員混淆，進而影響訓練學習效果。因此，在執行訓練時，應避免使用行話。

若是訓練目的之一，是讓學員熟悉領域中常用的行話。則必須在對行話的來源、意義及正確說法等詳細解說，以免讓學員對行話一知半解，而形成「**假內行**」(Techno-snob) 的狀況。

將不熟悉事物聯接熟悉事物：研究早已證實，在學習新的知識、事務時，若能聯接學員已熟悉的知識與事務，學習效果會更好。若缺乏熟悉的聯接點，即便演說者定義、解釋得很清楚，學員仍會有學習障礙的。以下兩個例子，即說明與熟悉資訊比較與對比手法，如何讓一個新概念讓學員較易瞭解如：

混淆　貨幣市場基金是一種購買公司或政府短期投資的共同基金【要瞭解此定義，聽眾必須先瞭解何謂「貨幣市場基金」與「共同基金」等】。

熟悉　貨幣市場基金好比由一中間人蒐集的借據，此基金匯集投資者的現金，並通常以 30-90 天的期限借給公司或政府，借方支付借貸的利息並回付給投資者【聽眾只要瞭解「借據」及「利息」等概念，就可以瞭解貨幣市場基金的定義】。

> **職涯提示：海報展演**
>
> 　　大多數的展演，都有明確定義開始、結束的時間，對象也確定。但海報展演則相當不同，它通常是在研討會上，可能的觀眾或聽眾來回走動、選擇他們感興趣的主題⋯而展演者則站在海報旁，準備與有興趣的聽眾一對一的討論。
>
> 　　另與大多數展演有顯著不同的是，多數展演的視覺輔助在支持文字說明；但海報展演則是精簡的文字來支持視覺呈現。海報展演的最佳效果，是能突顯出展演者希望表達的概念 (無論視覺或精簡文字)，明確、簡要的主題，較容易吸引觀眾進一步注意到目的、方法與討論。
>
> 　　下列原則有助於你執行一次好的海報展演如：
>
> - **以一臂距離設計你的海報視覺效果**：放大字體、強調重點；圖表優於項目符號與列舉、再優於文字說明。
> - **準備一分鐘內的口頭簡報**：當有觀眾表達有興趣時，以精簡的口頭說明將觀眾轉換成聽眾。
> - **準備放大音量**：海報展演通常人馬雜沓、缺乏音響。因此，對聽眾解說你的展演概念時要放大音量。
> - **保持熱情**：記著，每個有興趣的觀眾，都是「第一次」的接觸。
> - **維持可能的後續接觸**：對那些深感興趣的聽眾，可提供一份較詳細的書面資料，留下通訊方式，以便雙方都能後續追蹤。
>
> 資料來源：Radel, J. (n.d.). *Developing a poster presentation*. Retrieved from http://www.kumc.edu/SAH/OTEd/jradel/Poster_Presentation/PstrStart.html

12.2 說服式展演

　　職場中的每個人，遲早都會有影響他人想法與行動的需要與時機，這就是「**說服式展演**」(Persuasive Presentation) 發揮的時候。即便你已有很好的書面報告，但口頭的說服展演卻更重要。如同美國顧問 James Lukaszewski 所說：

> 我們活在一個「告訴我」(tell me) 的世界。即便你為了你的計畫，準備好一份 150 頁精心規劃、舉證完備、圖文並茂並精美裝訂的報告⋯但老闆真的看

了嗎?還是他把手擺在報告上、看著你說:「告訴我這裡面有些什麼?你打算如何達成目標?」[5]

說服式展演,也突顯口頭展演的重要性。職場中絕大多數的老闆們,通常沒有時間閱讀一份(超過一頁的)書面報告。[6]因此,口頭的說服式展演,必須由展演者事前規劃好、當時機來臨時,簡明扼要提出即可。

說服式展演的規劃,首先就要辨識說服式展演的適用情境,一般而言,說服式展演可區分如問題與解決方案、優點比較、滿足準據及循序激勵等四種規劃模式如表 12.1 所示。

表 12.1 所示四種說服式展演的模式與適用情境說明中,我們應可瞭解這四種模式其實是有次序進展性的,當然也可同時運用。運用的時機,要看主題與聽眾的態度而定。

12.2.1 說服訊息的組織

展演者的「可信度」(credibility) 固然重要,但訊息的組織方式,在是否能成功說服聽眾上也扮演著重要角色。以下即分別說明表 12-1 所示四種說服展演模式的訊息組織要點如下:

問題與解決方案 (Problem-Solution):人有不喜歡改變現狀的天性!當聽眾並不覺得有改變現狀的需要時,問題與解決方案說服展演模式,就適合用來向聽眾展示目前狀態不能滿足現在(及未來)需求。藉著先提出問題,讓聽眾覺得有改變的必要時,才提出你的解決方案(以說服聽眾採取方案並行動)如:

問題	解決方案
許多員工因為堵車問題而遲到	採取彈性工時制度
差旅成本大幅激增	適度的運用視訊會議

---

[5] 參考 Lukaszewski, J. E. (1997). You can become a verbal visionary. *Executive Speeches*, *12*(1), 23-30.
[6] 這要看老闆的層級而定,越高階的經理人時間越寶貴、可用的時間也分割得很細。書面報告如須翻頁,除操作不便外、也容易分心。因此,作者認為如要讓老闆迅速掌握狀況,除口頭速報(也須精簡、扼要)外,書面報告也應精簡,最好一頁篇幅內即標示著目前狀況與問題外,提出解決方案建議、及方案預期的成效即可。

職場展演 12

表 12.1　說服式展演模式與適用情境簡述表

模式	適用情境與考量
問題與解決方案	最基本的說服式展演模式。適用在說服聽眾目前有問題需要解決。
優點比較	當聽眾有替選方案時，說服聽眾在優缺點比較後，你的方案優於其他方案。若聽眾可能排斥你的方案，運用「延遞論述」(defer thesis) 方式，最後才強調你的方案的價值與優越性。
滿足準據	當聽眾很堅持其方案而非你的方案時，先向聽眾提出方案選擇「準據」的重要性，當聽眾認同後，才提出你的方案如何能滿足這些準據。
循序激勵	當問題或解決方案都不太容易瞭解與複雜時，以循序激勵的方式，說服聽眾採取立即的行動。

　　如果聽眾已瞭解並認同問題的存在 (要員工提早出發上班或減少出差都不符合實際！)，你則無須花太多時間在問題的表述上，而將說服的重點放在讓聽眾支持你的解決方案建議上。但若聽眾有其他想法，此時，採取「優點比較」的說服策略，可能更為適宜。

　　優點比較 (Comparative Advantages)：當有幾個解決問題可行方案同時存在時，將你的方案與其他方案執行優缺點比較，並突顯出你的方案是最佳選項，這是優點比較說服策略的規劃目的。

　　許多狀況聽眾已心有定見，若忽略聽眾可能在意的方案不是個好主意！此時，將聽眾可能在意的方案與你建議的方案執行「對比」(head-on comparisons)，並採取「**延遞論述**」(Deferred Thesis) 策略，可能是最佳的說服策略。延遞論述簡單的講，就是先講其他方案及其缺點，最後才講你建議的方案並突顯優點。如一般保險推銷員說服顧客購買其保險產品時，通常即採取此延遞論述的優點比較說服模式如：

　　引介：你如何運用你的可支配收入？
　　主體：你可能有數種選擇如：
　　1. 用在休憩娛樂上；但如有任何意外，你與家人還缺乏財務的保障！
　　2. 投資股票、期貨；但投資始終有風險，可能老本不保！
　　3. 購置不動產或其他重要資產；但這更使你暴露在財務債務風險中！

4. 購買保險，這樣可使你無法工作時，你及家人還有收入的保障。

結論 (延遲論述)：至少應將你的部分可支配收入用在保險規劃上。

滿足準據 (Criteria Satisfaction)：如果聽眾或許已有一些想法、但不太想花腦筋在替選方案的選擇上時，滿足準據的說服模式可能較為有效。滿足準據說服策略的規劃方式，是先提出使聽眾容易接受各種替選方案的選擇準據後，再突顯出你的方案能滿足所有準據。如：

當你要找一種手機網路數據服務方案時，一般會考量訊號的強度，低費率及彈性的數據服務計畫。是吧！

當建立起你的方案選擇準據 (聽眾也認同) 後，接著再展現你的產品、服務或解決方案想法，能符合所提及的所有準據如：

讓我向你展示我們的方案，是全國訊號涵蓋性最強，可選擇優惠的通話費率如夜間、週末免費通話，及有一系列可供你選擇的數據服務方案等，最能適合你的彈性需要。

記著！一般人對專業的方案選擇準據通常較缺乏概念。先做好功課，引導聽眾讓他自己說出對方案選擇準據的想法 (通常離不開你的規劃中)，能使滿足準據的說服模式更為有效。如：

我想聽聽看你對手機數據服務方案有哪些看法？

一旦聽眾說出他的想法後，你就能「專業性」的顯示你的方案如何能滿足他的需要。採取滿足準據說服策略需要注意的是，依據對顧客 (而非你的) 重要性而制定準據。

與比較優點策略不同的是，滿足準據的規劃並不需要考量替代方案。因此，在顧客並無特定中意方案時，採用滿足準據策略最為有效。

循序激勵 (Motivated Sequence)：如同第 9 章中已提及，循序激勵的五個步驟如：

1. 引起注意

2. 需求

3. 滿足

4. 具象化

5. 採取行動

上述五個步驟中的需求 (need) 與滿足 (satisfaction) 步驟，與前述問題與解決方案策略類似；但循序激勵另加上具象化 (visualization) 與行動 (action) 兩個步驟。具象化能讓聽眾在其腦中形成你的方案如何能解決他的問題的意象。而行動步驟，則讓聽眾不僅同意、並且願意或主動採取你建議的方案。在行銷領域中，業務員通常稱此行動步驟為「成交」(Closing)。[7]

12.2.2　說服展演類型

與訊息展示不試圖宣導立場不一樣的，說服式展演的主要目的是在改變聽眾的想法、感覺、甚至行動等。而職場中常見的說服式展演，有激勵與善意演說、提案與銷售展示等。

激勵演說 (Motivational Speeches)：激勵他人的演說，常見於電影的場景中，職場中也很常見。在適當的時機、用激勵性的話語，常可收到出乎意料的好結果。如在一募款會上激發人們的熱情而使人主動、志願性的捐款；團隊領導者在工作繁重時，用激勵性的演說，使成員付出加倍的努力；管理者對績效表現不良的員工，針對員工問題而提出激勵性的指示，也能將表現不良的員工轉變成最佳績效員工等。

善意演說 (Goodwill Speeches)：如詞義所示，善意演說的目的，在使聽眾對演說者產生好的印象。其目的雖然不在立即性的效果，但也著眼於使聽眾對演說者(及其代表組織)有好的印象。如公司或組織的代表性人物常對公眾說明公司或組織的作為；公司的人力招募者到大學院校向將畢業的學生介紹公司及業界的狀況；金融機構的分析師對公眾說明對未來的經濟預測…等。

善意演說看起來像是訊息展示，但在「潛移默化」中也希望能改變聽眾的態度與行為。如到校招募者，當然也能鼓勵一些學生申請公司的職位；對公眾演說的分

---

[7] 行銷領域的術語 ABC「達成交易」(Always Be Closing)，意指顧客付錢或在合約上簽字採購，而達成業務的預期目標。對業務而言，象徵著一次行銷努力的成功。

析師，也希望能對公司與其個人帶來好的聲響。[8]

提案 (Proposals)：提案的主題與對象都很多變，如你希望說服管理階層採取共乘計畫或補償員工的教育費用，或你希望說服老闆提供更多的人力或要求加薪等；但提案的目標都一致：那就是你希望能影響聽眾採取 (你期望) 特定的行動。

無論主題或聽眾為何，最直接的提案方法，是採取問題與解決方案方式，這可區分為「問題」與「解決方案」兩區段的資訊，說明如下：

1. 引出問題
   (1) 以聽眾瞭解的方式展示問題本質
   (2) 展現問題可能導致的不良後果
   (3) 強調目前情境可能產生的道德風險
   (4) 提供問題的肇因分析 (問題如何發展)
2. 提出解決方案
   (1) 說明你的提案的正面效果
   (2) 展現提案如何能避免不良後果
   (3) 強調提案的道德正確性
   (4) 強調提案的可行性

若以一員工福利計畫提案為範例，說明其說服話術如：

1. 引出問題：員工健康問題正傷害著公司
   (1) 健保費用增加中：保險費及員工的醫療自付額都在增加中。
   (2) 員工的病假使產量減少：能工作的員工數量不足以滿足產量要求。
2. 提出解決方案：提案能降低員工健康問題造成的衝擊與影響
   (1) 提案的要素：營養、運動教育，藥物濫用輔導。
   (2) 提案的利益：更健康的員工、產量增加、降低健保成本。

除了提出問題解決方案的方式外，當情境適當時，你也可運用前述滿足準據、優點比較或循序激勵等策略來規劃你的提案內容。

---

[8] 善意演說通常是偶發、臨時性的演說，而不同於常在大眾媒體上發表論述的「名嘴」！台灣名嘴的專業幾乎無所不包，沒什麼不能談！但言多必失的無法避免結果，卻讓名嘴的公信力喪失！

職涯提示：如何要求加薪

要求加薪，也是一種「提議」，而此提議通常發生在你與老闆之間不公開的討論。以下是一些有助於成功要求加薪的提示如：

最佳要求時機
- 當你和你的部門都被認為績效表現良好時。
- 當你主動承擔額外責任並成功執行任務後。
- 當組織無法輕易更換你或不能沒有你的參與時。
- 當你的貢獻與組織獲利與成功有直接關聯性時。
- 當組織財務狀態良好時。
- 當你與老闆有良好的關係時。

要求項目
- 業界一般福利水準之上：做好你的功課，提出合理的比較基準。
- 考慮非現金的福利：如更多的假期、較具彈性的工作時間，公司產品的折扣優惠，或使用公司的車輛等。

應謹慎或避免者…
- 不要情緒化：發脾氣不具任何說服性，而且會損及你與老闆的未來長期關係。
- 付出不等於貢獻：努力工作固然值得嘉勉，但僅是付出不足以要求加薪；像老闆展示出你對公司產出的貢獻。
- 不依老賣老：不宜依靠年資(我在公司已做了八年！)或個人需求(我的房租漲了 20 %) 等；展現出你值得加薪的貢獻。

　　銷售展示(Sales Presentation)：在銷售展示時，業務員的目的在說服客戶採用其公司的產品或服務。與零售情境不同的是，銷售展示必須事前準備，其聽眾從展場的公眾到某公司的少數採購決策人員都有。不管展示的規模為何，業務員的銷售展示應依循下列原則如：

- 展示前先建立起關係：瞭解你要說服的人，能提供他想要些什麼的寶貴資訊。因此，在正式銷售展示前，盡可能的先建立起彼此關係。業務員的成功祕訣，要平

時即與潛在(或所有)客戶維持著良好的互動關係。即便對方目前不成功也一樣！因為，目前的不成功、不代表未來不會輝煌騰達。彼此之間若已有既存良好互動關係，也能讓客戶對你的說服感覺「舒服」些。

- 客戶的需求第一：你的客戶不想知道你的產品或服務為何，他們關切的是你能不能解決他們的問題或滿足他們的需求。以提倡理財智商教育著名(「富爸爸」系列書籍主要作者)的日裔美國人清崎(Robert Toru Kiyosaki)對行銷有下列名言如：[9]

  > 真正的行銷，是對公司產品與服務的熱情(passionate)，再加上業務員對其人類同胞(即指客戶)需要、夢想、需求與福祉等的同理心(compassionate)。
  >
  > 操弄、欺騙、施壓、假真誠、虛假的笑容…不是行銷；行銷是人際之間的溝通。真正的行銷是關切、傾聽、解決問題、並服務其人類同胞。

- 傾聽：與其他多數展演不同，行銷展示的交談，需要客戶的融入與互動。業務員的好壞差別即在於他們是否能真的傾聽客戶的問題與需求。在行銷展示時，好的業務員會開啟談話契機後，傾聽客戶的問題與需求，然後在瞭解客戶真正的心意後，將自己的產品或服務，納入解決客戶問題或滿足其需求的建議方案中；相反的，不好的業務員，只會一頭鑽進推銷的「**腳本模式**」(Script Mode)。

- 強調好處而非特性：一般業務員要瞭解公司產品與服務的特性，並對其有熱情，才會熱切的向客戶展示其產品與服務。但須注意這熱情、熱切要擺在對客戶的利益與好處，而非強調產品與服務的特性(即便好處由產品與服務特性而來！)試比較一網路客服產品，強調其特性或好處的話術差異如：

特性	好處
100 % 網路支援	你不需要擁有伺服器與維護費用
能提供常見問題答案的「知識庫」	你的電話服務成本將大幅降低 你的客服人員能免於重複回答相同的問題 你的員工只要簡單的按鍵操作，就可以增加新的答案
完全客製化	讓你能按照你的意思創造內容、外觀及希望有的感覺

- 運用有效的「成交」策略：所有行銷的最終目的都在完成交易。在運用上述各種

---

[9] 參考 Singer, B. (2001). *$ales dogs*. New York, NY: Warner Books.

行銷展示技巧後,業務員應在適當時機採取「成交」(closing) 策略,這可有許多選擇,如讓客戶答應試用、答應下一次再見面、答應參加產品展示會或安排你向更高層決策人員展示等。往長遠考量!正如行銷顧問 Hans Stennek 所說:「我從來不是成交的信仰者!因為我的目標是開創關係、而非完成交易!」

12.2.3　道德勸說策略

說服,是用溝通技巧激勵聽眾,並使其自願性的改變信仰、態度或行為,而此改變是朝向說服者的預期方向而改變;但說服者預期的方向,卻不見得符合倫理、道德或價值觀 (以下均簡稱道德)。

在試圖改變有不同意見的他人時,通常有三種策略,一為「脅迫」(coercion),二為「操弄」(manipulation),三則為「**道德勸說**」(ethical persuasion)。

脅迫他人的力量若夠大,或許能獲得一時的效果;但沒有人喜歡被脅迫,尤其是在被脅迫狀況下的改變,容易讓最初的提議看起來像是「始作俑者」(instigator)。當情境轉變時,勢將引起他人的反擊而成為周而復始的敵對。在「說服」的意義上,脅迫,不能視為一種勸說策略。

操弄,通常指隱瞞、欺瞞、或甚至偽造情境。當隱瞞、欺瞞式的操弄一旦被揭發後,原本支持你意見的人,可能會因覺得被背叛而轉向反對你。欺瞞或偽造的操弄有時甚至會違法,如投資顧問不能向顧客「保證」未來的獲利;業務員不能誇大宣傳產品的功能或效用⋯等。

道德勸說策略,則是誠實、合理的溝通,試圖說服他人朝向說服者預期的方向而改變。衡量勸說策略是否合於道德觀,有兩個衡量準據如:

1. 被勸說者仍覺得有 (事實上也有) 自由選擇的權力
2. 勸說者與被勸說者若角色互換,也不會覺得不舒服 (反向檢驗)[10]

因誠實 (而避免操弄) 及合理勸說 (而避免脅迫),使道德勸說成為說服他人的最佳策略。即便一時可能達不到勸說者的目的;但長久以來,則會累積勸說者的個人聲譽與信用,這在未來的說服是相當有用的資產。培養道德勸說能力,則有下列

---

10 倫理道德理論中的「**反向檢驗**」(Test of Reversibility) 即「己所不欲、勿施於人」的意思,自己不認同的主張,也不會強迫他人接受。

原則，如累積信用、邏輯論證及訴諸心理訴求等，分別簡述如下：

- 極大化累積信用：英國前首相邱吉爾 (Winston Churchill) 對公開演說曾有如此的表述：「最重要的是你是誰，接著是你表達的方式，最後，才是你說話的內容。」姑且不去辯論字面上次序的意義，大家都能瞭解信用 (credibility) 對說服的重要。讓聽眾相信及尊敬的演說者 (你是誰)，其演說內容自然有強大的說服力。當聽眾沒時間審視資料、證據時，他所能依賴的，就是對說服者的信用。研究者也對如何累積自己的信用，有下列建議如：[11]
    - 展現你的才幹：包括展現你在領域中的豐富知識、你的合格資歷、證照 (為避免自大式的炫耀，最好由他人展現) 及能力等。
    - 贏得他人的信任：要贏得他人的信任，一為「誠實」(honesty)，另則為「公正」(impartially)。即便方案對你比較有利，也不必隱瞞；另兼顧各方關切的公正無私，也能獲得不同意見各方激盪時的支持。
    - 強調你與聽眾的同質性：國內的業務員都知道，在衣著、舉止、談吐上，要盡可能的與客戶相近，才能獲得客戶的接受與認同。同樣的，在說服他人時，展現與對方的共同點 (common ground) 與同理心，才能獲得對方的信任。
- 邏輯論證：一個完整組織的展演，也不必然是邏輯、合理的！一個看似合理、但在推論上有錯誤，在學理上稱為「**謬誤**」(Fallacies)。[12] 展演者自己可能不知道他的論證有謬誤，但不管有意或無意，論證謬誤會使他人質疑你的論證而弱化你的說服力。以下列舉一些職場溝通上常見的論證謬誤如：
    - 人身攻擊 (Personal Attack/ad hominem)：即便你的論證很有力，但作出對他人的污辱或辱罵的人身攻擊，只會突顯著你人格上的缺陷，也會讓你的論證不具說服力的。
    - 歸謬 (Reduction to the absurd/reduction ad absurdum)：歸謬是一種論證方式，首先假設某命題成立，然後推理出矛盾、不符已知事實、或荒謬難以接受的結果，從而下結論說某命題不成立。簡單的說，就是誇張、過度的推論如「若我們都用外籍勞工，遲早所有國人都會沒有工作機會！」雖然過度依賴外籍勞工的政策應受檢討，但歸謬也不能自證其論證為正確。

---

11 參考 Lucas, S. E. (2009). *The art of public speaking* (10th ed.). New York, NY: McGraw-Hill.
12 謬誤的分類甚多，讀者可參考維基百科網頁 (鍵入「謬誤」查詢即可) 的解說。

道德挑戰：原則性的說服

與壓迫式或操弄式說服不同，道德說服的情境如：

1. 老闆希望有人能自願在週末加班。
2. 工會代表試圖說服新進人員加入工會。
3. 保險銷售員試圖說服年輕、還沒孩子的夫妻購買壽險。
4. 環保公司試圖說服社區居民在其社區附近設置回收場的好處。
5. 銷售員知道對手的產品較能符合顧客需求；但月銷售配額壓力使他或她必須再有一筆銷售時。

- **二擇一 (Either-or)**：二擇一的謬誤是先假設一個明顯的錯誤方案，強調錯誤方案的缺陷後、則必須接受另一個方案。如國內首次公投的議題：「若你支持國防自主、則應反對三項軍購案！」事實上，是否支持三項軍購與是否支持國防自主之間，沒有絕對的關係。如大多數人會支持國防自主；但拿是否支持三項軍購的個案來做論證，則屬於二擇一的謬誤。
- **假性因果 (False Cause/post hoc ergo propter hoc)**：又稱巧合關係 (Coincidental Correlation)，是邏輯學經常遇到的認識錯誤，這是一種不正確的推理論證，例如：若 A 先於 B 發生，則 A 是 B 的肇因。又如將產量下降歸咎於公司允許員工在家工作的政策。事實上，兩者之間「可能」存在因果關係，但也有可能是其他因素所主導的，如工作型態轉變的短期不適應或訂單減少…等。
- **從眾心理 (Bandwagon Appeal/argumentum ad populum)**：人通常會有一種傾向，去從事或相信其他多數人從事或相信的東西，就是所謂的「從眾心理」。為了不讓自己在社會中孤立，所以社會個體常常不經思考就選擇與大多數人相同的選擇，而從眾效應就是訴諸群眾的謬誤和宣傳的基礎。Bandwagon「樂隊花車」，也就是在花車遊行中搭載樂隊的花車。參加者只要跳上了這台花車，就能夠輕鬆地享受遊行中的音樂，又不用走路，也因此，英文的 "jumping on the

> **職涯提示：邏輯與情緒的平衡**
>
> 　　有些展演依賴許多事實或數據等支持材料以顯現其邏輯、合理性；但有些展演則訴求聽眾的情緒。好的笑話或動聽的故事可能無法通過審慎的分析檢視；但至少有助於攫取聽眾的注意力。
>
> 　　哪種展演方式較好？要看你的聽眾而定！高度涉入且深切關切的聽眾，傾向要求有豐富支持性材料的邏輯、合理性。相對的，涉入較淺、較無重要關切的聽眾，則傾向易於「吸收」的故事或範例，他們也較相信展演者的可信度及對展演者的喜好度；而非展演者所說的內容。
>
> 　　幸好，展演時的邏輯與情緒，並非二擇一的選項。大多數的展演會同時包括這兩項。
>
> 資料來源：Griffin, E. (2009). *A first look at communication theory* (7th ed.). New York, NY: McGraw-Hill.

bandwagon"「跳上樂隊花車」就代表了「進入主流」。在選舉當中經常可以看見從眾效應，例如許多選民喜歡將票投給他自己認為(或媒體宣稱)比較容易獲勝的候選人或政黨，而非自己喜歡的。在台灣，這種效應又被稱為「西瓜倚大爿」。

- 訴諸心理訴求：累積信用，邏輯論證，都是你在試圖說服他人時的有效資產，除此之外，另有些訴諸心理 (psychological appeals) 的訴求策略，也能強化你的說服力如：
  - 訴諸聽眾的需求：業務員都知道，要使銷售成功，關鍵是讓客戶知道你的產品能滿足他的需求 (needs)。在提出此需求滿足的訴求時，最好能提出多種滿足需求的說法，讓聽眾選擇適合他們的方案。如要說服市民少開車、多運用大眾運輸系統時，你可這樣說：

需求 (Need)	滿足需求 (Satisfaction)
節約金錢	別開車，即便一週幾天也好，這意味著你在油錢、停車及維修上，都會節省一些開支
較多時間	在捷運或公車上，你還可以閱讀些文件或做些事情，而不是駕駛車輛
壓力較小	你不會再有堵車的心煩氣躁，或碰到危險駕駛時的不愉快經驗

- 讓目標實際可行：說服，與生活中的大部分事情都一樣，不見得都能成功。尤其說服有不同想法的聽眾時，甚至可能遭致「逆火」(backfire)。說服與談判領域專家以「**社會判斷理論**」(Social Judgment Theory) 形容此一現象。

  社會判斷理論描述每個人對某件事都有既定的立場或看法，稱為「錨定點」(anchor)，而對一主張則可能有接受 (latitude of acceptance)、排斥 (latitude of rejection) 及尚未表態 (latitude of non-commitment) 等三種態度。說服者的目標，則是試圖將聽眾的錨定點從排斥與未表態往接受區域拉近，如圖 12.2 所示：

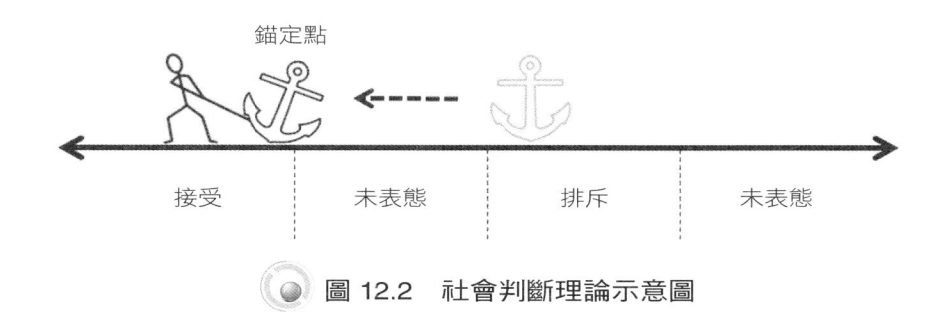

圖 12.2　社會判斷理論示意圖

若你的目標越實際可行 (realistic)，即便聽眾既定的立場為排斥或未表態區域，你的說服則越容易將聽眾的錨定點往接受區域拉！

- 訴諸於關鍵決策者：無論行銷或談判，說服者要訴求主張的對象，始終要找對人，而這人就是關鍵決策者。如果業務員在客戶採購規劃會議上發現所有參加會議的人都會以總經理的看法為依據，則業務員的論述，要以滿足總經理的需求為主。若總經理不參加規劃會議，業務員則應試圖預約與總經理的見面會談。

- 對有敵意的聽眾採取延遲論述策略：如 12.2.1 小節比較優點策略所述，對有敵意的聽眾的說服策略，最好能以客觀準據比較各種替選方案 (至少應包括你所主張與聽眾中

意的方案)的優缺點,並以邏輯論證循序發展,最後再強調你的方案是能滿足客戶需求的最佳方案。

- **展示支持你論述的充分證據**:如第 10 章列舉能證明你論述的支持包括有範例、故事、統計數據、比較及引述口碑⋯等。當你打算說服某人時,不必吝嗇於提出你的支持證據來。

說服時能提出支持證據,不但增加你的影響力並有助於你的主張論述外,即便當時還不能達成你的目標,但至少在聽眾心中也留下好的印象,能使後續的說服更容易成功。當你的信用尚未建立(面對新的聽眾)前,充分的支持證據是最可靠的論述支持資產。尤其是銷售時,顧客預期你會誇讚你自己推銷的產品。此時,若能有與此次銷售無關但喜好產品的人說出「這產品很棒」的口碑,則能有效支持你的銷售論述。

- **引述對立的概念**:多項研究發現,不管聽眾是否已有預設立場,說服時,如能提出對立的概念(進而延遞論述)而不是忽略不講,能使你的論述更具說服力。下列三個情境,尤其需要你先提出對立的概念:

(1) 當聽眾不同意你的論述
(2) 聽眾知道論述有不同的立場
(3) 聽眾終將知道有對立的批評與主張

上述三種情境,都能用延遞論述的策略,來說服你的方案優於其他對立方案。

- **依據聽眾的文化背景調整你的說服方式**:在世界村的現代職場,來自不同文化背景的聽眾,對說服的運用型式與接受程度也有顯著的差異。如在表達方式上,歐美人士通常較習慣「平穩」的陳述;但拉丁美洲及中東地區的商務人士,則較習慣「帶著情緒」的表達方式。

對支持證據的看法,不同文化背景的接受度也不一致。歐美文化較為看重資料、證據的價值;阿拉伯文化則較相信宗教及民族的歸屬感。對說服資訊的組織方式,歐美人士較習慣開門見山的直接切入主題核心;但日本文化則較注重資訊的隱含、間接提示等。

也跟世界村的融合有關,雖然文化背景不同,但不意味著刻板印象的絕對成立。如在歐美成長的日裔、非裔商務人士,對說服的態度,可能跟他祖先也完全不一樣!總之,對聽眾的態度維持著敏感度,能使你避免提出會引起他們對

抗心態的訊息、而非說服他們！

12.3 群體展演

在職場中，也常可看到數名展演者一起的「**群體展演**」(Group Presentations)。當展演議題較為複雜、牽涉多種專業時，群體展演的效果會比單獨一人展演的效果要好。

適合群體展演的情境有：

1. 議題多元：多元、複雜的議題，最好能由各自的專業領域人員來執行展演，如此，可吸引不同專業領域聽眾的興趣。
2. 提供完整資訊：當展演需要提供全面、完整的資訊時，與「議題多元」的需求一樣，最好能由各專業領域人員來執行展演，如此，所提供的資訊，能確保資訊的正確。
3. 多元平衡性：除議題的多元外，若能顧及到性別、種族、年齡或其他有重要影響的多元因素，則此群體展演也比較容易獲得聽眾的認同與接受。

12.3.1 群體展演的組織

群體展演的主要規劃考量，就是「由誰說些什麼？」通常有兩種規劃方法，一為依據主題，另則為依據任務，視展演情境而定。

依據主題：如果展演的目的在呈現各專業領域不同的面向，則由各領域專業人員負責該領域主題的展演，是符合邏輯且合理的選項。對一重要的行銷展演時，如能由客服、工程及生產部門派出的專業人員，參加與客戶的行銷討論會議，業務行銷會有比較好的效果的。

依據任務：若展演主題不易清楚劃分，則指派展演者的任務，是規劃群體展演的另一種選擇。通常可指派「發言人」(spokesperson)，負責引言及整體概

述,其他的展演者則為「例證者」(example-givers),在適當時機,由發言人引介,舉例支持發言人的論述。

如一市政會議時,顧問群試圖說服市政府(市長)在交通繁忙的路口裝設交通號誌的群體展演範例如:

1. 發言人描述問題:如「缺乏交通號誌的交叉路口,間接鼓勵著超速,導致很多的意外。這種情形除危及市民生命安全外,並將市政府暴露於責任訴訟的風險中。」
2. 發言人引介其他人輔助說明:如「接下來第一位將報告去年超速罰單的數量。第二位說明交叉路口發生意外的醫院傷亡報告。第三位說明錯過交叉路口的統計數據。最後第四位則由律師說明市政府的責任風險。」
3. 發言人建議解決方案:如「在交叉路口上設置交通號誌,將能以成本效益方式降低或甚至免除這類問題。」
4. 其他人支援說明:如第一人比較設置新號誌與未來意外傷害可能興訟的成本。第二人說明市政基金足以支持號誌設置方案。第三人則提出社區居名的請願書(請設置交通號誌)等。

12.3.2 引言、結論與轉換的規劃

除了整體展演的引言、結論外,群體展演的每一個展演者,都最好也在他的展演時,提供一「小型」的引介與結論,以方便聽眾始終能融入展演群體規劃的內容裡。如以下範例:

> 大家早安,如趙大的引介,我是錢二。我想你們都會同意趙大向你們展示的漂亮設計。但僅漂亮還不夠,我想各位也需要在期限與預算的限制內完成此大樓的構建。這就是我要花幾分鐘,向各位展示我們如何達成此目標的專案規劃。

如同展演的引介一樣,展演者之間的順利轉換(transitions),也是使聽眾能依循群體展演整體架構的重要方法。展演者間的轉換,也有兩種方法。一是由引言者一次整體介紹所有展演者,另則是展演者依序介紹下一名展演者。不管採取哪種轉換方式,確保轉換之間清晰劃分即可。

> **倫理挑戰：表彰一個你認為不值得的人**
>
> 　　想像一下你的任務是向聽眾介紹或表彰一個你實際認為不值得表彰的人，他或她可能喜歡逢迎拍馬、凌駕他人、會歧視他人、貪功諉過…等 (可自由想像在你周遭符合上述說明的人！)而你卻必須在公開場合上表彰他或她。
>
> 　　在職場或專業領域中，上述狀況確有可能、也時常發生！說明你將如何在維持真實自我及不違背組織賦予的義務狀況下執行此項任務？

　　至於結論，主講者或最後一名展演者，要確定對展演的整體論述與目標等，作一總結陳述，使聽眾能確實接收展演所欲傳達的重要訊息。

12.3.3　執行展演

　　在群體展演時，最容易發生個別展演成員展示議題的混淆甚至錯誤、衝突，為避免這種問題，最好的方法，仍是事前的密集演練。

　　至於在實際執行展演時，展演團隊最好能坐在一起，若實地布置狀況不允許，也要盡量坐在接近展演位置 (講台)的附近，使在轉換展演成員時，盡量避免因來回距離而造成展演的空檔、延誤。如果情況允許，當前一名展演者準備結束前，下一名展演者即應趨近展演位置。最好能無接縫式的完成轉換。此外，即便展演團隊對彼此將展演的內容均已熟悉，但當某成員展演時，已結束展演或尚未展演的成員，眼睛都應始終看著展演者，不要休息或看自己的稿子。如此能顯示團隊的支持而且不會讓聽眾有各自為戰的印象。

12.4　特定場合的演說

　　在商務情境中，有許多場合與機會，會要你作一場小型的演說，如歡迎來參觀的人或團體，在員工會議或年度聚餐時介紹特定人士，對某一員工或一群員工頒獎，自己領獎後發表感言，或在某人晉升離開部門時給予告別謝詞…等。

　　記著，特定場合的演說雖可大致分類，但每一場合都是獨一無二的，你必須在實體設施、社交性、時序、甚至文化層面上作出對應調整。

12.4.1 致歡迎詞

當你對某人或某團體說出歡迎詞時,就「定調」了整個事件!因此,言行舉止的熱切與真誠就顯得相當重要。無論歡迎的是參加兩小時餐會的貴賓,或是歡迎一批新進員工,都可以試試下列指引如:

- 表明你自己 (如果聽眾不認識你) 或你代表誰說話
- 指出你所歡迎的個人或團體 (除非歡迎的是所有聽眾)
- 感謝參與歡迎聚會的人
- 突顯出此 (歡迎) 事件的顯著性與重要性

當你致歡迎詞時,對著你要歡迎的人或團體說。如果情況適當,也可邀請其他參與歡迎的人也發表簡短的歡迎詞。以下範例說明如何發表簡短、有效的致歡迎詞如:

> 我代表公司所有人歡迎遠道來訪的日本品管團隊貴賓,我們能藉此機會交換彼此的專案經驗,而我也預期日本貴賓的到訪能提升公司的品管水準。這對公司的品管作為是一重大事件,因此,我代表公司對來訪的貴賓表達真誠的感謝。【轉向參與歡迎的人】讓我們以熱情的掌聲,歡迎來訪的貴賓。

12.4.2 引介演講者

當處理得宜,你的引介演說——介紹另一名真正要發表演講的人,將使他或她的展演更容易成功。以下列舉一些引介的原則,你也可以視狀況調整引介的次序如:

- 簡要的說明演講主題:如果聽眾對主題很熟悉,你只要提到主題即可;若是聽眾不熟悉主題,則你可多提供些主題背景說明,使聽眾瞭解主題對他們的意義與重要性。
- 說明為何要聽講的理由:向聽眾分享演講者過去的主要經歷 (不必一定要在主題領域),引起聽眾對演講者的興趣。
- 強化演講者的可信度:向聽眾解說演講者在主題領域的專業性與領先性。注意此

時應擇要而非「逐條宣讀」，以免讓聽眾感覺不耐！

好的引介，當然需要你對被引介者的事前瞭解。若引介者並不熟悉被引介者，最好事前獲得其簡介或先事前徵詢其背景資料。

引介前，也必須先確定你對演講者姓名、所屬組織與頭銜稱呼的準確性。若能事先碰面聊聊或電話徵詢，能確保你發音與介紹的正確性。當然，引介者自己必須注意文化差異或個人偏好。正式的頭銜在美、加地區較不受重視；但直稱日本人的名字卻是相當不得體的。不詢問對方喜好的稱謂而直接稱某「先生」或「博士」、或直呼女士的名字，是相當失禮的表現。所以，在正式引介前，最好先問問被引介者喜好的稱謂方式。以下一些指引，也有助於你成功的引介他人如：

- 事前謹慎的溝通；避免即興表達。
- 你的引介應自然、親切，即便是事前規劃好的，事前最好多做些練習，使你不必看小抄就能自然引介。
- 當引介時，看著聽眾，而非你要引介的人。
- 引介宜短不宜長！你不是主要演說者，1-2 分鐘的引介應已足夠。若聽眾已熟悉演講者，引介詞應再縮短！

12.4.3　表彰

有些時候，你會被要求對某人或某機構作表彰式的演說，這種表彰演說通常有紀年式 (chronological) 或主題式 (topical) 兩種方式，紀年式按照被表彰者過去的成就經歷，而主題式則由表彰者選擇與表彰主題相關的重要事蹟來表揚。

表彰他人的原則約略與引介演講者相同：表彰資訊內涵的正確性最重要。如果實際可行，最好能在事前與被表彰者確定；但若不然，則應參考有公信力的資料來源。另表彰時也要注意文化差異與個人偏好的影響。如對日本人或不想炫耀的人來說，事實的陳述即已足夠，不必多作粉飾！

對聽眾已熟悉的被表彰者 (如升遷或離職的同事) 而言，主題重點式、配合軼事或故事的解說，較能引起聽眾的共鳴與獲得被表彰者的認同。

12.4.4 敬酒

在全球化、地球村的時代中，你遲早會碰到此特殊的表揚——敬酒 (a toast)，除了表彰他人外，精心設計的敬酒 (演說)，也有助於提升你在組織內的可見度。敬酒，除了表彰某人過去的功績外，另也蘊含著對未來的期望。以下一些原則有助於你執行適當的敬酒演說：

- 選擇適當時機：如果時機可由你選擇，最高原則是確保每個人都在場。如為晚宴，則當大家都就座或用餐完畢等待甜點前的時機較為恰當。若是走動式的酒會或戶外自助餐，則等待每個人都有飲料時。
- 事前準備：即興的敬酒是有敗興風險的！事前想好情境、參與者及你要敬酒表彰的內容。如果能運用一些被敬酒表彰者不為人知的內部資訊 (好的一面！) 通常會有較佳的效果。
- 自然表達：雖然事前已在心理規劃好怎麼說，最好能多作練習，避免閱讀小抄或看起來在背誦記憶。
- 可見與夠大聲：敬酒者演說時要站著，如果在室外，則找個地勢較高的地方如台階、樓梯或門廊等 (但不可站在椅子上！)，確保能讓在場每個人都看得到你。當然，你的敬酒演說，也要夠大聲、讓每個人都能聽得清楚。
- 包容：演說時，眼光環視在場所有人及你要敬酒表揚的人，讓大家感覺到都被包容進來。
- 保持清醒：敬酒不一定非要用酒！果汁、汽水、水都可以。如果真的用酒，記著在敬酒前要保持清醒，口齒不清或不恰當的敬酒言詞，會讓你長久付出代價的！
- 用詞恰當：如果你不確定你的敬酒演說，對被敬酒者而言是對是錯？是表揚或諷刺，不確定你說的軼事或幽默笑話是否能被大家接受…等，別說！
- 簡短：時間越短越好，一分鐘以內為常規；最多不要超過兩分鐘！如果有疑問，則宜短不宜長！演說結束時，舉起酒杯、輕觸旁人的杯子喊「乾杯」(或其他類似表示) 示意敬酒。

美國「進階公開演說學會」(Advanced Public Speaking Institute) 網站中的「幽默技巧」(humor techniques) 對敬酒演說的表達會有些幫助！[13]

---

13 參考網頁 http://www.public-speaking.org/public-speaking-articles.htm#humor

12.4.5 頒獎

有時,受獎人在頒發獎項前,知道自己待會要受獎;有時,就如奧斯卡頒獎一樣,大家都引頸企盼著最後宣布的驚喜(或沒得獎者的懊惱)!如果你是頒獎者,你可以依慣例或看情形決定展演一開始就讓聽眾(及受獎者)知道,或在最後才宣布。早宣布有讓大家提早作準備的好處;而晚宣布則有驚喜的效果。無論採用哪種方式,要使頒獎有效執行可依循下列提示如:

- 如果大家都已知道誰將獲得受獎,在你的頒獎致詞時宜提早說;但若聽眾不知道誰將獲獎,則可以最後才說,以增加懸疑效果。
- 說明獎項的名稱與特性。
- 最好能以例證的方式,說明獲獎者如何符合獎項的評選準據。
- 頒發獎項。
- 頒獎致詞時,注意事件的核心是受獎者、不是你!

12.4.6 受獎

當接受獎項時,簡短的感謝致詞就已足夠!在許多頒獎場合中,受獎人滔滔不絕的感謝所有人,會讓聽眾逐漸感覺枯燥乏味,也根本顯現不出受獎人對受獎的感激;但拿了獎、說謝謝大家就下台的作法,也稍嫌極端。因此,簡短與感謝,是受獎時最重要的兩個要素。下列一些指引,能讓你在受獎時,簡短、有效地說出你對受獎的感謝如:

- 表達你誠摯的謝意(若狀況適合,也可表達出驚訝!)
- 感謝對獎項有主要貢獻的人。
- 簡短表示這獎項對你的意義。
- 再度(對所有人,包括聽眾)表達謝意。

重點回顧

- 職場中的訊息展示，包括有簡報、報告(狀態、可行性及最終報告等)及訓練時的展示等。
- 簡報，通常須簡短，只提供必要的最少資訊。口頭狀態報告，說明著目前狀態、障礙、突破障礙的努力、下一個里程碑及未來預期等。口頭最終報告方式則較為正式，應包括引言、背景說明、重要事件的說明、結果及獲得進一步資訊的方式等。可行性分析報告的架構，則應包括引言、評估準據、方法論、可行方案的評估、建議與結論等。
- 職場中的訓練，須按照預期結果、可用的時間與資源、最佳訓練方法等而謹慎規劃。有效的訓練(口頭)展示，會將主題與聽眾連結，創造出訓練的整體概念，僅提供必要資訊，避免行話，並將學員不熟悉的事物以熟悉範例連結。
- 職場中的說服展演，包括激勵與善意演說、提案及行銷展演等。
- 道德勸說與壓迫、操弄不同，它以堅實的推論及精確的資訊，鼓勵聽眾自由選擇。
- 說服式展演的類型包括問題與解決方案、優點比較、滿足準據或循序式激勵等，選擇哪種類型的說服展演，應依據聽眾特性、主題與展演目的而定。
- 提案倡議讓聽眾採取特定行動，通常包括著問題與解決方案兩個部分的陳述。
- 行銷展演的有效與否，取決於與客戶建立起關係，能考量客戶需求，傾聽並能邀請聽眾表達，專注於聽眾的利益而非產品特性，及有效運用成交策略等。
- 演說者藉著展現他的能力、可信度及與聽眾的同質性等，強化演說的信度。演說者的誠信與公正，能使聽眾相信演說者演說的內容。成功的演說者要能避免謬誤論述如人身攻擊、歸謬、假性因果、二擇一及從眾效應等。
- 群體展演需要事前的規劃與演練，規劃則可依據主題劃分或展演成員的任務分配而定。因運用多名展演者，因此，為避免聽眾混淆，需要在引介、結論及展演者之間的轉換上謹慎規劃，每名展演者最好也能在他展演的主題作「小引介」與「小結論」。另在實際展演時，展演者之間的默契，也是營造群體展演完整性與凝聚力的必需。
- 職場中常須執行一些特殊的展演，如致歡迎詞、介紹演說者、敬酒、表彰他人、頒獎及受獎演說等，都是商務溝通必須掌握的能力。

關鍵詞

- **Age of Great Mobility 大移動年代**：指因通訊、網路技術的進步，使人際之間訊息傳達的「移動力」(mobility) 大幅提升的現象。注意此一與溝通有關專有名詞的意義，並非指因運輸技術提升所造成「機動力」(mobile) 的提升。移動力的範圍較廣，可包含機動力。

- **Agreement 協議**：對衝突管理或談判而言，協議，是雙方或各造對爭議議題的解決或談判爭取標的分配等的「認同狀態」，但並不等同於「合約」(contract)！協議要形諸於書面文字並經雙方審查同意並簽字後，才變成對雙方都具約束力的合約。
  即便簽字的合約，也不保證雙方能確實履行。古今中外爭伐前與可能的次要對手簽訂互不侵犯合約，等征服主要對手後，隨即單方撕毀合約，並展開對次要對手的爭伐事例屢見不鮮。真正的協議，或許是中國誠摯相待的「閒話一句」，一經承諾則終生信守最能代表！

- **Annual Retreats 年度研習**：通常指公司、組織每年度將管理幹部集合在一處休憩場所，執行通常與平常業務無關而特定的休憩與成長活動，其目的在增進參與成員之間的熟悉感與凝聚力。

- **Baby Boomers 嬰兒潮**：指的是在某一時期及特定地區，出生率大幅度提升的現象。近代史上幾次顯著的嬰兒潮有：
  1. 戰後嬰兒潮：就是一般所稱的 "Baby Boomers" 嬰兒潮，為二戰結束後，遠赴戰場的男人解甲返鄉，觸發了嬰兒潮。包括台灣在內，世界上大多數國家都有此現象。經濟學人將此世代比擬成「海綿世代」，指戰後嬰兒潮世代，因占據社會有利位置，享有戰後「人口紅利」所創造來的經濟成長與社會福利，是一個幸運、生逢其時的世代，因此世代將所有的經濟利益吸乾抹淨，未來勢必引發與年輕世代間的衝突，這種現象即為「世代傾軋」(Generation Squeeze) 危機。
  2. 回聲潮 (Echo Boomers)：戰後嬰兒潮的下一代孩子們，又稱為「X世代」。
  3. 2000年千禧年的嬰兒潮 (Millennial)：這次的嬰兒潮幅度不如戰後嬰兒潮。許多夫妻想要利用這個一生只有一次的特別年份生個千禧寶寶。

- **Bullying 霸凌**：又稱欺凌或欺負，指一種長時間、持續的並對個人在心理、身體和言語遭受惡意的攻擊，且因為欺凌者與受害者之間的權力或體型等因素不對等，而不敢或無法有效的反抗。霸凌的欺凌者可以是個人，也可以是群體，對受害人身心的壓迫，造成受害人憤怒、痛苦、羞恥、尷尬、恐懼及憂鬱。而霸凌的傷害往往是不可逆轉的。霸凌可能發生在校園、職場、甚至在網際網路上。隨著科技進步，即時通訊軟體、網路論壇、BBS、部落格等交流平台也成為霸凌事件的發生場所，欺凌者藉網路或電信設備以文字和多媒體長期、反覆攻擊受害人，稱為**網路霸凌**

(Cyberbullying)。

霸凌是一種反社會行為，通常會造成受害人心靈創傷、扭曲，也會造成課業成就低落、人際疏離，甚至有可能逼迫受害人產生報復性攻擊行為，或使受害人轉而霸凌他人；對加害人也有一定影響，這些加害人成年後的犯罪率、酗酒現象比例相當高。霸凌的種類包含肢體霸凌、言語霸凌、關係霸凌和非直接霸凌四類。在受害者分析上，男性比女性更容易受到肢體霸凌，女性受言語霸凌或性騷擾的比例較大。霸凌對受害人造成的後遺症相當多，包括逃家、逃學、出現慢性疾病、自殺和飲食不正常等，並且會造成自尊降低、經常焦慮不安、悲觀與高度渴求關懷心理。其中有些受害人長大後會轉變成加害人，這些同時是受害人和加害人的學生罹患精神疾病的比例也比單純的加害人或受害人高。

- **Business Ethics 商務倫理**：又稱「企業倫理」、「經營倫理」(英文皆為 Business Ethics)，為檢視企業經營環境中可能衍生倫理與道德問題的應用**倫理學** (applied ethics) 或**專業倫理** (professional ethics)。企業倫理的運用，包括個人行為與整體組織作為等。

  企業倫理可區分**規範性倫理** (Normative Ethics) 與**描述性倫理** (Descriptive Ethics) 兩個主要領域。規範性倫理主要在探討企業經營實務上的運用；而描述性倫理則為學術界探討企業經營的行為影響。無論規範性倫理或描述性倫理，都超越政府法規對企業經營行為規定之外 (法律是最低要求標準！)，故需要企業經營階層的自我察覺與自律。

- **Catchball 傳接球**：日式「方針規劃」(Hoshin Kanri) 程序的專有名詞，是目標發展過程中，組織上下階層的來回不斷溝通，直到確認目標為止。而在實踐目標與每月審查之間，則運用 PDCA 循環，不斷的對原規劃目標及作為實施檢討與修正。年度審查則回溯到是否仍在追求組織設定「遠景」的軌跡上。

- **Co-Culture 共生文化**：一般認為「共生文化」與「次文化」(sub-culture) 的說法沒有差異；但在 CCT「**共生文化理論**」(Co-Cultural Theory) 中為不貶抑任何文化群體的「次級性」，故學者通常以「共生文化」取代「次文化」的說法。所謂的「共生文化」，是在一社會中與多數、主導文化共同存在且相互影響的少數群體文化，而此少數文化都具有容易辨識的特性，如種族、社會階層、性別、世代差異、區域關聯性 (或城鄉差異) 等，都屬於共生文化的分群，另也須注意共生文化的分群並非獨立、排他性的，許多分群都是可以彼此相互作用著。

- **Communication Networks 溝通網絡**："Networks" 一般翻譯成「網路」，意指由通訊網路連接起來的溝通網路；但許多人際之間的溝通，並非僅單純依賴通訊技術而已，如人際關係、團隊成員之間的默契、親友之間的心領神會等，都能達成溝通的目的。因此，本文以「網絡」一詞，綜合形容溝通的廣義包涵性。

- Communication Woes 溝通困境："Woe" 一字的意思是「會造成巨大遺憾與傷痛的事」。因此，"Communication Woes" 意指在溝通上會導致巨大遺憾但不得不溝通的困境。如醫生告知病患罹患不治之症，管理人員通知員工遭到資遣…等。

- Concept Mapping 概念圖：一種以圖示的方式來表示概念及表示概念與概念之間關係的表達方式，也稱為語意圖 (Semantic Mapping)、圖解組織 (Graphic Organizer) 或網路圖 (Networking) 等。概念圖以視覺具象化來安排「概念」與概念間彼此的「關係」。完整的概念圖是「概念」及「關係」的陳列，並顯示各單獨概念彼此的關係型態。概念圖的種類有蜘蛛圖、鏈狀圖和階層圖三種。蜘蛛圖是由一核心概念和周圍概念所組成；鏈狀圖是由一單向度的序列概念所組成；而階層圖則由上下階層從屬的概念所組成。概念圖的研究應用在生態學、遺傳學、心理學、中學課程上。

- CPA 連續性部分專注 (Continual Partial Attention)：此一專有名詞，首先由琳達女士 (Linda Stone) 於執行微軟公司研究計畫時所創。她注意到現代高科技產業中的從業人員，傾向於「分散注意力」式的工作，即在工作時，能接收許多不同來源的資訊、略微注意 (非專注) 與處理後，即轉移至其他工作。這種僅專注於資訊表層的現象，與「多工處理」(multi-tasking) 不同，它僅專注資訊的高階表象而不深入瞭解其緣由的現象，被琳達稱為 CPA「連續性部分專注」。現代生活中，也常見所謂 CPA「連續性部分專注」的現象，如一社交性對談被電話鈴響、收到即時訊息的提示音…等所打斷，有些人會認為被侵犯、如果你接起電話或查閱手機的訊息！有些族群則較不在意這種 CPA「連續性部分專注」現象，尤其是較年輕的網路世代族群。

- Crowdsourcing 眾包：為 Wired〈連線〉雜誌記者 Jeff Howe 於 2006 年所創的一個專業術語，用以描述網際網路時代一種新的商業模式，即企業利用網際網路，將工作分配出去、發現創意或解決技術問題…等。藉由網際網路控制，組織可以利用網路「志願員工」的創意和能力──這些志願員工具備完成任務的技能，願意利用業餘時間工作，滿足於對其服務收取小額報酬，或甚至暫無報酬，僅僅滿足於未來獲得更多報酬的前景。尤其對於軟體業和服務業，這提供了一種全新的組織勞動方式。

- CRT 點進率 (Click Through Rates)：又稱點擊率，為一種衡量網頁熱門程度的指標。其計算方式如：

點進率＝廣告被點擊次數／廣告被顯示次數

舉例來說，若廣告顯示次數為 100 次，在這 100 次廣告顯示中被網友點擊了五次，那該廣告的 CTR「點進率」就等於 5/100 = 5%。

- CSR「企業社會責任」(Corporate Social Responsibility)：又稱「企業良知」(Corporate Conscience)，「企業公

民」(Corporate Citizenship)、「社會績效」(Social Performance) 或「責任經營」(Responsible Business or Sustainable Responsible Business) 等，是將自律納入經營模式考量之謂。

- **Culture 文化**：不同學門、領域對文化的定義甚為紛雜，但藉由哲學與人類學者們針對不同文化的比較性研究，從文化的特性來瞭解其內涵，應該是最簡捷的方法。文化具備下列特性如：
  1. 文化是共有的：它是一系列共有的概念、價值觀和行為準則，它是使個人行為為集體所接受的共同標準。文化與社會密切相關，沒有社會就不會有文化，但在同一社會，文化也具有不一致性。例如在任何社會中，性別文化就有不同。此外，不同的年齡、職業、階級…等之間也存在著次文化(subculture) 的差異。
  2. 文化是學習得來的，而不是遺傳而天生具有的。生理的滿足方式是由文化決定的，每種文化決定這些需求如何得到滿足。從這一角度看，靈長動物也有一些文化行為的能力，但是這些文化行為和人類社會中龐大複雜的文化象徵體系比較，就顯得有些微不足道。
  3. 文化的基礎是象徵：其中最重要的是語言和文字，但也包含其他表現方式如圖像(如圖騰旗幟)、肢體動作(如握手或吐舌)、行為解讀(送禮) 等。可以說整個文化是透過深植在人類思維之中龐大的象徵體系，而人們也透過這套象徵符號體系解讀呈現在眼前的種種事物。因此如何解讀各種象徵在該文化的實質意義便成為人類學和語言學等社會學科詮釋人類心智的重要方式之一。

- **Disabilities 身心障礙**：由於先天或發生生理和心理損傷，造成個人在社會生活方面不能充分使用自己能力的狀態。20世紀以來，世界各國為了使殘疾人過上盡量正常的生活，對其保護逐漸加強，包括：康復、生活及就學補助、福利，特殊教育等服務；經濟上的優惠，例如降低稅收；以及立法嚴禁歧視、工作保護等。

  我國〈身心障礙者權益保障法〉中對「身心障礙」的定義如下：「身心障礙者，指下列各款身體系統構造或功能，有損傷或不全導致顯著偏離或喪失，影響其活動與參與社會生活，經醫事、社會工作、特殊教育與職業輔導評量等相關專業人員組成之專業團隊鑑定及評估，領有身心障礙證明者。」

- **Effective Listening 有效傾聽**：指訊息接收者能「聽到」完整的訊息、有效的轉換(解碼) 成有意義的訊息、然後回饋與訊息發送者確認之謂。能聽到完整的訊息，指訊息不能被干擾、過濾或扭曲，而有效的轉換，須對溝通議題有充分的瞭解與對說者意圖的充分掌握，最後，有效傾聽還應該有回饋確認的機制，免得造成「斷章取義」、「扭曲原意」等情形，那就「不有效」了！

- **Egalitarian 平等主義**：詞源來自法語的 "égal" 英文「平等」(equal) 的意思。

根據現代韋伯字典 (Merriam-Webster Dictionary)，Egalitarian「平等主義」有兩個面向的意涵。其一為認為所有人都應該享有相同政治、經濟、社會及公民權力的政治主張；另則是應移除人群之間的經濟不平等或權力下放的社會哲學主張。

- Emotional Intelligence/Quotient (EI/EQ) 情緒智力(商數)：為一自我認識、瞭解與控制情緒能力的指數，由美國心理學家薩洛維 (Peter Salovey) 於 1991 年所創，屬於發展心理學範疇。

- Enterprise 2.0 企業 2.0：為哈佛商學院教授麥卡菲 (Andrew McAfee) 於 2006 年春季在〈史隆管理評論〉(MIT Sloan Management Review) 所創的專有名詞。根據麥卡菲的定義，「企業 2.0」是企業內部、企業與企業之間，以及企業與其夥伴及顧客之間對社會性軟體的運用。「企業 2.0」被認為是企業應用社會性軟體，改進其業務及管理模式，實現其內、外部的溝通、合作及資源整合等活動。企業 2.0 的核心思想是溝通和合作。2.0 之編碼只用於與前期 1.0 版別的區分。

「企業 2.0」理論的出現，將社會網路軟體的企業應用範圍拓展到更寬廣的領域，將企業與之發生業務關係的合作者、消費者及員工都納入社會網路軟體的應用範疇內。如果將企業擬人化描述成社會網路的行動者，那麼與之交往的友人正是麥卡菲定義的企業的關係人。早期的「企業 2.0」研究主要集中在維基、社交網路等 web 2.0 技術在企業中的應用，而隨著資訊與通訊技術的深入融合發展，以及對社會創新趨勢的掌握，雲端計算、移動技術等的應用也逐步被納入「企業 2.0」的研究領域，「企業 2.0」被進一步置於知識社會發展的「創新 2.0」趨勢之下全面審視。「創新 2.0」經由發動顧客和公民參與，為自己創造價值，重塑了生產和消費的關係。如果說「創新 1.0」是以企業和政府為核心，來為用戶生產市場產品以及公共產品，「創新 2.0」視野下的「企業 2.0」、「政府 2.0」則強調以用戶為中心，用戶參與共同創造獨特價值、塑造公共價值，並在這一過程中，以移動技術為代表的雲端計算、物聯網等新一代資訊技術工具和 SNS「社會性網路服務」(Social Network Services)，社交媒體為代表的社會工具將扮演關鍵性的作用。

- Identity Management 身分管理：運用於溝通情境的 IMT「身分管理理論」(Identity Management Theory)，是指我們在不同情境下「處理」自己的方式，即以特定的溝通行為，期使他人的認知朝向自己預期的形象發展。

- IQ「智商」(Intelligence Quotient)：是一系列標準測試，測量人在其年齡階段認知能力（「智力」）的得分。由法國比奈 (Alfred Binet, 1857~1911) 所發明，他根據這套測驗的結果，將一般人的平均智商定為 100，而正常人的智商，根據這套測驗，大多在 85 到 115 之間。

智商計算公式：$IQ = (MA/CA) \times 100$
MA：心智年齡

CA：生理年齡

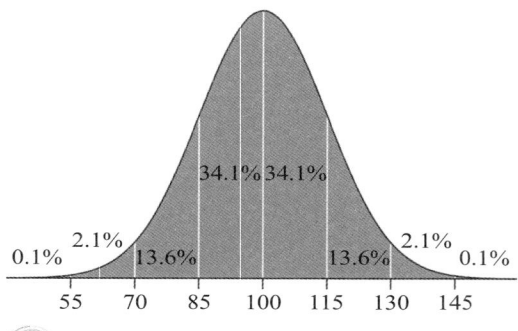

圖1　IQ「智商」常態分配

- **Immediacy 密接性**：在溝通領域中，「密接性」是指我們對他人所表現出的親近 (closeness)，願意溝通及正面、積極的情感。根據彼得安得森 (Peter Anderson) 於〈溝通理論百科〉(Encyclopedia of Communication Theory) 的定義：「密接行為是同時表達出溫暖、參與、心理親近、願意溝通及積極效果的行動。」這些行動可以是語言及非語言的。

  密接的語言：表達溫暖、願意與他人產生連接的語言，如以「我們」取代「你」、「我」；以非正式的暱稱 (如綽號) 取代正式職稱；溝通時的開放態度及恭維讚美等，都能拉近彼此距離。但使用密接語言，必須留意文化的差異。

  密接的非語言行為：如眼光與肢體接觸、說話距離的拉近、笑容及愉悅的音調等；但除文化上的差異外，也須注意密接性的非語言行為，有時並不適合「不能密接」的正式或專業情境，如與高階人員的正式會議等。

- **Incivility 無禮**：英文 "Incivility" 源自於拉丁字 "incivilis"「非公民」的意思，是缺乏良好行為或禮貌等不良社會行為的通稱，從粗魯、不尊重長者、到公共場所的酗酒、人為破壞 (vandalism)、耍流氓 (hooliganism) 等威脅性的行為等。

- **Instrumental Communication 工具型溝通**：溝通型式之一，其主要目的在精準、有效的「傳達」某項資訊性或說服性的意圖，此時的溝通，只是達成目的之手段而已。

- **Intercultural Competence 跨文化能力**：或稱 3C「跨文化能力」(Cross-Cultural Competence)，是指能與不同文化的人有效且適合溝通的能力。此處的有效 (affectivity) 是指能達成溝通目標；而適合 (appropriately) 則是溝通雙方的價值觀、規範及預期的關係等不被牴觸或冒犯。

- **Interpersonal Skills 人際技能**：使人能與他人正面互動並有效合作的一些能力特質。對大多數公司的人資部門而言，訓練與發展員工的人際技能，是關鍵任務之一。好的人際技能，也有助於以建設性的方式解決工作上的爭端、衝突及個人問題等。一般而言，人際技能可概括如溝通、傾聽、工作分派與授權及領導等。

- **Job Requirement 職務要求**：對某一特定職務有關資格、條件等的說明，通常包含在「職務說明」(Job Description) 內。

- **Job Sharing 職務分擔**：通常為兩名兼職人員共同承擔一全職職務的工作安排

方式，當然，薪資福利也應是「按比例」(pro-rata) 的分配。職務分擔常用於裁員時的替代方案，避免工作機會 (對員工而言) 或人力需求 (對公司而言) 在一波裁員動作後而全面流失的風險與衝擊。職務分擔的作法，也創造出許多類型的兼職工作如「半天工作」、「日或週輪流交替工作」等。

- **Listening Failure 傾聽失敗**：此處所謂的失敗 (failure)，是指**無效溝通** (invalid communication) 而導致違反溝通目的之謂，通常指訊息「接受者」拒絕、不注意或甚至斷章取義的聽。一般所謂的傾聽失敗情形，包括如「懶得聽」、「聽了也沒用 (所以不聽)」、「不聽」、「聽了也不信」、「揀想聽的聽」、「你講你的，我想我的」等，都會產生「無效溝通」情形。

- **MBWA「閒逛式管理」(Management by Wandering Around)**：據信為 1970 年代中，由 HP 惠普運作實務所創的管理縮寫詞。可能因為「閒逛」的意象不好，現代管理學以 "Walking" 取代 "Wandering" 而成為 **MBWA「走動式管理」(Management by Walking Around)**，在日本則稱為 "genba"「現場管理」。MBWA「走動管理」不是到各個部門走走而已，而是要蒐集最直接、第一線的一手訊息，以彌補正式溝通管道的不足。正式溝通管道透過行政體系逐級上傳或下達，容易產生過濾作用 (filtering) 及缺乏完整資訊的缺點。過濾作用經常發生在超過三個層級以上的正式溝通管道中，不論是由上而下或由下而上的資訊傳達，在經過層層轉達之後，不是原意盡失就是上情沒有下達或下情沒有上達；另外，正式溝通管道中呈現的資訊，缺乏實際情境的輔助，不易讓管理人員做正確的判斷，往往會失去解決問題的先機。MBWA「走動管理」就是要管理階層勤於蒐集最新訊息，並配合情境做最佳的判斷，即早發現問題並解決問題。

- **Mehrabian's Rule 麥拉賓法則**：70 年代初，由美國心理學家麥拉賓 (Albert Mehrabian) 提出人類溝通的法則，其主要立論是當我們接收訊息並試圖瞭解說話人的意圖時，從語言得到的訊息 (內容、言詞的意義) 只占 7 %，從聽覺得到的訊息 (聲音大小、語調等) 占 38 %，而由視覺得到的訊息 (表情、動作、手勢等) 則高達 55 %。因此「麥拉賓法則」也稱為「**7-38-55 法則**」。換句話說，我們對別人的第一印象，五成以上由「視覺接收的訊息」決定。

  「麥拉賓法則」不僅適用在言語上的溝通，它同樣也適用在簡報或文件的製作。在拿到書面資料的那一瞬間，文件的「格式」(美觀性、專業性) 是最重要的。審核資料的人無須詳讀資料的數字或文字，只要大致翻閱，就可以直覺判斷這是不是一份好的簡報資料。

- **Motions 會議的動議**：對會議而言，動議或臨時動議，是正式提交會議討論及可能被採取行動方案的提案，所謂的「臨時」則通常指原不包括於議程內，但由參會者在會議時間允許時所提出者。

- **Murphy's Law 墨菲定律**：是指「任何可能出錯的事都會出錯。」(Anything that can go wrong will go wrong.)。引申為「所有的程序都有缺陷」或「若缺陷有很多個可能性，則它必然會朝向最壞的方向發展」，白話一點就是「明明之前都沒問題，偏偏在關鍵時刻就出錯了！」
管理者不能避免目標制定和執行永不出錯，這個管理定律說明，如果一個危機可能會發生，它終將會出事！換言之，管理者須做好準備，面對未來的失誤和失敗。

- **Nemawashi 根回**：指日本人決策過程中的協商、疏通與說服程序，尤其指問題解決時，由與問題相關或會受到影響的關係人等，先行蒐集各方的意見，並逐步一對一的討論、協商取得共識後，逐級彙整至正式會議。這種共識過程雖花時間，但能擴大解決方案的發想、凝聚成員之間的共識，一旦作出決定後，其執行效率與效果則通常(比少數或個人決策)較佳。

- **NETMA「從來沒人告訴我任何事啊！」**(Nobody Ever Tells Me Anything.)：這個縮寫詞反映著向下溝通不良、員工缺乏任何資訊的抱怨心態。雖似員工績效不彰的託詞，但也反映出管理者不重視員工工作狀態的輕忽與怠惰。

- **Office Politics 辦公室政治**：英文另有 "Workplace Politics" 及 "Organizational Politics" 等之同義詞，指在職場中出現的政治行為。因組織可用的資源始終有限，人為了爭奪資源所導致人事、地位、權力與利益的競爭。雖然有些學者或政治學家，主張適度、良性的辦公室政治，有助於組織的持續動力與進步；但大多數過度操弄的辦公室政治如拉幫結社、排除異己、流言蜚語、資訊或權力架空等，會造成組織嚴重的內耗與空轉」。即便大多數人都厭惡辦公室政治，但人畢竟是群居動物，辦公室政治終究無法避免！

- **Open-Door Policy「開放政策」**：管理與經營領域中的「開放政策」，實際上就是字面「開放」的意思，總經理及各階層管理者辦公室的門永遠對員工開放，員工可以隨時進來討論問題、提出意見或表達對管理方式的關切等。組織的開放政策有助於塑造管理階層與員工之間的合作氛圍、提高工作績效及增進互信互重等，它也是授權員工、提升士氣、改善效率、提升產能、持續成長的品質管理實務，另開放政策也有助於組織維持企業經營倫理標準。

- **Organizational Climate 組織氣候**：為員工直接或間接對工作環境、運作方式、成員間彼此互動、對待與溝通、…等的認知，也直接影響著員工的行為。在學理上，組織氣候是組織文化的前身與量化指標。
若要區分組織文化與組織氣候，一般來說，組織文化通常是由創辦人經管理念長期塑造而成的「公司行事風格」(Company Way of Doing Things)，如堅持誠信經營、不應酬文化；或「靈活應變」、「目的導向」(而不擇手段)…等，另因組織氣候可同時適用於組織整體與

局部部門,而不同部門主管的行事風格也不見得一致。故也有將組織氣候稱為特定「管理風格」(Management Style) 的說法。

- Organizational Culture 組織文化:根據美國社會心理學者夏因 (Edgard H. Schein) 的說法,文化雖遍布生活周遭,但卻是深藏而複雜的。如果不瞭解組織文化的內涵;於推動組織學習、規劃變革等,都將不可避免的遭遇員工的抗拒。每個人都應該對不同文化的衝擊與影響有所瞭解,對組織領導者而言,則更為重要。

為使人們對組織文化有所瞭解,夏因將組織文化劃分為人為表象、價值信仰及潛在基礎假設等三個層級 (如圖 2),其內涵則簡述如後。

1. 人為表象 (artifacts):如冰山模式中露出海面的冰山一樣,組織文化顯示在外的組織架構、工作流程、甚至服裝儀式等均屬之。這種層級的組織文化容易辨識,但不容易解釋其內涵。
2. 價值信仰 (espoused values):常見於組織運作哲學 (經營理念、遠景陳述等),目標設定及經營策略規劃等文件說明。為組織潛在基礎假設到人為表象間正當化 (justification) 的連接。
3. 潛在基礎假設 (basic assumptions and values):雖然不容易辨識與解釋,但卻是瞭解組織作為及其理由的關鍵。此文化層級深藏在人員的特質,組織人際間的互動中。

- Outliers 偏離值:統計學的專有名詞,指於統計分析結果中與大部分樣本群體資料表現有甚大差異的資料點。偏離值會大幅影響樣本的平均值,故一般統計學家大多建議在進行下一階段分析前 (偏離值的檢驗,為所有統計分析的第一個步驟:檢驗資料正確性與可分析性的 EDA「探索式資料分析」程序中的一部分) 將偏離值刪除後,再執行後續的分析程序。於 SPSS 統計分析軟體中,將數據超過 1.5 倍 IQR「四分位距」(Inter-Quartile Range) 的資料點,視為 (可能的) 偏離值。

但根據本書作者的經驗,偏離值有可能

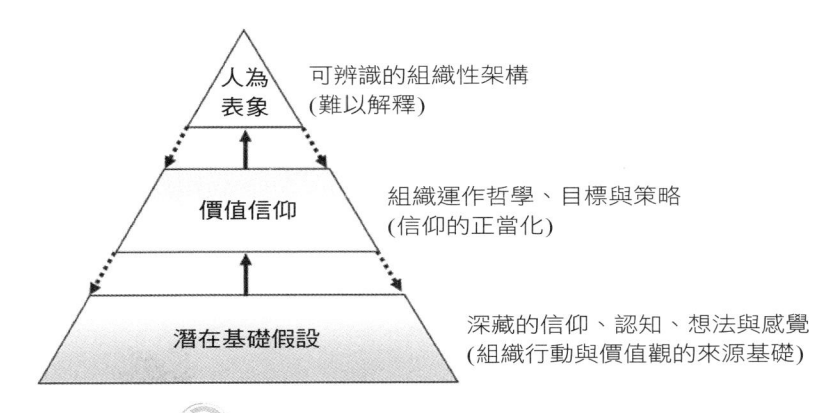

圖 2 組織文化層級模式圖 (Schein)

是特定樣本的特殊表現，極有可能反映出研究的重大發現。除非有確切證據顯示為記錄或登錄錯誤，否則，不應逕自於分析中刪除偏離值。因此，作者建議對偏離值的處理態度，應執行包含與不含偏離值兩個資料檔的分析，其差異即反映出偏離值的影響；另也須針對偏離值資料樣本，執行個別的深入調查。

- **Paralanguage 輔助語言**：語言學中定義為伴隨著語言的音調特性如音調品質、響度及節奏…等，但通常不被視為語言系統的一部分。除語言的音調特性外，更廣泛的定義還包括面部表情、手勢、眼光接觸、空間安排、接觸形式、表達動作、甚至沈默等。

- **Parliamentary Procedure 議事程序**：又稱議事法、會議規範等，是在民主、平等、自由、法治精神下，為幫助合議團體(如立法機構、會議、組織決策小組…等)與會者有效率的做出決策而設定的基本會議規則。現代議事程序的基本內涵，是成員發言權利的自由、平等、主席公正、中立，服從多數且尊重少數的原則上；以此精神，建立公認的議事程序，協助議事團體有效率的做出決策。

- **Personal Attack/ad hominem 人身攻擊謬誤**：或稱「訴諸人身」謬誤，指藉由與當前論題無關的個人特質，如人格、動機、態度、地位、階級或處境等，作為駁斥對方或支持己方論證的論證。一般又稱為「對人不對事」、「因人廢言」或「因人設事」、「以人廢言」等。

- **Proximity 近接性**：就是接近性，指的是人與人之間實際的物理距離，故也稱為「個人空間」(Personal Space)。熟識、親近的人們之間，近接性甚至可為身體或肢體的實際接觸，但職場工作上的夥伴，則可在「個人休閒」至「社會互動」區域中互動(請參見圖 4.4)。

- **Rank-and-file Employees 基層員工**：公司內不是領導或管理階層的員工，也稱為基層員工，大陸則稱為職工或普工。"Rand-and-file" 源自於英文的軍事術語，當軍人排隊時一個挨著一個，稱為「排秩」(rank)，行軍時則一個跟著一個，稱為「序列」(line)，而軍官則在隊伍之外。

- **Reduction to the absurd/reduction ad absurdum 歸謬**：歸謬法是一種論證方式，首先假設某命題成立，然後推理出矛盾、不符已知事實或荒謬難以接受的結果，從而下結論說某命題不成立。歸謬法與反證法相似，差別在於反證法只限於推理出邏輯上矛盾的結果。

- **Relational Communication 關係型溝通**：溝通的目的，在構建或維持彼此之間的關係。但在溝通理論中，關係型溝通較常被探討的是所謂的「**關係詭辯**」(Relational Dialectics) 或即一般所謂的「關係矛盾」！好比說：「君子之交淡如水」…，親朋好友之間的關係，太近了會有齟齬；太遠了又嫌生疏…等。

- **Risk Shift 風險轉移**：一社會心理學名詞，形容人們若在群體或團隊裡，比他個人獨自決策時容易作出較大膽(風險)的決策。風險轉移也有相反的方向，如

決策者不想讓(保守的)同僚失望，而傾向於風險規避(Risk Averse)，(又稱為「謹慎的轉移」(Cautious Shift)。風險轉移與謹慎轉移兩種類型，則合稱為「選擇的轉移」(Choice Shift)。

- SEO 搜尋引擎最佳化 (Search Engine Optimization)：是一種經由瞭解搜尋引擎的運作規則來調整網站，以提高網站在搜尋引擎內排名的方式。由於不少研究發現，搜尋引擎的用戶往往只會留意搜尋結果排名最前面的幾個條目，所以不少網站都希望透過各種形式來影響搜尋引擎的排序，讓自己的網站可以維持前幾名的搜尋排名。當中尤以各種依靠廣告維生的網站為甚。

- Self-esteem 自我實現：「自我實現」一詞的英文 "self-esteem"，直接翻譯與 "self-respect"「自我尊重」一樣！根據此一詞首創者美國心理學家布藍登(Nathaniel Branden, 1930-2014)的定義是：「具備能應付基本生活挑戰能力，並有幸福值得感的經驗與感受」。根據布藍登的說法，"self-esteem" 是 "self-confidence" 對個人能力的「自信」與 "self-respect" 對個人認同的加總合體，從能力自信到成就認同的過程，因此，本書譯者將 "self-esteem" 翻譯成「自我實現」。

- Sexual Harassment 性騷擾：指以帶性暗示言語或動作針對被騷擾對象，強迫受害者配合，引起對方不悅感。通常是加害者肢體碰觸受害者性別特徵部位，妨礙受害者行為自由並引發受害者抗拒反應，意圖前述之行為而尚未行動或騷擾未遂也是性騷擾。

我國〈性騷擾防治法〉(2009年修正)中對性騷擾的定義如：
本法所稱性騷擾，係指性侵害犯罪以外，對他人實施違反其意願而與性或性別有關之行為，且有下列情形之一者：
一、以該他人順服或拒絕該行為，作為其獲得、喪失或減損與工作、教育、訓練、服務、計畫、活動有關權益之條件。
二、以展示或播送文字、圖畫、聲音、影像或其他物品之方式，或以歧視、侮辱之言行，或以他法，而有損害他人人格尊嚴，或造成使人心生畏怖、感受敵意或冒犯之情境，或不當影響其工作、教育、訓練、服務、計畫、活動或正常生活之進行。

- Social Intelligence 社會性智力：最初由美國心理學家桑戴克(Edward Lee Thorndike, 1874~1949)定義為「是一種理解、管理男女老幼人際關係的能力」，相當於加德納(Howard Earl Gardner, 1943~)「多元智能理論」(Theory of Multiple Intelligences)中的「人際智力」(Interpersonal Intelligence)，並和 EQ「情緒商數」(Emotional Quotient)高度相關。有些學者將其限制在對社會形勢的特定認知，或稱為「社會認知」。

- Social Media 社會媒體：是人們用來創作、分享、交流意見、觀點及經驗的虛擬社群與網路平台。社會媒體和一般的社會大眾媒體最顯著的不同是，讓用

戶享有更多的選擇權利和編輯能力，自行集結成某種閱聽社群。社會媒體能以多種不同的形式來呈現，包括文本、圖像、音樂和視頻。流行的社會媒體包括如 blog, vlog, podcast, wikipedia, facebook, plurk, Twitter, Google+, Instagram 及網路論壇等，某些網站也加入類似功能，例如 Yahoo!, Answers, EHow, Ezine Articles 及百度等。

- **Stereotype 刻板印象**：一社會心理學術語，專指人類對於某些特定類型人、事或物的一種概括的看法，而此看法可能是來自於同一類型人事物之中的某一個體給旁人的觀感。通常，刻板印象大多是負面且先入為主的，並不能夠代表每個屬於這個類型的人事物都擁有這樣的特質。

- **Strategic Ambiguity 策略模糊**：或稱「戰略模糊」，通常指國家在外交政策上，維持「底線」清晰、但「目標」與「手段」模糊 (有時底線也模糊！) 使對手無法掌握己方策略意圖之謂。策略模糊固然可使己方保有策略運用的彈性，但須注意對方對己方施行策略「誤解」所導致「全面對抗」的風險。

- **System Thinking 系統性思考**：將事態 (things) 視為系統 (systems)，試圖對事態相互影響關係的瞭解程序。最好的例子是「生態系統」，指如空氣、水、運動、動物、植物間互動的生存或滅亡演化。對組織而言，則包含組織內人員、結構、程序等的互動，使組織健康或不健康的發展之謂。

系統性思考的來源，為 1940 年代貝塔朗菲 (Ludwig von Bertalanffy) 的「一般系統理論」(General System Theory)，隨後由 MIT 麻州理工學院的學者們發展成「組織學習」(Organizational Learning) 理論，再由彼得聖吉 (Peter Senge) 將「系統性思考」定義為「組織學習」的基石。

- **Telecommuting 電子通勤**：此一專有名詞最先由美國航太工程師耐爾斯 (Jack Nilles) 於 1973 年提出，並由作家金斯曼 (Francis Kinsman) 1987 年出版〈電子通勤族〉(The Telecommuter) 一書而流行。歐洲地區則稱為「遠程工作」(Telework)。

電子通勤是以電子通訊或網路通訊技術來執行目標固定且清楚定義、例行結構化的職務工作，但通常不適於需要複雜操作或人際互動等動態工作。

- **Test Reliability 測試信度**：是指在多次量測時，結果是否能顯現一致性的量測品質指標之一，另則為「效度」(Validity)，通常在統計分析上，以「所有可能折半信度的平均」統計量 Cronbach's Alpha (r) 表示。

- **TGIF 週五歡樂派對**：最初的意思是 "Thank God, It's Friday"「感謝上帝，今天是週五」(可以休息或狂歡了！) 但也有許多衍生的變型如 "Thank God I'm Free/Forgiven", "Today God Is First", "Toes Go In First", …等。

- **Tongue in Cheek Joke 挖苦笑話**：取舌頭故意在口頰內擾動說話方式的意象，

象徵所說的不認真、不能當真、諷刺或玩笑等。

- Validity 效度：在統計理論中，效度是指樣本對母體代表性的衡量品質表徵之一，另則為「信度」(Reliability)；更詳細點說，是樣本統計量 (sample statistics) 是否能真實反映母體母數 (population parameters) 的適切性衡量準據。一般統計學對效度還有「內容效度」(Content Validity)、「效標關聯效度」(Criteria-related Validity) 及「建構效度」(Construct Validity) 等類型區分，讀者可自行參考相關統計學相關書籍或文獻。

- Value Proposition 價值主張：價值主張是特定產品與服務、部門或甚至組織整體對價值的承諾、交付和確認。若從客戶或員工的角度來看，組織承諾的價值應該被交付、經驗與感受。價值的簡單的表示法如：

價值＝利益－成本 (包括經濟風險)

根據 BSC「平衡計分卡」(Balanced Scorecard) 模型創造者凱普藍及諾頓 (Kaplan & Norton) 的說法：「(經營) 策略必須在創造顧客價值主張差異化的基礎上，而滿意的顧客則是持續創造價值的基礎。」

- VOC「顧客心聲」(Voice of Customer)：企管與資管領域中，用來瞭解顧客預期、偏好與厭惡等資訊的深度調查程序。對 QFD「品質機能展開」(Quality Function Deployment) 而言，則是產品或服務開發與設計的原始依據。

VOC「顧客心聲」的詞義雖然簡明，但要能獲得真切的顧客心聲資訊，卻不是件簡單的事。首先，針對未來新產品或服務的期望，顧客不見得表達得出來；即便顧客有看法或意見，但要在市場當中找出這些重要的顧客 (抽樣計畫) 也不是件容易的事；即便找到這些關鍵顧客群體後，如何蒐集他們的意見 (聚焦群體、個別面談、內容分析…等研究方法各自有其缺點與限制)；…最後 (但也不限於)，顧客心聲極有可能是紛雜或甚至對立的預期，從紛雜的顧客心聲中，找出最關鍵的開發理念或設計規格，就是研發者最頭痛的任務了。

- Workplace Bullying 職場霸凌：根據美國 WBI「職場霸凌協會」(Workplace Bullying Institute) 的定義，職場霸凌是由一或多名「肇事者」(perpetrators) 對一或多名人 (目標) 反覆、有損 (身心) 健康的「虐待」(mistreatment)。職場霸凌包括下列濫用的行為如：
1. 威脅、羞辱或恐嚇。
2. 干擾或破壞工作，使工作無法順利執行。
3. 辱罵 (verbal abuse) 等。

- Zero-Sum Negotiation 零和談判：或稱「非贏即輸」(Win-Lose)、「分配型」(distributed) 或即「競爭型」(Competitive) 談判，談判雙方 (或多造) 堅定立場的競奪大家都感興趣的有限資源，一方所得就是他方所失，得與失加總為「零」，故稱「零和談判」。

索引

本書中所有專有名詞及重要概念、理論、模型等，均以其英文解釋字首次序排列，索引文字說明後之括弧則標示其所在章節，若另編製有「關鍵詞」解說，則在章節編號後另附加 "K" 字強調，方便讀者查詢。

中文

Career Tip 職涯提示
不參加會議的理由 (8.3.2)
如何要求加薪 (12.2.2)
如何變成團隊領導者 (7.2.3)
成人學習型態 (12.1.3)
技術報告 (12.1.2)
肢體接觸能強化職場成功 (4.2.2)
招募博覽會 (6.1.2)
定義論述的方法 (9.2.1)
突破守門者 (6.2.2)
信心構建策略 (11.4.5)
差異也能成為優勢 (2.5.1)
展演中的站或坐？(11.1.4)
海報展演 (12.1.3)
規劃一展演需要多少時間？(9.1.1)
隔間禮儀 (4.2.2)
尊重職場靈性 (5.3.2)
準備好你的「電梯遊說」(1.3.2)
會議中重構抱怨 (8.3.2)
會議的七種致命原罪（與贖罪法）(8.1)
道歉的藝術 (5.2.3)
獲得老闆的認可 (1.3.1)
魔鬼倡議 (7.3.4)
邏輯與情緒的平衡 (12.2.3)
讓成員也能領導會議 (8.2.2)

Case Study 個案研究
比爾蓋茲的蚊子策略 (10.2.5)
向長者行銷：聽眾分析或欺騙？(9.1.1)
乳酪工廠的線上訓練 (12.1.3)
從消防、喜劇及音樂學習團隊合作 (7.1.2)
無設備的開會 (8.3.2)
無禮的代價 (5.2.3)
新店長 (6.1.1)
誤解所造成的飛航災難 (4.1.1)

Culture at Work 職場文化
文化會影響佐證說法 (10.2.3)
日本棒球：集體主義的描繪 (7.2.4)
中國與西方的談判風格 (5.4.3)
向國際聽眾演說 (11.1.4)
組織也是一種文化 (2.1)
傾聽的性別差異 (3.2.3)
網路上的合作：有文化差異 (8.1.4)
糟糕的廣告用詞 (4.1.1)
瞭解國際聽眾 (9.1.1)

Ethical Challenge 倫理挑戰
完全誠實始終都是最好政策嗎？(5.2.2)
你的溝通倫理選擇？(1.3.3)
沒貢獻的成員 (7.3.4)
周全或坦率？(4.2.2)
表彰一個你認為不值的人 (12.3.3)
待人的黃金與白金定律 (3.1.2)
挑櫻桃支持謬誤 (10.2.5)
倫理決策診斷小卡片 (2.4)
處理不同意見 (8.1.4)
處理困難的問題 (6.3.1)
當你真的想不出如何讚美？(5.2.1)

Self-Assessment 自我評估
自評你的傾聽類型 (3.3)
你的 IQ「面談商數」(Interview Quotient) (6.2.3)
你的展演輔助材料合格嗎？(10.3.4)
非語言密接性自評 (4.2.3)
評估你的團隊溝通效能 (7.3.1)
測試你的 CQ「文化商數」(2.3.1)
演說成效的評估 (11.3.1)
衝突管理類型自評 (5.4.2)

Technology Tip 技術提示
有效運用電話記錄 (3.4.1)
使用智慧型手機分析你的展演 (11.2.2)

索引

信心構建策略 (11.4.5)
降低演說時的干擾 (11.3.1)
通訊技術的世代偏好 (2.2.3)
視訊面談 (6.1.1)
創造你的數位組合 (6.2.3)
概念圖應用軟體 (9.3.4)
避免展演時的電腦災難 (10.3.3)
原則性的說服 (12.2.3)
展演規劃檢核表 (9.5.1)
虛擬團隊的運作 (7.1.3)
網路上的衝突處理 (5.4.3)
離線的美德 (1.2.3)

數字

3C 跨文化能力 (Cross- Cultural Competence) (2K)
4W1H 表達方式 (9.2.1)
7-38-55 % 麥拉賓法則 (2.2.1K)

A 字首

ABC 達成交易 (Always Be Closing) (12F)
Accommodating 調適 (5.4.2)
Acronym 自首縮寫詞 (4.1.1)
Action Items 行動項目 (8.3.4)
Action Plan 行動計畫 (8.4.3)
Action Speak Louder 行動勝於雄辯 (4.2)
Action Team 行動團隊 (7.1)
ADA 美國殘障人士保護法案 (The Americans with Disabilities Act) (6.2.3)
Adult Learning 成人學習 (12.1.3)
Age of Great Mobility 大移動年代 (2.2.4K)
Agenda 議程 (8.2.2)
Agreement 協議 (5.4.2, 5K)
Alternatives 替選方案 (8.4.3)
Altruism 利他心理 (6.2.2)
Analytical Listening 解析型傾聽 (3.3.2)
Anti-Organization Norms 反組織規範 (7.3.4)
Asynchronous Communication 非同步溝通 (1.2.3)
Audition Interview 試鏡面試 (6.2.3)
Authority Rule 權限 (8.4.4)
Avoiding 規避 (5.4.2)

B 字首

Baby Boomers 嬰兒潮 (2.2.3K)
Balanced Participation 平衡參與 (8.3.2)
Bandwagon Appeal 從眾心理 (12.2.3, 12K)
Bar/Column Charts 長條圖 (10.3.1)
Behavioral Interview 行為面試 (6.2.3)
Best Alternative 最佳替選方案 (8.4.3)
BFOQ 善意職業資格 (Bona Fide Occupational Qualification) (6.2.3)
Biased Language 偏見語言 (4.1.2)
Brainstorming 腦力激盪 (8.4.2)
Briefing 簡報 (8.1.1, 12.1.1)
Budgeting Times 謹守時間 (6.1.2)
Bullying 霸凌 (5.3.2, 5K)
Business Casual 商務便裝 (4.2.2)
Business Ethics 商務倫理 (1.4K)

C 字首

Career 職涯 (1.1)
Career Research Interview 職涯發展面談 (6.2.2)
Catchball 傳接球 (9.3.4K)
Cause-Effect Pattern 因果模式 (9.3.4)
CCT 共生文化理論 (Co-Cultural Theory) (2K)
CDT 文化向度理論 (Cultural Dimension Theory) (2.3.2)
Chain of Command 指揮鏈 (1.3.1)
Chalk & Dry-Erase Boards 黑板 (10.3.2)
Channel 管道 (1.2.2)
Co-Culture 共生文化 (2.2K)
Coercive Power 強制權 (7.2.4)
Cohesiveness 凝聚力 (7.3.4)
Coincidental Correlation 巧合關係 (12.2.3)
Collaborating 合作 (5.4.2)
Collective Blindness 集體盲目 (7.3.5)
Common-good Approach 公益原則 (1.4)
Communication Apprehension 溝通焦慮 (11.4)
Communication Networks 溝通網絡 (1.3K)
Communication Woes 溝通困境 (1.1K)
Communicator 溝通者 (1.2.2)
Comparative Advantages Pattern 優點比較模式 (9.3.4)
Comparisons 比較 (10.2.5)
Competing 競爭 (5.4.2)
Compromise 妥協 (5.4.2)
Computer Displays 電腦顯示 (10.3.2)
Concept Mapping 概念圖 (9.3.4)
Conducting Business 執行議事 (8.3.2E)

Conflict 衝突 (5.4)
Connection Power 關係權 (7.2.4)
Consensus 共識決 (8.4.4)
Contingency Plan 應變計畫 (8.4.3)
Counterfeit Questions 虛偽的提問 (3.4.1)
CPA 連續性部份專注 (Continual Partial Attention) (8.3.2, 8K)
CQ 文化商數 (Cultural Intelligence/Quotient) (2.3.1)
Crisis 危機 (5.4)
Criteria 準據 (8.4.3)
Criteria Satisfaction Pattern 滿足準據模式 (9.3.4)
Critical Listening 批判型傾聽 (3.3.4)
Crowdsourcing 眾包 (4.1.1, 4K)
CRT 考克斯圓桌商務原則 (the Caux Round Table Principles for Business) (2.4)
CRT 點進率 (Click Through rates) (4.1.1, 4K)
CSR 企業社會責任 (Corporate Social Responsibility) (1.4K)
Cultural Differences 文化差異 (2.3.1)
Cultural Diversity 文化多元性 (2.3.2)
Cultural Iceberg 文化冰山 (2.3.2)
Culturally Literate 文化素養 (2.5.1)
Cultural Variance 文化變異 (2.3.1)
Culture 文化 (2K)
Cybervetting 線上審查 (6.2.3)

D 字首

Decoding 解碼 (1.2.2)
Deferred Thesis 延遞論述 (9.3.4, 12.2)
Definitions 定義 (10.2.1)
Devil's Advocate 魔鬼倡議者 (7.3.4)
Device-Free Meetings 無設備會議 (8.3.2)
Diagnoses 診斷者 (8.2.1)
Diagnostic Interview 診斷面談 (6.)
Diagrams 圖解 (10.3.1)
Digital Dirt 數位污垢 (6.2.3)
Digital Natives 數位原生代 (2.2.3)
Digital Portfolios 數位成效組合 (6.2.3)
Direct Questions 直接問題 (8.3.2)
Disabilities 身心障礙 (2.2.5K)
Discipline Interview 紀律面談 (6.)
Disconnecting 斷線 (1.2.3)

Dissimulation 掩飾 (1.2.3)
Diversity Communication 多元溝通 (2.5)
Downward Communication 向下溝通 (1.3.1)
Dress Down 卸裝 (4.2.2)
Dress Up 上裝 (4.2.2)
Dude 阿呆、老兄 (4E)

E 字首

EEOC 公平就業機會委員會 (Equal Employment Opportunity Commission) (6.2.3)
e-touch 電子接觸 (7.1.3)
Effect-Cause Pattern 反向因果模式 (9.3.4)
Effective Listening 有效傾聽 (3.1K)
Egalitarian 平等主義 (2.2.1K)
Egocentrism 自我中心 (3.2.3)
Ego Gratification 自我滿足 (6.2.2)
EI/EQ 情緒智力（商數）(Emotional Intelligence/Quotient) (5.1.1, 5K)
Elevator Speech/Pitch 電梯遊說 (1.3.2, 6.1.1)
Emergent Leaders 浮現的領導者 (7.2.3)
Emoticons 表情符號 (1.2.3, 4.2.1)
Emotional Ambivalence 雙岐情緒 (2.2.2)
Empathic Listeners 同情的傾聽者 (8.2.1)
Employment Interview 就業面談 (6., 6.2.3)
Enterprise 2.0 企業 2.0 (4.1.1, 4K)
Encoding 編碼 (1.2.2)
Environmental Barriers 環境障礙 (3.2.1)
Equivocal Terms 雙關、曖昧詞 (4.1.1)
Ethical Persuasion 道德勸說 (12.2.3)
Ethics 倫理 (1.4)
Ethnocentrism 民族優越感 (2.5.2; 3.2.3)
Examples 範例 (10.2.2)
Exit Interview 離職面談 (6.)
Expert Power 專家權 (7.2.4)
Extemporaneous Presentations 即興演說 (11.1.3)
Eye Contact 眼光接觸 (4.2.2)

F 字首

Face 顏面 (5.4.1)
Facial Expression 面部表情 (4.2.1, 4.2.2)
Fairness or Justice Approach 公平或正義原則 (1.4)
Fallacies 謬誤 (12.2.3)
False Cause 假性因果 (12.2.3)

Fear of Appearing Ignorant 對表達出無知的恐懼 (3.2.3)
Feasibility Report 可行性報告 (12.1.2)
Feedback 回饋 (1.2.2)
Feminine Language 柔性語言 (4.1.4)
Fiedler Contingency Model 費德勒權變模型 (7.2.1)
Figurative Analogies 意象式類比 (10.2.5)
Fight or Flight 抗爭或逃避 (5.2.3)
Final Report (12.1.2)
Fisher Model 費雪模型 (8.4.1)
Flip Charts & Poster Board 海報 (10.3.2)
Follow-Up 跟進 (6.2.2)
Formality 禮節 (2.3.1)

G 字首

Gender Differences in Listening 傾聽的性別差異 (3.2.3)
Genderlects 性別方言 (4.1.4E)
Generation Y Y 世代 (2.2.3)
Gen Xers X 世代 (2.2.3K)
Golden Rule 黃金定律 (3.1.2)
Good ol' Boy 老哥兒 (1.3.3)
Gossip 流言斐語 (1.3.2)
Grapevine 小道消息 (1.3.2)
Graveyard Shift 大夜班 (5.2.3)
Greeting 問候 (6.1.2)
Group 群組 (7.1.1)
Group Interview 群組面談 (6.2.3)
Group Presentations 群體展演 (9.1.3, 12.3)
Groupthink 集體迷思 (7.3.4, 7.3.5)
Guided Discussion 導引式討論 (11.1)

H 字首

Hands-On Experience 實際體驗 (10.3.1)
Handouts 講義 (10.3.2)
Hear 聽 (3.1)
Hearing 聽到 (3.1)
Hidden Agendas 隱藏的企圖 (7.3.2)
High- and Low-Context Culture 高、低情境文化 (2.3.2)
High-level Abstractions 高階抽象 (4.1.1)
Horizontal Communication 水平溝通 (1.3.1)

Hoshin Kanri 方針管理 (9.3.4)
Hour-per-Minute Principle 一分鐘一小時原則 (9.1.1)
Humor 幽默 (5.3.1)

I 字首

Identity Management 身份管理 (1.2.1)
IDV 個人主義指標 (Individualism) (2.3.2)
IQ 智商 (Intelligence Quotient) (5.1.1, 5K)
I Language 第一人稱話術 (5.2.2)
IMing 即時訊息 (7.1.3, 8.1.4)
Immediacy 密接性 (4.2.3, 4K)
Impromptu Presentations 即席演說 (11.1.4)
Incivility 無禮 (5.3.1, 5K)
Indoctrination 灌輸 (1.3.1)
Inflammatory Language 煽動式語言 (4.1.2)
Informal Communication Networks 非正式溝通網絡 (1.3.2)
Information Giver 資訊提供者 (8.2.1)
Information Power 資訊權 (7.2.4)
Information-Sharing Meetings 資訊分享會議 (8.1.1)
Informative Presentations 訊息呈現 (12.1)
Instrumental Communication 工具型溝通 (1.2.1K)
Interactive Presentation 互動式展演 (11.1)
Intercultural Competence 跨文化能力 (2K)
Interpersonal Skills 人際技能 (5.1, 5K)
Interview 面談 (6.)
Interviewee 受訪者 (6.)
Interviewer 訪問者 (6.)
Invalid Communication 無效溝通 (3K)
Investigation Interview 調查面談 (6.)
IVR 放縱或節制 (Indulgence versus restraint) (2.3.2)

J 字首

Jargon 行話 (4.1.1, 12.1.3)
Job Fairs 招募博覽會 (6.1.2)
Job Instruction 工作指令 (1.3.1)
Job Rationale 工作理由 (1.3.1)
Job Requirement 職位要求 (1.1K)
Job Sharing 職務分擔 (5.4.3, 5K)

L 字首

Lateral Communication 側向溝通 (1.3.1)
Lateral Leadership 側向領導 (7.2.3)
Leadership Life-Cycle Theory 領導生命週期理論 (7.2.1)
Leading Questions 引導式問題 (6.1.1)
Lesson Learned (12F)
Line Charts 線型圖 (10.3.1)
Listening 傾聽 (3.1)
Listening Failure 傾聽失敗 (3.1K)
Listening Noises 傾聽噪音 (4.1.4)
Listening to Evaluate 為評估而傾聽 (3.4.2)
Listening to Understand 為瞭解而傾聽 (3.4.1)
Lists and Tables 列表 (10.3.1)
LMX (Theory of Leader-Member Exchange) 領導成員交換理論 (7.2.2)
Low-level Abstractions 低階抽象 (4.1.1)
LTO 長程導向 (Long-term Orientation) (2.3.2)

M 字首

Majority Vote 多數決 (8.4.4)
Management/Leadership Grid 管理或領導方格 (7.2.1)
Management Team 管理團隊 (7.1)
Manuscript Presentations 講稿式演說 (11.1.1)
MAS 陽剛性 (Masculinity) (2.3.2)
Masculine Language 剛性語言 (4.1.4)
MBWA 閒逛式管理 (Management by Wandering Around) (1.3.2K)
MBWA 走動式管理 (Management by Walking Around) (1.3.2K)
Medium 媒介 (1.2.2)
Meeting Minutes 會議紀錄 (8.3.4)
Mehrabian's Rule 麥拉賓法則 (2.2.1K)
Memorized Presentations 記憶式演說 (11.1.2)
Mental Spare Time 心智多餘時間 (3.2.2)
Message 訊息 (1.2.2)
Message Overload 訊息超載 (3.2.3)
Microclimates 微氣候 (5.1.3)
Millennial 千禧年世代 (2.2.3K)
Mindful Listening 專心傾聽 (3.4)
Mindless Listening 不專心傾聽 (3.4)
Minority Decision 少數決 (8.4.4)
Moderately Structured Interview 適度結構面談 (6.1.1)
Monochronic 共時序觀點 (2.3.1, 4.2.2)
Monologues 獨白演說 (11.1)
Moral 道德 (1.4)
Motions 會議的動議 (8.3.2K)
Motivated Sequence Pattern 循序激勵模式 (9.3.4)
Motivation 激勵 (6.1.2)
Multi-Communicating 多重溝通 (3.2.3)
Multitask 多重工作 (3.2.3)
Murphy's Law 墨菲定律 (9.1.3K, 10.3.2)

N 字首

Negative Language 消極話語 (4.1.3)
Negotiate/Negotiation 談判 (5.4.3)
Nemawashi 根回 (8.3.2K)
Net Generation 網路世代 (2.2.3)
NETMA「從來沒人告訴我任何事啊！」(Nobody Ever Tells Me Anything) (1.3.1K)
Networking 網路或網絡 (1.3.3)
NGT 名義群體技術 (Nominal Group Technique) (8.3.2, 8.4.2)
Noise 干擾 (1.2.2)
Nonverbal Message 非語言訊息 (4.2)
Nonverbal Standards 非語言標準 (2.2.1)
Norms 規範 (7.3.3)
Numeric Words 數量詞 (4.1.1)

O 字首

Objects & Models 物件與模型 (10.3.1)
Office Politics 辦公室政治 (2.1K)
One Week Later Test 一週後測試 (9.3.3)
Open-Door Policy 開放政策 (1.3.1K)
Oral Communication 口頭溝通 (1.2.3)
Organizational Climate 組織氣候 (5.1.3, 5K)
Organizational Culture 組織文化 (2.1, 2K, 5.1.3)
Organizational Politics 組織政治 (2K)
Orientation 引導 (6.1.2)
Outliers 偏離值 (3.4.2K)
Out of sight, out of mind 近親遠疏 (4.2.2)
Overhead Questions 整體性問題 (8.3.2)
Overly Self-Conscious 過度自我意識 (4.2.3)

P 字首

Panel Interview 小組面談 (6.2.3)
PAR 架構 (Problem, Action, Results) (6.2.3)
Paralanguage 輔助語言 (4.2.2, 4K)
Paraphrase 重述 (3.1.2)
Paraphrasing 重述 (3.4.1, 6.1.2)
Parliamentary Procedure 議事程序 (8.3.2K)
PDI 權力距離指標 (Power Distance Index) (2.3.2)
Performance Appraisal Interview 績效評估面談 (6.)
Personal Contacts/Networks 人際網絡 (6.2.2)
Persuasive Presentation 說服式展演 (12.2)
Photographs 照片 (10.3.1)
Physical Environment 實體環境 (4.2.2)
Physiological Barriers 生理障礙 (3.2.2)
Pictograms 形象圖 (10.3.1)
Pie Chart 圓餅圖 (10.3.1)
Planned Communication 規劃性溝通 (6.)
Platinum Rule 白金定律 (3.1.2)
Polychronic 歷時序觀點 (2.3.1, 4.2.2)
Position Power 職位權 (7.2.4)
Positive Language 積極話語 (4.1.3)
Poster Presentation 海報展演 (12.1.3)
Posture and Movement 姿勢與動作 (4.2.2)
Powerful Language 強力的語言 (4.1.3)
Preoccupation 心不在焉 (3.2.3)
Presentation 展演 (9., 11.1)
Probes 探究 (6.1.2)
Professional Ethic 專業倫理 (1.4)
Project Team 專案團隊 (7.1)
Proximity 近接性 (4.2.2, 4K)
Psychological Appeals 訴諸心理 (12.2.3)
Psychological Barriers (3.2.3)
Publicity Test 公開測試 (1.4)

Q 字首

Quotations 引述 (10.2.6)

R 字首

Rambling 漫談 (11.1.4)
Rank-and-File Employees 基層員工 (5.4.1, 5K)
Rapport Talk 關係式交談 (4.1.4)
Reality Tester 現實測試者 (8.2.1)
Receiver 收訊者 (1.2.2)
Reference Power 參考權 (7.2.4)
Reflective-Thinking Sequence 反向思考程序 (8.4.3)
Regional Differences 區域差異 (2.2.4)
Relational Communication 關係型溝通 (1.2.1K, 3.3.1)
Relational Listening 關係型傾聽 (3.3.1)
Relative Words 相對詞 (4.1.1)
Relay Questions 轉移性問題 (8.3.2)
Relevancy Challenges 相關性挑戰 (8.3.2)
Rephrase/Restate 重述 (10.2.6, 10F)
Report Talk 報告式交談 (4.1.4)
Research Interview 研究面談 (6.)
Reverse Questions 反向問題 (8.3.2)
Reward Power 獎賞權 (7.2.4)
Rhetorical Question 反問法 (9.4.2)
Rights Approach 權力原則 (1.4)
Risky Shift 風險轉移 (7.3.5)

S 字首

Sales Presentation 銷售展示 (12.2.2)
Scannable Resumes 可掃瞄履歷 (6.2.3)
Schoolroom Atmosphere 教室氛圍 (8.3.2)
Script Mode 腳本模式 (12.2.2)
Seconded 附議 (8.3.2)
Selection Interview 甄選面談 (6.)
Self-Assessment of Your Listening Style 自評你的傾聽類型 (3.2.3)
Self-Esteem 自我實現 (5.1.2, 5K)
Self-Managed Team 自我管理團隊 (7.2.4)
Self-Monitoring 自我省察 (4.2.3)
Sender 發訊者 (1.2.2)
SEO 搜尋引擎最佳化 (Search Engine Optimization) (4.1.1, 4K)
Service Team 服務團隊 (7.1)
Sexual Harassment 性騷擾 (5.3.3, 5K)
Silence 沈默 (6.1.2)
Sincere Questions 真誠提問 (3.4.1)
Six Degrees of Separation 六次鏈結 (1.3.3)
Slang 俚語 (4.1.1)
Small Talk 短暫的聊天 (6.1.2)
Social Customs 社會習俗 (2.3.1)

411

Social Intelligence 社會性智力 (5.1.1, 5K)
Social Judgment Theory 社會判斷理論 (12.2.3)
Social Media 社會媒體 (4.1.1, 4K)
Social Needs 社會性需求 (7.3.1)
Stage Fright 怯場 (11.4)
Standing Items 常設項目 (8.2.2)
Statistics 統計量 (10.2.4)
Status Report 狀態報告 (12.1.2)
Stereotype 刻板印象 (2.3.1K)
Stock Rotation 周轉貨物 (1.3.1)
Stories 故事 (10.2.3)
Strategic Ambiguity 策略模糊 (4.1.1, 4K)
Structured Interview 結構式面談 (6.1.1)
Styles of Dress 衣著 (2.3.1)
Sub-culture 次文化 (1K)
Supporting Material 支持證據 (10.1)
Synchronous Communication 同步溝通 (1.2.3)
Synchronous Virtual Meeting 同步虛擬會議 (7.1.3)
Synergy 綜效 (1.2.3)
System Thinking 系統性思考 (3.3.2K)

T 字首

Talk the Talk 行內話 (4.1.1)
Task-Oriented Listening 任務導向型傾聽 (3.3.3)
Team 團隊 (7.1.2)
Team Interview 團隊面談 (6.2.3)
Teamwork 團隊合作 (7.1.2)
Techno-snob 假內行 (12.1.3)
Telecommuting 電子通勤 (5.4.2, 5K)
Teleconference 電話會議 (7.1.3, 8.1.4)
Test of Reversibility 反向檢驗 (12F)
Test Reliability 測試信度 (5.1.1, 5K)
TGIF 周五歡樂派對 (Thank God, It's Friday) (8.1.3K)
The Seven Sins of Deadly Meetings 致命會議的七種原罪 (8.1)
Thesis 論述 (9.2.2)
The Sweat of Perfection 完美的汗水 (11.4.1)
Time Consciousness 時間意識 (2.3.1)
Timekeeper 計時者 (8.2.2)
Tongue in cheek joke 挖苦笑話 (8.1.3K)
Training (presentation) 訓練展示 (12.1.3)

Trigger Words 觸發語 (4.1.2)

U 字首

UAI 不確定性規避指標 (Uncertainty Avoidance Index) (2.3.2)
Unbalancing Participation 不平衡參與 (8.3.2)
Unstructured Interview 非結構式面談 (6.1.1)
Upward Communication 向上溝通 (1.3.1)
Uptalk 拉尾音 (4.2.2)
Use a Telephone Log 有效運用電話記錄 (3.4.2)
Utilitarian Approach 功利原則 (1.4)

V 字首

Validity 效度 (3.4.2, 3K, 51.1, 5K)
Value Proposition 價值主張 (1.3.2K)
Verbal Message 語言訊息 (4.1)
Verbosity 贅言 (4.1.4)
Video 影片 (10.3.1)
Videoconference 視訊會議 (8.1.4)
Video Interview 視訊面談 (6.1.1)
Virtual Meeting 虛擬會議 (8.1.4)
Virtual Team 虛擬團隊 (7.1.3)
Virtue Approach 美德原則 (1.4)
VOC 顧客心聲 (Voice of Customer) (3K)

W 字首

Win-Lose Strategy 競爭策略」(5.4.3)
Win-Win Strategy 雙贏策略 (5.4.3)
Work Group 工作群組 (7.1.1)
Workplace Bullying 職場霸凌 (5.3.2, 5K)
Workplace Dignity 職場尊嚴 (5.1.2)
Workplace Politics 辦公室政治 (2K)
Workplace Spirituality 職場靈性 (5.3.2)
Written Communication 書面溝通 (1.2.3)

Y 字首

You Language 第二人稱話術 (5.2.2)

Z 字首

Zero-Sum Negotiation 零和談判 (5.4.2, 5K)